The Yoga Book Vol. II

내면의 평화에 이르는 소중한 통로

쉼

"나를 비우는 순간, 내면 깊은 곳에서부터의 쉼이 시작된다."

오쇼 라즈니쉬 지음
손민규 옮김

태일출판사

옮긴이 **손민규**(Swami Prem Yojan, 쁘렘 요잔)

오쇼의 제자로 입문한 후 20여 년 동안 인도를 오가며 여러 스승들을 만나 교류했
다. 영혼의 테러리스트로 알려진 유지 크리슈나무르티를 만나 큰 감화를 받았고, 오
쇼의 법맥을 이은 끼란지와 12년 동안 친교를 나누며 깊은 가르침을 받았다. 명상
서적 전문 번역가로 일하면서 50여 종의 책을 한국에 번역, 소개했다. 현재 오쇼와
끼란지의 가르침에 대해 공부하는 오쇼코리아(oshokorea.com)를 이끌고 있다.

 내면의 평화에 이르는 소중한 통로

펴 낸 날 | 2004년 6월 7일   초판 1쇄
          2022년 7월 5일   개정판 1쇄

지 은 이 | 오쇼 라즈니쉬
옮 긴 이 | 손민규
펴 낸 이 | 이태권
펴 낸 곳 | 태일출판사
          서울특별시 성북구 성북로5길 12 소담빌딩 301호 (우)02880
          전화 | 02-745-8566 팩스 | 02-747-3238
          e-mail | sodambooks@naver.com
          등록번호 | 1979년 11월 14일 제6-58호
          홈페이지 | www.dreamsodam.co.kr

ISBN 979-11-6027-258-1 (04150)
      979-11-6027-300-7 (세트)

가는 것을 멈추고 자유로운 삶을 살라.

1장

내 면 의

청 결 과

청 정 의   힘

오쇼 수트라

육체는 함께 있음이 필요하고
영혼은 홀로 있음이 필요하다.

육체에 뿌리를 내릴수록 불행해진다.
육체를 넘어갈수록 가벼워진다.

육체가 청정해지면
새로운 에너지가 거대하게 솟아오른다.

나는 육체가 아님을 알아야 한다.
나는 마음이 아님을 알아야 한다.

내면에서 깨어나는 거대한 힘으로
불사를 체험한다.

내면의 청결과 청정의 힘

비폭력과 무소유, 참된 마음 등을 아는 사람은 청정해진다. 파탄잘리에게는 도덕적인 관념이 존재하지 않는다. 이를 잘 알라. 서양에서는 비폭력이나 무소유 등을 도덕으로 생각한다. 동양에서는 이를 도덕으로 생각하지 않고 내면의 청결로 생각한다. 서양에서는 비폭력이나 무소유 등을 이타주의의 실천으로 배운다. 동양에서는 이타주의와 무관한 것으로 생각한다. 완전히 개인적이며 내면을 청결히 하는 것으로 생각한다. 비폭력과 무소유를 실천하면 내면이 청정해지고 불가능한 것들이 가능해지며 성취할 수 없는 것들을 성취할 수 있게 된다. 우리는 청정함으로써 불순함을 벗어난다. 섬세하고 부드럽고 명민해진다. 청정함으로써 신의 사원이 된다. 전체계[1]를 내 안에 초대하여 하나가 된다. 바다가 밀려와 이슬방울과 하나가 되는 것이다.

---

1)전체계(The whole): 존재계 전체의 세계.

서양에서든 인도에서든—마하트마 간디[2]는 이를 도덕으로 가르쳤다—비폭력과 무소유를 도덕적인 관념, 즉 '폭력은 다른 사람을 해치는 행위이기 때문에 폭력을 행사해서는 안 된다. 사람을 해치지 마라. 인류는 한 가족이기 때문에 사람을 해치는 행위는 죄악이다'와 같이 가르치면 완전히 다른 차원으로 변질되고 만다. 하지만 파탄잘리는 이렇게 말한다. "비폭력을 실천하라. 비폭력의 실천은 그대를 청정하게 한다. 아무도 해치지 마라. 해치는 생각조차 하지 말라. 남을 해치는 생각만 해도 그대는 불순해진다." 문제는 타인과의 관계가 아니다. 나 자신이 문제이다. 물론 우리가 비폭력을 실천하면 서로가 이롭다. 하지만 이는 비폭력의 목적이 아니라 비폭력의 부산물이요 그림자일 뿐이다.

그저 타인을 해치면 안 된다는 생각에 비폭력을 실천하는 사람은 참다운 비폭력을 실천하는 사람이 아니다. 문명사회의 선량한 시민이 될 수는 있지만 자신의 존재에 영성(靈性)이 일어나지는 않는다. 타인을 생각하는 비폭력은 나와 너 사이에서 윤활유 역할은 할 수 있다. 삶이 보다 편해질 수는 있다. 그렇지만 나의 존재 자체가 청정해지는 것은 아니다. 목적이 무엇이냐에 따라서 비폭력의 성격은 완전히 달라진다. 비폭력의 목적은 타인을 보호하는 데 있지 않다. 물론,

---

2)마하트마 간디(Mahatma Gandhi, 1869-1948): 비폭력과 무저항주의로 인도 독립운동을 이끈 인도 건국의 아버지.

이 말은 타인을 보호하지 않아도 된다는 말이 아니다. 비폭력의 목적은 자신의 존재를 청정하게 해서 궁극의 청정함을 깨닫는 데 있는 것이다.

동양의 종교는 자기 본위적인 측면이 없지 않다. 자기를 생각하지 않는 존재 양식이란 생각할 수 없기 때문이다. 인간은 각자 자기를 진정으로 위할 때 서로가 이롭다. 모든 형태의 이타주의, 참된 이타주의란 이기심이 참으로 깊어졌을 때 나온다. 그 반대는 성립하지 않는다. 이타주의의 꽃은 이기심이 깊어진 존재에서만 필 수 있다. 이기주의는 자연스런 현상이다. 이타주의를 강요하는 것은 사람을 부자연스럽게 만드는 행위이며 부자연스러움은 신의 길이 아니다. 부자연스러움은 억압을 낳는다. 부자연스러움 속에서는 어떠한 청정함도 나오지 않는다.

비폭력이나 무소유는 도덕적인 목표가 아니다. 이를 명심하라. 동양에서는 도덕을 목적으로 비폭력과 무소유를 가르치지 않는다. 도덕이란 영성의 그림자일 뿐이다. 영성의 길을 가는 사람에게 도덕은 자동적으로 따라온다. 따라서 도덕에 대해 신경을 쓰거나 걱정할 필요가 없다. 영성이 깊어지면 도덕은 저절로 따라온다. 서양에서는 도덕을 목적과 종교로 가르쳤다. 그러나 동양의 경전에는 십계명 같은 것이 존재하지 않는다.

계율을 맹목적으로 지키는 삶이 되어서는 안 된다. 계율을 맹목적으로 지키는 사람은 노예가 된다. 노예의 삶을 사는 사람은 설령 천국에 들어간다 해도 참다운 천국을 누리지 못한다. 그는 천국에 가서도 노예근성을 버리지 못할 것이다. 독립과 자유가 영적인 성장의 본질적인 요소가 되어야 한다.

비폭력과 무소유는 내면을 청결하게 하는 방법이다. 비폭력과 무소유는 인간을 청정케 하여 참 건강을 선사한다.

청정함을 얻으면
요기[3]는 자신의 몸을 혐오하고
타인의 몸과의 접촉을 멀리한다.

여기서 '혐오'는 '주굽사(jugupsa)'란 원어를 풀이한 말로, 그 의미가 다소 어렵다. 대부분의 영어 번역에서는 주굽사에 해당하는 말이 없기 때문에 '혐오(disgust)'로 옮기고 있지만, 사실 주굽사는 혐오가 아니다. 오히려 혐오라는 말자체가 혐오스러울 뿐이다. 요기는 어떤 사람보다도 자신의 몸을 잘 관리한다. 따라서 요기의 마음에는 몸을 혐오한다는 말이 떠오를 수 없다. 요기는 세상에서 가장 몸을 잘 돌보는 사람이다. 마하비라[4]나 붓다를 보라. 마치 육체의 교향악처럼 완벽하게 균형 잡힌 아름다운 몸들을 하고 있지 않

---

3)요기(yogi): 요가 수행자.

은가. '혐오'는 틀린 말이다. 요기에게 혐오는 가능하지 않다. 이를 잘 이해하라. 주굽사는 혐오를 뜻하지 않는다. 주굽사의 의미는 상당히 어렵다. 그 의미를 살펴보자.

세상에는 세 유형의 인간이 있다.

첫째 유형의 사람은 몸을 지나치게 사랑하고 집착한다. 특히 여자가 그렇다. 여자는 육체 지향적이다. 거울 앞에 앉은 여자를 보라. 여자는 거울 앞에 앉았을 때 가장 행복하다. 자아에 도취된다. 몇 시간이고 거울 앞에 앉아 단장을 한다. 지나치게 자신의 몸을 집착하는 것이다. 거울 앞에서 몸단장을 하는 게 잘못이라는 말은 아니다. 문제는 과도한 집착이다. 이와 같이 첫째 유형의 사람은 지나치게 몸을 집착한 나머지 자신은 몸이 아니라 몸을 초월한 존재라는 것을 잊어버린다. 그는 초월의 세계를 망각한다. 몸이 자신의 전부라고 생각한다. 그가 몸을 소유한 게 아니라 몸이 그를 소유한 상태인 것이다. 이런 사람이 첫째 유형에 속한다.

둘째 유형의 사람은 첫째 유형의 사람과 정반대이다. 둘째 유형의 사람도 강박적인 집착을 보여주지만 그 집착은 첫째 유형과 완전히 다르다. 그는 육체를 싫어하고 혐오한다. 그는 앞에 놓인 거울을 부숴버린다. 무수한 방법을 동원

---

4)마하비라(Mahavira, BC 599-527): 본명은 바르다마나(Vardhamana). 자이나교를 일으킨 24명의 티르탕카라(Tirthankara, 완전히 깨달은 스승) 가운데 마지막 인물이며 자이나교의 개혁자.

하여 자신의 육체를 학대한다. 자신의 육체를 증오하는 것이다. 첫째 유형의 사람은 육체를 지나치게 사랑하며, 둘째 유형의 사람은 정반대로 육체를 지나치게 증오한다. 자신의 육체를 죽도록 미워한다.

둘째 유형의 사람들은 주로 요기로 가장하지만 결코 요기가 될 수 없다. 요기는 자신의 육체를 미워하지 않는다. 요기에게는 육체를 반대하는 문제가 생기지 않는다. 미움은 마음에 불순함을 낳기 때문에 요기는 육체를 미워하는 마음은 어리석다는 것을 너무나 잘 안다. 이는 대상이나 육체를 미워하는 문제가 아니다. 어떠한 대상이 되었든 미움은 마음에 불순함을 낳는다. 그래서 요기는 자신의 육체도 미워하지 않는다. 물론, 바라나시[5]에 가면 못으로 된 침상 위에 누워 자신의 몸을 괴롭히는 비정상적인 요기들을 볼 수 있다. 이 유형의 사람은 거울 앞에서 자아에 도취되어 시간 가는 줄 모르는 여성과는 정반대이다.

이들 두 유형 사이, 정확히 중앙에 파탄잘리가 주굽사라고 부르는 제3의 유형이 존재한다. 이 유형의 사람은 자신의 몸을 지나치게 사랑하지도, 지나치게 혐오하지도 않는다. 그는 균형을 유지한다. 그는 세상을 사는 데 몸이 귀중한 도구임을 잘 안다. 그래서 몸을 잘 돌본다. 그는 몸을 성스러

---

5)바라나시(Varanasi): 인도 우타르 프라데쉬(Uttar Pradesh) 주의 갠지스강 연안에 위치하며, 힌두교의 7개 성지(聖地) 가운데 으뜸으로 꼽는다.

운 신전으로 생각한다. 우리의 몸은 신이 지어주신 것이다. 신이 지은 것은 모두 성스럽다. 몸은 신이 거주하는 사원으로, 몸을 비난해서도 안 되며 지나치게 탐닉해서도 안 된다.

신전은 겉모습으로 남아서도 안 되고 지성소(至誠所)가 되어서도 안 된다. 지성소는 신전의 가장 깊은 곳에 있는 중심이다. 신전의 겉모양을 경배할 필요도 없고, 반대로 신전을 파괴하려고 들 필요도 없다.

진정으로 필요한 것은 동일시의 파괴다. 모름지기 이렇게 알아야 할 것이다. '나는 몸 안에 있지만 몸을 초월한 존재이다. 나는 몸 안에 있지만 내가 몸은 아니다. 나는 몸 안에 있지만 몸에 갇혀 있지 않다. 나는 몸 안에 있지만 동시에 몸을 초월해 있다.' 몸은 감옥이 아니라 아름다운 집이 되어야 한다. 인간은 몸에게 감사할 줄 알아야 한다. 몸과 싸우지 말라. 몸과 싸우는 일은 어리석고 유치한 일이다. 몸은 이용해야 할 대상이요 바르게 선용해야 할 대상이다.

내가 주굽사를 번역한다면 '요기는 몸이라는 미몽에서 깨어난다.'라고 하겠다. 주굽사는 미몽에서 깨어나는 것이지 혐오하는 것이 아니다. 주굽사라는 유형의 사람은 몸을 통해 수행자가 찾는 지복을 누릴 수 있다고 생각하지 않는다. 또 반대로 몸을 파괴해야 지복을 누릴 수 있다고도 생각하지 않는다. 주굽사의 사람은 이중성을 내려놓는 사람이다. 그는 객(客)으로 몸에 거주하며 몸을 신전으로 여긴다.

청정함을 얻으면
요기는 몸의 미망에서 깨어나고
타인의 몸과의 접촉을 멀리한다.

  몸을 집착하는 사람은 항상 타인의 몸과의 접촉을 갈망한
다. 사람들은 타인의 몸과의 접촉을 사랑이라 부르지만 이
는 사랑이 아니라 정욕이다. 인간의 몸은 홀로 존재할 수 없
기 때문에 항상 타인의 몸을 원한다. 인간의 몸은 타인의 몸
과 네트워크를 형성하며 존재한다.

  태아는 어머니의 자궁 속에서 9개월을 지내다가 세상에
나온다. 어머니의 뱃속에 있는 9개월 동안 태아는 어머니의
몸에서 모든 영양분을 공급받는다. 마치 나무에서 가지가
자라듯 아기는 어머니의 몸에서 자란다. 때가 되어 어머니
의 자궁에서 나온 후에도 아기는 어머니와 긴밀한 관계를
유지한다. 아기는 어머니의 가슴에서 젖을 빨 뿐만 아니라
어머니의 몸에서 나오는 따뜻한 기운을 흡수한다. 어머니의
따뜻한 기운을 제대로 흡수하지 못한 아기는 건강하게 자라
지 못한다. 몸에 병을 달고 다닐 수 있다. 밥이나 우유, 각종
영양분 등 필요한 모든 것을 받는다 해도 아기가 어머니의
따뜻한 에너지를 받지 못하면, 어머니의 따뜻한 사랑을 받
지 못하면…….

  사랑의 감정 없이 상대와 접촉하면 열기만 전달될 뿐 따

뜻한 기운은 소통되지 않는다. 열기가 사랑을 통과하면 따뜻한 기운이 되는데, 열기와 따뜻함은 질적으로 전혀 다르다. 따뜻함은 따뜻한 기운과 따뜻한 사랑을 말한다. 따라서 따뜻함은 단순한 열이 아니다. 최근 이와 관계된 많은 실험들이 진행되고 있다. 한 실험에서는 아기를 난방이 잘된 방에서 체온에 필요한 열을 제공해 지켜보았다. 그 결과 아기는 건강하게 자라지 못했다. 아기에게는 어머니의 몸에서 나오는 미묘한 사랑의 에너지가 필요했던 것이다. 자신이 상대에게 받아들여진다는 느낌, 사랑받는다는 느낌, 자신이 필요한 존재라는 느낌 등을 어머니의 몸에서 받는 것이다. 그렇게 아기는 어머니의 따뜻한 기운을 받아 이 땅에 뿌리를 내린다.

이러한 이유 때문에 일생 동안 남자는 여자의 몸을, 여자는 남자의 몸을 쫓아다닌다. 인간은 이성(異性)에게 서로 끌린다. 인간의 몸이 반대편의 에너지를 필요로 하기 때문이다. 몸의 음양이 긴장과 에너지를 창조한다. 인간은 이를 영양분으로 흡수하여 건강하게 성장한다.

이는 자연스런 현상이다. 아무런 문제가 없다. 비폭력과 무소유, 참된 마음 등을 통해 나날이 청정해지는 사람은 의식의 초점이 '몸에서 존재로' 이동한다. 참나는 언제나 완전한 홀로 있음 속에 머문다.

뿌리 깊이 몸을 집착하는 사람은 자유로워질 수 없다. 집착은 다양한 형태의 속박과 질곡을 낳는다. 남자를 사랑하고 여자를 사랑할지 모르지만 인간의 내면 깊은 곳에서는 상대를 거부하는 마음이 존재한다. 상대는 나를 구속하는 존재이며 그로 인해 관계가 상처 입을 것임을 알고 있기 때문이다. 관계는 자양분을 공급하면서 동시에 사람을 속박한다. 인간은 관계 속에서 살 수 없고 관계를 떠나서 살 수도 없다. 이것이 모든 이성의 문제다. 떨어져 살 수도 없고 같이 살 수도 없고…… 떨어져 있을 때는 상대를 생각하고 함께 있을 때는 떨어짐을 그리워한다.

왜 이런 현상이 발생하는가? 그 발생 구조는 사실 간단하다. 사랑하는 여자가 곁에 없으면 남자는 여인의 몸에서 나오는 따뜻한 기운을 갈구한다. 여인의 기운은 남자의 존재에 영양분이 되어주기 때문이다. 사랑하는 여인과 함께 있으면 여인의 따뜻한 기운으로 말미암아 남자의 영혼은 목말라 하지 않는다. 그러다 얼마 지나지 않아 포만감을 느끼다가 물리게 된다. 상대의 따뜻함을 너무 많이 흡수한 것이다. 이때는 서로 떨어져 혼자 있고 싶어진다. 함께 사는 남녀는 항상 이렇게 생각한다. '혼자 있으면 얼마나 좋을까!' 그래서 혼자 있다 보면 이번에는 상대의 존재가 그리워진다. 그리고 수많은 상상을 한다. '함께 있으면 얼마나 황홀할까!'

인간의 몸은 함께 있음을 필요로 하며, 인간의 영혼은 홀로 있음을 필요로 한다. 이것이 문제다. 내면 가장 깊은 곳에 있는 영혼은 홀로 존재할 수밖에 없기 때문이다. 하늘을 향해 우뚝 솟은 히말라야 정상처럼 영혼은 홀로 존재한다. 영혼은 홀로 있을 때 성장하며 몸은 함께 있을 때 성장한다. 인간의 몸은 사람들과 따뜻함, 클럽, 사회, 조직을 필요로 한다. 많은 사람들과 있으면 몸은 생기를 띤다. 그러나 영혼은 굶주림을 느낀다. 홀로 있음을 섭취해야 하는 것이다. 홀로 있음 속에 영혼은 완벽해진다. 하지만 몸은 관계의 굶주림을 느낀다.

삶 속에서 이를 이해하지 못하는 사람은 대단히 불행한 사람이다. 불행할 필요가 전혀 없는데도 말이다. 이를 잘 이해하면 몸의 요구와 영혼의 요구를 충족시키는 하나의 리듬을 창조해낼 수 있다. 때로 관계를 갖고 때로 그 관계에서 나온다. 때로 함께 살고 때로 홀로 산다. 때로 타인이 전혀 필요없는 홀로 있음의 정상을 누린다. 홀로 있음과 함께 있음의 리듬을 터득하라.

몸에서 영혼으로, 물질에서 비물질로, 보이는 것에서 보이지 않는 것으로, 기지(既知)에서 미지(未知)로, 이 땅에서 신의 경지로 의식의 초점을 옮기는 것, 이것이 바로 요가라는 것이다. 거기에 어떤 이름을 붙이는가는 중요하지 않다. 문제는 초점의 변화이다. 초점이 완전히 변하면 홀로 있음 속에 행복과 지복이 넘쳐흐른다. 그리고 타인의 몸에 대한 갈망이 서서히 사라진다.

요기가 청정의 경지에 도달하면 몸의 환영에서 깨어난다. 자신이 그토록 찾았던 천국도 몸을 통해서 성취할 수 없으며, 자신이 오매불망 꿈꾸어왔던 지복도 몸을 통해 가능하지 않다는 사실을 깨닫는다. 몸으로는 불가능하다. 유한한 것을 통해서는 무한한 세계에 도달할 수 없다. 인간은 물질을 통해서 영원과 불사의 세계에 들어가려고 기를 쓴다. 몸에는 아무런 문제가 없다. 문제는 인간의 노력에 있다. 자신의 몸에 화를 내지 말라. 몸은 아무런 잘못도 하지 않았다. 이는 마치 눈으로 소리를 들으려는 노력과 같다. 눈에는 아무런 문제가 없다. 문제는 눈으로 소리를 들으려는 노력에 있다. 눈은 보라고 있지 들으라고 있지 않다. 몸은 물질로 만들어졌다. 물질이 비물질로 만들어진 게 아니다. 몸은 죽음으로 만들어졌다. 몸은 죽음을 넘어선 존재가 아니다. 몸을 통해 불사의 세계로 들어가고자 하는 것은 불가능하다. 그런 것을 구하지 말라.

이런 깨우침이 곧 환영에서 깨어남이다. 요기는 몸을 통해 무엇이 가능하고 무엇이 불가능한지를 안다. 몸을 통해 가능한 것은 구한다. 몸을 통해 가능하지 않은 것은 구하지 않는다. 그는 화를 내지 않는다. 몸을 혐오하지도 않는다. 몸은 징검다리가 될 수 있고 영원으로 통하는 문이 될 수 있다. 영원 자체는 될 수 없지만 문은 될 수 있다. 그래서 요기는 몸을 잘 관리한다.

몸의 환영에서 깨어나면 "타인의 몸과의 접촉을 멀리한다." 타인의 몸과 접촉하고자 하는 갈망이 점점 시들어간다. 이럴 때 인간은 진정으로 어머니의 자궁에서 나온다. 세상에 태어날 때는 진정한 인간의 존재로 나오는 게 아니다.

요기에게는 타인의 몸과 접촉하고자 하는 욕망이 사라진다. 그리고 진정으로 다시 태어난다. 인도에서는 다시 태어난 사람을 드위즈(dwij)라고 부른다. 이것이야말로 거듭남이요 참된 탄생이다. 거듭난 사람은 이제 타인을 필요로 하지 않는다. 그는 스스로 초월의 빛이 된 것이다. 이제 그는 땅 위를 떠다니고 하늘을 날아다닌다. 그의 뿌리는 더 이상 땅에 있지 않다. 그는 꽃이 된다. 아니다, 꽃이 아니다. 꽃마저도 땅에 뿌리를 내리고 있으니, 그는 꽃의 향기가 된다. 대자유인이 된다. 땅의 뿌리를 거두어들이고 하늘을 향해 비상한다. 타인의 몸과 접촉하고자 하는 욕망이 사라진다.

정신의 청정함에서 희열과 집중력,
감각의 제어력, 자아에 대한 직관력 등이 생긴다.

이렇게 타인과의 접촉이 필요없어진 사람은 자유와 지복을 누린다. 희열 속에서 삶을 찬미한다. 매 순간이 깊은 희열로 넘친다. 육체에 더 많이 뿌리를 내릴수록 삶은 그만큼

비참해진다. 육체는 거칠기 때문이다. 육체는 물질이며 무겁다. 인간은 육체를 초월할수록 가벼워진다. 예수는 제자들에게 이렇게 말했다. "나를 따르라. 나의 짐은 가볍다. 수고하고 무거운 짐 진 자들아 다 내게로 오라. 나의 짐은 가볍다."

"정신의 청정함에서 희열 등이 생긴다." 항상 슬프고 우울하고 불행한가. 항상 무거운 짐을 지고 있는 것 같은가. 그러나 우리가 불행에 대해 직접 할 수 있는 것은 없다. 설사 무엇을 한다 해도 허사로 돌아간다. 슬픔이나 불행은 병이 아니다. 병의 증상일 뿐이다. 동양에서는 이렇게 본다. '인간은 마음 깊은 곳에서 육체를 지향한다. 이것이 병이다.' 따라서 문제는 어떻게 하면 어둠을 몰아낼 수 있으며, 어떻게 하면 자신을 행복하게 만들 수 있느냐가 아니다. 문제는 어떻게 하면 육체에 대한 집착을 떼어낼 수 있으며, 어떻게 하면 육체와 얽히고설킨 것을 풀어낼 수 있느냐이다.

매일같이 사람들이 내게 찾아와 이렇게 하소연한다. "우리의 삶은 슬프고 불행합니다. 매일 아침 눈을 뜨면 또 다른 절망의 하루가 우리를 기다리고 있습니다. 아무런 희망 없이 밖으로 나갑니다. 살 만큼 살았지만 아직도 불행한 나날이 되풀이되고 있습니다. 어떻게 하면 좋을까요? 슬픔과 불행에서 빠져나올 수 있는 방도가 있다면 알려주십시오." 다시 말하지만 우리가 불행에 대해 직접 할 수 있는 것은 아무것도 없다. 다만 간접적으로 할 수 있을 뿐이다.

　불행은 하나의 증상이다. 원인이 아니라는 말이다. 증상만을 치료하면 병의 뿌리를 뽑을 수 없다. 원인을 제거해야한다. 그 원인은 인간이 육체에 뿌리를 박고 있는 것이다. 육체에 뿌리를 박고 있는 만큼 슬프고, 육체에 뿌리를 떼어낸 만큼 기쁘다. 육체에서 뿌리를 완전히 떼어내면 인간은 하늘을 나는 향기가 된다. 지복이 넘쳐흐른다. 예수가 말하는 복받은 자가 된다. 붓다가 말하는 열반이 된다. 마하비라는 이를 케이발리아(kaivalya)라 했다. 실로 정확한 표현이 아닐 수 없다. 이는 '홀로 있음(獨存)'이라는 뜻이다. 모든 속박에서 벗어나 완전히 홀로 존재한다. 이제 아무것도 필요하지 않다. 스스로 충만한 존재가 된 것이다. 이 경지가 요가의 목적이다. 그러나 매우 주의 깊게 나아가야 한다. 증상에 매이지 않고 주의 깊게 계속 나아가면 목적을 성취할 수 있다.

　증상을 치료하지 말라. 증상에 매달리면 시간만 낭비할 뿐이다. 항상 원인 속으로 들어가라.

　이는 가설도 이론도 아니다. 요가는 어떤 이론도 믿지 않는다. 파탄잘리는 철학가가 아니다. 그는 내면세계의 과학자다. 그는 무수한 요기들이 경험한 것만을 토대로 말한다. 여기에는 단 하나의 예외도 존재하지 않는다. 일상생활을 하면서 지켜본 적이 있는가? 기쁨이 넘칠 때 살펴보면 몸을 의식하지 못하고 있음을 알 수 있다. 인간은 누구나 기쁨이 넘치면 몸을 기억하지 않는다. 하지만 슬플 때를 살펴보라. 슬픈 사람은 결코 몸을 잊지 못한다.

아유르베다[6]에서 내리는 건강에 대한 정의는 더없이 심오하다. 세상의 어느 의학을 뒤져봐도 그와 같은 정의를 찾을 수 없다. 서양의학은 사실 건강의 정의를 제대로 내리지 못한다. 기껏해야 이렇게 말할 뿐이다. "질병이 없는 상태가 건강이다." 이는 건강에 대한 정의라고 볼 수 없다. 이는 부정적인 정의이지 긍정적인 정의가 아니다. 그러나 아유르베다는 이렇게 말한다. "몸을 느끼지 않는 상태가 건강이다." 참으로 심오한 말이 아닐 수 없다. 인도에서는 이를 비데하(videha)라고 한다. 비데하는 자신의 몸이 없는 것처럼 느끼는 상태를 말한다.

평상시 자신을 살펴보면 알 수 있다. 머리는 두통이 있을 때 느낀다. 두통이 없을 때는 머리의 존재를 의식하지 않는다. 두통이 머리의 존재에 대한 의식을 불러오는 것이다. 그렇지 않으면 평소에 머리의 존재를 의식하지 않는다. 머리를 계속 의식한다면 뭔가 문제가 있는 것이다. 호흡이 건강

---

6)아유르베다(Ayurveda): 인도 전통의학. 3개의 도사(dosa: 怖), 즉 바유(vayu: 風), 피타(pitta: 熱), 카파(kapha: 冷)가 균형을 이룰 때가 건강한 상태라 하여, 생약 등에 의한 균형을 도모하는 것이 치료의 원칙이다. 인도에서는 5년제 대학에서 이에 대한 교육과 연구가 이루어지고 있다.

하면 호흡을 전혀 의식하지 않는다. 호흡에 문제가 생기면, 예를 들어 천식이나 기관지염 등이 생기면 호흡을 의식하게 된다. 천식이나 기관지염이 생겨서 가래가 끓거나 숨이 가빠지면 자신의 호흡을 계속 의식하게 된다. 오래달리기를 하면 다리가 피곤해지고 다리가 계속 의식된다. 신체의 특정 부위에 문제가 생기면 그 부위를 계속 의식하게 되지만, 모든 부위가 정상으로 기능을 하면 몸 자체를 잊는다.

이렇듯 몸을 느끼지 않는 상태가 건강이다. 자신의 몸을 완전히 잊은 사람은 건강한 사람이다. 누가 몸을 완전히 잊을 수 있는가? 오직 요기만이 완전히 잊을 수 있다.

"정신의 청정함에서 희열과 집중력 등이 생긴다." 사람들은 몸에 뿌리내린 채 집중하려고 한다. 그러면 집중은 대단히 어려워진다. 거의 불가능해진다. 단 1분도 집중하기 힘들어진다. 마음이 요동치고 오만 가지 생각들이 떠오른다. 그리고 백일몽이 시작된다. 이런 삶은 뭔가에 집중하고자 할 때마다 집중이 되지 않아 고생한다. 몸에 지나칠 정도로 뿌리를 박고 있기 때문이다. 몸을 통해 사물을 보면 집중은 불가능하다. 몸을 넘어서 볼 때 집중은 보다 쉬워지는 법이다. 집중의 힘은 몸과 의식이 맑아진 청정한 사람에게 찾아온다.

"감각의 제어력……" 감각을 제어할 수 있는 힘은 결과로 온다. 감각을 제어하는 것은 수행의 대상이 아니다. 감각을 제어하기 위해 아무리 수행을 한다 해도 인간은 이를 성취할 수 없다. 감각의 제어는 그냥 '일어나는' 것이다. 뿌리에 해당하는 원인을 제거했을 때, 더 이상 몸과 동일시하지 않을 때 저절로 찾아오는 것이다. 몸과 동일시하지 않으면 모든 감각은 자신의 손안에 들어온다. 자신이 생각하고 싶을 때 생각하고, 생각하고 싶지 않을 때 생각하지 않는다. 이제 감각은 기계가 되어, 자신이 끄고 싶을 때 끄고 켜고 싶을 때 켤 수 있다.

하지만 먼저 감각의 주인이 되어야 한다. 주인이 되지 못한 채 감각을 지배하려고 들면 더 많은 혼란과 말썽이 생긴다. 감각을 억눌러서 지배하려고 들면 패배의 연속이다. 감각은 계속 주인 노릇을 할 것이다. 이는 감각을 이기는 길이 아니다. 감각을 이기는 길은 나와 몸과의 동일시를 끊어버리는 것이다. 나는 몸이 아님을 깨달아야 한다. 그리고 마음도 아님을 깨달아야 한다.

주변에서 일어나는 모든 일을 지켜볼 수 있어야 한다. 몸이 존재한다. 이는 첫 번째 원이다. 다음, 마음이 거기 존재한다. 이는 두 번째 원이다. 그 다음 가슴이 존재한다. 이는 세 번째 원이다. 이들 세 원 너머에 중심이 있고 참나가 있다. 자신의 중심에 뿌리내리면 세 원은 자동적으로 나를 따라온다. 그러나 중심에 뿌리를 내리지 못하면 내가 세 원을 따라다녀야 한다.

"감각의 제어력, 자아에 대한 직관력 등이 생긴다." 존재의 중심에 뿌리를 내려 참나를 실현한다. 사람은 모두들 참나를 실현하고 싶어하면서도 수행의 과정은 싫어한다. 수행의 과정에서 영적으로 성숙하기를 꺼린다. 모두들 꿈과 같은 요술이 일어나기를 바란다. 사람들은 나를 찾아와 이렇게들 말한다. "제가 참나를 깨달을 수 있도록 축복을 내려주십시오." 그렇게만 될 수 있다면야 왜 한 사람, 두 사람만 축복해주겠는가? 그럴 수만 있다면 온 세상을 다 축복해주겠다. 도매로 축복을 내려주고 온 세상을 깨닫게 하자! 하지만 그럴 수 있다면 붓다가 이미 그 일을 했을 터이고 마하비라가 이미 했을 터이다. 그리고 세상이란 책을 덮었을 것이다.

　도매로 축복을 내려주는 것은 가능하지 않다. 아무도 축복을 내려줄 수 없다. 인간은 모두 스스로 축복을 캐내야 한다. 깊은 수행의 과정을 모두 통과해야 하고, 자신을 송두리째 변화시켜야 하고, 축복을 받아들일 준비가 되고, 그리고 바른 그릇이 되어야 한다. 그렇지 않고 어느 순간 느닷없이 준비가 되지 않은 사람에게 축복이 내린다면 그는 충격을 받을 것이다. 충격을 받을 뿐, 아무런 도움을 받지 못할 것이다. 내면이 산산이 부서지고 심지어는 미칠 수도 있다. 가령 '나'라는 가느다란 전선에 수만 볼트의 전류가 갑자기 흐른다고 생각해보라. 그러면 공포뿐이다. 퓨즈가 나가고 죽을 것이다.

먼저 청정의 경지를 이루어야 하며, 몸과 마음과의 동일 시를 끊어야 한다. 또한 관조의 경지를 어느 수준 성취해야 한다. 그런 다음에야 자신이 한 만큼 참나를 알 수 있는 것이다. 참나의 경지를 공짜로 얻을 수는 없다. 그에 걸맞은 값을 지불해야 한다. 자신의 존재로 지불해야 한다. 물질로 지불해서는 아무런 도움이 되지 않는다. 자신의 존재로 지불해야만 참나의 실현을 준비할 수 있다.

만족할 줄 알 때 무상락(無上樂)을 누린다.

마지막으로 정신의 청정함에서 만족이 생긴다. '만족'이라는 말은 참으로 심오한 말이다. 이를 잘 이해하고 느끼고 온몸으로 흡수해야 한다. 만족이라 함은 자신이 어떠한 상황에 처해 있든 아무런 불평 없이 있는 그대로 받아들이는 것이다. 불평하지 않고 그냥 받아들일 뿐 아니라 주어진 것에 감사하고 기뻐하는 것이다. 이 순간은 완벽한 것이다. 마음이 이 순간에서 벗어나지 않을 때, 다른 시간을 구하지 않을 때, 다른 장소를 구하지 않을 때, 다른 존재의 방식을 요구하지 않을 때, 어떠한 것도 구하지 않을 때, 구하는 마음을 놓을 때 나무에서 새들이 노래하는 것처럼, 꽃이 피어나는 것처럼, 별들이 춤추는 것처럼 지금 여기에서 기뻐한다. 바로 지금 이 순간이 모든 것이요 전체요 완벽함이다. 여기에 더 보탤 게 없다. 미래를 내려놓고 내일을 내려놓을 때 만족이 찾아온다. '지금'이 유일한 시간이요 영원이 될 때 만족이 찾아온다. 파탄잘리는 말한다. "만족할 줄 알 때 무상락을 누린다."

그렇다, 인간은 만족할 줄 알 때 무상락, 즉 더없는 기쁨을 누릴 수 있다. 만족이야말로 요기에게 더없이 소중한 수행이다. 무릇 요기라면 만족을 터득해야 한다. 아무것도 자신의 내면에 불만도 동요도 일으키지 못할 때, 아무것도 자신을 중심에서 밀어내지 못할 때 지고한 행복, 무상락이 찾아온다.

인간은 빙산과 같은 존재이다. 인간 존재의 일부분만이, 그것도 아주 조그만 부분만이 수면 위로 드러난다. 대부분의 중요 부분은 수면 밑에 있어 보이지 않는다. 인간은 나무와 같은 존재이다. 가지들만이 땅 위로 보이지만 진정 중요한 생명은 땅속의 뿌리에 있다. 나무의 가지를 자르면 새로운 가지가 돋아난다. 때문에 가지는 근원이 아니다. 뿌리가 나무의 근원이다. 마찬가지로 인간 존재의 극히 일부분만이 표면에 보인다. 대부분은 표면 아래 숨겨져 있다. 보이는 부분이 인간의 전체라고 생각한다면 이는 커다란 착각이다.

이렇게 착각하면 인간의 신비를 전부 놓친다. 자신의 내면에 있는, 신성으로 열린 문을 놓친다.

어떤 사람의 이름이나 출신, 직업, 얼굴 등을 알기 때문에 그를 안다고 생각하는 사람은 깊은 미망 속에 사는 사람이다. 이들은 표면에 나타난 겉모습일 뿐이다. 진짜 모습은 겉모습 너머 깊은 곳에 있다. 겉모습만으로 사람을 대하면 상대를 결코 알지 못한다. 물론 사회생활에서는 이름과 겉모양만 알면 그만이다. 세상을 살아가는 데는 이런 표피적인 지식만으로도 충분하다. 하지만 사람을 진정으로 알고 싶다면 깊이 들어가야 한다. 깊이 들어갈 수 있는 유일한 길은 먼저 자신의 내면으로 들어가는 것이다.

자신의 내면에 있는 미지의 것을 알지 못하면 결코 타인을 알 수 없다. 인간의 신비를 알 수 있는 유일한 길은 자신의 내면에 존재하는 신비를 먼저 아는 것이다. 내면에는 수많은 신비의 층들이 그대를 기다리고 있다. 인간은 무한한 존재이다. 자신의 내면으로 깊이 들어가면 존재계와 타인 속으로 들어갈 수 있다. 모든 존재의 중심은 하나이기 때문이다. 주변은 수억이지만 중심은 하나이다.

인간은 육체를 너무나 잘못 사용했다. 육체를 너무나 잘못 다루었다. 그래서 인체의 신비를 모른다. 피부나 뼈나 피가 인체의 전부가 아니다. 인체는 모든 것을 아우르는 통합체, 역동적인 유기체이다.

인간의 존재 안에 감추어진 신비는 헤아릴 수 없을 만큼 많다. 우리의 육체는 여러 신체의 첫 번째 층에 불과하다. 인간에게는 7개의 신체가 존재한다. 육체 안으로 깊이 들어가면 새로운 현상들을 만난다. 인간의 육체 이면에는 여러 신비체들이 감춰져 있다. 신비체들이 깨어나면 새로운 차원이 열리면서 신비한 힘들을 얻는다. 침대에 누워서도 신비체를 이용하여 세상을 돌아다닐 수 있다. 신비체에게는 어떤 장벽도 존재하지 않는다. 지구의 중력마저도 신비체를 당기지 못한다. 시간과 공간의 장벽도 사라진다. 마음만 먹으면 전세계 어느 곳이나 갈 수 있다.

물질로 이루어진 육체는 인간 존재의 표피에 해당하는 신체이다. 신비체 뒤에 신비체, 그 뒤에 또 다른 신비체, 이렇게 하여 모두 7개의 신비체가 존재한다. 7개의 신비체들은 각각 존재의 7차원과 연결된다. 자신의 존재 속으로 깊이 들어가면 갈수록 육체가 전부가 아님을 깨닫는다. 우리는 육체가 완전히 청정해졌을 때 제2의 신체를 만난다.

요가는 육체의 가학도 피학적인 행위도 믿지 않는다. 요가는 육체의 정화를 믿는다. 얼핏 육체를 정화하는 것과 가학하는 것이 종종 비슷해 보이기도 한다. 따라서 둘 간의 차이를 명확하게 이해할 필요가 있다. 단식의 경우를 예로 들어보자. 어떤 사람에게는 단식이 몸을 학대하는 것이 된다. 그는 자신의 몸에 반하여 단식을 함으로써 몸을 학대한다. 반면에 어떤 사람은 가학적인 마음 없이 몸의 정화만을 위해 단식을 한다. 그는 자신의 몸을 고문하지도, 학대하지도 않는다. 마조히스트[7]가 아닌 것이다. 그는 단식을 통해 깊은 육체의 정화를 이끌어낸다.

인간은 하루도 거르지 않고 식사를 한다. 자신의 몸에 하루도 휴가를 주지 않는다. 그러면 몸에 죽은 세포가 쌓인다. 죽은 세포는 육체에 짐이 된다. 짐이 될 뿐 아니라 몸에 유해한 독소가 되어 인체를 불순하게 만든다. 육체가 불순해지면 육체 너머에 감춰진 신비체들을 볼 수 없다. 육체를 먼저 맑고 깨끗하고 순수하게 해야 한다. 육체가 참으로 청정해졌을 때 어느 순간 제2의 신체를 볼 수 있다. 그리고 제2의 신체가 청정해졌을 때 제3의 신체를 볼 수 있는 것이다.

물론 단식은 인체에 대단한 도움을 주는 것이 사실이다. 하지만 단식이 자신의 몸을 학대하는 행위가 되어서는 안 된다. 육체를 비난하는 마음을 가져서도 안 된다. 세상 종교가 모두 인간의 육체를 비난하기 때문에 많은 문제가 생긴 것이다. 사실 종교의 창시자들은 육체를 비난하지 않았다. 그들 모두는 자신의 육체를 사랑했다. 자신의 육체를 참으

---

7)마조히스트(masochist): 이성(異性)으로부터 정신적·육체적 학대를 받는 데서 성적 쾌감을 느끼는 피학대 음란증 환자.

로 사랑해서 끊임없이 육체를 정화하는 데 온 힘을 기울였다. 그들이 했던 단식은 바로 육체를 정화하기 위한 것이었다.

그런데 종교가 화석화되면서 단식의 심오한 의미에 무지한, 눈먼 신자들이 나타났다. 그들은 맹목적으로 단식을 했다. 그들은 육체에 폭력을 가하는 방법으로 단식을 즐겼다. 인간의 마음은 폭력적이다. 인간의 마음은 폭력을 통해 자신의 우월한 힘을 과시하고 즐긴다. 하지만 타인에 대한 폭력은 항상 위험성을 내포하고 있다. 언젠가 타인은 복수할 것이기 때문이다. 이런 이치를 아는 인간의 마음은 보다 단순한 방법을 찾아낸다. 타인에 대한 폭력 대신 자신의 육체에 폭력을 가한다. 자신의 육체이니 위험성도 없고 복수도 모른다. 육체는 나에게 해를 가할 수 없다. 그래서 교활한 인간의 마음은 자신의 육체에 폭력을 가하기 시작한다. 폭력을 가해도 육체는 아무런 반응을 하지 않는다. 스스로의 육체에 폭력을 가하면서 스스로의 힘을 과시하고 즐긴다. 그리고 육체를 지배한다고 생각한다.

폭력적이고 파괴적으로 단식을 하는 사람은 단식의 핵심을 놓친다. 그러한 단식은 육체를 정화하는 게 아니라 파괴하는 것이다. 거울을 닦는 것과 거울을 깨트리는 것은 전혀 다르다. 거울의 먼지를 닦아 청정하게 했을 때 사물을 명징하게 볼 수 있다. 나 자신을 있는 그대로 비춰 본다. 그러나 거울을 깨트리면 나를 들여다볼 수 있는 가능성이 사라진다. 자신의 육체를 파괴하면 제2의 신비체를 체험할 수 있는 가능성을 상실한다. 결코 육체를 파괴적인 마음으로 대하지 말라. 사랑의 마음으로 육체를 정화하라.

그러면 단식은 어떻게 정화의 기능을 하는가? 사람이 단식에 들어가면 몸은 소화의 일을 하지 않아도 된다. 그래서 몸에 정화가 일어난다. 단식을 하는 동안 몸은 죽은 세포, 즉 독소를 몸 밖으로 배출하는 데 전념할 수 있다. 이는 마치 일주일 내내 이 일 저 일로 바빠서 못했던 집안 청소를 토요일이나 일요일 같은 쉬는 날에 대청소하는 것과 같다. 아무것도 먹는 게 없어 소화의 일을 하지 않아도 되면 몸은 자기 청소를 시작한다. 자기 청소의 과정이 저절로 시작되면서 몸에 필요하지 않는 것, 짐처럼 부담만 되는 것들을 밖으로 배출하기 시작한다. 단식은 하나의 훌륭한 정화 기법이다. 가끔씩 음식을 먹지 않고 일도 하지 않고 쉬면서 하는 단식은 몸에 좋다. 대신 물을 많이 마시면서 푹 쉬어야 한다. 그래야 몸은 정화된다.

때로 길게 단식하고 싶을 때는 길게 해도 좋다. 그럴 때는 몸을 깊이 사랑하는 마음으로 하라. 어떤 식이 됐든 단식이 몸에 해롭다고 느껴질 때는 즉시 중단하라. 단식을 하면서 기운이 나고 원기가 회복되고 몸이 가벼워지면 그 단식은 몸에 좋은 단식이다. 이것이 좋은 단식과 나쁜 단식의 기준이다. 몸에서 에너지가 빠져나가는 것 같고 쇠약해지며 몸이 떨리기 시작하면 이는 좋지 않은 단식이다. 이런 단식에서는 정화가 일어나지 않는다. 몸에 아주 해로운 단식이다. 따라서 이런 현상이 일어나면 즉시 단식을 중단해야 한다.

단식을 하고 싶은 사람은 단식을 제대로 알고 해야 한다. 단식을 오랫동안 해본 사람이나 이를 지도할 수 있는 사람과 더불어 해야 한다. 몸에 좋을 때는 어떤 현상이 일어나며 몸에 해로울 때는 어떤 현상이 일어나는가를 잘 파악하고 있는 사람의 지도를 받아야 한다. 몸을 정화하는 단식을 하고 나면 몸이 맑고 가벼워지며, 활력이 넘치고 마음은 밝아진다. 부담이 되는 짐들을 밖으로 내보냈기 때문에 몸의 모든 기능은 정상을 회복한다. 단식은 식사 습관이 정상적이지 않거나 몸에 이상이 생긴 사람들에게 좋다. 식사 습관이 정상적인 사람은 단식을 할 필요가 없다. 그러나 사실 우리 주위에는 식사를 바르게 하는 사람이 별로 없다.

인간은 자신이 가야 할 길을 잃어버렸다. 어떤 동물도 인간처럼 먹지 않는다. 동물은 모두 자신에게 맞는 것만 골라 먹는다. 소를 들로 끌고 나가 풀어놓아 보라. 소는 항상 먹는 풀만 골라 먹는다. 이것저것 아무거나 다 먹지 않는다. 소에게는 자신만의 식사 습관이 있고 이를 그대로 지킨다. 인간은 음식을 제대로 먹을 줄 모른다. 음식에 대한 올바른 느낌을 상실한 것이다. 인간은 아무거나 되는 대로 먹는다.

맛을 위해 이것저것 다 먹는다. 사실 인간이 먹지 않는 것은 세상에 존재하지도 않는 것 같다. 심지어 어떤 지역에서는 개미도 먹는다. 또 어떤 지역에서는 뱀을 먹기도 하고 개를 먹기도 한다. 인간은 모든 걸 먹는다. 이런 걸 보면 인간은 제정신이 아닌 듯하다. 인간은 무엇이 몸에 맞고 무엇이 몸에 맞지 않는지 모른다. 인간의 마음은 완전히 혼돈 그 자체이다.

자연에 따르려면 인간은 당연히 채식을 해야 한다. 인체가 모두 채식을 위한 구조로 만들어졌기 때문이다. 심지어 과학도 인체 구조를 봤을 때 인간은 채식을 해야 한다는 사실에 동의한다. 인간은 원숭이에서 왔다. 원숭이는 채식을 한다. 완벽한 채식주의자. 다윈이 맞다면 인간은 채식을 해야 한다. 풀을 먹는 동물과 고기를 먹는 동물을 판가름하는 기준이 있다. 장(腸)의 길이가 그것이다. 고기를 먹는 동물의 장은 짧다. 호랑이나 사자의 장은 아주 짧다. 고기는 소화가 쉽기 때문이다. 따라서 고기를 소화하는 데 기다란 장이 필요하지 않다. 동물의 살은 소화를 통해 만들어지기 때문에 소화가 잘된다. 그래서 기다란 장이 필요없다. 하지만 인간의 장을 보면 동물의 장들 중에서 긴 편에 속한다. 이는 곧 인간은 풀을 먹는 동물임을 뜻한다. 기다란 장은 풀을 먹는 동물에게나 필요한 것이다.

원래 육식을 하지 않던 인간이 계속 고기를 먹는다면 몸

은 과부하가 걸릴 것이다. 붓다와 마하비라와 같은 동양의
위대한 명상가들은 모두 채식을 강조했다. 비폭력이란 사상
—이는 부차적인 것—때문이 아니라 명상을 위해서는 몸이
가볍고 맑아야 하기 때문이다. 몸 안에는 무겁고 부담이 되
는 것이 있어서는 안 되는데 육식을 하는 몸은 항상 과부하
가 걸려 있다.

　고기를 먹는 자신의 모습을 지켜보라. 동물을 죽일 때 어
떤 일이 일어나는지 살펴보라. 그 어떤 생명도 죽기를 원하
지 않는다. 모든 생명체는 자신의 생명이 계속 유지되기를
바란다. 인간이 살육하는 동물들 중 어떤 동물도 자신이 원
해서 죽지 않는다. 그것은 인간도 마찬가지다. 사자가 덮칠
때 인간의 마음은 무엇을 생각하겠는가? 인간이 사자를 죽
일 때도 마찬가지다. 고통과 공포, 죽음, 불안, 분노, 포악,
슬픔 등이 살육을 당하는 동물들에게 일어난다. 동물의 몸
전체로 포악과 고통과 분노의 감정이 퍼져 몸 전체에서 독
소가 나온다. 원하지 않는 죽음을 맞이해야 하는 동물의 몸
구석구석에서 독이 흘러나온다. 사람은 독으로 가득 찬 동
물의 고기를 먹고 있는 것이다. 고기의 에너지도 독성을 뿜
는다. 이런 독소와 독성은 인간의 몸과 마음에 유해한 영향
을 준다.

　사람이 먹는 고기는 동물의 살이다. 동물의 몸과 살에는
동물의 의식이 배어 있다. 의식의 차원이 낮은 동물의 고기

를 사람이 먹으면 사람의 몸은 동물의 차원으로 떨어진다. 그러면 사람의 의식과 몸 사이에 균열이 생긴다. 긴장과 불안이 생긴다.

따라서 사람은 자신에게 맞는 자연스런 것을 먹어야 한다. 과일과 견과, 야채를 많이 먹으라. 채식이 참으로 좋은 점은 과식을 안 하게 된다는 것이다. 자연을 따를 때 만족이 온다. 자연스런 것은 나와 나의 몸에 포만감을 주기 때문이다. 이때 우리는 만족한다. 부자연스런 것은 결코 만족감을 주지 못한다. 아이스크림을 많이 먹는다고 배가 부를 것 같은가? 더 먹을수록 더 많이 먹고 싶어진다. 아이스크림은 음식이 아니다. 마음은 유혹에 넘어갈 뿐이다. 이는 몸의 요구에 따라 먹는 것이 아니라 맛을 위해 먹는 것이다. 혀가 몸과 마음 전부를 지배하는 것이다.

혀가 지배자가 되어서는 안 된다. 혀는 위에 대해 아무것도 모른다. 혀는 몸에 대해 아무것도 모른다. 혀에게는 음식을 맛보는 특별한 임무가 있다. 음식이 몸에 좋은지 해로운지 감별하는 것이 혀의 임무이다. 혀는 몸의 정문을 지키는 경비원이지 몸 전체의 주인이 아니다. 문을 지키는 경비원이 주인 노릇을 하면 모든 시스템은 엉망이 될 것이다.

요가의 수련은 사람의 몸에 쌓인 모든 유형의 독소를 배출하는 데 목적이 있다. 요기는 요가의 동작을 통하여 독소들을 배출한다. 그래서 요기의 몸은 유연하다. 요가의 수련법은 여타의 수련법들과는 완전히 다르다. 요가의 수련은 몸을 강하게 만드는 게 아니라 유연하게 만든다. 몸이 유연해질 때 인간의 건강은 증진된다. 몸이 젊어지는 것이다. 몸 전체에 막히는 곳 없이 에너지가 자연스럽게 흐른다. 몸 전체가 깊은 리듬으로 움직이는 유기적인 통일체가 된다. 시장 바닥에서 나는 소음이 아니라 교향악이 된다. 막히는 곳이 없이 깊은 리듬감을 회복할 때 몸은 청정해진다. 요가의 수련은 인간의 몸에 더할 나위 없이 훌륭한 수련이다.

사람들은 배에 온갖 쓰레기를 넣고 다닌다. 배는 감정을 억압할 수 있는, 신체상의 유일한 공간이다. 신체의 다른 부위에서는 감정을 억압하지 못한다. 사람은 어떤 것을 억누르고 싶을 때 배를 이용한다. 아내나 사랑하는 이, 친구가 죽었을 때 울고 싶지만 사람들이 볼까 두려워 참아야 한다. 사내가 여자 때문에 우는 것은 나약하고 별로 좋게 보이지 않는다. 그래서 울음을 꾹꾹 참는다. 울음을 참으면 이 감정은 어디로 가는가? 당연히 배로 가 쌓인다. 배만이 신체에서 유일하게 빈 공간이다. 그래서 사람은 억눌러야 될 감정을 배에 꾹꾹 쌓아놓는다. 사랑과 성욕, 분노, 비탄, 울음, 혹은 웃음까지도 배로 가 쌓인다. 사람은 마음 놓고 배에서 터져 나오듯 웃을 줄 모른다. 그렇게 웃으면 교양이 없거나 무례하게 보일 수 있기 때문이다. 사람은 모든 걸 억압한다. 억압을 하면 호흡이 깊어질 수 없다. 점점 짧아진다. 호흡을 깊게 하면 억눌러 놓았던 상처들이 떠오르기 때문이다. 상처들이 떠오르기 시작하면 무서워진다. 그래서 사람들은 배에 쌓인 억압을 들여다보지 않는다.

막 태어난 아기를 보라. 배로 호흡을 한다. 잠자는 아이를 보라. 배가 올라갔다 내려갔다 하는 모습을 보라. 가슴이 아니다. 아이는 가슴으로 호흡하지 않는다. 배로 호흡한다. 아무것도 억압하지 않았기 때문이다. 그래서 자유롭다. 아이의 배는 비어 있다. 억압이 쌓여 있지 않다. 그 비어 있음은 존재를 아름답게 만든다.

배에 너무나 많은 억압이 들어 있으면 몸은 상체와 하체 두 부위로 나뉘게 된다. 그러면 사람은 하나의 통일체가 아니라 두 부분으로 나뉘게 되고, 하체는 버림을 당한다. 통일성이 사라지고 이중성이 들어온다. 사람의 품위도 아름다움도 사라진다. 몸이 두 개로 갈라져 존재하기 때문에 둘 사이에 갈등이 생긴다. 그러면 걷는 모습마저도 아름답지 않다. 몸이 하나로 존재하면 다리가 사람을 데리고 가는데, 몸이 둘로 갈라지면 사람이 다리를 끌고 가야 한다.

인간은 몸을 끌고 다닌다. 몸이 짐처럼 느껴지는 것이다. 그래서 자신의 몸을 즐기지 못한다. 걷는 것도, 달리는 것도, 수영도 즐기지 못한다. 몸이 하나로 통일되어 있지 못하기 때문이다. 걷고 달리고 수영하고, 이 모든 것을 누리려면 몸이 하나로 통합되어야 한다. 조화로운 유기체가 되어야 한다. 그러려면 배와 위를 완전히 정화해야 한다.

복부를 정화하려면 호흡을 깊게 해야 한다. 숨을 깊이 들이쉬고 내쉬면 복부에 쌓인 것들을 밖으로 배출할 수 있다. 복부는 날숨을 통해 독소를 밖으로 내보낸다. 그래서 프라나야마, 즉 조식(調息)이 그토록 중요한 것이다. 복부에 쌓인 것들을 모두 배출할 수 있도록 날숨에 중점을 두라.

복부에 쌓인 감정이 배설되면 가벼운 병이 낫는 경우도 있다. 변비가 사라지기도 한다. 복부에 감정을 억눌러 놓으면 변비가 생긴다. 장이 활발하게 기능을 하지 못하기 때문이다. 장도 스스로 자유롭게 움직일 수 있어야 하는데 복부에 감정이 억압되어 있으면 사람에 의해 지나치게 통제당한다. 그래서 감정을 억압하면 변비가 생긴다. 변비는 몸에 관계된 병이라기보다는 정신에 관계된 병이다.

나는 지금 몸과 마음을 둘로 나누고 있는 것이 아니다. 둘은 같은 현상의 두 가지 다른 모습이다. 몸과 마음은 분리되어 있지 않다. 사실 '몸과 마음'이라는 표현은 적절치 못하다. '몸마음(心身)'이라고 하는 게 정확한 표현이다. 인간의 몸은 심신상관적 현상이다. 마음은 몸의 신비한 부분이요 몸은 마음의 물질적인 부분이다. 서로 깊이 연관되어 있으면서 서로 깊이 영향을 준다. 마음에 뭔가를 억압하면 몸도 억압의 과정을 밟기 시작한다. 마음이 좋지 않은 것을 배출하면 몸도 좋지 않은 것을 배출한다. 그래서 나는 카타르시스[8]를 대단히 중요하게 여긴다. 카타르시스는 정화의 과정이다.

단식과 자연스런 식사, 깊고 리드미컬한 호흡, 요가 수련, 자연스럽고 유연한 삶, 감정을 억압하지 않는 태도, 몸이 스스로의 지혜를 발휘할 수 있도록 몸에 자유를 부여하는 일, 이들이 참다운 고행이다.

"고행이 불순함을 없애면……." 나는 방금 언급한 것들을 참된 고행이라고 부른다. 고행은 몸을 학대하는 것이 전혀 아니다. 고행은 몸 안에 살아 있는 불을 일으켜 몸을 정화하는 것이다. 이는 금을 불속에 집어넣는 것과 같다. 금이 불속으로 들어가면 금이 아닌 것들은 모두 타 없어지고 순수한 금만 남는다.

고행이 불순함을 없애면
육체와 감각기관이 온전해지고
초자연력이 깨어난다.

몸이 청정해지면, 새로운 에너지가 솟아나고 새로운 차원

---

8)카타르시스(catharsis): 정신 분석에서 마음속에 억압된 감정의 응어리를 언어나 행동을 통하여 외부에 표출함으로써 정신의 안정을 찾는 일을 가리킴.

이 열리며 새로운 가능성의 문들이 열린다. 인간의 육체에 잠재된 힘은 엄청나다. 일단 잠재된 힘이 드러나기 시작하면 그 힘은 믿기 힘들 정도로 엄청나다. 육체에는 엄청난 것들이 잠재되어 있다.

모든 감각들 뒤에는 숨은 감각이 있다. 눈 뒤에는 숨은 눈이 있고 숨은 직관이 있다. 눈이 정화되어 청정해지면 사물의 표면만을 보지 않는다. 사물의 깊이를 들여다보기 시작한다. 새로운 차원이 열리는 것이다. 일반인은 사람들의 오라[9]를 보지 못한다. 상대의 육체만을 볼 뿐, 그 너머에 있는 것을 보지 못한다. 신묘한 오라가 인간의 육체를 둘러싸고 있다. 사람의 몸 주위로 빛이 방사되고 있다. 그 오라의 색깔은 사람마다 다르다. 사람은 누구나 눈이 맑아지면 오라를 볼 수 있다. 오라를 보면, 상대에 대해 알 수 없었던 많은 것을 알 수 있다. 상대는 나를 속일 수 없다. 그것은 불가능하다. 오라가 그의 존재를 낱낱이 드러내기 때문이다.

정직하지 못한 성격을 상징하는 오라를 지닌 사람이 와서 '나는 정직한 사람이요'라고 주장한다고 치자. 그는 속일 수 있을지 모르지만 그의 오라는 속이지 못한다. 인간은 오라를 조정할 수 없기 때문이다. 오라를 바꾸는 일은 불가능하다. 정직한 사람의 오라 색깔과 정직하지 않은 사람의 오

---

9)오라(aura): 물체에서 다양한 색채로 발산되는 영적인 기운.

라 색깔이 다르다. 청정한 사람의 오라 색깔은 순백색으로, 사람이 청정함을 잃기 시작하면 오라의 색깔은 회색으로 변한다. 사람이 청정함을 상실하고 불순해지면 오라는 점점 검은색 쪽으로 바뀐다. 그래서 완전히 부정직한 사람의 오라는 완전 검은색이다. 또한 오라의 색은 사람의 감정 변화에 따라 변한다. 상대의 오라를 단 몇 분만 지켜보아도 오라의 색이 변하는 것을 알 수 있다. 인간은 혼돈 속에 있다. 인간은 본래 자기 안에 정착하지 못한 존재이다. 수시로 바뀌는 오라가 그것을 증명한다.

명상적인 사람의 오라는 차분하게 가라앉아 있다. 침묵의 분위기를 자아낸다. 근심이나 걱정에 파묻힌 사람의 오라는 들떠 있다. 설령 긴장에 파묻힌 사람이 얼굴에 웃음을 띠며 자신을 가장한다 해도, 오라를 볼 수 있는 사람에게는 그의 진실이 숨김없이 드러난다.

눈과 같이 귀에도 숨은 능력이 있다. 눈이 사물 너머를 본다면 귀는 사물 너머를 듣는다. 사람이 말하는 것 너머를 듣는다. 그 너머의 음악을 듣는다. 상대가 말하는 단어를 듣는게 아니라 상대 목소리의 리듬과 멜로디를 듣는다. 목소리에서 울려나오는 리듬과 멜로디는 상대의 진실을 있는 그대로 드러낸다. 비록 상대가 공손한 말씨를 쓴다 해도 목소리의 파장에 담긴 진실은 숨길 수 없다. 설령 우아한 말씨를 쓴다 해도 목소리에 담긴 추함은 숨길 수 없다. 상대가 자신

감을 전달하려 해도 그 목소리에 담긴 우유부단함은 숨길
수 없다.

소리 너머를 들을 수 있으면, 오라를 볼 수 있으면, 주변에
있는 존재를 느낄 수 있으면 많은 일들이 가능해진다. 방금
말했던 일들은 시작에 불과하다. 참다운 고행이 시작되면
그와 같이 놀라운 일들이 벌어진다.

고행이 깊어지면 요가에서 싯디(siddhi)라고 부르는 신비
하고 기적 같은 힘들이 생긴다. 싯디는 우리에게 기적처럼
보인다. 하지만 이는 싯디의 메커니즘을 이해하지 못하기
때문이다. 싯디의 메커니즘을 알게 되면 싯디는 기적이 아
니라는 사실을 깨닫는다. 사실 기적이란 존재하지 않는다.
모든 것은 법에 따라 일어난다. 우리가 어떤 일이 발생하는
법칙을 모를 때 그 일을 기적으로 받아들이는 것이지, 법칙
을 알면 기적이 아니었음을 깨닫게 된다.

이제 인도의 시골에도 텔레비전이 들어오고 있다. 시골
사람들이 난생 처음으로 텔레비전 상자 안에 있는 인디라
간디[10]를 보았을 때 자신들의 눈을 의심했다. 당시 그들은
텔레비전을 '그림 상자'라고 불렀다. 시골 사람들의 눈에는
불가능한 일이었다. 그래서 그림 상자 주위를 둘러보기도

---

10) 인디라 간디(Indira Gandhi, 1917-1984): 인도의 첫 수상 자와할랄 네루의 무남
독녀로 1966년 인도 총리가 되었으며 이후 여러 차례 총리를 역임. 1984년 시크
교도에 의해 암살되었음.

하고 이쪽에서 보기도 하고 저쪽에서 보기도 했다. 어떻게 인디라 간디가 상자 속으로 들어갔단 말인가? 그들의 눈에는 기적이었다. 도저히 눈으로는 믿을 수 없는 기적이었다. 하지만 텔레비전의 이치를 알면 모든 건 단순하고 평범한 일이 된다.

기적이라 해도 모두 숨은 법칙에 따라 일어난다. 요가의 세계에서는 기적이란 존재하지 않는다. 기적이라 함은 불가능한 것이 법칙에 반하여 일어나는 것이기 때문이다. 우주의 법칙에 반하는 것은 존재할 수 없다. 그것은 불가능하다. 단지 그 존재를, 법칙을 모르기 때문에 기적으로 믿을 뿐이다.

청정과 완성의 세계로 깊이 들어가면 싯디가 가능해진다. 아스트랄체[11]를 움직일 수 있으면 기적과 같은 일을 많이 행할 수 있다. 아스트랄체로 이동하여 다른 사람들을 볼 수도 있다. 다른 사람들은 아스트랄체로 이동한 사람의 모습을 볼 수는 있지만 만질 수는 없다. 아스트랄체로 이동한 사람은 다른 사람들과 이야기를 나눌 수도 있다. 사람들을 치유할 수도 있다. 참으로 청정해진 사람이라면 사람들에게 손을 대기만 해도 치유의 기적이 일어난다. 항상 치유의 힘이

---

11)아스트랄체(astral body): 물리적인 육체 너머에 존재하는 에너지체. 감정과 욕구가 자리잡고 있으며 오라가 퍼져나온다고 생각된다. 성기체(星氣體)로 번역하기도 함.

그를 감싸고 있다. 그가 어디를 가든 치유가 자동적으로 일어난다. 그의 생각이나 의지와는 상관없이 일어난다. 청정은 무한계의 힘으로 통하는 통로이다. 무한계로 통하기 위해서는 먼저 내면으로 들어가야 한다. 내면 가장 깊은 곳에 자리한 존재 중심을 발견해야 한다.

수행자의 내면에서 깨어나는 가장 큰 힘은 불사의 체험이다. '나의 본체는 영생한다'는 생각이나 이론, 학설, 철학 따위가 아니다. 여기의 불사는 생각이 아니라 느낌이요 체험이다. 그 체험에 뿌리를 내리는 것이다. 그냥 알 뿐이다. 이는 이론의 문제가 아니다. 수행자는 '죽음이 존재하지 않는다'는 앎[12] 자체가 되는 것이다. 이 육신은 다시 사대(四大)[13]로 흩어지지만 의식은 결코 흩어지지 않는다. 마음은 분해되고 생각은 흩어지고 육신은 다시 사대로 돌아간다. 하지만 모든 것을 지켜보고 있는 참나는 영원하다.

이제 자신의 육신을 멀리 떨어진 곳에서 바라본다. 그래

---

12)앎(knowing): 머리로 암기해서 쌓는 지식(knowledge)이 아니라 체험으로 존재를 아는 것.
13)사대(四大): 지수화풍(地水火風). 각각 견성(堅性)·습성(濕性)·난성(暖性)·동성(動性)을 뜻한다. 모든 물질은 4대로 구성되어 그 중에서 가장 강한 세력이 표면에 나타난다. 인간 육체를 4대라 하고 여기에 공(空)과 식(識)을 더해 6대라 한다.

서 이 모두를 안다. 자신과 육신은 떨어진 존재라는 것을 보는 것이다. 몸 밖으로 나와서 볼 수도 있다. 몸 주위를 둘러볼 수도 있다. 내가 죽을 때 몸은 떨어져 나가지만 나는 그대로 남는다는 것을 깨닫는다. 이제 하나의 기계처럼 바이오컴퓨터로 움직이는 마음을 지켜본다. 나는 마음을 지켜보는 자이지 마음이 아니다. 몸과 마음은 계속 움직이지만 나는 몸과 마음을 동일시하지 않는다.

'나는 죽지 않는다' 는 사실을 깨닫는 것, 이것이 인간에게 일어날 수 있는 가장 큰 기적이다. 불사를 깨달으면 죽음의 두려움이 사라지고, 죽음의 두려움이 사라지면 인생의 모든 두려움 또한 사라진다.

두려움이 사라지면 사랑이 솟아오른다. 두려움이 사라지면 사랑밖에 존재하는 게 없다. 두려움으로 찌든 마음에 어떻게 사랑이 솟아오를 수 있겠는가? 사람은 두려움 때문에 친구를 찾고 관계를 찾는다. 또 자신을 잊기 위해, 관계 속에서 두려워하는 자신을 망각하기 위해 찾는다. 그러나 이는 사랑이 아니다. 사랑은 죽음을 초월할 때만 솟아오른다. 사랑과 죽음은 공존할 수 없다. 죽음을 두려워하면서 어떻게 사랑을 할 수 있겠는가? 죽음에 대한 두려움으로 동료를 찾으면 그 관계는 두려움의 땅 위에 서게 된다.

그래서 99퍼센트의 종교인들이 기도를 한다. 하지만 그들의 기도는 참된 기도가 아니다. 사랑에서 우러나오는 기도

가 아니라 두려움에서 억지로 나오는 기도다. 그들의 신은
두려움의 신이다. 아주 드물게, 1퍼센트의 종교인이 불사를
깨닫는다. 그들의 기도는 두려움에서 나오는 게 아니라 사
랑에서, 깊은 감사의 마음에서 흘러나온다.

  신과의 합일은 스와디아야(swadhyaya),
  즉, 자아탐구를 통해서 일어난다.

  이는 참으로 중요한 수트라[14]가 아닐 수 없다. 인간은 자
아를 탐구해야 한다. 그래야만 신성에 도달할 수 있다. '사
원에 가라. 교회에 가라. 의식(儀式)을 행하라.' 파탄잘리는
이렇게 말하지 않는다. 그렇게 해서는 신성과 하나될 수 없
다. 스와디아야, 자아탐구를 하라. 자아 속으로 들어가라.
신은 내면에 있기 때문이다. 신은 인간 내면의 가장 깊은 곳
에 있는 중심이다. 사람이 곧 신전이다. 그러니 내면으로 들
어가라. 자아를 탐구하라. 사람은 엄청나게 신비로운 존재
이다. 나 자신을 탐구하라. 나의 모든 것을 탐구하라. 나의
모든 것을 완전히 탐구한 날, 그날 신이 자신의 모습을 드러
낼 것이다. 신은 그대 바로 뒤에, 그대의 내면에 있다. 신은
그대 내면 가장 깊은 곳에 자리한 존재이다. 그러므로 그대
자신을 탐구하라.

━━━━
14)수트라(sutra): 경전 혹은 경문이라는 뜻의 산스크리트어.

여기에서 탐구란 구제프[15]가 말하는 '자기 기억(self-remembering)'을 말한다. 파탄잘리가 말하는 스와디아야는 곧 구제프의 자기 기억을 말한다. 자신을 지켜보라. 끊임없이 자신을 지켜보라. 내가 사람들과 어떻게 관계를 맺고 있는지 지켜보라. 관계는 거울이다. 모르는 사람과는 어떻게 관계를 맺는지, 아는 사람과는 어떻게 관계를 하고 있는지, 아랫사람과는 어떤 관계를 하고 있는지, 윗사람과는 어떤 관계를 하고 있는지 지켜보라. 끊임없이 지켜보라. 모든 관계를 거울삼아, 관계 속에서 자신이 가면을 어떻게 바꾸어 쓰고 있는지 살펴보라. 자신의 탐욕을 지켜보고 질투를 지켜보며 두려움, 걱정, 소유욕 등을 지켜보라. 쉬지 말고 계속 지켜보라.

다른 아무것도 할 필요없다. 이것이 이 수트라의 훌륭한 점이다. 파탄잘리는 '무엇을 하라'고 하지 않는다. 대신에 "자아를 탐구하라"고 말한다. 탐구 자체, 깨어 있음 자체로 충분한 것이다. 그리하여 자신의 전 존재와 얼굴을 마주 대할 때 변형이 일어날 것이다.

---

15) 구제프(Gurdjieff, 1872-1949): 그리스계 아르메니아인으로 한때 인도와 티베트 등을 여행하면서 동양의 신비주의를 배웠으며 '조화로운 인간개발 연구소(The Institute for the Harmonious Development of Man)'를 설립하여 동양의 신비주의를 서양에 널리 소개했다. 그의 저서로는 『위대한 사람들과의 만남(Meetings with Remarkable men)』 『All and Everything(전부 그리고 모든 것)』 『Beelzebub's Tales to His Grandson(빌제붑이 손자에게 들려주는 이야기)』 등이 있다.

기분에 대해 생각해보자. 슬플 때 지켜보라. 행복할 때 지켜보라. 무관심할 때 지켜보라. 절망적일 때 지켜보라. 희망적일 때 지켜보라. 욕망과 좌절 등 인간의 마음에는 헤아릴 수 없는 기분들이 오간다. 기분이라는 창문을 통하여 자신의 내면을 들여다보라. 모든 다채로운 기분들을 지켜보라. 자신을 지켜보라. 홀로 있을 때도 마찬가지다. 지켜보라. 홀로 있지 않을 때도 지켜보라. 산에 홀로 등산할 때도 지켜보라. 출근해서도 지켜보라. 자신이 어떻게 바뀌는지, 어디에서 바뀌는지 세밀하게 관찰하라.

단 한 순간도 지켜봄을 놓치지 말라. 붓다는 이렇게 말했다. "그리고 나서 잠자리에 들 때 한 순간도 놓치지 말고 지켜보라. 자신이 어떻게 잠 속으로 떨어지는지 계속 지켜보라." 끊임없이 지켜보라. 마음에 지나가는 것을 하나도 놓치지 말고 지켜보라. 이러한 자기 기억, 자아탐구로써 삶의 모든 것이 풀린다. '지켜본 다음에는 어떻게 해야죠?' 라고 묻지도 말라. 아무것도 할 필요없다. 증오심을 송두리째 지켜보면 증오는 사라진다.

'지켜봄으로써 사라지는 것은 죄요 지켜봄으로써 성장하는 것은 선(善)이다.' 이것이 기준이 되어야 한다. 이것이 선과 악에 대하여 내가 내리는 유일한 정의이다. 나는 '이것이 죄요 저것은 선이다' 라는 말을 하지 않는다. 아니다. 선과 악은 객관화할 수 없는 것이다. 지켜봄으로써 성장하는 것은 선이요 지켜봄으로써 사라지는 것은 죄다. 지켜봄으로써 분노는 사라지며 사랑은 성장한다. 증오는 사라지고 자비는 성장한다. 폭력의 마음은 사라지고 기도와 감사하는 마음이 성장한다. 지켜봄으로써 사라지는 것은 무엇이나 죄다. 거기에 어떠한 것도 보탤 수 없다. 그냥 지켜보라. 사라질 것은 사라지게 되어 있다. 마치 어두운 방에 불을 켜면 어둠이 사라지는 것처럼 말이다. 방이 사라지는 게 아니라 어둠이 사라진다.

지켜봄으로써 자신이 사라지는 게 아니다. 지켜보면 참나가 드러날 뿐이다. 어둠만이 사라진다. 분노의 어둠이, 소유욕과 질투심의 어둠이 사라질 뿐이다. 오직 자신만이 원시적인 순수성으로 남는다. 텅 빈 내면의 공간만이 남는다. "신과의 합일은 자아탐구를 통해서 일어난다." 다른 것은 필요없다. 오직 깨어 있기만 하면 된다.

신에게 귀의하면
완전한 광명을 실현한다.

자아를 탐구하여 자아를 알 때 귀의할 수 있다. 이때의 귀의는 자연스럽게 일어난다. 인위적인 노력으로 일어나는 게 아니다. 자아를 알지 못하는 사람이 귀의하려고 하면 엄청난 노력을 해야 할 것이다. 설령 귀의한다 해도 완전한 귀의가 될 수도 없다. 어떻게 증오의 마음을 지니고 귀의를 하겠다는 말인가? 어떻게 질투심을 가지고 귀의를 할 수 있단 말인가? 어떻게 폭력의 마음을 지니고 귀의를 하겠다는 것인가? 귀의는 자신이 완전하게 청정해졌을 때 가능한 것이다.

자아가 청정해지지도 못한 채 신에게 가서 무얼 하겠단 말인가? 자신의 증오심과 폭력, 질투심 등을 신의 발 아래 드리겠다는 말인가? 우리는 오직 자신이 순수해졌을 때 신의 사원에 들어가 청정의 꽃을 바칠 수 있다.

귀의는 가장 위대한 행위이다. 따라서 귀의를 하려면 먼저 귀의할 준비가 되어 있어야 한다. 귀의 이상의 것은 존재하지 않는다. 자신의 의지나 노력으로는 귀의할 수 없다. 의지나 노력은 에고의 세계에 속한 것이기 때문이다. 에고는 절대 귀의하지 않는다. 자아를 탐구하고 자기를 지켜볼 때 에고는 사라진다. 자아만이 남고 '나' 라는 에고는 사라진다. 광대한 공(空)으로 존재할 뿐, '나' 라는 에고는 존재하지 않는다. 무한한 여여(如如)만이 남을 뿐, '나' 라는 에고는 없어진다. 에고는 사라지고 존재만이 남는다. 그때 비로소 귀의는 가능하다.

"신에게 귀의하면 완전한 광명을 실현한다." 완전한 광명은 곧 사마디(samadhi)요 빛이 되는 것을 말한다. 모든 것은

사라진다. 자신만이 에너지로 남는다. 가장 순수한 에너지
는 빛이다. 물리학자들은 이렇게 주장한다. "빛의 속도로
이동하는 것은 빛이 된다." 만약 벽돌을 빛의 속도로 던지면
벽돌은 사라지고 빛만이 남는다. 빛의 속도에서 물질은 사
라지고 에너지만 남기 때문이다. 과학자들은 20세기 안으로
물질을 빛과 에너지로 전환시킬 수 있는 방법을 발견할 수
있을 것이다. 물질은 느리게 이동하는 에너지요 빛은 대단
히 빠르게 이동하는 에너지다.

에고도 일종의 물질이요 느리게 움직이는 에너지다. 에고
를 신의 발 아래 내려놓고 귀의하면 빛의 속도를 성취할 수
있다. 그러면 단단한 물질세계를 벗어나 무게 없는 에너지
의 세계로 들어갈 수 있다. 무게 없는 에너지에는 한계가 없
다. 무한하다. 무게 없는 에너지는 어떤 식으로도 규정할 수
없다. 그저 '그것은 빛이다'라고 표현할 수밖에 없다. 성경
은 "하나님은 빛이다"라고 말한다. 코란[16]도 "신은 빛이다"
라고 규정한다. 우파니샤드[17]도 "신은 빛이다"라고 전한다.
신에게 귀의하는 자는 빛이 된다.

"신에게 귀의하면 완전한 광명을 실현한다." 먼저 자아를

---

16) 코란(Koran): 이슬람교 경전.

17) 우파니샤드(Upanishad): 브라만교의 성전인 베다(Veda)의 일종으로 현재 200
여 종이 전함. 만유의 근본원리를 탐구하여 대우주의 본체인 브라만(Brahman:
梵)과 개인의 본질인 아트만(Atman: 我)이 일체라고 하는 범아일여(梵我一如)의
일원철학을 그 근본사상으로 한다.

탐구하여 자신의 내면에서 신을 만나야 한다. 그때 신에게 귀의할 수 있다. 자신의 모든 것을 내려놓고 귀의할 수 있다. 귀의는 인위적인 노력이 아님을 잊지 말라. 따라서 어떻게 귀의하느냐의 문제는 전혀 신경쓸 필요가 없다. 먼저 자신을 알면 귀의는 그림자처럼 따라온다. 귀의에는 테크닉이 존재하지 않는다. 자신을 알면 자신을 신의 발 아래 내려놓고 귀의하는 법을 저절로 알게 된다. 귀의하는 이는 신이 된다. 전체계와 싸우는 자는 추한 에고로 남는다. 전체계에 귀의하는 자는 전체계 자체가 된다. '내맡김'이 궁극의 만트라[18]다.

하지만 보통 사람에게는 욕심이 생긴다. '왜 기다려야지? 지금 귀의하면 안 되나?' 물론 지금은 안 된다. '나'가 장벽인데, 이 '나'가 어떻게 귀의를 한단 말인가? 내가 없어졌을 때 비로소 귀의는 가능하다. 내가 있으면 귀의는 가능하지 않다. '나'는 귀의할 수 없다. '나'의 사라짐이 귀의이기 때문이다. 내가 이쪽 문으로 나가면 귀의가 저쪽 문으로 들어온다. 나와 귀의는 공존할 수 없는 것이다.

이 점을 꼭 명심하라. 나는 귀의할 수 없다. 나를 지켜봄으로써 귀의할 수 있다. 나를 지켜봄으로써 나의 존재가 청정하고 청정해졌을 때, 그래서 모든 것이 사라지고 청정의

---

18)만트라(mantra): 진언(眞言). 기도나 명상으로 염송하는 주문.

향기만이 남았을 때 귀의는 일어난다.

　이 수트라에서 파탄잘리는 간명하게 말한다. "신에게 귀의하면 완전한 광명을 실현한다." 그는 귀의하는 법을 설명하지 않는다. 귀의를 해야 한다고도 말하지 않는다. 하나의 현상을 그저 기술할 뿐이다. 먼저 자아를 탐구해야 한다. 그러면 신과 대면하게 된다. 자아탐구를 한 사람은 신의 사원에 들어가 신을 만날 수 있다. 그러면 인간의 문제는 모두 사라진다. 신을 볼 때 귀의는 저절로 일어난다. 귀의는 인간의 행위가 아니다. 귀의는 일어남(happening)이다.

2장
유한성에
죽으라

오쇼 수트라

무위로 무한성에 의식을 모아
아사나를 성취한다.

몸의 자세는 자신의 몸을
완전히 잊을 수 있을 정도가 돼야 한다.

이는 시작이요 몸의 단계이다.
더 깊이 들어가야 한다.

몸이 스스로 편할 때
마음은 무한성에 집중한다.

몸이 쉬면 몸의 느낌이 사라진다.
마음이 쉬면 마음의 느낌이 사라진다.

그때 몸도 마음도 아닌
신령이 되고 초월자가 된다.

유한성에 죽으라

요₂ 전날 나는 인도의 나무꾼에 관한 일화를 읽었다. 우화
의 내용은 이렇다.

늙은 나무꾼이 머리에 크고 무거운 나무 짐을 지고 숲에
서 돌아오고 있었다. 그는 늙고 지쳐 있었다. 똑같이 반복되
는 일상뿐 아니라 자신의 삶에도 지쳐 있었다. 그의 삶은 고
단하고 별 의미가 없었다. 매일 똑같은 삶이었다. 이른 새벽
에 숲으로 나가 하루 종일 나무를 베고 저녁이 되어서 나무
짐을 만들어 돌아오곤 했다. 그의 삶은 이것뿐이었다. 그는
평생 이런 일과를 되풀이했다. 그는 지쳐 있었다. 인생의 의
미를 찾지 못했다. 그날따라 유독 몸과 마음이 피곤했다. 식
은땀이 나고 숨은 턱까지 차올랐다. 그렇게 고단한 몸을 이
끌고 나무 짐을 가지고 집에 돌아오고 있었다.
그러다가 갑자기 그는 나무 짐을 내팽개쳤다. 자신의 짐

을 내팽개치는 순간, 그런 순간은 일생을 살면서 누구에게나 찾아온다. 그는 나무 짐뿐 아니라 자신의 인생 전체를 내팽개쳤다. 의미심장한 행동이었다.

그는 땅에 무릎을 꿇고 하늘을 보며 말했다.

"오, 죽음이여! 당신은 모든 사람에게 빠짐없이 찾아오는데 왜 나에게는 오지 않는 겁니까? 얼마나 더 이 지겨운 삶을 끌고 가야 됩니까? 나의 괴로움이 보이지 않습니까? 아직도 받아야 할 업이 남아 있는 것입니까? 내가 대체 무슨 죄를 지었습니까?"

그러자 갑자기 놀라운 일이 벌어졌다. 죽음의 사자가 찾아온 것이다. 그는 자신의 눈을 의심했다. 놀란 눈으로 주위를 둘러보았다. 말은 그렇게 했어도 진짜 그렇게 되길 바라진 않은 것이다. 죽음을 불렀다고 해서 죽음이 찾아오다니…… 생전 듣도 보도 못한 일이었다.

죽음의 사자가 말했다.

"나를 불렀는가?"

순간 늙은 나무꾼은 자신의 괴로움도, 고단함도, 지겹도록 똑같이 반복되는 삶의 일상도 모두 잊어버리고 말았다.

그는 벌떡 일어나 이렇게 외쳤다.

"예, 예, 불렀습니다. 불렀지요. 다름이 아니라, 제 머리에 나무 짐 올리는 걸 좀 도와달라고요. 주위에 도와줄 사람이 아무도 없어요."

누구에게나 삶이 고단해지는 때가 찾아온다. 죽고 싶을 만큼 힘든 때가 찾아온다. 하지만 죽는 데에도 상당한 기술이 필요하다. 삶에 지쳤다고 해서 내면 깊은 곳에 있는 살고 싶은 욕망까지 사라진 것은 아니다. 삶의 어떤 부분에 지쳐 있을 수는 있겠지만 그렇다고 살고 싶은 욕망 전체가 사라진 것은 아니다. 되풀이되는 일상—같은 밥, 같은 잠, 같은 일—이 몹시 지겨워졌다고 삶 전체가 진절머리 난다는 의미는 아니다. 누구나 죽음의 사자가 이 순간 찾아오면 늙은 나무꾼처럼 행동할 것이다. 그의 행동은 너무나 인간적이다. 그를 비웃지 말라. 사람이면 누구나 한번쯤 이 지리하고 의미 없는 삶을 끝내고 싶다는 생각을 한다. 대체 무얼 위해 이런 삶을 질질 끌고 간단 말인가? 하지만 느닷없이 죽음의 사자가 찾아오면? 아마도 그런 상황에 준비가 된 사람은 거의 없을 것이다.

오직 요기만이 죽을 준비를 한다. 요기는 자발적인 죽음을 통해 영원한 생명을 성취할 수 있다는 것을 안다. 죽음이 인생의 종말이 아니라 영원으로 통하는 문임을 안다. 사실 죽음은 종말이 아니라 시작이다. 죽음 너머에 신이 사는 무한계가 펼쳐진다. 죽음 너머에서만 인간은 진정한 삶을 살 수 있다. 비단 육신의 심장이 고동칠 뿐 아니라 그대의 존재가 고동친다. 외면세계에 기뻐할 뿐 아니라 내면의 존재에 황홀해한다. 풍요로운 삶, 영원한 삶이 죽음이란 문을 통해 들어온다.

　사람들은 죽지만 원해서 죽는 사람은 없다. 모두들 어쩔수 없이 죽는다. 죽음이 찾아오면 죽지 않으려고 발버둥을 치고 울고불고한다. 조금이라도 더 이 땅에 이 육신을 가지고 머물고자 한다. 죽음의 공포가 무서울 뿐이다. 사방은 온통 칠흑 같은 어둠이요 종말이다. 모든 사람들은 마지못해 죽는다. 그들에게는 죽음이 문이 될 수 없다. 죽음의 공포 때문에 죽음의 문을 앞에 두고도 눈을 질끈 감아버린다.

　요가의 길을 가는 사람은 죽음을 스스로 원한다. 스스로 원해서 죽는다. 자살을 말하는 게 아니다. 그들이 삶을 거부하는 게 아니다. 그들은 더없이 기쁘게 삶을 받아들인다. 그러나 그들은 더 큰 삶을 위해 이 땅의 삶을 희생한다. 더 큰 자아를 위해 에고를 희생한다. 또한 지고한 자아를 위해 자아마저도 희생한다. 그들은 무한한 것을 위해 유한한 것을 희생한다. 이것이 곧 '성장'이다. 아무것도 없고 자신이 텅 비었을 때 일어나는 것을 위해 지금 가진 것을 계속해서 희생하는 것이 성장의 의미이다.

　아무런 거부 없이 자발적으로 귀의하고 자발적으로 죽는 경지에 도달하는 것, 이것이 파탄잘리 요가의 전부이다. 이번 수트라는 죽음을 준비하는 수트라, 더 큰 삶을 준비하는 수트라이다.

자세는 편하고 안정되어야 한다.

세상은 파탄잘리 요가를 아주 크게 잘못 이해하고 해석했다. 파탄잘리는 무슨 체조선수가 아니다. 하지만 세상은 요가를 무슨 체조인 양 바라보고 생각한다. 파탄잘리는 몸을 어떻게 하면 잘 꼬는지를 가르치는 선생이 아니다. 파탄잘리는 몸의 아름다움을 가르친다. 그는 아름다운 몸에 아름다운 마음이 깃들 수 있다는 것을 알기 때문이다. 아름다운 마음에 아름다운 자아가 깃들 수 있다는 것을 알기 때문이다. 아름다운 자아에 신이 깃들 수 있다는 것을 알기 때문이다.

한걸음 한걸음, 좀 더 깊은, 좀 더 높은 아름다움을 성취해야 한다. 파탄잘리는 몸의 아름다움을 아사나(asana), 즉 좌법이라 한다. 그는 마조히스트가 아니다. 그는 육체의 학대를 가르치지 않는다. 육체를 반대하지도 않는다. 육체를 반대하는 파탄잘리는 상상할 수 없다. 그는 육체가 모든 것의 반석(盤石)임을 잘 안다. 몸을 제대로 수련하지 않으면 높은 차원의 수련이 가능하지 않음을 안다.

육체는 마치 악기와 같다. 몸도 악기처럼 알맞게 조율을 해야 한다. 그래야 보다 아름다운 음악이 흘러나오는 것이다. 관리나 조율을 제대로 하지 않은 악기에서 아름다운 음악이 흘러나오길 기대할 수 없다. 일그러진 불협화음만 들릴 것이다.

좌법, 즉 자세는 안정되고 편해야 할 뿐 아니라 기쁨이 넘쳐흘러야 한다. 따라서 몸을 비비 꼬거나 불편한 좌법으로 수련하지 말라.

서양인들은 바닥에 가부좌를 틀고 앉는 게 어렵다. 그들에게는 바닥에 앉는 문화가 없기 때문이다. 동양에서는 어릴 때부터 바닥에 앉지만, 서양에서는 추운 날씨 때문에 의자가 필요했다. 바닥은 앉기에 너무 차가웠던 것이다. 그러나 가부좌를 못 튼다고 걱정할 필요는 없다. 파탄잘리는 가부좌를 강요하지 않는다. 좌법에 대한 파탄잘리의 정의를 보라. 앉는 자세는 편안하고 안정되면 되는 것이다.

안정되고 편하게 의자에 앉을 수 있다면 그만이다. 굳이 힘을 들여가며 가부좌를 틀 필요가 없다. 서양인들이 가부좌를 제대로 틀려면 6개월 정도 걸리며, 고통도 이만저만 아닐 것이다. 하지만 그럴 필요없다. 파탄잘리는 육체를 학대하라고 말하지도 않고 가르치지도 않는다. 고통스런 좌법은 파탄잘리의 좌법이 아니다.

몸의 자세는 자신의 몸을 완전히 잊을 수 있을 정도가 돼야 한다. 편안함이란 무엇인가? 우리는 몸을 잊을 때 편안함을 느낀다. 몸의 여기저기가 자꾸 생각난다면 불편한 것이다. 의자에 앉는가, 바닥에 앉는가는 중요하지 않다. 편안하게 앉으라. 몸이 편안하지 않으면 깊은 층에서 나오는 축복을 기대할 수 없다. 첫 번째 층(몸)이 힘들면 다른 깊은 층들의 문이 닫힌다. 진정으로 행복하길 원하고 지복을 누리길 원하면 시작할 때부터 행복할 수 있어야 한다. 몸의 편안함이야말로 내면의 황홀경 속으로 들어가고자 하는 이들에게 필수조건이다.

자세가 편안하면 몸은 안정되게 마련이다. 자세가 불편한 사람은 안절부절못한다. 몸을 이리 바꾸고 저리 바꾼다. 몸이 참으로 편안해질 때는 자세를 이리 바꾸고 저리 바꿀 필요도 없으며 안절부절못할 필요도 없다.

자신에게는 편안한 자세가 다른 사람에게는 편하지 않을 수 있다. 따라서 자신의 자세가 좋다고 다른 사람에게 가르치지 말라. 사람은 모두 독특하다. 나에게 편안한 것이 다른 사람에게는 불편할 수 있는 것이다. 사람은 각자 독특한 영혼의 소유자다. 서로의 독특한 개성을 유지해야 한다. 지문을 보라. 모두가 독특하다. 세상 어디를 간다 해도 자신과 똑같은 지문을 가진 사람을 찾을 수 없다. 비단 이 시대뿐만이 아니다. 과거에도 나와 똑같은 지문을 소유했던 사람이 존재하지 않았고, 미래에도 존재하지 않을 것이다. 이를 보면 사람은 모두가 독특한 존재임을 알 수 있다. 지문조차 이렇게 서로 다른데 몸은 말해 무엇하랴!

설령 다른 사람이 이런 충고 저런 조언을 해온다 할지라도 듣지 말라. 자신만의 자세를 찾으라. 요가 선생을 찾을 필요도 없다. 편안한 느낌이 곧 선생이다. 한동안 모든 자세를 시도해보라. 이렇게도 앉아보고 저렇게도 앉아보라. 그러면 어느 날 자신에게 알맞은 자세를 발견하게 될 것이다. 자신에게 맞는 자세를 발견하고 좌법을 하면 모든 것이 가라앉고 차분해진다. 우리는 다른 사람의 몸 구조를 모르기 때문에, 상대에게 정확히 어떤 자세가 좋은지 말할 수 없다.

　자신만의 좌법을 찾으라. 자신만의 요가를 찾으라. 정해진 규칙은 따르지 말라. 정해진 규칙이란 모든 사람들에게 일정한 효과를 낳는 평균치다. 규칙은 보편적인 상황을 이해하는 데는 어느 정도 도움이 되지만 따르지는 말라. 자신만의 자세를 찾지 않고 규칙을 따르면 그 자세는 불편한 자세가 될 수 있다. 모든 아사나의 규칙이나 방법은 평균치를 낸 것이다. 이 점을 항상 명심하라. 사실 평균치란 존재하지 않는다. 따라서 평균치가 되려고 애쓰지 말라. 사람은 무릇 자신만의 길을 찾아야 한다. 평균치를 보고 보편적인 상황을 이해하라. 하지만 자신의 자세로 삼지는 말라. 평균치의 자세를 마음으로 이해한 다음, 거기에 대해서는 모두 잊으라. 평균치의 규칙은 흐린 지도와 같다. 완전히 투명한 지도가 아니라는 말이다. 흐린 지도를 통해서 암시와 힌트를 얻으면 그것으로 족하다. 자신만의 편안하고 안정된 자세는 스스로 발견해야 하는 것이다. 자신의 느낌이 결정 요인이다. 그래서 파탄잘리는 좌법이란 무릇 '편하고 안정된 자세'여야 한다고 규정한다. 따라서 자신의 느낌을 통해 자신만의 자세를 발견하도록 하라.

"스티르 수캄 아사나(Sthir sukham asana)." 이보다 나은 좌법의 정의는 있을 수 없다. 좌법은 안정되고 편해야 한다.

사실 나는 이를 다른 식으로 말하고 싶다. 이를 제대로 번역하면 '좌법이란 안정되고 편한 자세이다'가 된다. 이것이 좀 더 정확한 번역이다. 여기에 '해야 한다(should)'는 말을 넣으면 몹시 복잡해진다. 하지만 영어 번역본에는 모두들 '해야 한다'고 번역했다. 나는 파탄잘리의 많은 영어 번역본을 살펴보았다. 모두들 한결같이 "스티르 수캄 아사나"를 '자세는 안정되고 편안해야 한다'로 옮기고 있다. 하지만 산스크리트 원전에는 '해야 한다'는 말이 없다. '스티르'는 '안정된', '수캄'은 '편한', '아사나'는 '자세'를 뜻한다. 그뿐이다. '안정되고 편한 자세'라는 말이다.

왜 '해야 한다'는 뜻의 '슈드(should)'가 들어왔는가? 왜냐하면 사람들은 모두 규칙 만들기를 좋아하기 때문이다. 파탄잘리의 말은 평범한 기술이다. 가리킴이다. 규칙이 아니라는 말이다. 파탄잘리와 같은 사람은 결단코 규칙을 만들지 않는다. 규칙은 모두 어리석은 짓이기 때문이다. 이를 잘 알라. 파탄잘리의 말은 암시요 하나의 가리킴이다. 암시의 해독은 스스로 해야 한다. 스스로 느끼고 실험해보아야 한다. 그러면 자신만의 규칙을 발견하게 된다. 그 규칙은 자신에게 맞는 것이지 다른 사람에게도 맞는 것은 아니다.

사람들이 자신의 것을 다른 사람에게 강요하지 않으면 이 세상은 참으로 아름다운 세상이 될 것이다. 아무도 누구에게 '이것을 하라, 저것을 하라' 강요하지 않는 세상, 아무도 누구에게 수련법을 강요하지 않는 세상 말이다. 나에게 좋은 수련법이 남에게는 해로울 수 있다. 나에게 좋은 약이 남들 모두에게 좋을 수 없는 것이다. 나의 것을 남에게 주려고 애쓰지 말라.

그러나 어리석은 사람들은 항상 규칙을 따르며 산다. 나는 이런 이야기를 들은 적이 있다.

한번은 물라 나스루딘이 훌륭한 의사에게서 의학을 배우고 있었다. 그는 스승이 진료하는 것을 보며 열심히 어깨 너머로 배웠다. 스승이 왕진을 나갈 때면 같이 따라나섰다. 그러던 어느 날 물라에게 이해할 수 없는 일이 벌어졌다.

스승이 환자를 진맥하면서 눈을 감고 명상에 잠겼다. 그리고는 환자에게 이렇게 말했다.

"망고를 너무 잡수셨구먼."

물라는 놀라지 않을 수 없었다. 어떻게 맥만 짚어보고 망고를 먹었는지 안단 말인가? 물라는 그때까지 환자의 맥만 짚어보고 무얼 먹었는지 알아맞혔다는 말을 들어본 적이 없었다. 그는 내내 기이하게 생각했다.

물라는 돌아오는 길에 이렇게 물었다.

"스승님, 어떻게 맥만 잡아보고…… 그럴 수 있나요?"

스승이 웃으면서 말했다.

"맥만 짚어봐서는 모른다. 환자의 침상 밑을 보니까…… 글쎄, 망고가 수북이 쌓여 있더구나. 그래서 추리를 한 거지."

하루는 스승이 몸져눕자 물라가 왕진을 가게 되었다. 새로운 환자의 왕진이었다. 물라는 환자의 맥을 짚으면서 눈을 감고 명상에 잠겼다. 꼭 스승이 하는 것처럼 말이다.

맥을 다 짚어보고는 이렇게 말했다.

"말고기를 너무 잡수셨군요."

환자가 놀랐다.

"뭐라고요? 미쳤어요?"

물라는 당황한 낯빛으로 어쩔 줄 몰라 했다. 그는 첫 왕진에서 크게 낙담한 채 돌아왔다.

스승이 물었다.

"무슨 일이 있었느냐?"

물라가 천연덕스럽게 대답했다.

"환자의 침상 밑을 봤더니 말안장과 마구(馬具)가 있더라

고요. 말은 없고요. 그래서 '이 사람 말을 너무 과식했구나'
라고 생각했죠."

이렇게 어리석은 사람은 무턱대고 따라하기만 한다. 어리
석게 따라하지 말라. 경전, 설법 등은 일반적인 것으로 이해
하면 된다. 이들을 통해 이해의 깊이를 키우라. 하지만 무턱
대고 따라하지는 말라. 이들을 깊이 깊이 소화해서 자신의
것으로 만들라. 그리고 나의 길을 가라. 위대한 가르침은 모
두 간접적이다.

좌법은 어떻게 이루는가? 안정된 자세는 어떻게 이루는
가? 먼저 자세를 편하게 하라. 몸이 푹 쉬면서 편해지면 행
복감이 나를 감싼다. 이것이 바른 좌법을 판단하는 기준이
되어야 한다. 이것이 바른 자세를 가늠하는 시금석이 되어
야 한다. 선 자세에서도 해보고, 누운 자세에서도 해보고,
의자나 바닥에 앉은 자세에서도 해보라. 자세의 종류나 장
소는 문제가 되지 않는다. 문제는 내면의 편안한 느낌이다.
일단 바른 좌법을 발견하고 그 좌법을 자기 것으로 만들면
안절부절못하는 마음이 사라진다. 몸을 덜 움직이게 된다.
몸을 자꾸 움직이면 내면이 흩어지고 명상이 깨진다.

편안함, 이는 누구나 갖는 자연스런 소망이다. 요가는 가
장 자연스런 것이다. 몸이 불편하면 누구나 자세를 바꾸고
싶어한다. 이는 자연스런 현상이다. 항상 내면의 자연스런

흐름에 귀를 기울이라. 내면의 자연스런 흐름은 틀리는 법
이 없다.

올바른 좌법은 노력을 쉬고
무한성을 명상함으로써 얻는다.

참으로 아름다운 말이요 가르침이며 가리킴이다. "프라
야트나 쉐이틸리아(prayatna shaithilya), 노력을 쉰다." 파탄
잘리가 아사나라고 부르는 좌법을 얻으려면 편하고 안정되
어야 한다. 깊은 정적에 잠기어 움직이지 않는 몸, 아주 편
안해서 몸을 움직이고 싶은 생각이 없어진 상태, 그 편안함
을 즐기는 상태가 되면 몸은 안정된다.

사람의 기분이 바뀌면 몸도 바뀐다. 몸이 바뀌면 기분도
바뀐다. 이런 상태를 살펴본 적이 있는가? 영화를 보러 극장
에 갔을 때를 생각해보자. 영화를 보면서 자신이 얼마나 자
주 자세를 바꾸는지 관찰해본 적이 있는가? 자세와 감정 사
이의 관계를 깊이 성찰해본 적이 있는가? 스크린에서 관능
적인 장면이 나오는데 의자 뒤로 기대어 편히 앉아 있는 사
람은 없다. 대개 그런 장면이 나오면 허리를 펴고 똑바로 앉
는다. 지루한 장면이 연달아 나오면 몸을 의자 뒤로 기댄다.
허리를 쭉 늘어뜨린다. 무언가 불편한 상황이 계속되면 몸
을 계속 이리저리 뒤척이지만 재미있는 장면이 나오면 눈도

깜박이지 않는다. 그때는 눈의 깜박임마저도 방해가 된다. 마치 몸이 사라지기라도 한 것처럼 미동도 하지 않고 편안하고 안정된 자세를 취한다.

좌법을 얻기 위해 먼저 해야 될 일은 노력을 쉬는 것이다. 이는 세상에서 가장 어려운 일 중의 하나이다. 가장 간단하면서도 가장 어려운 것이다. 이해만 하면 얻기 쉽지만, 이해하지 못하면 어려워진다. 이는 수련의 문제가 아니라 이해의 문제다.

서양의 에밀 쿠에[1]는 역효과라는 법칙을 발견했다. 이는 인간 심리구조의 기본적인 사실이다. 사람이 하는 일 중에는 노력하면 반대 효과가 나기 때문에 노력을 하지 말아야 하는 것이 있다.

예를 들어 잠자는 것을 생각해보자. 잠이 안 올 때 자꾸 노력을 해보라. 잠을 빨리 자려고 노력하면 잠은 자꾸만 멀어져 간다. 자려고 너무 노력하면 잠이 아예 달아나는 수가 있다. 어떤 식으로 노력한다 해도, 잠을 자려는 노력 자체가 잠을 방해한다. 잠은 아무런 노력을 하지 않고 그냥 푹 쉴 때 온다. 잠자는 것에 대해 아무런 신경도 쓰지 않고 베개를 베고 누워서 베개의 시원함과 이불의 따뜻함, 나를 따뜻하게 감싸는 어둠을 즐긴다. 아무것도 하지 않는다. 잠자려는

---

1)에밀 쿠에(Emile Coue): 프랑스의 심리학자이자 자기암시요법의 창시자.

생각도 하지 않는다. 마음에 생각들이 지나간다. 생각에 아무런 관심을 두지 않고 졸음에 겨운 듯 바라본다. 생각에 관심을 두면 잠이 달아나기 때문이다. 그냥 생각과 떨어져서 즐기고 쉬면서도, 생각이 끝나기를 바라지 않는다. 그리고 스르르 잠이 온다.

일단 잠을 자야 한다는 생각에 노력하면 자연스럽게 잠 속으로 빠져들 수 없다. 뜬눈으로 날밤을 새울 수도 있다. 자신도 모르게 잠 속으로 빠져들었다면 그것은 잠자려는 노력에 지칠 대로 지쳤기 때문일 것이다. 할 수 있는 것은 모두 해보고 난 다음 포기할 때 자신도 모르게 잠은 스르르 찾아온다.

에밀 쿠에는 20세기에 역효과의 법칙을 발견했다. 하지만 파탄잘리는 이미 몇 천 년 전에 이를 알고 있었다. 그는 "프라야트나 쉐이틸리아, 즉 노력을 쉬라."고 말한다. 아마 수행자는 정반대로 엄청난 노력을 해야 좌법을 얻을 수 있다고 생각할 것이다. 하지만 파탄잘리는 이렇게 설파한다. "지나친 노력을 하면 얻지 못할 것이다. 좌법은 무위 속에서 일어날 뿐이다."

노력을 완전히 쉬어야 한다. 노력은 의지에서 나오며 의지는 귀의의 장애물이기 때문이다. 자신이 모든 것을 하려고 하면 내면에 신이 들어와서 일할 여지가 없어진다. 포기하라. 그리고 이렇게 기도하라. '뜻대로 하소서. 잠이 와도 좋고 잠이 오지 않아도 좋습니다. 나에게는 불평하는 마음이 없습니다. 투덜대지도 않습니다. 당신이 더 잘 압니다. 저에게 잠이 필요하다고 생각하시면 잠들게 하소서. 그렇지 않다고 해도 괜찮습니다. 저의 말을 듣지 마소서. 뜻대로 하소서.' 이런 마음가짐을 할 때 노력을 쉴 수 있다.

무위는 위대한 현상이다. 무위를 알면 수많은 일들이 가능해진다. 노력은 세속의 일이요 무위는 신의 일이다. 노력을 통해서는 결코 니르바나[2]에 도달할 수 없다. 노력을 통해서 뉴델리[3]에 갈 수는 있어도 니르바나에는 갈 수 없다.

많은 사람들이 이런 일로 나를 찾아온다. 나는 정계와 재계에 아는 사람들이 많은데, 이들은 하나같이 나를 찾아와서는 이렇게 하소연을 한다.

"쉬는 법을 가르쳐주십시오. 어떻게 쉬어야 할지 모르겠습니다."

지방정부의 장관 한 명도 이런 문제로 나를 찾아오곤 했다.

"쉬질 못하겠습니다. 좀 도와주십시오."

내가 이렇게 일러주었다.

---

2) 니르바나(nirvana): '열반(涅槃)'을 뜻하는 산스크리트어.
3) 뉴델리(New Delhi): 인도의 수도.

"정녕 쉬고 싶거든 정계를 떠나시오. 장관직을 수행하면서 어떻게 쉬겠다는 말이오. 그러니 선택을 하시오. 쉬는 법을 가르쳐줄 수는 있지만 화를 내지는 마시오. 먼저 정치를 그만두고 다시 오시오."

그가 한숨을 내쉬었다.

"그건 안 됩니다. 제가 쉬는 법을 배우러 온 건 좀 더 열심히 장관직을 수행해서 나중에는 주지사가 되고자 함입니다. 이런저런 걱정과 근심 때문에 열심히 일하기가 힘이 듭니다. 다른 동료들을 보면 참 열심히 일합니다. 그들과의 경쟁에서 뒤지면 큰일입니다. 제가 정치를 그만두고자 여기에 온 건 아닙니다."

내가 이렇게 말했다.

"그렇다면 나를 찾아올 필요없소. 내 생각은 하지 마시오. 정치를 열심히 하시오. 그러다가 나중에 정치가 지루해지면 정치를 그만두고 나를 찾아오시오."

이완의 세계는 이와 정반대의 차원이다. 사람은 의지로 세상을 산다. 니체가 쓴 책 중에 『권력에의 의지(The Will to Power)』라는 책이 있다. 그러나 파탄잘리에게는 '권력에의 의지'가 없다. 대신 그는 전체계로의 귀의를 택한다. 그러려면 먼저 무위의 편안함이 필요하다. 편안하려고 너무 노력하지 말라. 편안함의 느낌에 내맡기라. 자신의 의지를 내지 말라. 자신에게 편안함을 강요할 수는 없지 않은가? 불가능한 일이다. 편안한 느낌에 내맡기면 편안함이 절로 일어난다. 억지로 하지 말라.

사랑을 강요할 수 있다고 생각하는가? 상대에게 사랑의 느낌이 일어나지 않으면 상대를 사랑하지 않으면 될 뿐이다. 달리 무엇을 할 수 있단 말인가? 노력하고 가장하고 자신을 강요하면 역효과만 난다. 상대를 사랑하려고 노력하면 안에서는 미운 감정이 일어난다. 상대를 사랑하려고 애쓴 노력의 결과는 미움의 감정뿐이다. '무슨 사람이 이래! 내가 얼마나 사랑하려고 노력했는데…….' 이렇듯 사랑이 이루어지지 않은 것에 대한 책임을 상대에게 전가한다. 상대가 무언가를 잘못한 것처럼 상대로 하여금 죄의식을 느끼게 한다. 상대는 아무것도 하지 않았는데도 말이다.

사랑은 의지로 하는 것이 아니다. 기도도 의지로 하는 것이 아니다. 좌법도 의지로 하는 것이 아니다. 먼저 느껴야 한다. 느낌의 세계는 의지의 세계와 완전히 다르다.

나는 명상을 가르친다. 나는 항상 사람들에게 이렇게 말한다. "할 수 있는 노력을 다 하라. 그러나 항상 이 점을 잊지 말라. 모든 노력을 경주하라는 말은 의지가 산산조각이 날 때까지, 의지가 끝장날 때까지, 의지의 꿈이 산산이 부서질 때까지 모든 에너지를 쏟아부으라는 말이다. 그러면 자신의 의지에 완전히 물리고 모든 걸 포기하는 날이 올 것이다. 바로 그날이 깨닫는 날이다."

하지만 서두르지 말라. 지금 노력하지도 않고 포기하겠다고 하지 말라. 아무런 도움이 되지 않는다. 그렇게 해서는 아무 일도 일어나지 않는다. 이는 간교한 마음이다. 간교한 마음으로 신을 속일 수 있다고 생각하는가? 순수하라. 일은 일어날 때 일어나게 되어 있다.

여기 파탄잘리의 말은 단순한 언명일 뿐이다. 파탄잘리는 '이것을 하라!' 라고 말하지 않는다. 그는 가야 할 길을 있는 그대로 서술할 뿐이다. 이를 이해하면 파탄잘리의 언명은 자신의 존재를 이해하는 데 도움이 될 것이다. 파탄잘리의 언명을 온전히 흡수하라. 그 언명에 자신을 흠뻑 적셔라. 자신의 피가 되고 골수가 되게 하라. 그것으로 족하다. 그런 다음 파탄잘리는 잊으라. 이 수트라는 암기의 대상이 아니다. 기억의 일부가 되어서는 안 된다. 자기 존재의 일부가 되어야 한다. 자신의 전 존재로 이해해야 한다. 그것뿐이다. 그런 다음 모두 잊으라. 그러면 자신의 몸과 마음에 피처럼 흐를 것이다.

"올바른 좌법은 노력을 쉬고 무한성을 명상함으로써 얻는다." 이 수트라의 의미는 두 가지다. 먼저 노력을 쉬라. 이를 억지로 하지는 말라. 저절로 일어나도록 허용하라. 이는 마치 잠자는 것과 같다. 그냥 내맡기라. 억지로 이루려고 애쓰지 말라. 억지로 하면 노력을 쉬는 게 불가능해진다. 다음으로 몸을 깊은 휴식의 상태에서 편하게 하고 의식을 무한성에 모아야 한다.

마음은 유한한 것에는 대단히 영리하다. 돈에 대해서 영리하고, 권력과 정치에 대해서도 마음은 대단히 영악하다. 언어와 학설, 철학, 믿음 등에 대해서도 마음은 계산이 빠르다. 이들은 모두 유한한 것들이다. 하지만 신에 대해서 마음은……? 그러면 마음은 멍해진다. 마음은 신에 대해서 무엇을 생각할 수 있는가? 생각한 신은 이미 신이 아니다. 마음으로 생각한 신은 유한의 세계에 빠지기 때문이다. 신을 크리슈나[4]로 생각하면 이미 신이 아니다. 피리를 불며 노래하는 크리슈나, 이미 이는 유한한 세계이다. 신을 그리스도라고 생각해도 마찬가지다. 그리스도라는 생각 속에서 신은 존재하지 않는다. 무한한 신을 유한한 대상에 집어넣는다? 무한성의 아름다움과 비교될 수 있는 것은 존재하지 않는다.

두 가지 유형의 신이 있다. 하나는 믿음의 신이다. 기독교의 신, 힌두교의 신, 이슬람교의 신 등이 그것이다. 다음은 실존의 신이다. 실존의 신은 무한하다. 이슬람교 신을 생각

---

4)크리슈나(Krishna): 힌두교 신화에서 비슈누의 화신이라고 여겨지는 신.

하는 사람은 이슬람교인이지 참다운 종교인이 아니다. 기독교 신을 생각하는 사람은 기독교인이지 참다운 종교인이 아니다. 마음에 진실한 신을 떠올리는 사람이 참다운 종교인이다. 그는 힌두교인도, 이슬람교인도, 기독교인도 아니다.

기억하라, 신은 관념이 아니다! 관념이란 마음이 가지고 노는 장난감이다. 진실한 신은 광대무변하다. 신이 인간의 마음을 가지고 노는 것이지 인간의 마음이 신을 가지고 놀 수 있는 것은 아니다. 신은 인간의 손에 쥐어진 장난감이 아니다. 인간이 신의 손에 쥐어진 장난감이다. 신에 대한 인간의 의식을 180도로 바꾸어야 한다. 인간이 신을 조종하는 게 아니라 인간 위에 신이 있음을 깨달아야 한다.

무한성은 마음의 눈앞에 있는 그림이 아니다. 아니다, 그림은 없다. 광대한 공(空)이…… 그 광대한 공 속으로 나는 녹아 들어간다. 신에 대한 관념도 사라지고 경계도 사라진다. 무한성과 접촉하면 나의 경계가 녹아들기 시작한다. 나의 경계가 희미해지다가 하늘로 올라가는 연기처럼 사라져 간다. 어느 순간, 바깥세상이 떨어져 나가고 존재 속에 머문다. 나는 거기 존재하지 않는다.

그래서 파탄잘리는 노력하지 않음과 무한성에 의식을 모음, 이 두 가지를 말하고 있다. 이 두 가지를 실천하여 좌법을 얻는다. 하지만 이는 시작에 불과하다. 이는 몸의 단계에 불과하다. 몸을 넘어 안으로 깊이 들어가야 하는 것이다.

좌법을 터득하면
이중성이 일으키는 동요가 멈춘다.

몸이 휴식 속에서 참으로 편안해지면 몸이라는 불꽃은 더이상 흔들리지 않는다. 움직임 없이 안정된다. 홀연히 시간이 멈추고 바람이 그치고 모든 것이 고요 속에 가라앉아, 몸을 움직이려는 충동이 사라지는 것이다. 차분하고 평화롭고 조화롭다. 이 상태에서 이중성과 이중성이 일으키는 동요가 사라진다.

마음이 산란하여, 몸이 안정을 찾지 못하고 고요히 앉아 있기 힘든 때를 관찰해본 적이 있는가? 혹은 몸이 안정을 찾지 못하여 마음이 요동치는 상황을 살펴본 적이 있는가? 몸과 마음의 상태는 항상 함께 간다. 파탄잘리는 몸과 마음이 둘이 아니라는 사실을 잘 알고 있었다. 인간은 몸과 마음으로 나누어진 존재가 아니다. 몸과 마음은 하나이다. 인간은 심신상관적인 존재이다. 인간은 '몸마음' 인 것이다. 몸은 마음의 시작이고 마음은 몸의 끝인 것이다. 둘은 한 가지 현상의 두 가지 측면이다. 다시 말하지만 몸과 마음은 둘이 아니다. 몸에서 일어나는 것은 무엇이나 마음에 영향을 주며, 마음에서 일어나는 것은 모두 몸에 영향을 미친다. 둘은 항상 같이 간다. 몸이 푹 쉬지 못하면 마음도 쉬지 못한다. 그렇기 때문에 몸을 그토록 중요하게 이야기하는 것이다.

먼저 몸으로 시작하는 것이 쉽다. 몸은 제일 밖에 존재하는 층이기 때문이다. 마음으로 시작하는 것은 어렵다. 많은 사람들이 마음으로 시작해서 실패한다. 왜냐하면 몸이 마음에 협력을 하지 않기 때문이다. A, B, C에서 시작해서 순서대로 천천히 나아가라. 몸이 A이다. 시작이다. 그래서 사람은 몸에서 시작해야 한다. 몸의 평정을 찾으면 마음은 자연스레 평정 속으로 들어간다.

마음은 계속 오른쪽에서 왼쪽으로, 왼쪽에서 오른쪽으로 움직인다. 시계추처럼 끊임없이 왔다갔다한다. 시계추를 지켜보면 마음을 잘 이해할 수 있다. 먼저 시계추가 왼쪽으로 갈 때를 생각해보자. 왼쪽으로 가는 움직임은 쉽게 눈에 띄지만, 왼쪽으로 가는 움직임 속에는 쉽게 눈에 띄지 않는 사실이 있다. 사실 시계추가 왼쪽으로 움직이는 것은 오른쪽으로 갈 수 있는 힘을 모으는 것이다. 시계추는 오른쪽으로 갈 때 역시 왼쪽으로 갈 수 있는 힘을 모은다.

이것이 마음의 상태다. 마음은 하나의 극단에서 다른 극단으로 쉬지 않고 움직인다. 왼쪽 극단에서 오른쪽 극단으로, 다시 오른쪽 극단에서 왼쪽 극단으로. 마음은 결코 중앙에 있는 법이 없다. 중앙에 있는 것이 존재하는 것이다. 양극단에서는 편안할 수 없기 때문에 무겁다. 중앙에 편안함이 있다. 중앙에서는 무게가 사라지기 때문이다. 정확히 중앙에 있으라. 자신의 무게를 느끼지 못할 것이다. 왼쪽으로

가도 무게가 생기고 오른쪽으로 가도 무게가 생긴다. 중앙
에서 멀리 갈수록 자신이 짊어져야 할 무게는 무거워진다.

　중앙에 있으라. 영적인 사람은 좌파도 우파도 아니다. 영
적인 사람은 양쪽의 극단을 따르지 않는다. 그는 양 극단이
사라진 사람이다. 정확히 중앙에 있을 때, 몸과 마음 둘 다
중앙에 있을 때 이중성은 사라진다. 이중성은 모두 한쪽에
서 다른 한쪽으로 기울어질 때, 자신이 둘로 나누어질 때 생
긴다.

　"타토 드완드와 아나비가타흐(Tato dwandwa
anabhighatah), 좌법을 터득하면 이중성이 일으키는 동요가
멈춘다." 이중성이 없는데도 긴장할 수 있는가? 이중성이
없는데도 고통과 갈등 속에서 괴로워할 수 있는가? 자신의
내면에 둘이 있으면 갈등이 생기기 마련이다. 둘은 계속해
서 싸운다. 나를 편안하게 내버려두지 않는다. 나의 집이 둘
로 나뉘어 항상 내전을 벌이는 것이다. 이런 사람은 항상 신
열로 들떠 있다. 내면의 이중성이 사라져야 자신의 중심 속
에서 침묵할 수 있다. 붓다는 그의 길을 '중도(中道)'라고
부른다. 붓다는 제자들에게 이렇게 말하곤 했다. "항상 중
도를 가라. 극단으로 치우치지 말라."

　세상 어디에나 극단주의자들이 있다. 하루도 쉬지 않고

여자 뒤꽁무니만 쫓아다니다가 어느 날 모든 것이 싫어져 세상을 등지고 산야신[5]이 된다. 그리고는 사람들에게 여자를 절대로 멀리하라고 가르친다. '여자는 지옥이다. 여자를 조심하라! 여자는 인생의 함정이다!' 세상 사람들에게 이렇게 외친다. '여자는 지옥이다'라고 주장하는 산야신은 십중팔구 예전에 플레이보이였을 것이다. 그가 말하는 주제는 사실 여자가 아니다. 그는 자신의 과거에 대해 말하고 있는 것이다. 그는 한쪽 극단이 끝나자 다른 쪽 극단으로 가버린 것이다.

돈에 미친 사람들이 있다. 돈 쌓는 일이 인생의 전부인 양, 많은 사람들이 지나칠 정도로 돈에 집착한다. 그들에게는 돈 쌓는 일이 이 땅에 존재하는 유일한 목적인 것 같다. 죽을 때 좀 더 많은 재산을 남기는 것, 그것이 인생의 유일한 의미이다. 그런 사람이 좌절하면 '돈은 사람의 적이다'라고 떠들고 다닌다. '돈은 적이다'라고 떠드는 사람은 십중팔구 과거 돈에 미쳤던 사람이다. 그리고 아직도 그는 미쳐 있다. 이번에는 돈의 반대쪽에 미쳐 있는 것이다.

참으로 균형 잡힌 사람은 어느 것에도 반대하지 않는다. 찬성도 않는다. 내게 '돈을 반대하십니까?'라고 물으면 나는 그저 어깨를 으쓱할 뿐이다. 나는 아무런 찬성도, 아무런

---

5)산야신(sannyasin): 세속적인 것에서 벗어나 명상과 수행의 세계에 입문하는 사람.

반대도 하지 않는다. 돈은 교환의 매체로써 유용한 것이다. 그렇다고 돈에 미칠 필요는 없다. 돈이 있으면 쓰라. 돈이 없으면 없음을 누리라. 있으면 쓰고 없으면 없는 상태를 즐기면 될 일이다. 삶을 통찰하는 사람은 이렇게 산다. 그는 궁전에 살면 궁전의 삶을 누리고 오두막에 살면 오두막의 삶을 누린다. 그는 궁전을 구하지도, 오두막을 구하지도 않는다. 이것에 반대하고 저것에 찬성하는 사람은 기울어진 사람이다. 균형을 상실한 사람이다.

붓다는 제자들에게 이렇게 말하곤 했다. "균형을 잡으라. 그러면 모든 것은 절로 이루어진다. 중도의 길을 가라." 좌법에 대한 파탄잘리의 말도 이와 같다. 외면의 좌법은 몸에 관한 것이요 내면의 좌법은 마음에 관한 것이다. 둘은 밀접하게 연결되어 있다. 몸이 중앙에 있으면, 즉 안정되고 편안하면 마음도 중앙에서 안정되고 편안해진다. 몸을 푹 쉬면 몸의 느낌이 사라진다. 마음을 푹 쉬면 마음의 느낌이 사라진다. 그때 몸도 마음도 아닌 신령이 되고 초월자가 된다.

좌법을 완전히 익힌 뒤에는 조식(調息)이 온다.
들숨과 날숨에 호흡을 멈추거나, 갑자기 멈춤으로써
조식을 성취한다.

숨은 몸과 마음을 이어주는 다리다. 이들의 관계를 잘 이해할 필요가 있다. 올바른 좌법을 통해 마음이 무한성으로 녹아들려면 몸과 마음을 이어주는 다리가 바른 리듬을 타야 한다. 호흡이 몸과 마음을 어떻게 이어주는지 관찰해본 적이 있는가? 없다면 마음이 변할 때 호흡이 변하는 것을 잘 관찰해보라. 호흡이 변할 때 마음이 변하는 모습을 잘 관찰해보라. 호흡을 바꾸라. 그러면 마음이 변할 것이다.

성적으로 흥분했을 때의 호흡을 지켜본 적이 있는가? 이때의 호흡은 가쁘고 거칠며 뜨겁다. 그런 식으로 호흡을 계속하면 금방 녹초가 될 것이다. 기운이 나는 게 아니라 기운이 빠진다. 새벽이나 밤중에 아무것도 하지 않고 평화롭게 별을 바라볼 때, 갑자기 고요하게 마음이 가라앉아 뿌듯한 행복감이 밀려올 때의 호흡을 살펴보라. 이때의 호흡은 아주 평화롭다. 숨이 들어오고 나가는 것조차 느껴지지 않는다. 화가 났을 때의 호흡을 관찰하라. 화가 나면 일시에 호흡이 바뀐다. 사랑할 때의 호흡, 슬플 때의 호흡을 관찰하라. 사람의 기분에 따라 호흡의 리듬이 달라진다. 호흡은 몸과 마음을 이어주는 다리이기 때문이다.

건강할 때의 호흡이 다르고 아플 때의 호흡이 다르다. 아픈 데가 전혀 없는 사람은 호흡을 특별히 느끼지 않는다. 그러다 어딘가 이상이 생기면 호흡이 신경쓰이기 시작한다.

"좌법을 완전히 익힌 뒤에는 조식이 온다." 여기서 조식은 산스크리트어 프라나야마(pranayama)를 옮긴 말이다.

프라나야마는 호흡을 조절한다는 말이 아니다. 프라나야마는 프라나(prana), 즉 기(氣)의 확장을 의미한다. 프라나는 숨 속에 있는 기를 뜻하며, '아야마(ayama)'는 무한한 확장을 뜻한다. 따라서 프라나야마는 호흡을 조절하는 것이 아니다. 조절이라는 말은 그리 아름답지 못하다. 인위적인 냄새를 풍기기 때문이다. 프라나야마는 인위적인 호흡 조절과는 완전히 다르다. 프라나야마는 호흡을 통해 기가 확장되어서 전체계의 호흡과 하나가 되는 것이다. 하나의 개체로서 호흡하는 것이 아니라 전체계와 같이 호흡하는 것이다.

때로 다음 방법을 시도해보라. 사랑하는 두 사람이 서로 손을 잡고 나란히 앉아 있을 때가 있다. 서로 진정으로 사랑하고 있으면 어느 순간 서로 동시에 같이 호흡하고 있음을 깨닫는다. 이 사람은 이렇게 호흡하고 저 사람은 저렇게 호흡하지 않는다. 여자가 숨을 들이쉬면 남자도 숨을 들이쉰다. 남자가 숨을 내쉬면 여자도 숨을 내쉰다. 때로 이런 상황이 주어지면 호흡을 잘 지켜보라. 가까운 사람과 함께 있으면 서로 호흡을 같이 한다. 보기 싫은 사람이나 지루한 사람과 함께 있으면 서로 호흡을 따로 한다. 둘은 완전히 다른 리듬으로 호흡한다.

나무와 함께 앉아 있어보라. 고요히 기쁘게 즐기면서 나무와 함께 앉아 있으면 돌연 내가 숨쉬는 리듬으로 나무가 숨쉬는 것을 느낄 수 있다. 전체계와 하나가 되어 호흡하는 순간, 자신이 전체계의 호흡이 되는 순간, 더 이상 발버둥치 거나 싸우지 않고 자신을 송두리째 내맡기는 순간이 찾아온다. 그때는 전체계와 하나가 되어 더 이상 호흡을 따로 해야 할 필요가 없어진다.

상대와 함께하는 깊은 호흡 속으로 들어가다 보면 느낌이 하나가 되는 체험을 한다. 호흡은 생명이다. 호흡을 통해 서로 하나가 된다. 그때는 감정이 그대로 전달되고 생각이 그대로 통한다.

성자를 만나거든 그의 호흡을 유심히 살펴보라. 깊은 친밀감과 사랑의 마음으로 자신의 호흡도 살펴보라. 성자에게 다가감에 따라 자신의 호흡과 느낌이 성자의 호흡의 세계로 녹아 들어간다. 여기서 깨어 있느냐 아니냐는 문제가 아니다. 이는 절로 일어난다.

프라나야마는 전체계와 호흡하는 것이다. 나는 프라나야마를 '조식' 보다는 '전체계와의 호흡' 이라고 번역하고 싶다. 프라나야마에서는 조절이 전혀 필요없다. 자신의 호흡을 조절하여, 어떻게 전체계와 함께 호흡을 할 수 있겠는가? 프라나야마를 '호흡의 조절' 로 옮긴다면 이는 완전한 오역 (誤譯)이다.

전체계와 호흡하는 것, 영원의 호흡이 되는 것이 프라나야마이다. 전체계와 호흡할 때 수행자는 확장한다. 자신의 기가 나무와 산과 하늘, 별들과 더불어 끊임없이 확장한다. 그러다가 어느 순간이 찾아온다. 붓다가 되는 날이 찾아온다. 수행자가 완전히 사라지는 그날…… 이제 수행자가 호흡하지 않고 전체계가 수행자 속에서 호흡한다. 이때 수행자의 호흡과 전체계의 호흡은 분리되어 있지 않다. 둘은 항상 함께한다. 그래서 '이것은 나의 호흡이다'는 말이 쓸모없게 된다.

좌법을 완전히 익힌 뒤에는 조식, 즉 프라나야마가 온다. 들숨과 날숨에 호흡을 멈추거나, 갑자기 멈춤으로써 조식을 성취한다.

프라나야마를 수행하다 보면 호흡이 완전히 들어간 다음 몇 초 동안 멈추는 순간이 온다. 날숨 때도 똑같은 현상이 일어난다. 숨을 다 내쉬고 몇 초 동안 호흡이 멈추는 것이다. 그 순간 수행자는 죽음과 대면한다. 죽음과의 대면은 신과 대면하는 것이다. 다시 한 번 더 말하겠다. '죽음과의 대면은 신과 대면하는 것이다.' 수행자가 죽을 때 신이 수행자 안에서 산다. 십자가에 매달린 뒤에라야 부활이 오는 것이다. 그래서 나는 파탄잘리가 죽음의 예술을 가르치고 있다고 말한다.

호흡이 멈추고 숨이 존재하지 않는 그 순간은 죽음으로 들어갈 때의 상황과 똑같다. 호흡이 멈추는 몇 초 동안 죽음과 하나가 된다.

이 순간은 신에게로 가는 길을 찾는 순간이다. 숨이 들어가서 1초 동안 멈추고, 숨이 나가서 1초 동안 멈출 때 길을 찾는다. 호흡의 정지, 날숨과 들숨의 틈바구니에 점점 더 깨어 있으라. 하나가 되라. 이 틈바구니를 통해 죽음이 들어오는 것처럼 신이 들어온다.

일전에 누군가 내게 이렇게 말한 적이 있다. "서양에서는 야마(Yama)와 같은 죽음의 신은 존재하지 않습니다." 그러면서 이렇게 물었다. "왜 죽음을 신이라고 부르는 것입니까? 죽음은 인간의 적입니다. 왜 죽음을 신이라고 불러야 합니까? 죽음을 악마라고 부른다면 몰라도 왜 신이라고 불러야 하는 것입니까?" 나는 이렇게 대답해주었다. "우리가 죽음을 신이라고 부르는 데는 뜻이 있다. 죽음은 신으로 통하는 문이기 때문에 우리는 죽음을 신이라 부른다. 죽음은 삶보다 심오하다. 그대가 아는 삶은 내가 아는 삶과 다르다. 그대에게는 죽음이 삶보다 심오하다. 그 죽음을 통과할 때 나와 그대, 누구에게도 속하지 않은 생명을 얻는다. 그것은 전체계의 생명이다. 그러므로 죽음이 곧 신이다."

숨이 다 들어왔을 때 좀 더 길게 숨을 멈추라. 틈바구니가 느껴질 것이다. 숨이 다 나갔을 때 좀 더 길게 숨을 멈추라.

틈바구니가 좀 더 쉽게 느껴질 것이다. 혹은 숨을 갑자기 멈추는 방법이 있다. 길을 걷다가 숨을 갑자기 멈춘다. 어느 순간 느닷없이 숨을 멈추면 죽음이 들어온다. 어느 때고 갑자기 숨을 멈출 수 있다. 그 멈춤 속에 죽음이 들어온다.

조식의 길이와 횟수는
시간과 장소에 따라 조절한다.
조식으로 호흡은 길고 미묘해진다.

호흡을 멈추는 수련을 해나감에 따라 영원으로 통하는 문이 넓어진다. 그리고 느낌이 점점 강해진다. 해보라. 생활 속에서도 언제든지 할 수 있다. 특별히 할 일이 없을 때는 숨을 깊이 들이마시고 멈춘다. 숨을 멈추고 느껴보라. 거기 어디엔가 문이 있다. 처음에는 어두워서 더듬어야 할 것이다. 문은 바로 나타나지 않을 것이다. 하지만 멀지 않아 문은 나타날 것이다.

숨이 멈추면 생각은 그 즉시 멈춘다. 해보라. 갑자기 숨을 멈춰보라. 틈이 생기고 생각도 멈출 것이다. 호흡과 생각은 현실 생활을 위해 필요하다. 하지만 저 너머의 삶, 신성한 삶 속에서는 호흡을 필요로 하지 않는다. 호흡과 생각은 물질세계의 것이다. 무념과 무호흡은 영원한 세계의 것이다.

제4의 조식이 있으니 이는 내적인 것이요
다른 세 가지 조식을 초월한다.

파탄잘리는 외부 정지와 내부 정지, 그리고 갑자기 하는
정지 등 세 가지 조식을 설명했다. 그런데 제4의 조식이 있
으니 이는 내적인 것이다. 제4의 조식은 붓다가 대단히 많이
강조한 것이다. 붓다는 이를 '아나파나사타(anapanasata)
요가'라고 불렀다. 붓다는 이렇게 말했다. "어디에서도 멈
추지 말라. 그냥 호흡을 처음부터 끝까지 지켜보라." 숨이
들어오는 것을 지켜본다. 하나도 놓치지 않는다. 숨이 들어
온다. 계속 지켜본다. 들숨이 끝날 때 자동적으로 정지의 순
간이 온다. 그것도 지켜보라. 아무것도 하지 말라. 그냥 지
켜보기만 하라. 이제 숨이 나가기 시작한다. 계속 지켜보라.
숨이 다 나가면 또 자동적으로 정지의 순간이 온다. 정지의
순간도 지켜보라. 숨이 들어오고 나가고 들어오고 나가
고…… 이를 계속 지켜본다. 이것이 제4의 조식이다. 그냥
호흡을 지켜보기만 하면 수행자는 호흡과 떨어진다.

호흡과 떨어지면 생각과도 떨어진다. 몸의 호흡과 마음의
생각은 항상 같이 간다. 생각이 마음에서 움직이고 호흡이
몸에서 움직인다. 둘은 쌍둥이요 동전의 양면이다. 파탄잘
리는 제4의 조식도 언급하지만 강조하지는 않는다. 그러나
붓다는 전적으로 제4의 조식에 집중했다. 다른 세 가지 조식

은 언급조차 하지 않았다. 제4의 조식이 불교 명상의 전부라 해도 과언이 아니다.

"제4의 프라나야마가 있으니……" 그것은 관조의 프라나 야마이다. 그것은 내적이요 다른 세 가지 조식을 초월한다. 파탄잘리는 정말 대단히 과학적이다. 그는 사실 제4의 조식 을 하지 않았지만 제4의 조식이 다른 세 가지 조식을 초월한 다고 말하고 있다. 파탄잘리는 붓다만큼 훌륭한 제자를 두 지 못했던 것이 틀림없다. 파탄잘리는 육체 지향적인 사람 들을 가르쳤으며, 붓다는 정신 지향적인 사람들을 가르쳤음 에 틀림없다. 파탄잘리는 제4의 조식을 하지 않았음에도 불 구하고 이것이 다른 셋을 초월한다고 말한다. 그는 요가에 대해 빠트림 없이 말한다. 한 점도 빠트리지 않고 말한다. 그러한 이유 때문에 나는 파탄잘리를 '알파요 오메가' 라고, 즉 '시작이자 끝' 이라고 말하는 것이다.

3장

근원으로
회귀하여
주인이
되라

오쇼 수트라

내면의 집에 돌아오면 주인이 된다.
밖으로 나가면 노예가 된다.

에고와 싸우면 더욱 위험하고
미묘한 에고가 생긴다.
미묘한 에고는 영성을 가장한,
경건한 에고이기 때문이다.

내면 가장 깊은 곳에 있는 존재를 알고 싶다면
그 존재를 잉태할 수 있는 자궁이 되어야 한다.
그래서 자신을 다시 낳아야 한다.

에너지가 중심에 도달하면
신비 위에 신비가 드러난다.
처음으로 참나가 드러난다.

근원으로 회귀하여 주인이 되라

그냥 인간의 겉모습만 보았을 때는 지구에서 인류를 없애면 해가 될 거라는 말을 하기가 힘들다. 오히려 '좋다. 인류를 없애니 참으로 좋다. 지구는 보다 아름답고 평화로워질 것이며, 자연은 보다 행복해질 것이다.' 라는 말을 하기가 쉽다. 하지만 인간을 깊이 들여다보면, 그 무한한 깊이를 들여다보면, 인간 없는 지구는 고요해질지 모르나 그 고요는 죽은 고요가 되고 말 것이다. 인간 없는 지구에는 음악이 없다. 깊이도 존재하지 않는다. 꽃은 계속 필지 모르지만 그 아름다움을 상실한다. 누가 꽃의 아름다움을 느낀단 말인가? 누가 꽃의 아름다움을 알아준단 말인가? 새들이 계속 노래를 부른다 해도 누가 새들의 노래를 신비의 시로 읊을 것인가? 여전히 수목의 녹음이 우거지겠지만 인간이 있을 때의 녹음이 아니다. 인간의 가슴이 함께 공명하고 인식해주어야 녹음이 제대로 존재할 수 있기 때문이다.

인간이 사라지면 느낌과 감상도 사라진다. 인간이 사라지면 기도도, 신도 사라진다. 지구는 그대로 남아 있겠지만 그 신성함을 상실한다. 침묵, 하지만 이는 공동묘지의 침묵이다. 그 침묵은 가슴과 더불어 고동치지 않는다. 온 지구상으로 퍼질는지 모르지만 깊이가 없는 죽은 침묵이다. 깊이가 없는 침묵은 진실한 침묵이 될 수 없다.

인간이 존재의 표면에 머물면 전 존재계도 존재의 표면에 머문다. 바다의 존재를 모른 채 자신을 파도라고 생각하면 다른 모든 파도도 파도로 머문다. 자신의 존재를 깊이 들여다보고 바다가 되면 다른 파도들은 모두 사라진다. 인간은 언제나 바다였다. 이를 이제야 깨달았을 뿐이다. 이제 파도가 파도치지 않고, 바다가 파도친다. 모든 파도 밑에는—그 파도가 아름답든, 추하든, 작든, 크든—항상 똑같은 바다가 존재한다.

요가는 내면의 가장 깊은 존재, 영혼의 주체성과 결합하는 방법이다. 내면의 가장 깊은 존재는 무한하다. 존재계 속으로 들어갈 수는 있지만 '모든 것을 다 알았다'고 말할 수 있는 지점은 존재하지 않는다. 끊임없이 이어질 뿐이다. 무한히 계속될 뿐이다. 깊이 깊이 들어가지만 앞은 항상 무한히 남아 있다. '경계에 도달했다'고 말할 수 있는 지점은 결코 오지 않는다. 경계란 존재하지 않는다. 우주에 경계는 없다. 존재계는 경계 없이 무한히 펼쳐진다. 영혼의 주체성에 경계는 존재하지 않는다. 경계는 항상 허위이다. 깊이 더 깊이 들어가라. 그러면 무한한 세계가 끊임없이 펼쳐진다.

내면의 깊은 존재로 들어가면, 내면의 깊은 존재 속으로 날아가면…… 깨닫는다. 작은 것도 사라지고 경계와 한계에 갇힌 것도 사라진다. 사람들의 눈에 무한이 기다리고 있음을 본다. 처음으로 사랑이 일어난다. 자기 존재의 깊이를 체험한 사람에게만 사랑은 일어난다. 신만이 사랑한다. 신만이 사랑할 수 있다. 개들을 보라. 싸우기만 한다. 사랑의 이름으로 싸우기만 한다. 신들이 싸운다 해도 그 싸움은 사랑에서 나온다. 그렇지 않은 경우는 신들에게 가능하지 않다.

자신의 신성한 존재를 깨달으면 온 세상이 변형된다. 똑같은 일상이, 지루하게 반복되는 낡은 세상이 사라진다. 평범한 일상도 사라진다. 모든 것이 비범한 색채를 띠고 놀라운 영광을 발한다. 평범한 조약돌이 다이아몬드가 된다. 나뭇잎 하나하나도 그 뒤에, 그 안에, 그 밑에, 그 너머에 감춰진 놀라운 생명력으로 생동한다. 온 존재계가 신성을 발한다. 자신의 신을 아는 순간, 신은 모든 곳에 존재한다는 사실을 깨닫는다. 그럴 수밖에 없다. 다른 길은 존재하지 않는다.

요가는 방법론이다. 감춰진 것을 드러내고 내면의 문을

열고 내면의 신전으로 들어가 참나를 발견하는 방법론이다. 인간의 존재는 거기에 있다. 처음부터 거기에 있었지만 발견하지 못했을 뿐이다. 인간의 내면에는 항상 보물이 존재한다. 숨이 하나 들어오고 나갈 적에도 보물은 거기 있다. 단지 깨닫지 못할 뿐, 보물이 사라진 적은 없다. 완전히 망각해서 깨닫지 못할 뿐, 보물을 놓친 적도 없다. 잊었을지 모르나 보물을 잃을 수 있는 방도는 존재하지 않는다. 왜냐하면 그대가 곧 보물이기 때문이다.

그러므로 유일한 문제는 보물을 어떻게 발견하느냐이다. 보물은 덮여 있다. 많은 무지의 층들이 덮고 있다. 요가는 천천히 단계를 밟아가면서 내면의 신비 속으로 들어가는 노력이다. 요가는 8단계를 거치면서 발견을 완성한다.

처음 몇 단계를 바히란가 요가(bahiranga yoga)라고 하는데, 외면의 요가라는 말이다. 야마(yama)와 니야마(niyama), 아사나(asana), 프라나야마(pranayama), 프라티아하라(pratyahara) 등의 다섯 단계가 외면의 요가이다. 그 뒤에 오는 마지막 세 단계인 다라나(dharana), 디아나(dhyana), 사마디(samadhi) 등은 안타란가 요가(antaranga yoga), 내면의 요가라는 말이다.

그러면 빛을 가리는 덮개가 벗겨진다.

처음 네 단계에 대한 설명은 이미 마쳤다. 다섯 번째 단계인 프라티아하라는 처음 네 단계와 마지막 세 단계, 즉 외면의 요가와 내면의 요가를 이어주는 다리 역할을 한다. 이는 외면의 요가이면서 다리 역할을 겸하는 것이다. 프라티아하라, 즉 제감(制感)은 '근원으로 회귀'를 뜻한다. 잘 이해하라. 근원에 도달하는 게 아니라 근원으로 회귀하는 것이다. 요가를 통해 회귀의 여정이 시작된다. 에너지는 밖으로 흐르지 않는다. 대상에 대한 관심이 사라진다. 이제 에너지는 방향을 전환한다. 내면으로의 방향전환, 이것이 예수가 말하는 돌아옴이다.

보통 에너지는 밖으로 움직인다. 사람은 보고 냄새 맡고 만지고 느끼고 싶어한다. 사람은 내면에 감춰진 것을 완전히 잊었다. 수시로 눈과 귀, 코, 손이 되지만 눈을 통해 보는 자, 오감 너머에 감춰진 자를 잊었다. 사람은 눈이 아니다. 눈이 있는 건 맞다. 하지만 눈은 아니다. 눈은 창문의 역할을 할 뿐이다. 창문 뒤에 서 있는 자는 누구인가? 눈을 통해 보는 자는 누구인가? 내가 상대를 본다. 이때 눈이 상대를 보는 것이 아니다. 눈은 스스로 물체를 볼 수 없다. 나라는 주체가 뒤에 있지 않으면 눈은 스스로 물체를 볼 수 없는 것이다.

사람에게 이런 일이 자주 일어난다. 독서를 하면서 책장을 넘기다가 어느 순간 자신이 글을 읽고 있지 않다는 사실을 깨달을 때가 있다. 눈은 계속 책을 보고 있지만 정신은 딴 데 가 있는 것이다. 눈은 계속해서 단어 하나하나, 문장 하나하나, 단락 하나하나를 보고 있지만 읽는 주체가 거기 없는 것이다. 그러다가 갑자기 '눈으로만 읽었지 내가 읽지 않았구나' 는 사실을 문득 깨닫는다. 괴로워서 너무 슬퍼서 눈은 뜨고 있지만 책을 보지 않았을 수도 있다. 기뻐서 아주 기뻐서 행복에 도취돼 눈은 뜨고 있지만 글을 보지 않았을 수도 있다.

감각은 사람이 협력을 하지 않으면 무력하다. 이를 깊이 깨우쳐라. 이런 깨우침이 요가의 전부이다. 감각에 관심을 주지 않으면 감각의 문은 닫힌다. 감각에 관심을 보여주지 않으면 방향전환의 여정이 시작된다. 제감이 시작된다. 이것이 기나긴 세월 홀로 앉아서 명상하는 사람들이 하는 것이다. 나와 감각 사이의 끈을 자르는 것이다. 에너지가 보고 듣고 만지는 것에 집착하지 않으면 내면으로 움직이기 시작한다. 근원을 향한 움직임, 자기가 나온 자리를 향한 움직임, 존재 중심을 향한 움직임, 이것이 제감이다. 이제 더 이상 주변부로 움직이지 않는다.

이는 시작에 불과하다. 이 여정은 삼매(三昧)에서 끝난다. 제감은 에너지가 존재의 집으로 움직이는 출발점이다. 사마디에서 존재의 집에 도착한다. 야마와 니야마, 아사나, 프라나야마 단계는 다섯 번째 제감을 위한 준비 단계이다. 제감은 시작이요 방향전환이며 사마디는 끝이다.

"그러면 빛을 가리는 덮개가 벗겨진다." 이 마지막 수트라는 프라나야마, 즉 조식에 관한 것이다. 조식은 우주와 호흡의 리듬을 함께하는 길이다. 사람은 우주 밖에 있다. 조식을 수행하는 사람의 호흡이 깊어지면 전체계와 조화를 이룬다. 전체계와의 싸움을 그만두고 전체계에 귀의한다. 그리고 전체계의 연인이 된다. 이런 사람이 참으로 영적인 사람이다. 전체계와 갈등을 일으키지도 않고 개인적인 성취욕도 없고 존재계와 더불어 흐르며 전체계의 목적과 하나가 된다. 그에게는 개인적인 운명이 사라진다. 전체계의 운명이 그의 것이 된다. 그는 강물을 거스르는 법이 없다. 언제나 강물의 흐름을 따라간다.

참으로 흘러갈 줄 아는 사람의 에고는 사라진다. 에고는 저항하고 싸울 때만 존재하기 때문이다. 에고는 전체계에 반하는 개인적인 목적이 있을 때 존재하기 때문이다. 에고가 어떻게 존재하는지, 이를 잘 이해하라. 사람들이 나를 찾아와서 이렇게 말한다. "저는 에고를 내려놓고 싶습니다." 그런 사람들에게는 이렇게 말해주곤 한다. "에고를 내려놓고 싶어하는 사람은 에고를 내려놓을 수 없다. 누가 누구를 내려놓는단 말인가? '저는 에고를 내려놓고 싶습니다' 라고 말하는 이는 누구인가? 이 역시 에고다. 이 또한 에고와 싸우는 일이다."

겸손을 가장하거나 자신에게 겸손을 강요한다 할지라도 에고는 그대로 존재한다. 왕이 된다 해도, 거지가 된다 해도 에고는 그대로 존재한다. 왕의 에고로 존재하고 겸손한 거지의 에고로 존재한다. 걷는 모습만 봐도 알 수 있다. 움직임만 봐도 알 수 있다. 움직이는 모습이 모든 걸 말해주고, 말하는 모습이 모든 걸 말해준다. '나는 세상에서 가장 겸손한 사람입니다'라고 말한다 해도 마찬가지다. 전에는 세상에서 가장 위대한 사람이었다가 이제는 세상에서 가장 겸손한 사람이 되고자 한다. 항상 저변에 흐르는 것은 '언제나 비범한 사람'이 되고자 하는 것이다. 거기에 에고가 있다.

에고와 싸우면 더욱 위험하고 미묘한 에고가 생긴다. 그 미묘한 에고는 영성을 가장하는 경건한 에고이기 때문이다. 처음에는 적어도 이 세상을 꿈꿨지만 이제는 저 세상을 꿈꾼다. 더 위대하고 능력 있고 신비한 세상을 꿈꾼다. 이제 에고의 장악력은 전보다 훨씬 더 세진다. 이런 에고에서 빠져나오는 일은 대단히 어렵다. 경건한 에고의 탄생은 작은 위험에서 큰 위험으로 이동하는 것일 뿐이다. 더 큰 덫에 걸리는 것이다.

'조식은 호흡을 인위적으로 조절하는 것이다'라고 생각
하지 말라. 조식은 우주와 자연스럽게 하나가 되는 길이다.
조식은 인위적인 조절이 절대 아니다. 모든 형태의 조절과
통제는 에고의 길이다. 에고가 없다면 누가 조절을 하고 통
제를 한단 말인가? 에고는 조절자요 통제자이다. 이를 깊이
이해하면 에고는 사라진다. 에고를 놓으려고 애쓸 필요도
없다.

환영을 놓을 수 있다고 생각하는가? 실존하는 것은 놓을
수 있다. 하지만 에고는 실존하지 않는다. 아무도 마야[1]를
놓을 수 없다. 뭔가를 놓으려면 먼저 존재하는 것이어야 한
다. 따라서 존재하지도 않는 환영은 놓을 수 없다. 여기에는
깨우침이 필요하다. 환영이 존재하지 않는다는 것을 깨우치
면 환영은 저절로 사라진다. 꿈을 놓을 수 없다. '이는 꿈이
다'는 것을 자각하면 꿈은 사라진다. 에고는 가장 미묘한 꿈
이다. 내가 존재계와 분리되어 있다는, 전체계를 거스르며
나의 꿈을 실현해야 한다는, 나는 하나의 개인이라는 꿈이
곧 에고다. 깨어 있으라. 꿈은 사라진다.

사람은 전체계의 한 부분이다. 따라서 전체계를 거스를
수 없다. 전체계를 거스르는 일은 나의 손이 나를 거스르는
것만큼이나 어리석다. 전체계를 거스를 수 있는 길은 존재

---

1)마야(maya): '환영'을 뜻하는 산스크리트어.

하지 않는다. 오직 유일한 길이 있으니 이는 전체계와 함께 존재하는 것이다.

전체계와 싸운다 해도 이는 전체계를 거스르지 못한다. 모두 자신의 상상 속에서 거스를 뿐이다. '나는 전체계와 다르고, 나는 전체계의 흐름에 저항하며 나의 차원은 다르다'고 생각하는 것은 모두 꿈일 뿐이다. 제 아무리 노력한다 해도 그렇게 할 수 없다. 이는 마치 호수 위의 물결이 '나는 호수와 달라' 라고 생각하는 것과 같다. 참으로 어리석은 일이 아닐 수 없다. 호수 위의 물결이 호수와 달라질 수 있는 방법이나 가능성이 있다고 생각하는가? 물결이 어떤 생각을 한다 해도 물결은 항상 호수의 일부분으로 남을 뿐이다. 물결이 가고 싶은 대로 갔다고 해서 물결이 호수와 분리된 것인가? 그 이동 역시 알고 보면, 호수의 뜻에서 나온 것일 뿐이다.

깨달으면 알게 된다. '내가 꿈속에 있었구나. 이제 꿈은 사라졌다. 나는 존재하지 않는다. 나는 꿈이었고 동시에 꿈꾸는 자였다. 이제 나는 사라지고 전체계만이 존재한다.' 이렇게 깨닫고 한바탕 웃는다.

깨닫고 나면 조식을 통해 근원으로의 회귀가 가능한 상황이 온다. 어디를 가는 게 아니었음을 깨닫는다. 싸움이 멈춘다. 적이 사라진다. 이제 자신의 존재를 향하여 흐른다. 이는 '가는 것' 이 아니다. 그냥 '흐르는 것' 이다. 싸움을 멈추면, 밖으로 향하는 것을 멈추면 이제 내면으로 흐르기 시작한다. 이는 자연스럽게 일어난다.

파탄잘리는 이렇게 말한다. "조식을 하면 빛을 가리는 덮개가 벗겨진다." 이 수트라는 자세히 분석하고 살펴보고 이해해야 한다. 이 수트라는 많은 것을 담고 있기 때문이다. 파탄잘리는 조식을 하면 내면의 빛을 얻는다고 말하지 않는다. 파탄잘리에 대한 많은 해설서들이 이를 잘못 이해하고 있다. 그들은 이 수트라를 '덮개가 떨어져 나가면 빛을 성취한다' 는 것으로 해석했다. 하지만 그것은 불가능하다. 만약 여기서 빛을 성취한다면 조식 다음에 오는 응념(凝念)과 선정(禪定)과 삼매는 어떻게 되는가? 제감의 단계에서 요가의 목적을 성취하고 존재의 중심에 도달하고 내면의 빛을 안다면 응념과 선정과 삼매가 있어야 될 이유는 무엇인가? 여기서 이미 빛을 성취한다면 다음 단계에서는 무엇을 할 것인가? 아니다, 여기서 파탄잘리는 빛의 성취를 말하지 않는다. 그럴 수 없다. 파탄잘리는 '덮개의 벗겨짐' 을 말할 뿐, '빛의 성취' 에 대해서는 말하지 않는다. 둘은 엄연히 다른 것이다.

덮개의 벗겨짐만으로는 빛이 성취되지 않는다. 덮개의 벗겨짐은 빛을 성취할 수 있는 토대를 만든다. 덮개의 벗겨짐 자체가 빛의 성취는 아닌 것이다. 아직도 해야 할 일이 많이 남았다. 사람의 눈을 예로 들어 말해보자. 눈을 감은 채로 무수한 생을 산 사람이 있다. 그의 눈꺼풀은 햇빛을 차단하는 역할을 했다. 그리고 이번 생에 눈을 뜬다. 눈꺼풀은 벗겨졌지만 아직 빛을 보지는 못한다. 너무나 오랜 세월 동안 어둠에만 익숙해져 있었기 때문에 눈꺼풀이 벗겨지고 햇빛이 바로 앞에 있지만 곧바로 햇빛을 볼 수 없는 것이다.

눈꺼풀은 없어졌지만 어둠의 오랜 습기[2]가 눈의 일부분이 되어버렸다. 물질적인 눈꺼풀은 사라졌지만 미묘한 어둠의 꺼풀이 아직 남아 있다. 수백만 년 동안 눈을 감고 산 사람에게 햇빛은 너무 강렬하다. 그런 사람의 눈은 굉장히 약해져 있기 때문에 곧바로 햇빛을 받아들이지 못한다. 빛이 내가 받아들일 수 있는 것보다 강하면 어둠이 생긴다. 몇 초 동안 태양을 바라보라. 순간 눈에 어둠이 내릴 것이다. 태양을 너무 오랫동안 바라보고 있으면 눈이 멀 수도 있다. 너무나 강렬한 빛은 어둠이 된다.

사람은 자신이 얼마나 오랫동안 어둠 속에서 살아왔는지 모른다. 아무런 빛도 모르고 있는 사람에게는 한 줄기 빛도 들어가지 못한다. 어둠만이 그의 유일한 세계이다. 빛에 대해 전혀 무지하기 때문에 알아보지도 못한다. 설령 빛을 가리는 덮개가 열려도 빛을 바로 알아보지 못하는 것이다. 파탄잘리는 이를 잘 알고 있다. 그래서 이 수트라를 "그러면

---

2)습기(濕氣): 습관으로 형성된 기운이나 습성.

빛을 가리는 덮개가 벗겨진다"라고 쓴 것이다. 빛의 성취가 아니다. 파탄잘리는 전후의 사정을 정확하게 인지하고 있었기 때문에 이런 식으로 수트라를 저술한 것이다.

파탄잘리는 덮개가 사라졌다고 말한다. 덮개가 사라졌다고 해서 빛을 성취한 것은 아니다. 아직도 세 단계를 더 거쳐야 한다. 제감 이후 세 단계를 더 거치면서 빛을 느끼고 알고 온전히 흡수할 수 있도록 존재의 눈을 수련해야 한다. 이를 모두 수련하는 데는 여러 해가 걸리기도 한다.

"그러면 빛을 가리는 덮개가 벗겨진다." 이 수트라를 놓고 "내면의 빛을 성취한다"라고 한 모든 해설과 주석에 나는 반대한다. 이는 수트라를 올바르게 해석한 것이 아니다. 단지 방해물이 없어지고 장애물이 사라진 것이다. 아직도 거리가 존재한다. 좀 더 앞으로 나아가야 한다. 이번에는 좀 더 조심해야 한다. 다음과 같은 똑같은 실수를 범할 수 있기 때문이다. '이제 모든 것을 성취했다. 장애물이 무너지고 사라졌다. 나는 존재의 집에 돌아왔다.' 이렇게 생각해버리면 최종 목적지에 도달하기도 전에 멈춰버리고 만다.

많은 요기들이 이 다섯 번째에서 만족하고 멈춰버린다. 그들은 전후의 사정을 통째로 보지 못한다. 장애물이 없어지기는 했지만 깊은 만족감을 느끼지 못하고 있다. 특히 에고가 강한 사람은 이 수트라에 따라 다섯 번째에서 멈춰버린다. 에고가 싸우는 대상인 장애물이 사라졌기 때문이다.

빛을 가리는 덮개를 통과하기 위해, 이 덮개를 벗겨내기 위해 무진 애를 썼기에 드디어 덮개가 벗겨지면 할 일이 아무것도 남지 않는다. 싸움의 대상이 사라지면 어찌할 바를 모른다. 그리고 삶이 몽땅 무의미해진다.

세상에는 강한 경쟁심으로 타인과 싸우는 사람들이 있다. 사업이나 정치, 이 분야 저 분야에서 남들과 싸운다. 그러다가 이 싸움에 지친다. 지성이 있는 사람이라면 조만간 지치기 마련이다. 그들은 타인과의 싸움에서 지치면 이제 자기 에고와 싸우기 시작한다. 에고는 빛을 가리는 덮개이다. 그러다가 어느 날 덮개가 벗겨짐으로써 싸울 대상이 사라진다. 싸울 대상이 사라지면 에고는 단 한 발자국도 앞으로 나아가지 못한다. 상대와 싸우는 일이 에고의 전부였기 때문이다. 상대는 타인이기도 하고 자신의 에고이기도 하다. 누가 됐든 싸우는 것이 에고가 하는 일의 전부이다. 그런 생활을 하다가 어느 순간 장애물이 걷히고 싸울 대상이 사라지면 사람은 그 자리에서 멈춰버린다. 앞에 세 단계가 더 기다리고 있음에도 이제 어디로 가야 할지 모른다.

그리고 마음에 응념(凝念)의 힘이 생긴다.

다라나(dharana)는 응념만을 뜻하는 게 아니다. 응념은 다라나의 일부만을 보여줄 뿐이다. 사실 다라나는 응념보다 훨씬 큰 개념이다. 이에 대해 상세히 살펴보도록 하자.

인도어인 '다르마(dharma)'는 다라나에서 왔다. 다라나는 수용할 수 있는 힘, 자궁이 될 수 있는 능력을 말한다. 프라나야마를 익혀 전체계와 조화를 이루어 하나의 자궁이 되었다. 존재를 수용할 수 있는 커다란 그릇이 되었다는 말이다. 이제는 전체계마저도 담을 수 있다. 나의 존재가 매우 광대해져서 모든 것을 다 담을 수 있다. 그런데 사람들은 왜 다라나를 계속 '응념'의 개념으로 번역하는가? 다라나에는 응념의 의미도 포함하고 있기 때문이다. 그렇다면 응념이란 무엇인가? 하나의 생각과 오랜 시간 머무는 것을 응념이라 한다.

원숭이 한 마리가 그려진 그림에 응념하라고 하면…… 그림 속의 원숭이 생각만 해보라. 대단히 어렵다. 수많은 생각들이 밀고 들어온다. 원숭이는 사라지고 수많은 잡념들이 들어온다. 원숭이에 마음을 모으려고 노력하면 할수록 원숭이는 자꾸만 달아난다.

마음은 매우 좁아 대상을 많이 담지 못한다. 대상을 단지 몇 초 동안만 담을 수 있다. 그리고는 그 대상을 잃는다. 마음은 협소해서 한 가지와 오랫동안 머물지 못한다. 이것이 인간의 가장 본질적인 문제 중 하나이다. 오늘 이성과 사랑에 빠져도 내일이면 마음은 다른 사람을 찾는다. 마음은 하루도 같은 사람을 담아내지 못한다. 사람은 같은 사람과 오랫동안 사랑하지 못한다. 사실 몇 시간도 많다. 사람의 마음은 세상을 끊임없이 떠돈다.

오랫동안 갖고 싶어했던 차가 있다. 이 차를 손에 넣기 위해 갖은 노력을 다했다. 그리고 드디어 손에 넣었다. 이제 이 차를 몰고 다닌다. 하지만 거기서 끝이다. 이제 마음은 다른 차, 이웃이 소유한 좋은 차로 눈길을 돌리기 시작한다. 새로운 차를 구입해도 똑같은 일이 벌어진다. 이와 같은 일이 수도 없이 벌어진다. 사람은 대상을 담지 못한다. 대상에 도달하는 순간 잃어버리는 것이다.

다라나는 담을 수 있는 능력을 뜻한다. 신을 알고 싶은 사람은 신을 담을 수 있는 그릇이 되어야 한다. 내면 가장 깊은 곳에 있는 존재를 알려면 이 존재를 탄생시킬 수 있는 자궁이 될 수 있어야 한다. 스스로 다시 태어나야 하는 것이다. 응념은 다라나의 단편일 뿐이다. 다라나는 대단히 폭넓은 개념이다. 아주 많은 뜻을 함축하고 있다. 응념의 개념은 다라나의 일부일 뿐이다.

"그리고 마음에 응념의 힘이 생긴다." 이 수트라를 나는 이렇게 번역하고 싶다. "그리고 마음은 자궁이 된다." 하나의 씨앗처럼 여성이 9달 동안 태아를 기르는 자궁 말이다. 힌두인들은 여성을 대지라고 부른다. 대지가 거대한 참나무의 씨앗을 품고 있는 것처럼 아이라는 씨앗을 여러 달 동안 자신의 몸에 품고 있기 때문이다.

씨앗이 땅속 깊이 떨어져 모든 두려움을 잊고 땅과 하나가 되면서…… 씨앗이 먼저 땅속에서 편안함을 느껴야만 껍질이 깨진다. 이를 잘 알라. 씨앗이 편안함을 느끼지 못하고 두려워하면 껍질은 깨지지 않는다. 씨앗이 대지를 어머니로 느끼며 두꺼운 껍질로 자신을 보호할 필요를 느끼지 않을 때 껍질은 느슨해지기 시작한다. 껍질은 점점 터지면서 깨지고 드디어는 땅속으로 사라진다. 이제 씨앗은 더 이상 이방인이 아니다. 어머니를 찾은 것이다. 그때 씨앗은 싹을 틔우기 시작한다.

인도 사람은 여성을 대지로, 남성을 하늘로 부른다. 남성은 영원한 방랑자이기 때문이다. 남성은 많은 것을 지속적으로 품지 못한다. 항상 그렇다. 반면 여자는 남자와 사랑에 빠지면 평생 동안 이를 지킨다. 여자에게는 그렇게 하는 것이 보다 쉽다. 여자는 한 생각을 가슴 깊이 품고 간직하는 법을 안다. 남자는 떠돌이요 방랑자다. 여자가 없었더라면 세상에 사람 사는 집이 존재하지 않았을 것이다. 남자는 한 곳에서 오래 살지 못한다. 남자는 화려한 대리석 왕궁 대신 부랑자의 텐트 속에서 산다. 언제라도 마음이 변하면 텐트를 걷어서 다른 곳으로 떠난다.

여자가 없었더라면 남자도 존재하지 못했을 것이다. 사람의 집은 여자 덕분에 존재한다. 사실 문명 전체가 여자 덕분에 존재한다. 여자가 없었더라면 남자는 정처 없이 떠도는 유목민이 되었을 것이다. 그렇게라도 떠돌아야 남자의 마음은 가라앉는다. 설령 집에 정주해 살아도 남자의 마음은 세상을 떠돈다. 그는 하나의 존재를 따뜻이 품지도 못하고 자궁이 되지도 못한다.

그래서 나는 이렇게 느낀다. '여자는 남자보다 명상 속으로 쉽게 들어갈 수 있다.' 남자는 명상 속으로 들어가기가 어렵다. 남자의 마음은 항상 흔들리고 떠돌고 곧잘 새로운 함정에 갇히기 때문이다. 그는 히말라야에 가고 고아[3]나 네팔이나 카불[4]에 가고 싶어한다. 어디든 가고 싶어한다. 그러나 여자는 한 곳에 정착하여 머물기를 좋아한다. 여자에게는 떠돌고 싶은 욕구가 없다.

마음에 자궁이 될 수 있는 힘이 생긴다. 자궁을 통해서만 새로운 존재가 태어날 수 있기 때문이다. 참나로 다시 태어나야 한다. 한동안 참나를 자궁에 품고 다녀야 한다. 웅념은 다라나의 일부일 뿐이다. 웅념을 배우는 것도 훌륭하다. 한 생각에 오랫동안 집중할 수 있다면 한 가지 대상에 장기간 집중할 수 있는 힘이 생긴다. 한 가지 대상에 장기간 집중하지 못하면 마음은 쉽게 산란해진다. 이 차에서 저 차로, 이

---

3)고아(Goa): 인도 중서부의 해안 도시.
4)카불(Kabul): 현 아프가니스탄의 수도. 인도, 중앙아시아, 이란 등으로 통하는 교통 요충지이며, 군사 상업의 중심지.

집에서 저 집으로, 이 여자에서 저 여자로, 이 직업에서 저 직업으로 끊임없이 떠돈다. 집중하지 못하는 사람은 대상에 쉽게 끌려 다닌다. 그런 사람은 존재의 집으로 돌아올 수 없다.

대상에 의해 마음이 흐트러지지 않을 때만 근원으로의 회귀가 가능하다. 어머니처럼 참을성이 강한 사람은 기다릴 줄 알며 흔들리지 않고 머무를 줄 안다. 오직 그런 마음의 소유자만이 자신의 신성을 실현할 수 있다.

근원으로 회귀하는 요가의 다섯 번째 요소,
프라티아하라는 외부 대상이 떠드는 소리를 떠남으로써
감각에 대한 지배력을 회복하는 것이다.

외부 대상이 떠드는 소리를 떠나지 않으면 내면으로 들어갈 수 없다. 외부 대상은 끊임없이 수행자를 내면에서 불러낸다. 외부 대상이 떠드는 소리를 떠나지 않고 명상하는 것은 마치 명상하는 방에 전화기를 놓는 것과 같다. 전화벨이 끊임없이 울려대는 상황에서 어떻게 명상을 제대로 할 수 있겠는가? 우선 전화기의 코드를 뽑을 일이다.

이는 전화기 한 대의 문제가 아니다. 수행자의 주변에는 수많은 전화가 있다. 명상하는 방에 수많은 전화가 끊임없이 울린다. '무얼 하는가? 시장에 갈 시간이다. 지금쯤 부자 손님이 와 있을 것이다. 왜 여기서 괜히 시간만 낭비하는 가? 한 마음이 이렇게 떠들면 다른 마음은 다른 것을 떠든 다. 마음에는 오만 가지가 다 들어 있다. 오만 가지의 생각 은 명상하는 사람의 관심을 끌기 위해 계속 전화벨을 울린 다.

"근원으로 회귀하는 요가의 다섯 번째 요소, 프라티아하 라는 외부 대상이 떠드는 소리를 떠남으로써 감각에 대한 지배력을 회복하는 것이다." 자, 그럼 외부 대상이 떠드는 소리는 어떻게 떠나는가? '나는 이제부터 부자에 대한 관심 을 떠납니다. 나는 여자나 남자에 대한 관심을 떠납니다.' 이렇게 서약해서 외부 대상이 떠드는 소리를 떠날 수 있는 가? 그냥 서약만 한다고 될 일이 아니다. 오히려 서약만 해 서는 역효과만 난다. '여자에 대한 관심을 떠납니다'라고 서약해보라. 그러면 마음이 여자 사진들로 가득 찰 것이다. 마음은 여자의 모습을 더욱 많이 떠올릴 것이다. 의지로 밀 어붙이면 마음의 혼란만 가중된다. 그런데 많은 사람들이 그렇게 한다.

나이가 지긋한 산야신들이 내게 와서 이렇게 하소연을 하 곤 한다. "성(性)을 어떻게 해야 합니까? 성에 대한 생각이 마음속에서 떠나지 않습니다. 전보다 더 많이 생각납니다. 우리는 세상을 등지고 출가를 했는데, 어떻게 하면 좋습니까?' 깊이 이해하지 않고 의지력으로 떠나거나 등지려고 하면 문제는 더욱 심각해진다. 깨우침이 필요하다. 의지는 필요하지 않다. 의지는 에고의 일부분이다.

의지로 무언가를 밀어붙이려고 하면 자신이 두 쪽으로 갈라진다. 그리고 두 개의 자아가 서로 싸운다. '여자에 관심을 두지 않겠습니다'는 말은 왜 하는가? 진정으로 여자에 관심이 없다면 그것으로 그만이다. 그것을 굳이 말할 필요는 없다. 왜 사람들이 많이 모인 신전의 의식에 참여해, 구루[5] 앞에서 서약을 하는가? 무엇을 위해? 더 이상 여자에게 관심이 없으면 그것으로 그만이다. 왜 신전에 가고 대중 앞에 서서 쇼를 하는가? 왜 자신의 에고를 전시하는가? 아니다, 그의 욕구는 다르다. 이는 아직도 여자에 대한 관심을 버리지 못하고 여자에게 많이 끌리고 있다는 증거이다.

대상에 끌리고 대상에 절망한다. 관계는 항상 절망으로 끝난다. 절망이 거기 있고 끌림이 거기 있다. 둘 다 거기 있다. 이것이 번뇌라는 것이다. 끌림도 절망도 번뇌라는 것을 알면 이제 이 둘을 떠나는 피난처를 찾는다. 사회를 의지처로 삼는다. 이제 대중 앞에서 독신을 서약했다면 에고는 '여자한테 관심을 두는 것은 옳지 않다'고 생각한다. 사회 전체가 자신의 독신 서약을 알기 때문이다.

---

5)구루(guru): 영적인 스승.

독신 서약은 에고에 반하는 것이다. 그러면 에고를 위해
싸워야 한다. 성을 위해 싸워야 하고, 성을 반대하는 의지를
위해 싸워야 하는 것이다. 대체 누가 누구와 싸운단 말인가?
이는 마치 오른손이 왼손과 싸우는 것과 같다. 어리석고 어
리석은 짓이다. 이 싸움의 승자는 누구인가?

어떻게 대상을 떠나는가? 대상은 이해를 통해 떠난다. 경
험과 성숙을 통해 떠난다. 서약을 통해 떠날 수 있는 게 아
니다. 어떤 대상을 떠나려면 그것을 살 만큼 살아야 한다.
그렇게 통과해야 한다. 서약을 한다고 떠나지는 게 아니다.
무서워하지 말고 대상 속으로 들어가라. 가장 깊은 곳까지
들어가라. 대상을 온전히 이해할 수 있는 지점까지 들어가
라. 대상을 이해하면 의지의 힘을 빌리지 않고도 대상을 내
려놓을 수 있다. 자신의 의지가 들어오면 문제가 꼬인다. 그
러므로 의지로 떠나려고 하지 말라. 삶 속에 의지의 힘을 쓰
지 말라. 의지의 힘을 빌리면 문제는 더욱 꼬인다. 의지는
번뇌의 가장 큰 원인이다.

그냥 말없이 이해함으로써, 이 땅은 삶을 배우는 학교임
을 깨달으라. 서두를 필요없다. 돈에 대한 욕망이 남아 있다
고 생각되면 기도할 필요도 없다. 그냥 가서 열심히 돈을 모
으고 난 다음 돈과 끝내라. 사실 돈을 모으는 것은 부질없는
짓이다. 지혜로운 사람은 빨리 끝낼 것이다. 지혜롭지 못한
사람은 시간이 좀 더 걸릴 것이다. 지혜는 경험 속에서 나온

다. 경험이 유일한 길이다. 다른 지름길은 없다. 시간이 걸리는 일에 사람이 할 수 있는 일은 없다. 사람은 경험을 통해서만 지혜를 얻을 수 있다. 경험을 통해서 지혜를 얻고, 지혜를 얻어 이해하게 된 대상은 쉽게 내려놓을 수 있다. 사실 내려놓는다는 말은 정확하지 않다. 경험과 지혜를 통해 깨달은 대상은 스스로 떨어져 나가기 때문이다.

외부 대상이 떠드는 소리를 떠남으로써 프라티아하라, 즉 존재의 집으로 돌아올 수 있다. 이제 외부 세계에 대한 관심이 끊어지고, 예전처럼 수많은 생각들에 끌려 다니지 않는다. 이제 참나가 알고 싶어진다. 참나를 알고 싶은 욕구가 다른 모든 욕망을 대신한다. 이제 딱 하나의 욕구, 참나를 알고자 하는 열망만이 남았다.

프라티아하라를 익히면 모든 감각의 주인이 된다.

내면으로 들어가 존재의 집으로 돌아오는 순간 내가 주인이 된다. 이것이 프라티아하라의 아름다움이다. 밖으로 움직이면 노예 상태를 면하지 못한다. 수만 가지 대상의 노예가 된다. 자신의 욕망이 무한하기 때문에 자신의 노예 상태도 무한하다.

한번은 이런 일이 있었다.

내가 대학교에서 학생들을 가르칠 때의 일이다. 내가 살던 곳 옆에 한 교수가 살고 있었다. 나는 여태껏 그렇게 불행한 사람을 보지 못했다. 그는 정말로 대단했다. 그의 아버지가 돌아가시면서 유산을 물려주었기 때문에 경제적인 사정은 넉넉했다. 그는 아내와 단둘이서 살았다. 넉넉한 재산에 큰 집, 없는 게 없었다.

그런데 그는 정말 볼품없는 자전거를 타고 다녔다. 온 동네 사람들도 그의 자전거를 모르는 사람이 없을 정도였다. 자전거는 거의 기적과 같은 존재였다. 고물 중의 고물이어서 그 말고는 그 자전거를 탄다는 것은 거의 불가능했다. 그가 자전거에 열쇠를 채우지 않는다는 사실은 동네의 삼척동자도 다 알았다. 사실 잠글 필요가 없었던 것이다. 그 누구도 훔칠 수 없는 자전거였기 때문이다. 몇몇이 훔치려고 노력했지만 도로 가져다 놓아야 했다. 그가 극장에 갈 때도 자전거를 보관대에 세워두지 않았다. 자전거 보관대에 세워두려면 1아나[6]를 내야 하기 때문이었다. 그는 보관대 말고 다른 곳에 자전거를 세워놓곤 했는데 3시간 후에 다시 와봐도 자전거는 그대로 있었다. 그 자전거에는 흙받기도 벨도 체인 커버도 없었다. 자전거에서 나는 소리가 어찌나 컸던지 1킬로미터나 떨어진 곳에서도 들을 수 있었다.

---

6)아나(anna): 인도의 화폐 단위로, 1/16 루피.

시간이 흘러 우리 둘은 친하게 지내는 사이가 되었다.

하루는 내가 교수에게 이런 제안을 했다.

"이거 좀 너무하는 거 아닌가요? 모두들 이 자전거만 보면 웃는데 말이에요. 이 자전거 바꾸시는 게 어떻습니까?"

그가 대답했다.

"나도 어쩔 도리가 없네요. 팔아보려고 애를 썼는데, 아무도 사려고 들지 않아요."

"당연하지요. 그걸 사서 어디에다 쓰겠습니까? 그냥 강에 가져다 버리세요. 제발 아무도 다시 꺼내오지 않기를 빌면서 말입니다."

그가 대답했다.

"한번 생각해볼게요."

하지만 그는 자전거를 버리지 못했다. 그래서 나는 그의 생일날이 돌아오자 그곳에서 가장 훌륭한 자전거를 사서 그에게 생일 선물로 주었다. 그는 뜻밖의 생일 선물을 보고 뛸 듯이 기뻐했다. 다음날 나는 그가 새 자전거를 타고 나오길 기다렸다. 그런데 웬걸, 다시 고물 자전거를 타고 나오는 게 아닌가!

내가 궁금해 물었다.

"아니, 어떻게 된 겁니까?"

그러자 그가 이렇게 대답하는 거였다.

"그 자전거 너무 좋아서 탈 수가 없었어요."

그는 새 자전거를 신주단지 모시듯 했다. 매일 물청소를 하고 닦고 기름을 칠하고…… 새 자전거는 그의 집에 전시물로 서 있었다. 교수는 항상 바쁜 듯 자전거를 쌩쌩 밟고 다녔다. 대학교까지 십오 리, 다시 시장까지 십오 리, 정신없이 여기저기 하루 종일 고물 자전거로 달리곤 했다. 새 자전거를 타도록 그를 설득하는 것은 불가능해 보였다. 내가 새 자전거를 이용하라고 무슨 말이라도 할라치면 그는 이렇게 말하곤 했다.

"오늘은 비가 와서요."

"오늘은 너무 더워서요."

"금방 기름칠을 했거든요."

"알잖아요, 학생들이 얼마나 장난을 잘 치는지. 새 자전거를 학교에 가지고 가면 걔들이 금방 망쳐놓는다구요."

결국 나는 그가 새 자전거를 이용하는 것을 보지 못했다. 그는 아직도 그 자전거를 신주단지 모시듯 하고 있을 것이다. 이렇듯 세상에는 물건을 신주단지처럼 모시는 사람들이 있다.

참다못해 나는 교수에게 이렇게 말했다.

"교수님이 자전거의 주인이 아니라 자전거가 교수님의 주인이었구려. 자전거를 교수님에게 선물로 주었다고 생각했는데, 생각을 고쳐야 할 것 같소. 자전거에게 교수님을 선물로 준 것 같소이다."

그에게는 자전거가 주인인 셈이었다.

욕망으로 살면 결코 주인이 될 수 없다. 궁전에 살면서 궁전의 주인이 되면 아무런 문제가 없다. 하지만 오두막에 살면서도 오두막의 주인이 되지 못하면 청빈하게 보일지는 모르나 소유의 세계를 벗어나지 못한 것이다. 왕궁에 살면서도 청빈한 수행자가 되는 사람이 있는가 하면, 오두막에 살면서도 청빈한 수행자가 되지 못하는 사람이 있다. 문제는 주인으로 사느냐, 아니면 소유욕의 하인으로 사느냐이다. 주인으로 이용할 수 있으면 좋다. 그렇지 않고 대상에 이용당하는 건 어리석은 일이다.

파탄잘리는 "프라티아하라를 익히면 모든 감각의 주인이 된다"라고 말한다. 오직 프라티아하라를 통하여 감각 대상의 주인이 된다는 말이다. 그리고 그때 비로소 자신이 삶에서 가장 존귀한 존재가 된다. 그것과 비교할 수 있는 것은 없다. 참나의 앎을 위해 모든 것을 희생할 수 있을 때, 자신의 존재를 알기 위해 모든 것을 희생할 수 있을 때, 왕궁마저도 무가치해질 때…… 내면의 왕국과 외면의 왕국 사이에서 선택의 기로에 섰을 때 내면의 왕국을 선택하는 그 순간, 난생 처음으로 노예에서 해방되어 주인이 된다. 인도에서는 산야신들에게 '스와미(swami)'라는 호칭을 붙여준다. 스와미는 주인을 뜻하며, 감각의 주인이라는 의미이다. 자기 감각의 주인이 되지 못한 사람은 모두 노예의 삶을 산다. 죽은 사물의, 물질세계의 노예가 되는 삶을 산다.

주인이 되지 못하면 인간의 삶은 아름다울 수 없다. 그 삶은 추하다. 주인이 되지 못한 사람의 삶은 지옥이다. 자기의 주인이 된 사람은 천국에 들어간다. 그곳이 유일한 천국이다.

우리는 프라티아하라를 통해 주인이 된다. 프라티아하라란 대상을 바라고 구하고 쫓지 않는다는 말이다. 프라티아하라에서는 세상을 향해 움직이던 에너지가 이제 존재의 중심을 향해 움직인다. 에너지가 중심에 도달하면 신비 위에 신비가 드러난다. 처음으로 참나가 드러나는 것이다. '나는 누구인가'를 알고, 나의 존재를 앎으로써 신이 된다.

질문
어떻게 하면 실재하지 않는 문제를 실재하지 않는 것으로 인식할 수 있습니까?

그런 인식은 배울 필요가 없다. 왜냐하면 세상 문제란 모두 실재하지 않기 때문이다. 자신이 참으로 실존하게 되면 문제는 모두 사라진다. 자신이 실존하지 못하기 때문에 수많은 문제가 발생하는 것이다.

붓다는 사람들이 찾아오면 이렇게 말하곤 했다. "먼저 1년 동안은 아무런 질문을 하지 마라. 1년 동안 나와 함께 침묵하고 흘러가는 삶을 살라. 나의 침묵이 그대 안으로 들어갈 수 있도록 문을 열라. 햇빛이 그대 안으로 들어갈 수 있도록 문을 열라. 다음 1년 동안은 문제를 일으키지도 말고 질문을 만들지도 말라. 고요히 앉아 명상하라. 다시 1년이 지난 뒤에는 얼마든지 질문을 해도 좋다."

하루는 대단한 구도자가 붓다를 찾아왔다. 그의 이름은 말링풋타(Malingputta), 자신의 제자만 해도 500명이 넘는 위대한 브라만[7] 학자였다. 말링풋타는 수많은 질문을 가지고 왔다. 학자란 항상 문제와 질문을 대량으로 생산하는 사람들이지 않던가.

붓다가 말링풋타의 얼굴을 보고는 이렇게 말했다.

"말링풋타, 조건이 하나 있다. 이 조건을 잘 이행하면 뭐든지 대답하겠다. 그대의 머리에는 너무나 많은 질문이 들어 있다. 1년만 기다려라. 그 동안은 명상을 하면서 침묵을 지켜라. 그대 안에서 떠드는 소리가 멈추거들랑, 머리가 더 이상 지껄이지 않거들랑 그때 무슨 질문을 해도 좋다. 약속하겠다."

이 말을 듣는 순간 말링풋타는 걱정이 되었다. '내가 1년 동안 침묵의 명상을 하면 대답을 하겠다고? 설령 내 질문에 답을 해준다고 해도 그 답이 맞으리라는 보장이 없지 않은

---

7)브라만(brahman): 인도 카스트 제도에서 가장 높은 지위인 승려 계급.

가? 1년이라는 세월을 허송세월하게 될지도 모른다. 붓다의 대답이 말도 안 되면 말이야. 어떻게 한다?

말링풋타는 당황해했다. 그가 생각하기에 붓다의 제안은 상당히 위험한 것이었다. 때문에 선뜻 약속하기가 겁났다.

그렇게 말링풋타가 망설이고 있는 사이, 그 자리에 함께 있었던 붓다의 제자 사리풋타[8]가 웃기 시작했다. 사리풋타의 웃음소리가 커지자 말링풋타는 더욱더 어쩔 줄 몰라 했다.

말링풋타가 사리풋타에게 따졌다.

"왜 그럽니까? 왜 웃는 겁니까?"

사리풋타가 대답했다.

"이분 말씀을 듣지 마십시오. 사람을 아주 잘 속입니다. 나도 속았거든요."

사리풋타도 그 당시 오천 명의 제자를 거느릴 만큼 전국적으로 명성이 자자한 브라만 교사였다.

사리풋타가 이어서 말했다.

"당신은 수백 가지 질문을 가져왔을지 모르지만 나는 그때 수만 가지 질문을 가지고 왔었소. 그때 이분이 나를 함정에 빠트렸소. 내가 질문을 꺼내려 하자 '1년만 기다려라. 명상하고 침묵하라. 그러면 대답을 해주겠다.'고 하더군요.

---

8)사리풋타(Sariputra): 붓다의 십대 제자 중의 한 사람으로 지혜제일(智慧第一). '사리불(舍利弗)'로 음역.

그런데 1년이 지나자 그만 모든 질문이 없어지고 만 거요. 그래서 내가 물은 바도 없고 이분이 대답한 바도 없소. 질문이 있다면 지금 당장 하시오. 그렇지 않으면 당신도 같은 함정에 걸려들 것이오. 나도 속았소."

붓다가 말했다.

"나는 언제나 약속을 지킨다. 묻는 말에는 얼마든지 대답해주겠다. 그러니 걱정할 필요없다. 또 묻지 않아도 상관은 없다."

그리고 나서 말링풋타는 1년 동안 명상하고 명상했다. 침묵이 점점 깊어져갔다. 내면의 말들이 사라지고 마음이 떠드는 소리가 잦아들었다. 그러면서 그는 시간을 완전히 잊고 있었다. 약속했던 1년이 지났다. 누가 신경을 쓴단 말인가? 의문이 없는데 누가 대답에 대해 신경을 쓴단 말인가?

그렇게 1년이 지나 어느 날, 붓다가 말링풋타를 불렀다.

"말링풋타, 오늘이 그대와 약속한 1년의 마지막 날이다. 1년 전 오늘 그대는 수많은 질문을 가지고 내게 왔다. 그리고 나는 1년이 지나면 무슨 질문이든 대답을 해주겠노라고 약속했다. 자, 나는 준비됐다. 그대도 준비가 되었는가?"

말링풋타는 웃으며 말했다.

"저도 속이셨군요. 사리풋타의 말이 옳았습니다. 질문이 없습니다. 마음속으로 들어가 질문을 찾아봐도 보이지 않습니다. 그러니 제가 무엇을 물을 수 있겠습니까? 저에게는 더 이상 물을 게 없습니다."

자신이 실존하지 않으면 수많은 문제와 의문이 생긴다.
많은 문제는 사람이 실존하지 못하는 데서 나온다. 사람의
꿈과 잠 속에서 나온다. 자신이 실존하면 문제는 사라진다.
자신이 참되고 침묵 속에 전체적으로 존재하면 의문은 모두
사라진다.

나의 결론은 이렇다. 의문의 마음이 존재하든지, 아니면
답의 마음이 존재하든지 사람은 둘 중 하나의 마음상태에
머문다. 의문과 답은 결코 함께 존재하지 않는다. 이를 알고
도 묻는 사람은 대답을 얻을 수 없다. 물론 내 쪽에서는 계
속 대답을 준다. 하지만 그대는 이를 받지 못한다. 내면에
의문이 떨어져 나가고 내가 답을 줄 필요가 없는 사람은 스
스로 답을 받는다. 의문이란 대답할 수 없는 것이다. 의문이
없는 마음을 알아야 한다. 의문 없는 마음이 질문에 대한 유
일한 대답이다.

의문을 내려놓는 것, 내면에서 떠드는 마음을 내려놓는
것, 이를 두고 우리는 명상이라 한다. 내면의 말들이 멈추면
거대한 침묵이…… 그 무한한 침묵 속에서 모든 문제와 의
문이 풀린다. 말없이 풀린다. 문제가 더 이상 존재하지 않는
다. 모든 문제는 정신이 건강하지 못해서 생긴다. 무한한 침
묵이 내려오면 마음은 더 이상 존재하지 않고, 건강하지 못

한 정신도 사라지고 모든 의문도 사라진다. 모든 것이 간명해진다. 문제는 사라지고 신비가 남는다. 풀린 것도, 풀리지 않은 것도 없다. 만물이 신비다. 크나큰 경이로움이 그대를 감싼다. 사방에서 신비 안의 신비가 그 문을 연다. 의문에 대한 답을 찾았기 때문이 아니다! 의문이 사라졌기 때문에 신비가 문을 여는 것이다. 의문이 없을 때 삶 전체가 신비로 가득 찬다. 그것이 답이다.

따라서 어떻게 하면 실재하지 않는 문제를 실재하지 않는 것으로 인식할 수 있는지 묻지 말라. 실재하지 않는 그대가 어찌 실재하지 않는 문제를 인식할 수 있겠는가? 지금 그대는 실재하지 않는다. 실존하지 않는다. 그대가 존재하지 않기 때문에 모든 문제가 생긴다. 지금 여기에 존재하라. 그러면 모든 문제는 자동으로 사라진다. 각성 속에서는 문제도 존재할 수 없고 의문도 존재할 수 없다. 무각성 속에서는 온갖 문제와 의문만이 존재하며, 문제와 의문이 무한히 나온다. 그 누구도 이를 대신 풀어줄 수 없다. 설령 내가 하나의 질문에 답을 한다 해도 그대는 다시 그 답을 가지고 수만 가지 질문을 생산해낼 것이다. 내 쪽에서는 답이 가지만 그대 쪽에서는 답을 받지 못하는 것이다. 설령 답을 받는다 해도 그대는 받은 답을 더 많은 의문을 만드는 데 사용한다.

내면에 떠드는 소리를 멈추라. 그리고 보라! 선에 이런 말이 있다. "모든 것은 처음부터 명징했다. 사람의 눈이 감겨 있을 뿐이다."

4 장
차 원   높 은
의 식 의
빛

오쇼 수트라

보통 사람은 무관심 속에서 산다.
보아도 보지 못하고 들어도 듣지 못한다.

대상에 마음을 주면
나는 대상이 된다.

의식이 중단 없이 흐르면
에고가 사라진다.

아는 자와 아는 대상 너머의 것을
깨닫지 못했다면 그 삶은 빗나간 삶이다.

명상은 개인의식을 드러내고
개인의식은 우주의식이 된다.

차원 높은 의식의 빛

어떤 선사가 한번은 제자들에게 질문을 받는 자리를 마련했다.

한 제자가 이렇게 물었다.

"공부를 열심히 한 사람에게는 어떤 보상이 따릅니까?"

스승이 말했다.

"좀 더 절실한 것을 물어보라."

그래서 두 번째 제자가 물었다.

"과거의 어리석음을 어떻게 하면 되풀이하지 않을 수 있을까요?"

스승이 같은 말을 되풀이했다.

"더 절실한 것을 물어보라."

세 번째 제자가 손을 들고 물었다.

"큰스님, 절실한 것이 어떤 것인지 모르겠습니다."

스승이 대답했다.

"멀리 있는 것을 보려면 먼저 가까이 있는 것을 보아야 한다. 현재의 순간이 과거와 미래에 대한 답을 가지고 있다. 따라서 현재의 순간에 깨어 있으라. 지금 어떤 생각이 마음에 지나가는가? 지금 내 앞에 앉아 있는 그대들의 몸은 편한가, 불편한가? 주의력이 한데 모아지고 있는가, 아니면 다른데 정신을 팔고 있는가? 이런 질문을 하려면 그만큼 절실해야 한다. 진리에 가까운 질문을 해야 한다. 세속적인 질문을 하면 답은 그만큼 멀어질 뿐이다."

이것이 삶에 대한 요가의 태도이다. 요가는 형이상학적이지 않다. 요가는 전생이나 내생, 천국이나 지옥이나 신 등등의 머나먼 문제에 대해 관심을 두지 않는다. 요가는 '지금 여기에' 가까이 있는 문제를 좋아한다. 절실한 문제를 좋아한다. 절실할수록 문제가 풀릴 가능성이 많아진다. 자신에게 가장 가까운 문제를 물을 때, 묻는 것만으로도 그 문제는 풀릴 수 있다. 자신에게 가장 가까운 문제를 풀었다면 첫 단추를 제대로 꿴 것이다. 구도의 여정이 시작된 것이다. 구도의 길을 가면 좀 더 멀리 떨어진 문제들도 풀려나간다. 그러나 본질적인 요가의 탐구는 '지금 여기'의 문제로 돌아오는 것이다.

요가는 과학이다. 요가는 실제와 경험을 중시하는 과학이다. 요가에 대해서는 이 점을 먼저 이해해야 한다. 요가는 과학의 조건을 모두 충족한다. 사실 세상의 과학이 진정한 과학의 조건에서 보면 거리가 있다. 세상의 과학은 물질만을 대상으로 하기 때문이다. 요가는 말한다. "자신에게 가장 가까운, 자신의 본성인 주체를 모르는데 어떻게 객체를 이해할 수 있단 말인가?" 자신을 모른다면 자신이 알고 있는 것은 모두 틀릴 수밖에 없다. '자신'이라는 토대가 없는 집이 되기 때문이다. 사람은 허상의 땅 위에 서 있다. 내면의 빛을 찾지 못하면 외면에서 어떠한 빛을 찾는다 해도 도움이 되지 못한다. 내면에서 빛을 찾은 사람에게는 두려움이 존재하지 않는다. 외면의 어둠도 두렵지 않다. 내면의 빛이 넉넉하기 때문이다. 이 내면의 빛이 구도의 길을 밝혀줄 것이다.

형이상학은 도움이 되지 못한다. 오히려 혼란을 가중시킨다. 형이상학과 철학 등 거리가 먼 사상은 사람의 마음에 혼란을 가중시킨다. 이들 사상을 믿고 따라가는 사람에게는 아무런 열매가 없다. 마음은 더욱더 혼란해진다. 생각은 더욱더 많아지고 각성은 더욱더 줄어든다. 사색은 도움이 되지 않는다. 명상만이 도움이 된다. 사색을 하면 할수록 사념에 더 많은 관심을 갖게 되며, 명상을 하면 할수록 각성에 더 많은 관심을 갖게 된다.

철학은 마음에 관심을 갖는 것이다. 요가는 의식에 관심을 갖는 것이다. 요가 수행자에게 마음은 지켜보는 대상이 된다. 자신이 생각하는 것을 지켜본다. 사념이 흘러가는 것을 지켜본다. 느낌이 지나가는 것을 바라본다. 꿈이 구름처럼 흘러가는 것을 바라본다. 이들은 강물처럼 끊임없이 흘러간다. 이들을 모두 바라볼 수 있는 자가 곧 의식이다.

객체화시킬 수 없는 것, 대상화시킬 수 없는 것, 즉 그대라는 주체성 자체에 도달하는 것이 요가의 목적이다. 만물을 보는 자를 얻는 것이다. 붙잡을 수 없는 것에 도달하는 것이다. 붙잡을 수 있는 대상은 참나가 아니다. 붙잡을 수 있다면 그것은 이미 참나와 떨어져 있는 것이기 때문이다. 항상 이해하기 어렵고 항상 뒤로 물러나며 어떤 노력을 해도 얻을 수 없는 의식, 이 의식을 성취하는 것이 요가의 전부이다.

인간은 요기의 씨앗으로 태어난다. 요가는 고요하게 해야 될 것을 고요하게 하는 과학이요 깨어 있어야 될 대상에 깨어 있는 과학이다. 자신과 자신이 아닌 것을 명징하게 식별하여 원시적인 나를 밝은 눈으로 보는 과학이다. 자신의 본성을 일견[1]하면 온 세상이 변한다. 세상에서 살아도 세상이 나를 건드리지 못한다. 아무도 나를 건드리지 못한다. 나는 이제 존재의 중심에 있다. 가고 싶은 곳을 가지만 항상 움직임 없는 곳에 머문다. 결코 움직이는 법이 없는, 결코 변하

---

1) 일견(一見): 진리의 세계를 흘끗 보고 체험하는 일.

는 법이 없는 영원에 도달했기 때문이다.

이제 파탄잘리 『요가 수트라(Yoga Sutra)』의 3장, 「비부티 파다」[2]를 시작할 차례다. 궁극의 열매를 얻는 마지막 4장인 「케이발리아 파다」[3]에 앞서 오는 「비부티 파다」는 참으로 중요하다. 수단이나 방편, 테크닉적인 면에서 「비부티 파다」가 마지막이다. 요가의 네 번째는 그전까지의 노력에 대한 열매로 온다. 케이발리아는 홀로 있음(獨存), 홀로 있는 절대적 자유, 의존성의 초월 등을 뜻하며, 이 경지는 충만하며 흘러넘친다. 요가의 목표는 케이발리아이다. 그러므로 네 번째에서 우리는 요가의 열매만을 이야기하게 될 것이다. 하지만 세 번째를 놓치면 네 번째를 이해할 수 없게 된다. 세 번째는 네 번째를 위한 토대이다.

파탄잘리의 『요가 수트라(Yoga Sutra)』에서 네 번째가 없어진다 해도 문제가 되지 않는다. 세 번째를 성취할 수 있는 사람은 누구나 네 번째를 자동적으로 성취하기 때문이다. 네 번째는 신경을 전혀 쓰지 않아도 된다. 네 번째는 사실 이야기가 불필요하다. 이는 마지막, 끝을 이야기하는 것이기 때문이다. 길을 따라간 사람은 목적지에 도달한다. 그 목

---

2)비부티 파다(vibhuti pada): 총 네 편으로 구성된 요가 수트라의 제3편. '자재품 (自在品)', 혹은 '요가의 능력' 등으로 옮김.
3)케이발리아 파다(kaivalya pada): 요가 수트라의 제4편. '독존품(獨存品)', 혹은 '요가의 열매' 등으로 옮김. 케이발리아는 체험자와 체험 대상이 나누어지지 않은 상태에서 홀로 존재하는 해탈의 경지를 뜻함.

적지에 대해서는 아무런 이야기를 할 필요가 없다. 그렇지만 구도자의 마음은 항상 '지금 어디로 가는 걸까? 구도의 끝은 어디일까?' 라고 끊임없이 생각하기 때문에 이런 구도자를 돕기 위해 파탄잘리는 목적지에 대해서 이야기한다. 사람의 마음은 확신을 원하지만 파탄잘리는 믿음과 확신, 맹신 등을 믿지 않는다. 그는 정녕 '순수' 과학자다. 파탄잘리는 목적지를 살짝만 보여준다. 전체 기반과 그 토대는 세 번째이다.

이제 우리는 마지막 방편인 「비부티 파다」에 대해 얘기할 준비가 되었다. 우리는 앞의 두 장에 걸쳐 도움이 되는 방편을 이야기했다. 하지만 그들 방편은 외부 세계의 것이었다. 파탄잘리는 그들 방편을 '바히랑가(bahiranga)', 즉 '주변적인' 것이라고 부른다.

파탄잘리는 다라나(응념)와 디아나(선정)와 사마디(삼매), 이들 세 가지를 '아타랑가(antaranga)', 즉 '내면적인' 것이라고 부른다. 첫 다섯 단계를 통하여 구도자는 내면으로 들어갈 수 있도록 자신과 자신의 몸, 마음 등을 준비한다. 파탄잘리는 단계별로 나아간다. 그의 요가는 순차적인 과학이다. 그의 요가는 갑자기 깨닫는 돈오(頓悟)가 아니라 순차적인 길을 따라가는 점수(漸修)다. 그는 순차적으로, 단계별로 구도자를 인도한다.

다라나, 즉 응념은
명상의 대상에 마음을 모으는 것이다.

대상과 주체와 초월자, 이 세 가지를 잘 이해하라. 지금 그
대가 나를 보고 있다. 나는 보는 대상이요 그대는 보는 주체
이다. 그대가 좀 더 깨어 있다면 나를 보고 있는 초월의 자
신도 지켜볼 수 있다. 자, 해보라. 나는 대상이요 그대가 나
를 보고 있다. 그대는 나를 보는 주체이다. 그대의 의식이
한쪽에 비켜서서 나를 보고 있는 그대 자신을 지켜볼 수 있
다. 그것이 초월자이다.

먼저 대상에 집중해야 한다. 집중이란 마음의 초점을 좁
히는 것이다. 보통 마음은 끊임없이 흐르는 군중이다. 수많
은 생각들이 중단 없이 흘러간다. 수많은 대상들로 인해 마
음은 분열되며 혼란에 빠진다. 사람은 수많은 대상들과 함
께 수많은 방향으로 움직인다. 수많은 생각에 의해 사방팔
방으로 끌려 다니는 것처럼 사람은 정신이 없다. 자신이 왼
쪽으로 가면 다른 것이 오른쪽으로 잡아끈다. 자신이 남쪽
으로 가면 다른 무엇이 북쪽으로 끈다. 인간은 어디에도 가
지 못하고 혼란과 혼돈의 소용돌이 속에서 산다.

너무나 많은 대상에 마음을 빼앗겨 주체가 거의 보이지
않는 상태, 이것이 보통 인간의 마음 상태이다. 너무나 많은

것들에 관심을 빼앗기고 자신을 성찰할 여유가 없기 때문에 자신이 누구인지에 대한 느낌이 없다. 고요함도, 홀로 있음도 무엇인지 모른다. 항상 수많은 생각들에 휩싸여 있다. 자신 속으로 빠져들 수 있는 여유도 공간도 존재하지 않는다. 자기에게 관심을 가져달라고 계속 조르는 대상과 생각들에 쫓기는 것, 이것이 보통 인간의 마음 상태이다. 이는 정신이 나간 상태다.

깊이 들여다보라. 사람은 항상 자신을 놓치고 있다. 자신을 만나본 적도 없다. 그래서 사람의 삶은 불행하다. 구도자가 제일 먼저 해야 할 것은 다라나, 즉 응념이다. 사람의 마음에는 너무나 많은 대상이 떠돈다. 너무나 많은 대상과 생각들로 붐빈다. 대상을 하나하나 쳐내라. 마음의 초점을 좁혀나가라. 그리하여 나중에는 하나의 대상에 마음을 모으라.

응념(凝念)을 해본 적이 있는가? 응념이란 마음을 하나의 대상에 모으는 것을 뜻한다. 사람은 장미를 수없이 보지만 한번도 장미에 집중하지 않는다. 장미에 온 마음을 모으면 장미는 온 세상이 된다. 전등처럼 마음을 장미에 모아 집중하면 장미는 점점 커진다. 장미가 수만 가지 대상 중의 하나일 때 장미는 자그마한 사물에 불과하다. 하지만 장미에 마음을 온전히 모으면 장미는 온 세상이 된다. 모든 것이 되는 것이다.

장미에 집중하면 이전에 보지 못했던 신비가 드러난다. 이전에 보지 못했던 장미의 신비한 색채들이 보이기 시작한다. 이전에 맡지 못했던 신비한 향기가 맡아지기 시작한다. 장미에 완전히 집중하면 장미의 향기만이 진동한다. 자신의 의식 세계에서 모든 것이 떠나고 장미만이 자리를 잡는다. 모든 세계가 떨어져 나가고 장미가 온 세상이 된다.

응념을 하면 평상시 보이지 않던 세계가 보인다. 보통 사람은 무관심 속에서 산다. 반은 잠들어 있는 가운데 사는 것이다. 눈은 떠 있지만 보지 못하고 귀는 열려 있지만 듣지 못한다. 그러나 응념의 상태에서 사물을 보면 평상시 보이지 않던 사물들이 보이기 시작한다.

디아나, 즉 선정은
대상에 마음이 끊이지 않고 흐르는 상태이다.

먼저, 수많은 대상 중에서 하나를 선택하여 집중한다. 하나의 대상을 선택하여 의식을 모아 응념을 한다. 그런 다음, 하나의 대상에 끊임없이 의식을 흐르게 한다. 전등에서 빛이 흐르는 것처럼 끊임없이 의식이 흐른다. 물을 한 그릇에서 다른 그릇으로 부으면 끊김이 생긴다. 그러나 기름을 한 그릇에서 다른 그릇으로 부으면 끊김이 생기지 않는다.

이렇게 디아나(선정)는 의식이 대상으로 끊임없이 흐르는 상태를 말한다. 의식이 끊기는 것은 정신이 산만해져 다른 데로 가는 것이다. 응념을 얻으면 선정은 어렵지 않다. 그러나 응념을 얻지 못하면 선정은 불가능해진다. 수많은 대상을 내려놓고 하나의 대상을 선택하여 응념을 한다. 의식을 흩트리지 않고 하나의 대상에 온전히 쏟아붓는다.

명상은 의식을 드러내고 개인의식은 우주의식이 된다. 먼저 대상이 드러나고 다음으로 주체가 드러난다. 대상을 향해 의식은 끊임없이 흐른다. 의식의 끊임없는, 중단 없는 흐름 속에서 그대는 강물처럼 흐른다. 그러다가 돌연히 어느 순간, 처음으로 본래 참나인 주체성을 깨닫는다.

의식이 끊기지 않고 흐르면 에고가 사라진다. 그러면 에고 없는 나, 마음 없는 나가 된다. 바다가 된다.

응념이 과학자의 길이라면, 선정은 예술가의 길이다. 과학자는 자기 자신에 관심을 두지 않고 외부 세계에 관심을 둔다. 예술가는 외부 세계에 관심을 두지 않고 자기 자신에게 관심을 둔다. 과학자가 무언가를 취할 때는 객관의 세계에서 취한다. 예술가가 무언가를 취할 때는 자신의 세계에서 취한다. 그는 자신의 세계에서 시를 캐내고 그림을 캐낸다. 예술가에게 객관의 대상에 대해 묻지 말아라. 그는 주관

주의자이다.

선사들 중에는 훌륭한 화가나 예술가들이 많았다. 그래서 선은 아름답다. 세상에 선만큼 창조적인 종교는 없다. 창조적이지 못한 종교는 종교가 아니다.

한 선사가 제자들에게 이렇게 말하곤 했다. "대나무를 그리고 싶거든 대나무가 되라." 다른 길은 존재하지 않는다. 내면에서 대나무를 느끼지도 못하는 사람이 어떻게 대나무를 진실로 그릴 수 있단 말인가? 하늘과 바람을 향해, 비와 태양 아래 서 있는 대나무가 되어보지 못한 사람이 어떻게 진실로 대나무를 그릴 수 있단 말인가? 대나무가 듣는 것처럼 대숲을 흔드는 바람소리를 듣지 못한 사람이, 대나무가 느끼는 것처럼 대숲에 내리는 비를 느껴보지 못한 사람이 어떻게 대나무를 그릴 수 있는가? 대나무가 듣는 것처럼 새의 노래를 듣지 못한 사람이 어떻게 대나무를 그릴 수 있는가? 대나무가 되어보지 못한 사람이 그린 대나무는 사진 속의 대나무와 같다. 그 그림은 카메라의 대나무이지 화가의 대나무가 아니란 말이다.

카메라는 과학의 산물이다. 과학적으로, 기계적으로 작동해 대나무의 객관적인 모습만을 전달한다. 스승은 대나무를 볼 때 밖에서 보지 않는다. 스승은 대나무를 볼 때 서서히 자신을 내려놓는다. 대나무를 향해 중단 없이 흐르는 의식이 대나무 속으로 들어가 대나무와 하나가 된다. 모든 경계가 사라지고 하나로 합일되어 누가 대나무고 누가 의식인지 말하기 힘들어지는 경지로 들어간다.

때로 예술가는 신비가처럼 일견을 하기도 한다. 그래서 때로 시는 산문이 표현할 수 없는 것들을 그려내며, 때로 그림은 사진으로 담을 수 없는 것들을 담아낸다. 예술가는 신비가에 훨씬 더 근접한 영적인 사람이다.

시인이 항상 시인으로 머물면 그의 삶은 흐르지 않는다. 응념의 상태에서 선정으로, 선정에서 삼매로 흐르고 나아가야 한다. 구도자는 모름지기 계속 나아가야 한다.

디아나는 마음이 끊이지 않고 대상으로 흐르는 것이다. 지금 해보라. 자신이 사랑하는 대상이면 더욱 좋을 것이다. 사랑하는 사람이나 아이, 꽃 등 자신이 사랑하는 대상을 고르라. 사랑을 하는 대상이면 좀 더 쉽고 중단 없이 마음을 몰입할 수 있다. 사랑하는 사람의 눈을 보라. 세상은 모두 잊고 사랑하는 사람이 세상이 되게 하라. 상대의 눈을 보면서 한 그릇에서 다른 그릇으로 쏟아지는 기름처럼 끊임없이 흘러가라. 어떠한 잡념에도 흔들리지 말고 집중하라. 그러면 돌연히 자신이 누구인지 알 수 있을 것이다. 처음으로 자신의 주체성을 발견할 것이다.

이것이 끝이 아니다. 이를 잘 명심하라. 주체도 객체도 모두 전체의 부분이다. 낮과 밤도 전체의 두 부분이다. 생과 사도 전 존재계의 두 부분이다. 객체는 밖에 있고 주체는 안에 있지만 그대는 안에도 밖에도 있지 않다. 이를 이해하기가 상당히 어려울 것이다. 보통 우리는 '내면으로 들어가라'는 말을 듣는다. 이는 임시 단계일 뿐이다. 구도자는 내면마저도 넘어가야 한다. 외면도 내면도 모두 밖이다. 인간은 외면으로 나가고 내면으로 들어갈 수 있는 존재이다. 음양의 사이를 왔다갔다 할 수 있는 존재이다. 인간은 음양 너머에 있기 때문이다. 이 세 번째 경지가 곧 사마디다.

사마디는 마음이 대상과 하나 되는 것이다.

주체가 객체 속에서 사라지고 객체가 주체 속에서 사라지면, 지켜보는 주체도 대상도 사라지면, 이중성이 존재하지 않으면 크나큰 침묵이 내려온다. 여기서는 무엇이 존재하는지 말하지 못한다. 말할 자가 없기 때문이다. 또한 여기서는 사마디(삼매)에 대해 아무 말도 하지 못한다. 말을 하면 빗나가기 때문이다. 말은 과학이나 시의 세계에 속한 것으로 종교는 말할 수 없는, 표현할 수 없는 세계이기 때문이다.

종교적인 표현에는 과학적인 어법과 시적인 어법, 이 두가지가 있다. 종교 자체에는 어휘가 없으며, 전체계는 표현되어질 수 없는 것이지만 일단 말로 표현하면 전체계는 나누어진다. 말로 드러내면 주체가 되든가, 객체가 된다. 전체계를 말로 표현하기 위해서는 나눌 수밖에 없다. 그래서 파탄잘리는 과학적인 어법을 사용한다. 붓다도 과학적인 어법을 사용한다. 반면 노자와 예수는 시적인 어법을 사용했다. 과학적이든 시적이든 말은 말이다. 마음의 작용이다. 파탄 잘리의 정신은 과학적이고 논리적이며 분석적이다. 예수의 정신은 시적이며, 노자는 완전히 시적이다. 그는 시의 언어를 구사한다. 하지만 과학적인 표현이든, 시적인 표현이든 둘 다를 넘어가야 한다는 사실을 명심하라.

"사마디는 마음이 대상과 하나되는 것이다." 마음이 대상과 하나 되면 거기에는 아는 자도 없고 알려지는 자도 없다.

이를 깨닫지 못한 사람, 아는 자와 알려지는 자를 초월한 앎을 터득하지 못한 사람의 삶은 빗나간 삶이다. 나비를 쫓고 꿈을 쫓고 여기저기에서 작은 기쁨을 누릴지는 몰라도 생명의 지복을 놓친다. 해변에서 조약돌을 줍고·조개껍질을 모을지 몰라도 지복이 넘쳐흐르는 존재의 보물을 놓친다. 이를 명심하라. 그러나 모든 사람이 이렇게 살고 있다. 일상적인 삶의 감옥에 갇힌 자신의 모습을 깨닫는 사람은 참으로 드물다.

어떤 대상에 관심을 두면 그 대상은 자신의 실재가 된다. 이 점을 유념하라. 대상이 자신의 실재가 되면 대상은 이전보다 훨씬 강력한 힘을 발휘한다. 이제 대상에 더 많은 관심이 쏠린다. 더욱더 실재로 보이기 시작한다. 마음이 만들어냈던 비실재가 서서히 자신의 유일한 실재가 되고 진짜 실재는 완전히 잊혀진다.

진짜 실재하는 것을 찾아야 한다. 진짜 실재를 찾는 유일한 길은 첫째, 수많은 대상을 내려놓고 하나의 대상에 집중하는 것, 둘째, 산만한 정신을 내려놓는 것이다. 의식이 하나의 대상에 끊임없이 흐르게 하라. 그러면 셋째는 저절로 일어난다. 첫째와 둘째의 조건을 이행하면 말이다. 따라서 사마디는 저절로 일어난다. 어느 날 갑자기 주체와 객체가 함께 사라진다. 주인과 손님이 몽땅 사라진다. 고요한 침묵이 퍼진다. 그 고요함 속에서 삶의 목적을 성취한다.

다라나와 디아나, 사마디,
이 세 가지를 총칭하여
삼야마라 한다.

이 수트라는 삼야마, 즉 총제(總制)에 대한 참으로 훌륭한 정의이다. 보통 삼야마를 수행이나 통제로 생각하는 경향이 있다. 하지만 그렇지 않다. 삼야마는 주체와 객체가 사라졌을 때 성취하는 균형의 경지다. 존재가 나뉘지 않은 상태에서 이중성이 사라지고 하나가 될 때 체험하는 평정이다.

삼야마는 종종 자연스럽게 일어난다. 자연스럽게 일어나지 않는 것이라면 파탄잘리는 삼야마를 발견하지 못했을 것이다. 삼야마는 자연스럽게 일어난다. 그대에게도 일어났다. 인생을 살면서 단 한 순간도 실존을 느껴보지 못한 사람은 없다. 자신도 모르게 우발적으로 일어나곤 한다. 갑작스럽게 삼야마의 상태로 들어가 이를 체험하는 것이다.

어떤 사람이 이런 편지를 보내온 적이 있다. "오늘 5분 동안의 실존을 체험했습니다." 나는 '5분 동안의 실존'이라는 말이 마음에 들었다. 내가 물었다. "어떻게 일어났는가?" 그는 며칠 동안 병석에 누워 있다가 그 체험이 일어났다고 말했다. 이는 믿기 힘들지만 사실이다. 많은 사람들이 아파서 누워 있을 때 평정이 찾아온다. 몸져누우면 일상생활이 멈추기 때문에 평정이 느닷없이 찾아온다. 그는 며칠 동안 몸이 아파서 드러누워 있었다. 밖에 나갈 수 없었기 때문에 침대에 누워 푹 쉬었다. 사오 일 동안 푹 쉬고 있는데 느닷없이 평정의 상태가 찾아온 것이다. 누워서 천장을 바라보고 있는데 실존의 평정 상태가 5분 동안 일어났다고 했다. 모든 것이 멈춘 상태, 시간이 멈추고 공간이 사라지는 상태, 보는 것도 없고 보는 자도 없는 상태에서 갑작스럽게 모든 것이 하나로 통합된 것이다.

소수이긴 하지만 이성과 잠자리를 같이 할 때 이런 상태를 체험하는 사람도 존재한다. 완전한 오르가슴 속에서 모든 것이 침묵하고 모든 것이 하나로 통합되는 상태…… 깊은 휴식을 취한다. 딱딱함이나 긴장, 폭풍우 등이 사라지고 침묵이 내려오다가 갑자기 실존의 상태가 일어난다.

때로는 들판에서 바람을 맞으며 걸을 때 일어나기도 한다. 강에서 수영할 때, 그냥 강물에 떠내려갈 때 일어나기도 한다. 아무것도 하고 있지 않을 때, 모래사장에서 그냥 푹쉬고 있을 때, 별을 바라보고 있을 때 일어나는 경우도 있다.

이들 모두는 우발적으로 일어나는 평정의 상태이다. 자신의 일상생활과는 너무 다른 우발적인 체험이기 때문에 쉽게 잊어버린다. 자신이 한 체험에 큰 관심을 두지 않는다. 그냥 어깨를 으쓱 하고 마는 것이다. 살다 보면, 모든 사람은 한 번쯤 이런 경험을 한다.

요가는 어쩌다가 우발적으로 일어나는 체험에 체계적으로 접근하는 방법이다. 요가는 우연과 우발성에서 과학을 캐낸다.

다라나, 디아나, 사마디, 이 세 가지를 총칭하여 삼야마라 하며, 응념과 선정, 삼매는 삼각(三脚) 의자의 다리처럼 삼위일체를 이룬다.

삼야마를 닦으면
차원 높은 의식의 빛이 온다.

응념과 선정, 삼매 등의 삼위일체를 완성한 사람에게는

차원 높은 의식의 빛이 온다.

구도의 길은 지금 있는 자리에서 시작하여 단계를 밟아나가는 길이다. 좀 더 멀리, 좀 더 높이. 구도의 목표는 하늘이요 별이다. 하늘처럼 광대해지기 전까지는 쉬지 말라. 자신이 하늘처럼 광대해지지 않았다면 구도의 길은 끝나지 않았다. 별에 도달하지 못했다면, 아직 영원한 빛이 되지 못했다면 지금 있는 자리에 만족하거나 주저앉지 말라. 신성한 불만족이 불처럼 타오르게 하라. 그러면 어느 날 자신의 명상속에서 별이 태어나고 그대는 영원한 빛이 된다.

"삼야마를 닦으면 차원 높은 의식의 빛이 온다." 세 단계, 즉 응념과 선정과 삼매를 온전히 닦으면 빛이 떠오른다. 내면에 빛이 떠오르면 영원히 그 빛 속에 산다. 내면의 빛을 얻으면 모든 어둠은 사라진다. 어디를 가든 내면의 빛이 그대와 함께할 것이다. 내면의 빛 속에서 살고, 그대가 빛이 된다.

마음은 항상 현재의 모습에 안주하는 성향임을 명심하라. 마음은 항상 '삶에 이 이상은 없다'고 말한다. 마음은 항상 '이미 진리에 도달했다'고 주장한다. 마음은 신성한 불만족속에서 계속 정진하는 것을 방해한다. 마음은 항상 자신을 합리화한다. 그런 마음의 말에 귀를 기울이지 말라. 마음이 생각하는 합리화는 현실에 안주하려는 마음의 잔꾀에 불과하다. 본질적으로 마음은 앞으로 나가는 것을 싫어한다. 마음은 본질적으로 게으른 안주자이다. 아무 데서나 정착하는 것을 좋아한다. 방랑하는 것을 싫어한다. 움직이는 것을 싫어한다.

산야신이 된다 함은 의식세계에서 방랑자가 된다는 것을 뜻한다. 산야신이 된다 함은 의식세계에서 유랑자가 된다는 것을 뜻한다. 구도는 유랑하면서 계속 진리를 찾아가는 것이다. '마음의 말을 듣지 말라. 높이 오르라. 멀리 나아가라. 하늘과 별로 향하라.'

요가는 스스로 하는 수행이다. 요가에는 사제나 성직자가 필요없다. 요가의 세계에는 스스로 노력하여 깨닫는 스승만이 존재할 뿐이다. 그들을 빛 삼아 스스로 참나를 찾으라. 사제집단이 말하는 감언이설에 속지 말라. 그들은 이 땅에서 가장 위험한 사람들이다. 그들은 불만족을 통해 끊임없이 진리를 찾아가는 길을 막는 사람들이기 때문이다. 그들은 온갖 약속과 감언이설로 사람들을 꾄다. 스스로 진리를 찾기 전까지는 그들의 감언이설에 절대 속지 말라.

요가는 사상이 아니다. 요가는 수행이요 아비아사[4]요 내면에서 일어나는 변형의 과학이다. 아무도 요가를 대신 수

─────
4)아비아사(abhyasa): 지속적인 내면 수행.

행해줄 수 없다. 이 점을 잊지 말라. 스스로 시작하고 스스로 찾아야 한다. 요가는 자신을 신뢰하라고 말한다. 요가는 자신을 믿으라고 가르친다. 구도의 길은 혼자 하는 것이라고 가르친다. 스승은 길을 가리킬 뿐, 자기 스스로 걸어가야 하는 것이다.

5장
내 면 의
내 면

오쇼 수트라

자신에게 아무것도 강요하지 말라.
강요는 분열의 길이요 절망의 길이며
핵심을 놓치는 길이다.

다른 곳으로 갈 필요가 없다.
여기서 자신을 깨달으라.
이미 존재하는 참나를 깨달으라.

외부 상황을 걱정하지 말라.
내면의 밭을 가꾸라.

틈새에 의식을 모으라.
그러면 생각이 사라지고
틈새의 존재를 깨닫는다.

내면의 내면

자연스러운 것, 우주 법칙과 하나되는 것, 이것이 파탄잘리가 말하는 삼야마(samyama), 즉 총제(總制)이다. 삼야마는 자연스러운 것, 우주 법칙과 조화를 이루는 것이다. 삼야마는 강요된 것이 아니다. 외부에서 오는 것도 아니다. 삼야마는 내면의 본성이 꽃피어나는 것이다. 본성으로의 회귀이다.

어떻게 본성으로 회귀하는가? 인간의 본성이란 무엇인가? 존재의 내면으로 깊이 파고들지 않으면 본성을 깨달을 수 없다.

사람은 내면으로 들어가야 한다. 요가의 과정은 순례의 길이요 내면으로 떠나는 여행이다. 한 단계 한 단계, 그렇게 8단계를 지나는 과정이다. 파탄잘리는 구도자를 존재의 집으로 인도한다. 야마와 니야마, 아사나, 프라나야마, 프라티아하라 등 처음 다섯 단계는 육체를 넘어 내면으로 들어가는 길이다. 육체는 존재 동심원 중 가장 밖에 있는 원이다. 가장 밖에 있는 주변부이다. 첫 다섯 단계 다음에는 마음을 넘어가는 길이다. 다라나와 디아나, 사마디 등 내면의 세 단계는 마음을 넘어가는 길이다. 육체와 마음 너머에 인간의 본성이 있다. 존재의 중심이 있다. 존재의 중심을 파탄잘리는 무종 삼매(無種三昧) 또는 케이발리아(kaivalya)라고 부른다. 거기에서 구도자는 자신의 뿌리를 보고 존재를 만나며 참나와 대면한다.

이렇게 요가의 전 과정을 세 부분으로 나누어볼 수 있다. 첫째는 육체를 넘어가는 일이요, 둘째는 마음을 초월하는 일이요, 셋째는 자신의 존재로 사라져가는 일이다.

세상 어디에서나—모든 문화와 국가, 지방에서—우리는 자신 밖에 있는 어떤 목적을 성취하라고 배운다. 목적은 돈이나 권력이나 명예일 수도 있고, 아니면 신이나 천국일 수도 있다. 하지만 둘 사이에는 아무런 차이가 없다. 세상의 모든 목적은 자신 밖에 있지만, 참된 목적은 자신이 나온 근원으로 돌아가는 일이다. 근원으로 돌아가 원을 완성하는 일이다.

그대는 지금 어디로 가고 있는가? 무슨 운명을 짊어지고 가는가? 그대는 세상에서 성공해야 한다고 배웠다. 그래서 그대는 성공을 좇는 기계가 되었다. 마음을 인위적으로 조종하고 밀고 당기고 이리저리 끌고 다닌다. 부모와 가족, 학교와 사회, 정부 등 외부 대상이 그대의 마음을 조종한다. 주위 사람들이 모두 목표를 심어주고 그대를 존재 밖으로 끌어내려고 한다. 그래서 그대는 세상과 성공이라는 덫에 걸려들었다.

우리의 목표는 세상과 성공이 아니다. 이미 내면에 있는 존재가 되어야 한다.

다른 곳으로 갈 필요가 없다. 여기서 자신을 깨달으라. 이미 존재하는 참나를 깨달으라. 참나를 깨달으면 어디에 가든 삶의 진정한 목적을 찾는다. 어디를 가든 충만하다. 평화가 자신을 감싼다. 존재의 청량함과 차분함, 고요함 등이 항상 함께한다. 자신과 항상 함께하는 청량함과 차분함, 고요함의 분위기를 파탄잘리는 삼야마(총제)라고 부른다.

사람들은 모두 외부에서 삼야마에 접근하려고 했기 때문에 삼야마의 개념을 잘못 이해하고 해석했다. 사람들은 외면 세계에서 침묵과 고요를 명상했다. 겉모습과 외면적인 수행에 스스로를 강요했다. 그런 사람들이 자칫 삼야마의 사람처럼 보일 수 있다. 하지만 그들은 참다운 삼야마의 사람이 아니다. 그의 겉모습을 보면 침묵이 보이는 것 같지만 곁에 앉아보면 침묵의 향기가 느껴지지 않는다. 그의 내면 깊은 곳에 온갖 망상이 우글거린다. 그는 마치 화산과 같은 존재이다. 겉모습은 평화로워 보이지만 내면 깊은 곳에서는 언제 폭발할지 모르는 화산이 웅크리고 있다.

이를 명심하라. 자신에게 아무것도 강요하지 말라. 강요는 분열의 길이요 절망의 길이며 핵심을 놓치는 길이다. 내면의 존재는 나와 함께 '흘러가야' 한다. 길 앞에 놓인 장애물을 치우기만 하면 된다. 무언가를 얻어야 할 필요도 없다. 오히려 무언가를 덜어내면 완벽해진다. 이 길은 새로운 무언가를 얻어야 하는 작업이 아니다. 인간은 이미 완벽한 존재이다. 인간의 샘물이 흘러나오는 것을 돌들이 막고 있다. 그 돌들을 치우라. 그러면 완벽해지고 삶의 '흐름'을 탄다. 파탄잘리가 말하는 '아쉬탕가(ashtanga)', 즉 여덟 단계는 돌을 치우는 방편이다.

인간은 왜 외면적인 수행에 그토록 집착하는가? 거기에는 틀림없이 이유나 원인이 있다. 그 원인이란 외면적으로 무언가를 밀어붙이는 일이 보다 쉽고 편하며 힘들어 보이지 않기 때문이다. 이는 마치 자기 얼굴이 예쁘지 않으니까 시장에서 아름다운 가면을 사서 쓰는 것과 같다. 값싼 물건으로 남들을 약간 속일 수는 있겠지만 오래 가지 못한다. 가면은 죽은 것이기 때문이다. 죽은 것은 외면적으로 아름다워 보일 수 있을 뿐, 참으로 아름답지 않다. 가면을 쓰면 아름다워지기보다는 오히려 전보다 추해질 뿐이다. 원래 얼굴이 어떤 것이었든, 적어도 그 얼굴에는 생명이 있고 지성이 있다. 죽은 가면으로 살아 있는 얼굴을 가릴 수는 없다.

사람은 외면의 삼야마를 수행하는 데 관심을 둔다. '나에게는 분노가 많기 때문에 분노를 초월한 경지를 성취하려면 많은 노력을 해야 한다. 길은 멀고 험하다. 그러기에 피나는 노력을 하지 않으면 안 된다.' 이렇게 자신을 힘으로 다스리고 분노를 억압하는 일이 훨씬 쉬워 보인다. 그러나 우리가 분노를 억압할 때 사용하는 에너지가 어떤 에너지인지 아는가? 분노를 억압할 때 사용하는 에너지는 다름 아닌 분노의 에너지다. 분노로 가득 찬 사람은 분노를 쉽게 정복할 수 있다고 생각한다. 분노의 대상을 타인에게서 자신에게로 돌리기만 하면 되니까. 하지만 그런 사람의 눈을 들여다보면 분노가 그림자처럼 숨어 있다.

가끔 화를 내는 것은 그리 나쁘지 않다. 오히려 화를 억압하면서 내면이 항상 화로 부글부글 끓고 있으면 더 위험하다. 미움과 증오의 차이는 바로 여기에 있다. 잠깐 화가 나는 것은 미움이요 이는 일시적인 것이다. 왔다가 가는 것이다. 염려할 게 별로 없다. 하지만 화를 억누르면 이는 미움이 아니라 증오가 된다. 증오심이 마음에서 떠나지 않는다. 생활의 패턴이 된다. 억압된 분노는 끊임없이 자신의 행동과 관계에 좋지 않은 영향을 준다. 이제는 가끔씩 화내는 문제가 아니다. 이제는 항상 화 속에서 산다. 특정인을 대상으로 한 분노가 아니다. 그의 내면 자체가 분노로 부글부글 끓어오른다. 분노가 그런 사람을 붙들고 놔주지 않는다. 그렇다고 해서 특별히 어떤 대상에게 화가 나는 것은 아니다. 분노를 꾹꾹 눌러 쌓기 때문에 그의 존재 자체가 분노의 활화산이 되는 것이다.

이런 만성적인 상황은 상당히 좋지 않다. 화는 불끈 타오르는 것이다. 상황이 지나가면 사라지는 것이다. 어린아이가 화내는 것을 보라. 어린아이의 화는 불꽃처럼 확 타올랐다가 이내 사그라진다. 폭풍우가 지나가고 침묵이 내려온다. 화를 낸 뒤의 어린아이를 보면 사랑스럽고 예쁘다. 계속해서 화를 억압하면 화의 기운은 뼈와 피 속으로 스며든다. 그리고 혈관을 타고 온몸을 순환한다. 숨과 더불어 온몸으로 이동한다. 그러면 모든 행동이나 생활을 화 속에서 하게 된다. 상대를 사랑한다 해도 화 속에서 사랑한다. 그 사랑은 저돌적인 사랑이요 파괴적인 사랑이다. 밖에서는 쉽게 눈에 띄지 않을지 몰라도 화의 기운은 내면 깊은 곳에서 끊임없이 흐른다. 내면에서 아주 커다란 바위로 버티고 서 있다.

수행 초기에 우격다짐으로 자신을 밀어붙이는 것이 쉬워 보이지만 끝에 가서는 치명적인 실수였음이 드러날 것이다.

사람들은 억압을 가르치는 전문가들 때문에 억압적인 방법을 쉬운 것으로 생각한다. 부모는 아이를 낳으면 아이에게 전문가 행세를 한다. 부모는 전문가가 아니다. 그들은 자신의 문제도 풀지 못한 사람들이다. 자신의 아이를 진정으로 사랑한다면 아이에게 어떠한 억압도 강요해서는 안 된다.

사랑은 무엇인가? 아무도 사랑이 무엇인지 알지 못한다.

사람들은 어른이 되어 아이를 가지면 예전에 배웠던 억압의 방식대로 아이에게 강요한다. 그러나 자신이 어떤 짓을 하고 있는지 자각하지 못한다. 그들 자신이 똑같은 생활 패턴에 사로잡혀 불행한 인생을 살다가 아이가 생기면 아이에게 똑같은 생활 패턴을 강요한다. 무엇이 옳고 그른지 모르는 순수한 아이들은 이렇게 이유 없이 희생된다.

어른은 전문가라고 하지만 전문가가 아니다. 아무것도 모르고, 자신의 문제도 해결하지 못하기 때문이다. 그저 아이를 낳았다는 이유만으로 권위적으로 행세할 뿐이다. 어른은 연약한 아이를 틀에 넣어 굳어진 형태로 찍어낸다. 아이는 어쩔 수 없이 어른의 말을 따를 수밖에 없다. 아이가 자신에게 어떤 일이 벌어졌는가를 자각하기 시작할 때 아이는 이미 함정에 갇히고 난 뒤이다. 그리고 나서 학교와 대학교에 들어가고 주변의 수많은 전문가들이, 진리를 아는 체하는 사람들이 여러 가지 방법으로 아이를 조건화한다. 진리를 아는 사람이라곤 아무도 없다.

전문가라고 하는 사람들을 조심하라. 내면에 있는 존재의 중심에 도달하고 싶다면 자신의 인생은 자신이 책임져라. 세칭 전문가들의 말을 듣지 말라. 이미 들을 만큼 들었다.

이 점을 잘 기억하라. 파탄잘리의 삼야마는 닦음의 개념이 아니다. 그것은 개화(開花)의 개념이다. 드러나야 할 것이 드러날 수 있도록 허용하는 것이다. 사람에게는 씨앗이 있다. 비옥한 땅만 있으면 된다. 사랑과 관심으로 돌보면 싹이 돋아나고 조만간 꽃으로 피어날 것이다. 씨앗 속에 담긴 향기가 바람을 타고 사방으로 퍼질 것이다.

삼야마는 균형을 뜻한다. 저잣거리에서도 균형을 유지하는 산야스[1], 시장바닥에 있으면서도 시장에 물들지 않는 산야스가 곧 삼야마다. 시장바닥에서도 자유로울 수 있다면 아무런 문제없이 시장바닥에서 살 수도 있다. 수도원에서 홀로 수행한다 해도 시장바닥을 벗어나지 못하면…… 깊은 산중에 들어간다 해도 시장바닥이 따라온다. 시장바닥은 외면에만 존재하는 게 아니다. 시장바닥은 와글거리는 생각 속에 있고 잡다한 소음의 연속인 마음속에 있기 때문이다. 생각은 어디를 가나 따라온다. 어떻게 여기에 나를 벗어놓고 다른 곳으로 피할 수 있겠는가? 어디를 가나 나는 나 자신과 함께 갈 뿐이다.

따라서 주어진 상황에서 도피하려고 하지 말라. 그러기보다는 좀 더 깨어 있으라. 먼저 내면을 바꾸라. 외면에 대해서는 걱정하지 말라. 싼 게 비지떡이다. 그러므로 내면에 집

---

1)산야스(sannyas): 세속적인 것을 내려놓고 명상과 수행의 세계에 입문하는 일.

중하라. 마음은 이렇게 떠들 것이다. '사업 때문에, 시장 때문에, 관계 때문에 걱정 근심이 떠날 날이 없다. 그러니 산중으로 들어갈 일이다. 거기에서는 아무것도 걱정할 게 없다.' 그러나 걱정은 돈 때문에 생기지 않는다. 걱정은 가족이나 관계 때문에 생기는 게 아니라 자신 때문에 생기는 것이다. 외면의 가족과 관계는 모두 구실에 불과하다. 설령 산중으로 들어간다 해도 걱정은 끊임없이 대상을 찾아낸다.

뒤죽박죽 혼란한 마음을 들여다보라. 마음의 혼란은 외부 상황 때문에 생겨난 것이 아니다. 혼란은 그저 내 안에서 생겨났을 뿐이다. 외부의 상황은 하나의 구실에 불과하다.

파탄잘리는 말한다. "삼야마는 단계별로 닦아야 한다." 그러므로 서두를 필요없다. 서서히 나아가라. 서서히 성장하라. 하나의 단계를 온전히 닦고 다음 단계로 나아가라. 각 단계마다 간격을 두라. 그 간격 사이에 자신이 닦은 바를 온전히 흡수하고 자신의 것으로 소화하라. 그렇게 한 다음, 다음 단계로 나아가라. 서두를 필요없다. 서두르면 준비되지 않은 단계로 갈 수가 있는데, 이는 위험하다.

탐욕스런 마음은 지금 당장 모든 것을 갖기를 원한다. 많은 사람들이 내게 와서 이렇게 묻는다. "지금 당장 깨달을 수 있는 방법을 일러주십시오." 그러나 이들은 하나같이 준비가 되지 않은 사람들이다. 준비가 된 사람이라면 인내심과 끈기를 보여준다. 준비가 된 사람은 이렇게 말한다. "올

때 오겠지요. 서두르지 않습니다. 기다리겠습니다." 준비가
되지도 않은 채 지금 당장 깨달음을 요구하는 사람들은 탐
욕스런 사람들이다. 참된 수행자가 아니다. 사실 그들은 자
신이 무얼 요구하는지도 모른다. 그것은 작디 작은 그릇으
로 하늘을 담겠다는 짓이다. 그 그릇에 하늘을 담으면 어떻
게 되겠는가? 터지고 말 것이다.

"삼야마는 단계별로 닦아야 한다." 이는 곧 그가 설명한 8
단계를 순서대로 닦아야 한다는 말이다. 먼저 몸을 초월하
라. 이는 외면의 단계다. 다음으로 마음을 초월하라. 이는
내면의 단계다. 하지만 자신의 존재에 도달하면 내면적이었
던 것조차 외면적인 것으로 보인다. 마음조차 내면이 아니
다. 몸보다는 내면적이지만 참으로 내면적이지는 않다. 관
조자가 되면 마음조차도 외면적인 것으로 보인다. 그러면
자신의 생각도 지켜볼 수 있다. 생각을 지켜볼 수 있게 되면
생각도 외면이 된다. 생각은 대상이 되고 나는 관조자가 된
다.

'다라나와 디아나, 사마디'는 '야마와 니야마, 아사나, 프
라나야마, 프라티아하라' 등보다 내면적이다. 하지만 '다라
나와 디아나, 사마디' 등도 파탄잘리와 붓다의 체험에 비하
면 아직 외면에 있다. 몸을 초월하는 일은 외면의 단계요 마
음을 초월하는 일은 내면의 단계다. 하지만 자신의 존재에
도달하면 내면의 단계도 외면적인 것이 된다. 아직 더 깊이

들어가야 할 게 남아 있는 것이다. 마음보다 더 깊이 들어가야 하는 것이다. 물론 마음은 몸의 차원보다 내면적이다. 하지만 자신이 관조자가 되어 생각을 지켜보면 마음조차도 외면이 된다. 생각을 지켜볼 수 있게 되면 생각도 외면이 된다. 생각이 대상이 되고 나는 이를 지켜보는 자가 된다.

파탄잘리는 이렇게 말한다.

다라나와 디아나, 사마디 이들 셋은
무종 삼매에 비하면 외면적이다.

무종 삼매에서는 더 이상의 탄생도 없고 다시 시간의 세계로 돌아오는 일도 없다. 무종(無種)이란 욕망의 씨가 완전히 연소된 것을 말한다.

요가의 길을 가고자 하는 것도, 내면의 여행을 떠나고자 하는 것도 욕망이다. 참나를 찾고 평화를 얻고 진리를 성취하고자 하는 욕망이다. 그것은 모두 아직 욕망의 상태이다. 응념의 다라나와 선정의 디아나를 넘어 사마디의 초입에 이르면, 주체와 객체가 하나가 된 상태에서도 욕망의 희미한 그림자가 남아 있다. 진리를 알고자 하는 욕망, 하나가 되고자 하는 욕망, 신을 알고자 하는 욕망—거기에 어떤 이름을 붙여도 좋다—이 남아 있다. 대단히 미세하고 거의 보이지 않을 정도이지만 욕망이 완전히 사라진 상태는 아니다. 그 욕망은 구도의 길 처음부터 끝까지 함께 해온 것이기 때문에 거기 남아 있을 수밖에 없다. 이제 그 욕망마저도 내려놓아야 한다.

사마디도 놓아야 한다. 명상이 완성되면 명상을 놓아야한다. 명상이 완성되었을 때 명상을 내려놓을 수 있다. 명상에 대한 모든 것을 잊고 명상을 놓을 때, 더 이상 명상할 필요가 없어졌을 때, 더 이상 안팎 어디로든 가야 할 필요가 없어졌을 때, 모든 구도의 여정이 끝났을 때, 그때 욕망은 떨어진다.

욕망은 씨앗이다. 처음에 사람은 욕망으로 인해 밖으로향한다. 그런 다음 밖으로 향하는 것이 잘못된 길임을 깨닫고 안으로 들어가기 시작한다. 여기서도 욕망은 계속된다. 밖에서 찾다가 좌절된 욕망이 이제는 안에서 찾기 시작하는것이다. 그 욕망마저도 놓아야 한다.

사마디에 도달했을 때는 사마디도 놓아야 한다. 그러면무종 삼매가 나타난다. 그것이 궁극이다. 무종 삼매를 바라서 무종 삼매가 나타난 것이 아니다. 욕망으로 바라면 '무종'이 될 수 없기 때문이다. 이를 이해해야 한다. 모든 욕망의 덧없음을 깨닫고, 심지어 욕망의 덧없음을 깨달은 길을가고자 하는 마음마저 깨달아 욕망이 완전히 소멸되어야만무종 삼매는 나타난다. 무종 삼매는 욕망의 대상이 아니다. 욕망이 완전히 사라졌을 때 돌연 무종 삼매가 나타나는 것이다. 무종 삼매는 인간적인 노력과는 아무런 관련이 없다. 그것은 일어남이다.

이제 사마디의 단계까지 노력을 했다. 노력을 위해서는 욕망과 동기의식이 필요하다. 욕망이 사라질 때 노력도 같이 사라진다. 욕망이 사라질 때 동기도 사라진다. 어떤 것을 하고자 하는 동기도 없고 어떤 대상이 되고자 하는 동기도 없는 상태가 된다. 완전한 텅 빔, 붓다가 말한 슈냐타[2]가 저절로 일어난다. 그것은 인간의 욕망과 동기에 의해 더럽혀지지 않은 아름다움이다. 그 자체로 순수요 청정이다. 이것이 씨앗 없는 삼매, 즉 무종 삼매이다.

니로드 파리남[3]은
한 생각이 사라지고 다음 생각이 나타나기 전
순간적으로 나타나는 니로드의 상태가
마음속으로 스며들 때 일어나는 변형이다.

이 수트라는 구도자에게 참으로 중요하다. 지금 당장 사용할 수 있는 방편이기 때문이다. 파탄잘리는 이 방편을 니로드라고 부른다. 니로드는 마음의 순간적인 정지, 순간적인 무심의 상태를 뜻한다. 이는 모든 사람에게 일어나지만

---

2) 슈냐타(shunyata): '공(空)'이라는 말.
3) '니로드(nirodh)'는 정지를, '파리남(parinam)'은 결과를 뜻함.

대단히 미묘하고 너무나 찰나적이어서 바짝 깨어 있지 않으면 이 순간을 보기 힘들다. 여기에 대해 좀 더 구체적으로 살펴보자.

구름이 하늘을 덮는 것처럼 생각은 마음을 덮는다. 생각은 영원히 지속될 수 없는 존재다. 생각의 속성 자체가 순간적이기 때문이다. 한 생각이 오고 지나가고 다음 생각이 이어 온다. 생각과 생각 사이에는 대단히 미세한 틈새가 존재한다. 한 생각이 지나가고 다음 생각이 오지 않은 순간, 이를 니로드의 순간이라고 한다. 이는 생각이 존재하지 않는 미세한 틈새다. 하나의 구름이 지나가고 다음 구름이 오지 않은 상태, 하늘이 트여 있다. 그 하늘을 볼 수 있다.

고요히 앉아서 지켜보라. 도로에 차들이 지나가는 것처럼 생각이 끊임없이 지나간다. 한 차가 지나가고 다른 차가 이어 온다. 두 차 사이에 갭이 있다. 도로가 텅 비어 있는 것이다. 바로 다른 차가 오면 도로의 텅 빈 상태는 사라진다. 두 생각 사이에 존재하는 갭을 볼 수 있으면 순간적으로 사마디를 맛볼 수 있다. 틈새의 순간이 지나가면 곧바로 다른 생각이 와서 틈새를 메운다.

지켜보라. 주의깊게 지켜보라. 한 생각이 지나가고 다른 생각이 온다. 두 생각 사이에 틈새가 존재한다. 그 틈새는 사마디와 똑같은 상태다. 하지만 보통 사람은 이 틈새의 사마디 상태가 순간적으로 지나간다. 파탄잘리는 이를 니로드라 부른다. 이는 순간적이며 역동적이다. 순간순간 끊임없이 변하는 것이다. 이는 하나의 파도가 지나가면 다음 파도가 이어 오는 파도의 흐름과 같다. 두 파도 사이에 파도는 없다. 그것을 지켜보라.

이는 더없이 중요한 명상법이다. 다른 것을 할 필요가 없다. 조용히 앉아서 계속 지켜보기만 하라. 틈새를 들여다보라. 처음에는 어려울 것이다. 하지만 틈새에 점점 더 깨어 있게 되면 틈새를 놓치지 않게 된다. 생각에는 어떤 관심도 주지 말라. 틈새에만 의식을 모으라. 차가 지나가고 도로가 텅 빈 상태에 의식을 모으라. 보통 우리는 생각에만 초점을 맞추지 생각과 생각 사이에는 초점을 맞추지 않는다.

생각에 관심을 두면 생각의 틈새에 의식을 모을 수 없다. 틈새는 항상 거기에 있다. 틈새에 의식을 모으라. 그러면 생각이 사라지고 틈새의 존재를 깨닫게 된다. 생각과 생각의 틈새에서 우리는 최초의 사마디를 일견한다.

구도자는 일단 사마디의 맛을 보아야 사마디를 향해 계속 나아갈 수 있다. 자기 스스로 맛을 보아야 내가 말하는 것이든, 파탄잘리가 말하는 것이든 모두 의미를 갖게 된다. 이 틈새가 바로 지복의 순간임을 알게 되면 크나큰 지복이 내려올 수 있다. 하지만 보통 이 틈새의 지복은 순간에 왔다가 사라진다. 이 명상을 계속하여 틈새가 영원이 될 수 있음을 깨달으면, 틈새가 자신의 본성임을 깨달으면 지복은 순간에 지나가지 않고 영원히 이어질 수 있다.

생각과 생각의 틈새 속에서 이 흐름이 고요해진다.

계속해서 틈새 속으로 빠져들면, 계속해서 그 체험을 맛보고 생각 없이 니로드—마음의 정지—를 통해 자신의 존재를 보면 이 흐름이 고요해지고 자연스러워진다. 여기서 자신의 보물을 캐기 시작한다. 처음에는 작디 작은 틈새에서 흘끗 보다가 틈새가 벌어지기 시작한다. 틈새가 계속 커지다가 어느 날 마지막 생각이 지나가고 더 이상 생각이 오지 않는 순간이 온다. 깊디 깊은 침묵 속에, 영원한 침묵 속에 잠긴다. 그것이 요가의 목적이다. 때론 힘들고 때론 어렵겠지만 이것은 가능한 일이다.

질문
저의 몸은 병으로 시달리고 있습니다. 저의 마음은 과학적인 탐닉에 빠져 있습니다. 저의 가슴은 대체적으로 요기라고 할 수 있습니다. 어린아이와 같은 천진한 행동과 순수와 진실성에 가까워진다면 이 생에서도 깨달을 수 있는 가능성이 있는 것인가요? 저를 신의 왕국으로 인도하여 주십시오. 상황은 최악이지만 희망은 최상에 두고 싶습니다.

몸이 건강하면 수행에 좋다. 하지만 건강이 수행의 필수 조건은 아니다. 도움이 될 뿐이다. 건강하지 않은 사람은 명상할 수 없다는 말은 있을 수 없다. 육체와의 동일시를 버릴 수 있으면, '나는 몸이 아니다'라고 느낄 수 있으면 몸이 건강하느냐 안 하느냐는 중요하지 않다. 몸을 넘어가고 몸을 초월하며 몸을 관(觀)할 수 있으면 설령 몸이 아프다고 하더라도 깨달을 수 있다.

물론 아파야 명상이 깊어진다는 말은 아니다. 단, 많이 아프더라도 절망하거나 낙담하지 말라. 건강한 신체는 수행에 도움이 되며, 아픈 몸보다 건강한 몸을 넘어가기가 수월하다. 몸이 아프면 더 많은 각성과 주의를 요하기 때문이다. 또한 몸이 아프면 잊기 힘들다. 아픈 몸은 쉬지 않고 아픔과 고통과 힘든 상황을 연출한다. 의식을 끊임없이 몸으로 불러온다. 몸에만 신경써주길 요구한다. 그래서 몸이 아프면 몸을 잊고 몸을 넘어가기가 어려운 것이다. 아픈 몸을 이끌고 초월의 길을 가기 어려운 것이다. 하지만 불가능한 것은 아니다.

걱정하지 말라. 병이 중하고 만성 질환이라면 다시 건강을 되찾기가 어려울 수 있다. 그렇다면 건강한 몸에 대해서는 잊어버려라. 그런 사람은 관조의 상태로 들어가는 데 좀 더 많은 노력을 하면 된다. 할 수 있다!

마호메트도 건강하지 않았다. 붓다도 끊임없이 병에 시달렸다. 그래서 어딜 가나 개인의사를 대동해야 했다. 붓다의 개인의사인 지바크(Jeevak)는 끊임없이 붓다의 몸을 돌봐야 했다. 샹카라[4]는 겨우 33살의 나이에 요절했다. 그의 건강 상태는 상당히 안 좋았을 것이다. 건강한 사람이 그렇게 젊은 나이에 요절할 리 없다. 그러므로 걱정하지 말라. 병이 장애물이라고 생각하지 말라.

다음으로, 그대는 "저의 마음은 과학적인 탐닉에 빠져 있습니다"라고 했다. 그대의 탐닉이 진실로 과학적이라면 탐닉에서 빠져나올 수 있다. 마음이 비과학적이기 때문에 그대는 탐닉의 어리석음을 끊임없이 되풀이한다. 좀 더 깨어 있고 좀 더 지켜보면 조만간 탐닉에서 빠져나올 수 있다. 똑같은 어리석음을 무한정 되풀이할 수는 없는 법이다.

섹스를 예로 들어보자. 섹스가 나쁘다는 게 아니다. 하지만 평생 끊임없이 섹스를 되풀이한다면 그것은 어리석은 것이다. 섹스가 죄악이라는 말이 절대 아니다. 늙어서까지 섹스를 되풀이하는 것이 어리석다는 말이다. 세상 종교는 섹스가 죄악이라고 한다. 하지만 나는 아니다. 나에게 섹스는 어리석느냐 지혜롭느냐의 문제일 뿐이다. 섹스는 유치하다. 지혜로운 자는 언젠가 섹스에서 빠져나온다. 지혜로울수록

---

4)샹카라(Shankara, 700-750경): 아디 샹카르(Adi Shakara). 남인도 케랄라 지방 출신의 인도 철학자이자 신비가. 인도의 고대 경전에 뛰어난 주석서들을 저술하여 불이론(不二論)의 베단타 철학을 확립시켰으며 이후 인도 철학에 지대한 영향을 끼쳤다.

빨리 빠져나온다. '그래, 이제 됐다. 인생의 한 시기, 해볼 만큼 해보았다. 이제는 빠져나올 때다.'

지혜로운 사람일수록 탐닉의 세계를 빨리 떠난다. 붓다는 젊었을 때 탐닉의 세계를 떠났다. 그는 첫 아이가 태어나고 한 달이 되었을 때 떠났다. 탐닉에 물린 때가 그에게는 아주 빨리 왔던 것이다. 그는 참으로 지혜로운 사람이었다. 지혜로울수록 초월의 시기가 빨리 찾아온다.

그대가 진정으로 과학적이라면 지금이 탐닉에 물릴 때다.

그대는 또 이렇게 말했다. "저의 가슴은 대체적으로 요기 라고 할 수 있습니다." 대체적으로? 이는 가슴이 하는 말이 아니다. 가슴은 이것 아니면 저것, 전체성만을 알 뿐이다. 전체 아니면 무, 가슴은 '대체로' 라는 말을 모른다. 여자에 게 '나는 대체로 당신을 사랑합니다' 라고 해보라. 그러면 알 것이다.

어떻게 대체로 사랑할 수 있는가? 그게 무슨 말인가? 그건 사랑하지 않는다는 말이다.

그대의 가슴은 제대로 기능을 못하는 것 같다. 그대는 가슴의 풍문을 들었을는지 몰라도 가슴을 이해하지는 못했다. 가슴은 항상 전체적이다. 좋고 싫음이 항상 분명하다. 가슴은 분열을 모른다. 모든 분열은 마음에서 나온다.

몸이 아프다 해도 걱정할 것 없다. 좀 더 노력하면 된다. 그뿐이다. 마음이 탐닉에 빠져 있다 해도 걱정할 것 없다.

조만간 탐닉에 물려 빠져나올 것이다. 문제는 세 번째에 있다. '대체로'가 문제다. 다시 보라. 그대의 가슴을 깊이 들여다보라. 할 수 있는 한, 깊이 지켜보라.

가슴으로 말하고 가슴으로 속삭여라. 진정으로 가슴이 요가를 사랑한다면—요가는 탐구요 삶의 진리를 찾는 노력이다—가슴이 진정으로 구도의 길을 간다면 가슴을 막을 수 있는 것은 존재하지 않는다.

탐닉도 병도 장애가 아니다. 가슴은 병도 탐닉도 초월할 수 있다. 가슴은 인간의 참된 에너지원이다. 가슴에 귀를 기울이라. 가슴을 신뢰하라. 가슴과 함께 가라. 깨달음에 대해서는 걱정하지 말라. 걱정은 마음에 속한 것이다. 가슴은 미래를 걱정하지 않는다. 가슴은 지금 여기에 산다. 찾고 명상하고 사랑하고 지금 여기에 있으라. 깨달음에 대해서는 걱정하지 말라. 깨달음은 올 때 온다. 그러니 신경쓰지 말라.

깨달음은 준비된 이에게는 언제든지 온다. 준비가 안 된 사람이 깨달음에 대해 생각만 한다고 깨달아지는 게 아니다. 그런 생각은 깨달음을 방해할 뿐이다. 따라서 깨달음은 잊어버려라. 깨달음이 내일 일어날까 모레 일어날까 걱정하지 말라.

준비만 되면 깨달음은 일어난다. 이 순간에도 일어날 수 있다. 그것은 얼마나 준비가 되어 있느냐에 달려 있다. 열매는 익으면 땅에 떨어진다. 익어야 한다. 쓸데없이 문제를 만

들지 말라. 병이 문제였다. 탐닉이 문제였다. 요가와 깨달음
에 대한 '대체적인' 사랑이 문제였다. 이제는 더 이상 문제
를 만들지 말라. 깨달음을 문제로 만들지 말라. 잊어버려라.
깨달음은 그대나 그대의 생각, 기대와는 아무런 상관이 없
다. 그대의 바람이나 희망과는 아무런 관련이 없다. 욕망이
떠나고 준비가 되었을 때, 과일처럼 익었을 때 저절로 떨어
진다.

6장
차 가 운
우 주 에 서

오쇼 수트라

그대는 홀로 서서, 삶의 의미는 주어진 게 아니라
만드는 것임을 깨닫는다.

깊이 들어가지 못하고 밖으로 드러난 것만을 보며
저류에 흐르는 것을 보지 못하기 때문에
기적이 있다고 생각한다.
하지만 기적은 존재하지 않는다.

과거 전생을 알면
미래에는 똑같은 어리석음을 되풀이하지 않는다.

미래에는 완전히 새로운 인간이 나타난다.
요가는 신인간을 위한 과학이다.

차가운 우주에서

프리드리히 니체의 『즐거운 지식(The Gay Science)』에 나오는 우화다. 한 미친 사람이 등불을 들고 시장에 들어가 이렇게 외쳤다. "나는 신을 보았다! 신을 보았다!" 장사에 여념이 없는 시장 사람들은 그의 외침에는 관심을 보이지 않고 그의 기괴한 행동에 재미있어 했다. 그는 갑자기 시장 사람들을 향해 돌아서서 물었다. "신은 어디에 있습니까? 말해볼까요. 우리가 신을 죽였습니다. 나와 여러분이." 그러나 사람들이 그가 외친 무시무시한 선언을 무시하자 그는 전등을 땅에 내팽개치고는 소리쳤다. "나는 너무 일찍 왔다. 나의 시대는 아직 오지 않았다. 이 위대한 시대는 아직 멀었다."

이 우화는 대단히 의미심장하다. 인간이 성장함에 따라 인간의 신은 변한다. 신은 인간이 자신의 형상에 따라 창조한 것이기 때문에 그럴 수밖에 없다. 기독교 성경에 나오는 대로 하나님이 자기 형상에 따라 인간을 창조한 게 아니다. 인간이 자기 형상에 따라 신을 창조했다. 인간의 형상이 변하면 자연히 신의 형상도 변한다. 인간의 성장이 정점에 이르면 신은 완전히 사라진다. 인격적인 신은 인간의 미숙한 마음이 지어낸 것이다.

신성한 존재로서의 존재계는 완전히 다르다. 신성한 존재계에서 신은 하늘 위 어딘가에서 세상을 지배하고 조종하고 관리하는 인격적인 존재가 아니다. 인간이 성숙해지면 그런 유치한 발상은 사라진다. 인격적인 신은 어린아이가 생각하는 것이다. 유치한 개념이다. 어린아이는 인격적인 존재로밖에 신을 이해할 수 없다. 인간이 성장해서 성숙하면 그런 신은 죽는다. 그러면 완전히 다른 존재계가 드러난다. 전 존재계가 신성할 뿐, 인격적인 신은 존재하지 않는다.

인격적인 신이 존재하지 않는다는 깨달음은 니체 자신에게도 버거운 것이었다. 그래서 니체는 말년에 미치고 말았다. 그는 자신의 통찰을 소화할 수 있는 준비가 되어 있지 않았던 것이다. 니체 자신도 유치함을 온전히 벗어나지 못해, 인격적인 신을 필요로 했다. 그러나 신에 대해 명상하면서 신은 하늘에 존재하지 않는다는 사실을 깨달아갔다. 그리고 신은 이미 인간에 의해 죽었다는 사실을 깨달았다.

인간이 창조한 신을 인간이 죽인 것이다. 신이라는 개념은 인간이 어렸을 때 만들어낸 것이다. 인간이 성장하여 어른이 되면 유치한 개념은 자동적으로 떨어져 나간다. 어린 아이였을 때는 열심히 장난감에 몰두하지만 자라서는 장난감이 자연스럽게 떨어져 나간다. 그리고 어느 날 벽장에 있는 헌 물건들 사이에서 예전의 장난감을 발견하면 '내가 어린 시절 얼마나 장난감을 좋아했던가' 하고 반추해보지만 이제는 아무런 의미를 주지 못한다. 장난감을 가지고 놀고 싶은 마음은 오래 전에 사라졌다. 자신이 변한 것이다.

인격적인 신을 창조한 것도 인간이요 인격적인 신을 죽인 것도 인간이다. 이러한 깨달음마저도 니체에게는 너무나 버거운 것이었다. 그래서 그는 미쳐버렸다. 이 사실은 그가 자신의 통찰을 소화할 준비가 되어 있지 않았음을 여실히 보여준다.

그러나 동양의 파탄잘리에게는 신이 없다. 그보다 더한 무신론자를 발견하기란 힘들다. 파탄잘리는 신이 없다는 사실에 전혀 동요하지 않는다. 그는 진정으로 의식이 성숙한 인간이요 통합된 인간이기 때문이다. 붓다에게도 신은 존재하지 않는다.

붓다는 프리드리히 니체를 이해한다. 왜 그가 아직도 인격적인 신을 필요로 하는지 이해한다. 니체의 마음은 분열되어 있었다. 그래서 갈피를 잡지 못했다. 니체의 한쪽은 '신이 있다' 고 말하고, 다른 한쪽은 '신이 없다' 고 말하는 형국이었을 것이다. 인격적인 신이 존재한다면 니체는 붓다를 용서할 수 있다. 왜냐하면 붓다는 적어도 신을 부정함으로써 최소한도의 신에 대한 관심을 가지고 있기 때문이다. 하지만 파탄잘리는 용서할 수 없을 것이다. 파탄잘리는 니체를 이용하기 때문이다. 파탄잘리는 신의 존재를 부정하지도 않을 뿐만 아니라, 나아가 신의 개념을 하나의 방편으로 이용한다. 파탄잘리는 말한다. "인간의 궁극적인 성장을 위해서는 신이라는 개념조차도 하나의 가설로 이용할 수 있다." 파탄잘리는 신에 대해 완전히 냉정했다. 고타마 붓다보다도 냉정했다. 왜냐하면 신이 있다고 긍정하는 것도 신에 대한 관심의 표명이며, 신이 없다고 부정하는 것도 신에 대한 관심의 표명이기 때문이다. 하지만 파탄잘리는 완전히 무관심하다. 파탄잘리는 이렇게 말한다. "좋다, 신이라는 개념을 사용해보자." 그는 역사상 가장 위대한 무신론자였다.

하지만 서양에서는 무신론에 대한 개념을 완전히 다른 시각에서 본다. 아직 서양은 성숙하지 못했기 때문이다. 서양의 무신론은 유신론과 같은 선상에 있다. 유신론자는 아이들이 아버지를 생각하는 것처럼 '신은 있다'고 주장한다. 무신론자는 '그런 신은 없다'고 반박한다. 무신론자도 유신론자도 둘 다 같은 차원에 있다. 차원이 다르지 않다. 파탄잘리야말로 진정한 무신론자다. 그가 비종교적이라는 말은 아니다. 그야말로 참으로 종교적인 사람이다. 역설적으로 들리겠지만 참으로 종교적인 사람은 신을 믿을 수 없다.

참으로 종교적인 사람은 신을 믿지 않는다. 신을 믿기 위해서는 존재계를 신과 신 아닌 것, 창조주와 피조물, 이 세상과 저 세상, 물질과 정신 등 둘로 나누어야 하기 때문이다. 어떻게 종교적인 사람이 존재를 둘로 나눌 수 있단 말인가? 종교적인 사람은 신을 믿지 않는다. 그는 존재계의 신성 자체를 깨달을 뿐이다. 그런 사람에게는 존재하는 모든 것이 신성하다. 그에게는 신전 아닌 곳이 없다. 한 발짝을 걸어도 신성 속에 걷고 하나의 일을 해도 신을 향해 한다. 존재계 전체가 신성해진다. 이 경지를 깨달아야 한다.

요가는 완벽한 과학이다. 요가는 믿음을 가르치지 않는다. 앎을 가르친다. 요가는 '눈먼 추종자가 되라'고 하지 않는다. '그대 눈을 뜨라'고 외친다. 요가는 눈뜨는 방편을 가르친다. 요가는 진리에 대해 말하지 않는다. 눈뜨는 방편과 진리를 볼 수 있는 눈에 대해 말한다. 진리를 볼 수 있는 눈이 생기면 존재하는 모든 것이 눈앞에 드러날 것이다. 이는 우리가 상상하는 것 이상이요 모든 신들을 합한 것 이상의 세계다. 이는 무한한 신성이다.

이 우화에 대해 한 가지를 더 언급해보자. 미친 사람이 이렇게 말했다. "내가 너무 일찍 왔다. 나의 시대는 아직 오지 않았다." 파탄잘리도 사실 너무 일찍 왔다. 당시 그의 시대는 오지 않았다. 파탄잘리는 아직도 그의 시대를 기다리고 있다. 진리를 깨달은 사람은 항상 시대를 앞서가는 법이다. 어떤 때는 수천 년을 앞서가기도 한다. 파탄잘리도 그의 시대를 앞서갔다. 그가 간 지 5천 년이 지났지만 아직도 그의 시대는 오지 않았다. 인간의 내면세계는 아직 과학을 발견하지 못했다. 파탄잘리는 모든 토대와 시스템을 만들었다. 그 시스템은 인류가 가까이 다가와 이해해주기를 기다리고 있다.

진실로 종교적인 사람이 되고 싶으면 무신론의 과정을 통과해야 한다. 항상 이 점을 기억하라. 진실로 종교적인 사람이 되길 원하면 유신론에서 시작하지 말라. 무신론에서 시작하라. 아담에서 시작하라. 아담은 그리스도의 시작이다. 아담이 원을 시작하여 그리스도가 원을 완성한다. '노우(no)'에서 출발하라. 그래야 '예스'에 의미가 생긴다. 두려워하지 말라. 두려움으로 믿지도 말라. 꼭 믿어야 한다면 앎과 사랑으로 믿으라. 두려움으로 믿지 말라.

그래서 기독교와 유대교, 이슬람교에서는 요가가 태어날 수 없었다. 요가는 모든 믿음과 눈먼 신앙에 과감히 노우라고 말할 수 있는 사람들에 의해 개발되었다. 믿음의 편리함을 거부할 줄 아는 사람, 야생 상태에서 자신의 존재를 찾을 준비가 된 사람들에 의해 개발되었다.

이러한 사람은 크나큰 책임감을 느낄 줄 아는 사람들이다. 무신론자가 되는 것은 깊이 책임을 느끼는 것이다. 신이 없으면 이 추운 세상에 홀로 남게 되기 때문이다. 신이 없으면 의지할 대상도, 매달릴 대상도 사라진다. 대단한 용기와 배짱이 필요하다. 자신의 존재에서 따뜻함을 만들어내야 한다. 존재계는 차갑다. 가설의 신이 인간에게 따뜻함을 줄 수도 없다. 인간은 꿈꾸고 있다. 인간의 꿈은 소망을 이루는 일이 될지는 몰라도 진실이 아니다. 거짓으로 둘러싸여 따뜻함을 느끼기보다는 진리와 더불어 춥게 지내는 게 낫다.

사람들이 나를 찾아와서 이렇게 묻곤 한다. "인생의 의미가 무엇인지 말해주십시오." 인생의 의미는 이미 주어져 있지 않다. 인생의 의미는 스스로 창조해야 하는 것이다. 인생의 의미가 이미 주어져 있지 않다는 것은 아름다운 일이다. 인생의 의미가 이미 주어져 있다면 인간은 바윗덩어리에 불과한 존재가 될 것이다. 성장의 가능성도, 발견과 모험의 가능성도 있을 수 없다. 사방에서 문이 닫힌 바위처럼 모든 가능성의 문은 닫혀 있을 것이다. 인간은 이미 만들어진 존재가 아니다. 가능성의 존재다. 무한한 가능성과 미래의 소유자다. 어떤 존재가 되느냐는 순전히 자신에게 달렸다.

신이 없다면 모든 책임은 인간 스스로 져야 한다. 그래서 나약한 사람들은 신을 믿고 의지한다. 강한 자만이 홀로 선다. 홀로 서는 것이 기본적인 토대가 되어야 한다. 홀로 서는 것은 요가의 기본이다. 그런 기본 위에서 삶의 의미는 이미 주어진 게 아니라 스스로 찾아야 하는 것임을 깨달을 수 있다. 삶의 의미는 스스로 만들어가야 한다. 나의 의미도, 삶의 의미도 가능성으로 존재한다. 이 의미를 스스로 노력해서 찾아야 한다. 존재는 노력한 만큼 그 모습을 드러낸다. 자신의 행위 하나하나 속에서 나와 존재계의 의미는 풍부해져간다.

오직 홀로 서서 스스로 노력할 때만 요가의 세계는 가능하다. 그렇지 않으면 맹목적인 기도의 삶에서 벗어나오지 못한다. 무릎을 꿇고 자신이 만든 상에 기도를 하고, 자신의 기도를 해석하면서 환각과 환영 속에서 사는 것이다.

**계속되는 전변은
저류의 변화에 의해 일어난다.**

우리는 수많은 싯디[1]와 기적에 대한 이야기를 듣는다. 파탄잘리는 기적이란 없으며 기적처럼 보이는 모든 것에는 법[2]이 있다고 말한다. 이면의 법을 모르기 때문에 사람들은 기적이 일어난다고 믿는다. 파탄잘리는 기적을 믿지 않는다.

---

1) 싯디(siddhi): 사전적 의미로는 '성취'라는 뜻. 초자연적인 능력을 가리킴.
2) 법(法): 존재가 돌아가는 이치.

파탄잘리의 시각은 철저히 과학적이다. 그는 무언가 희한한 일이 일어난다 해도 그 이면에는 법이 있다고 말한다. 법이 세상에 알려져 있지 않거나 자신이 거기에 대해 무지하거나…… 기적을 행하는 사람조차도 기적의 법을 모를 수 있다. 그냥 우연히 어떤 기적을 행하는 법을 발견했기 때문일 것이다.

연금술을 예로 들어보자. 서양의 연금술사들은 수백 년 동안 비금속을 금으로 변형시킬 수 있는 방법을 알아내고자 많은 노력을 기울였다. 그중 몇몇이 비금속을 금으로 만드는 데 성공했다는 이야기가 있다. 과학자들은 연금술을 무시했지만 이제 과학의 세계에서도 성공하는 사례가 나오고 있다. 이제 아무도 연금술을 부정할 수 없다. 이면에 숨어 있던 법칙을 알게 되었기 때문이다. 물리학에 따르면 세상은 원자로 되어 있으며 원자는 전자로 되어 있다고 한다. 그렇다면 금과 철의 다른 점은 무엇인가? 둘은 본질에 있어 다르지 않다. 둘 다 전자로 구성되어 있다. 그렇다면 둘의 차이점은 무엇인가? 왜 둘은 다른가? 금과 철은 분명히 다르다. 둘이 다른 것은 원자나 전자의 구성이 다른 데 있다.

전자의 많고 적음에 따라 물질의 차이가 생긴다. 구성인자의 양이 다를 뿐 구성인자 자체가 다른 것은 아니다. 구조가 다른 것이다. 우리는 똑같은 벽돌을 가지고 다양한 유형의 집을 지을 수 있다. 벽돌은 모두 똑같다. 같은 벽돌로 허름한 오두막을 지을 수도 있고 대저택을 지을 수도 있다. 벽돌이라는 구성인자는 똑같다. 원하면 오두막을 저택으로 바꿀 수도 있고 저택을 오두막으로 바꿀 수도 있다.

"계속되는 전변(轉變)은 저류(底流)의 변화에 의해 일어난다." 이는 파탄잘리의 기본 수트라다. 저류, 즉 이면의 흐름을 이해하면 보통 사람이 할 수 없는 일을 할 수 있다.

니로드와 사마디, 에카그라타(ekagrata) 등에 따른
전변을 대상으로 삼야마를 하면 과거와 미래를 안다.

니로드, 즉 두 생각 사이의 틈새에 의식을 모으고 이 틈새를 쌓아나가면, 또 파탄잘리가 사마디라고 부르는 틈새를 축적해나가면 내가 하나가 되고 의식이 한 점에 모인다. 이를 에카그라타라고 한다. 에카그라타의 상태에 도달하면 과거와 미래를 안다.

파탄잘리는 니로드를 성취하면 니로드는 사마디가 된다고 말한다. 사마디를 성취하여 한 점에 집중하면 의식은 칼끝처럼 모인다. 그리고 과거와 미래를 안다. 시간이 사라지고 자신은 영원의 부분이 된다. 이제 과거는 더 이상 과거가 아니고 미래는 더 이상 미래가 아니다. 과거와 현재와 미래가 모두 동시에 보인다. 이는 기적이 아니다. 간단하고 기본적인 법이요 법칙이다. 이 법을 이해하고 사용할 줄 알아야

한다.

온전히 집중하면 수행자는 하나가 되어 생각 없는 소리를 듣는다. 그 소리는 소리 너머에 있는 진리를 드러낸다. 이는 언어의 문제가 아니라 침묵의 문제다. 침묵에 잠기면 침묵을 이해한다. 우리는 영어를 알면 영어를 알아듣는다. 불어를 알면 불어를 알아듣는다. 침묵도 이와 같다. 침묵을 알면 침묵의 언어를 알아듣는 것이다. 침묵이야말로 전체계의 언어이다.

의식이 한 점에 모이면 완전한 침묵에 잠긴다. 그 침묵 속에서 모든 것이 드러난다. 이는 기적이 아니다. 파탄잘리는 '기적'이라는 말을 좋아하지 않는다. 그는 과학자다. 거기에는 어떤 기적적인 요소도 없다. 아주 단순하다.

아무런 말도 없는 순간을 이해하는 길이 있다. 아무 말 없는 순간은 저 너머의 세계를 이야기한다. 침묵은 그냥 공허한 것이 아니다. 침묵에는 침묵의 메시지가 있다. 인간의 마음은 생각으로 가득해서 침묵의 소리를 듣지도 못하고 이해하지도 못한다.

뻐꾸기의 노래를 들어보라. 파탄잘리는 말한다. "명상적으로 들으라. 그러면 생각이 사라지고 니로드가 온다." 틈새의 지복이 사마디처럼 쏟아진다. 생각도 잡념도 없고 의식이 한 점에 모아진다. 그러다가 순간 뻐꾸기와 하나가 된다. 뻐꾸기와 하나가 되면 뻐꾸기가 부르는 소리를 이해한다. 우리 모두는 전체계의 부분들이기 때문이다. 뻐꾸기의 소리 너머에 뻐꾸기의 가슴에 담겨진 의미가 들린다. 온전히 침묵하면 그 소리를 알아들을 수 있다.

파탄잘리는 이렇게 말한다. "소리와 대상과 관념이 마음에 혼란스럽게 뒤섞여 있다. 소리에 대해 삼야마를 행하면 모든 생물의 소리를 이해한다."

과거의 잠재인상을 관찰하여
전생을 안다.

마음이 가라앉고 침묵이 내려오면, 또 파탄잘리가 '에카그라타 파리남(ekagrata parinam)' 이라고 하는 변형이 일어나 의식이 한 점에 모이면 지나간 과거의 잠재인상을 볼 수 있다. 더 뒤로 퇴행(退行)하면 전생으로 들어갈 수도 있다. 이는 대단히 중요하다. 전생을 보면 사람은 완전히 달라지기 때문이다. 사람은 지나간 과거의 삶을 잊고 산다. 그러면서 똑같은 어리석음을 끊임없이 되풀이한다.

지나간 삶을 되돌아보면 똑같은 삶, 똑같은 패턴의 끊임없는 연속이다. 시기하고 소유욕에 끌려 다니고 분노와 증오심으로 끓어오르는 등 탐욕스러운 모습을 쉼 없이 되풀이했다. 권력을 좇고 부와 명예를 좇고 성공에 대한 야망을 품고 거듭거듭 이기적이고 항상 실패하고 죽음이 찾아와 그때까지 이룩한 것들이 물거품이 되고 다시 새로운 게임을 시작하고…… 지나간 삶으로 돌아가 헤아릴 수 없이 반복된 전생을 보고도 같은 일을 반복할 수 있는가? 같은 탐욕, 같은 좌절 속으로 들어갈 수 있는가?

인간은 지나간 삶을 잊는다. 무지가 과거를 휘감는다. 그러면 과거는 칠흑같이 어두운 밤 속으로 들어간다. 망각의 커튼이 내리면 뒤로 돌아가 볼 수 없게 된다.

체험은 변형을 일으킨다. 그러나 자신을 변형시키려면 체험은 깨어 있어야 한다. 무의식적인 체험에서는 변형이 일어나지 않는다. 무수히 똑같은 삶을 살았다. 하지만 계속 똑같은 삶을 살고 있다는 사실을 잊는다. 그리고 똑같은 삶을 다시 시작한다. 마치 그것이 전혀 새로운 삶이라도 되는 것처럼. 수없이 사랑에 빠지고 수없이 좌절한다. 그러면서도 인간은 다시 똑같은 패턴을 되풀이하고 싶어한다.

지금의 육신은 새로울지 모르나 마음은 새롭지 않다. 육신은 새로운 병(甁)이나 마음은 오래 묵은 술이다. 병은 계속 변하지만 술은 예전의 술 그대로다.

파탄잘리의 말은 이렇다. "그대의 의식이 한 점에 모이면…… 그대는 할 수 있다. 특별한 비결이 있는 게 아니다. 노력과 인내만 있으면 된다. 의식이 한 점에 모이면 지나온 모든 삶을 볼 수 있다." 지나온 삶을 보기만 하면 자신이 되풀이했던 삶의 패턴은 무너진다. 그것은 기적이 아니다. 단순한 자연 법이다.

문제는 사람이 무의식이 될 때 생긴다. 생과 사를 되풀이할 때마다 커튼이 내려지고 자신의 과거가 망각의 강 속으로 흘러가기 때문에 모든 문제가 발생하는 것이다. 인간은 빙산과 같다. 아주 적은 일부만 수면에 나와 있고 대부분은 수면 아래에 존재한다. 인격이나 성격은 수면 위에 드러난 빙산의 일각에 지나지 않는다. 인간의 모든 과거는 수면 아래로 숨는다. 수면 아래에 숨은 과거를 보고 자각하기만 하면 된다. 바로 그 자각이 삶의 혁명이다.

지나온 삶을 모두 기억하는 것은 너무나 힘들기 때문에 인간은 무의식의 지하실에 집어넣는다. 이 지하실을 뒤져야 한다. 거기에 숨은 보석들이 있기 때문이다. 지하실을 탐색해보아야 한다. 그렇게 해야 자신이 얼마나 어리석은 삶을 끊임없이 되풀이했는가를 깨달을 수 있기 때문이다. 깨달아야만 어리석은 반복을 넘어갈 수 있다. 그때 지하실은 존재의 위층으로 올라가는 발판이 된다.

현대 심리학에 따르면 인간의 의식은 의식적인 부분과 무의식적인 부분으로 나뉘어 있다. 그런데 요가의 심리학에 따르면 하나 더 있다. 초의식이 그것이다. 인간은 모두 1층에서 산다. 이 1층이 의식이다. 1층 아래 거대한 지하실이 있다. 이는 지나간 과거가 모두 쌓여 있는 무의식이다. '지나간 과거'라 함은 존재의 맨 처음부터, 시작 없는 시작에서부터 인간의 생, 동물과 새, 나무, 식물, 바위, 금속 등의 생 모두를 말한다. 인간에게 일어난 모든 일과 변형이 지하실에 모두 쌓여 있다. 이 지하실을 통과해야만 한다. 지하실을 모두 이해하게 되면 초의식으로 가는 문의 열쇠를 얻을 수 있다.

파탄잘리는 이것이 간단한 법칙에 의해 일어난다고 말한다. 모든 기적은 간단한 법칙—의식이 한 점에 모이는—에 따라 일어난다. 기적은 하나밖에 없다. 의식이 한 점에 모이는 것, 이것이 유일한 기적이다.

이 수트라는 언젠가는 개발될 미래 과학의 토대가 될 것이다. 이에 대한 기본적인 연구가 서양에서 시작되었다. 초감각적인 능력이나 초자연적인 현상에 대해서는 많은 연구가 진행되고 있다. 그래도 모든 것은 아직 어둠 속에 있다. 사람들은 어둠 속을 헤매고 있다. 이 분야가 제대로 발전되면 파탄잘리는 인간의식의 역사에서 정당한 평가를 받을 것이다. 파탄잘리와 비견될 만한 사람은 없다. 그는 어떠한 미신이나 기적도 믿지 않은 최초의 과학자이다. 모든 것의 이면에 있는 법칙을 발견한 최초의 과학자이다.

"과거에서 오는 잠재인상을 관찰하여 전생을 안다." 프라이멀 세라피(Primal Therapy)[3]에서는 이 계통의 작업을 조금

하는 편이다. 이 세라피에서는 이번 생이 시작될 때의 시점으로 돌아가 작업을 한다. 이는 기초작업에 불과하다. 프라이멀 세라피의 작업이 제대로 이루어지면 세상에 태어나기 전, 자궁에 있을 때의 시점으로 돌아갈 수 있다. 나는 새로운 세라피인 '최면요법(Hypnotherapy)'을 시작하고자 한다. 프라이멀을 마친 사람이 최면요법을 받으면 더 깊이 들어가, 자궁에 있을 때를 기억할 수 있다. 좀 더 깊이 들어가면 전생에서 죽을 때의 시점으로 갈 수 있으며, 나아가서는 전생을 상세하게 들여다볼 수 있다. 이렇게 되면 과거 수많은 전생을 기억할 수 있는 열쇠를 쥐게 된다.

왜 전생의 문들을 열어보는가? 과거에 미래가 숨겨져 있기 때문이다. 과거를 들여다본 사람은 미래에 똑같은 과거를 반복하지 않는다. 과거를 들여다보지 못한 사람은 거듭해서 과거의 우매한 짓을 반복한다. 과거의 전생을 알면 미래에서는 과거를 절대로 반복하지 않는다. 미래에서는 완전히 새로운 사람이 된다. 요가는 신인간(新人間)을 위한 과학이다.

이것이 곧 내가 '종교의 과학'이라고 부르는 것이다. 파탄잘리는 그 기초를 다져놓았다. 앞으로 해야 할 일들이 많다. 그는 골격을 다져놓았고, 이 골격 위에 벽을 세우고 방

---

3)프라이멀 세라피(Primal Therapy): 유아기의 심리적 외상을 다시 체험시켜서 신경증을 치료하는 정신 요법.

을 만들어야 한다. 기둥밖에 없는 집에서는 살 수 없다. 파탄잘리가 세워놓은 골격을 토대로 집을 완성해야 한다.

그러나 무려 5천 년이 지났음에도 불구하고 기본 골격이 그대로다. 아직도 집이 들어서지 않았다. 인간은 아직도 준비가 되지 않은 것이다. 인간은 끊임없이 장난감을 가지고 놀고 있다. 진리는 때를 기다리고 있다. 인간이 장난감에 싫증을 내고 성숙할 때를 기다리고 있다. 그 누구도 인간의 미숙한 의식에 책임이 없다. 바로 우리 자신에게 책임이 있을 뿐이다. 사람들 한명 한명이 지구의 잠들어 있는 의식에 책임이 있다. 인간은 깊이 잠들어 있다. 내가 보기에 지구는 자욱한 안개로 뒤덮여 있다.

인간은 자발적으로 어둠 속으로 들어갔다. 개인이 자발적으로 어둠 속으로 들어갔다. 어둠 속으로 들어가라고 아무도 강요하지 않았다. 그러므로 어둠 속에서 나오는 일은 순전히 자신의 책임이다. 사탄이나 악마가 꼬드겨서 그렇게 되었다고 책임을 전가하지 말라. 꼬드기는 존재는 없다. 꼬드기는 존재는 바로 나 자신이다. 잠들어 있는 사람에게는 모든 것이 왜곡되어 보인다. 만지는 것마다 왜곡되고 손에 들어오는 것마다 더러워진다.

우리는 취해 있다. 에고에 취해 있고 소유에 취해 있다.

사물에 취해 있으며 진실에는 무지하다. 보는 것마다 왜곡되어 보인다. 이러한 왜곡이 환영의 세상을 만든다. 세상 자체가 환영이 아니다. 취한 마음 때문에 세상이 환영으로 보이는 것이다. 취한 상태에서 깨어나면 세상은 더없이 찬란한 아름다움으로 빛난다. 세상이 신이 된다.

신과 세상은 둘이 아니다. 우리가 잠들어 있기 때문에 신과 세상이 둘로 보이는 것이다. 잠에서 깨어나면 신과 세상은 하나가 된다. 자신을 감싸고 있는 놀라운 영광을 보면 모든 슬픔도 사라지고 모든 절망과 고통도 사라진다. 그때는 완전히 다른 축복의 차원에서 산다.

요가는 깨인 눈으로 세상을 보는 길이다. 깨인 눈으로 세상을 보면 세상은 신이 된다. 다른 데서 신을 찾을 필요가 없다. 신에 대해서는 잊으라. 좀 더 깨어 있으라. 깨어 있음 속에 신이 태어난다. 잠 속에 신은 사라진다. 사실 신이 사라지는 게 아니라 자신이 사라진다. 잠들면 자신의 참 본성을 망각하기 때문이다.

사마디는 각성이 절정에 다다랐을 때 일어난다. 사마디는 침묵이 꽃피어날 때 일어난다. 모든 사람이 사마디를 성취할 수 있다. 사마디는 모든 사람의 타고난 권리이다. 사마디를 나의 것으로 만들라. 아무런 의미 없이 기다리면서 시간을 낭비하지 말라. 자신에게 주어진 생명과 시간 모두를 활용하여 좀 더 깨어 있으라.

7장

죽음과

카르마의

비밀

오쇼 수트라

에고가 존재하면 죽음이 존재한다.
에고가 사라지면 죽음이 사라진다.

인간의 삶은 죽음을 배우는 일이요
죽음을 준비하는 일이다.

깨어서 죽음을 받아들이는 자는
더 이상 태어나지 않는다.
배울 것을 다 배운 것이다.

죽음과 카르마의 비밀

죽음은 에고에게 존재하는 것이다. 에고가 존재하면 죽음이 존재한다. 에고가 사라지는 순간, 죽음도 사라진다. 그대는 죽지 않는다. 이를 명심하라. 자신이 죽는다고 생각하는 사람도 죽고 자신이 존재라고 생각하는 사람도 죽는다. 에고라는 가짜 존재는 죽는다. 반대로 자신을 비존재, 무아(無我)라고 생각하는 사람에게는 죽음이 존재하지 않는다. 그런 사람은 이미 불사의 존재가 된 것이다. 자신은 항상 불사의 존재였음을 알아본 것이다.

붓다는 『법구경』에서 이렇게 말했다. "그대가 죽음을 보면 죽음은 그대를 볼 수 없다. 죽음이 오기 전에 죽는 사람에게는 죽음이 찾아올 수 없다." 어떤 면에서 보면 명상은 파괴적이요 부정적이다. 명상은 '나'를 없애기 때문이다. 나를 완전히 소멸시키기 때문이다.

지금 그대는 어떤 목적을 성취하고자 나에게 왔지만 나는 그대를 완전히 소멸시키기 위해 여기에 있다. 그대에게는 그대의 생각이 있고 나에게는 나의 생각이 있다. 그대는 목적의 성취를 원한다. 에고의 성취를 원한다. 그러나 나는 그대가 에고를 내려놓고 흔적 없이 용해되기를 원한다. 그것만이 유일한 성취이기 때문이다. 에고는 항상 텅 비어 있다. 충족을 모른다. 바로 그 에고의 본성 때문에 충족을 얻을 수 없다. '나'라는 존재가 없어야 충족이 찾아온다. 이 경지를 신이라 불러도 좋고 파탄잘리가 말한 대로 사마디—궁극의 성취—라 불러도 좋다. 이 경지는 내가 사라졌을 때 찾아온다.

여기 파탄잘리의 수트라는 에고를 소멸시키는 과학적인 방법이다. 참으로 죽는 방법이요 참된 자살을 하는 방법이다. 나는 '참된 자살'이라고 했다. 육신을 죽이는 것은 참된 자살이 아니요 나를 죽이는 것이 참된 자살이다.

'내가 죽어야 영원한 생명을 얻는다.' 이는 패러독스처럼 보인다. 삶을 집착하는 사람은 수천 번 죽어야 한다. 끊임없이 죽고 태어나고 죽고 태어나야 한다. 이는 윤회의 수레바퀴다. 삶을 집착하는 사람은 수레바퀴 속에서 끊임없이 굴러간다.

생사의 수레바퀴에서 빠져나오라. 어떻게 하면 빠져나올 수 있는가? 이는 거의 불가능해보인다. 자신을 비존재로 생각해본 적이 없기 때문이다. 자신을 공간, 아무것도 존재하지 않는 순수 공간으로 생각해본 적이 없기 때문이다.

이것이 수트라다. 각 수트라를 깊이 이해해야 한다. 수트라는 깊이 농축되어 있다. 수트라는 씨앗과 같다. 가슴속 깊이 받아들여야 한다. 가슴이 씨앗의 옥토가 되어야 한다. 그러면 씨앗이 싹을 틔우고 의미가 태어난다.

나는 마음 문을 열라고 권유한다. 씨앗이 내면 깊숙이 좋은 땅에 떨어지도록, 씨앗이 비존재의 깊은 어둠 속으로 들어갈 수 있도록 마음 문을 열라. 마음 문을 열면 씨앗은 비존재의 어둠 속에서 싹을 틔울 것이다. 수트라는 씨앗이다. 머리로 이해하기는 쉽다. 하지만 존재론적으로 그 의미를 실현하기란 어렵다. 머리로 이해하지 말고 가슴으로 이해하라. 그것이 파탄잘리가 원하는 것이요 내가 원하는 것이다.

붓다는 이렇게 말했다. "그대가 죽음을 보면 죽음은 그대를 볼 수 없다." 이 말은 옳다. 죽음을 보는 순간, 그대는 죽음을 초월하기 때문이다.

두 가지 유형—활동적인 것과 잠자는 것—의 카르마나
앞날의 전조(前兆)를 대상으로 삼야마를 행하면
죽음의 시간을 정확히 알 수 있다.

파탄잘리는 여러 가지를 말하고 있다. 먼저 우리는 왜 죽는 시간을 걱정해야 하는가? 죽는 시간에 신경쓴다고 어떤 도움이 되는가? 왜 그런가? 서양 심리학자들은 이런 심리상태를 두고 신경과민이라고 말한다. '왜 죽음에 대해 관심을 갖는가? 죽음의 문제는 피하라. 죽음이란 것은 차라리 없다고 생각하라. 다른 사람들이 죽을지 몰라도 나는 아니다. 많은 사람들이 죽는 걸 보았지만 나는 죽어보지 못했다. 그러니 걱정할 것 없다. 나는 예외일 수 있다.' 이것이 세상 사람들의 믿음이다. 하지만 우리 모두는 언젠가는 죽어야 하는 존재이다. 탄생 속에 죽음은 이미 내재해 있다. 아무도 죽음을 피할 수 없다.

탄생은 인간의 능력 밖이다. 우리가 탄생에 대해 할 수 있는 것은 아무것도 없다. 우리는 오래 전에 태어났다. 우리의 탄생은 이미 과거지사가 된 것이다. 어느 누구도 탄생을 되돌릴 수 없다. 하지만 아직 죽음은 오지 않았다. 그러니 죽음에 대해서는 무언가를 할 수 있을 것이다.

동양의 종교 모두는 죽음이란 주제에 기반을 두고 있다. 인간은 죽어야 할 수밖에 없는 존재이기 때문이다. 미리 죽음을 알 수 있다면 굉장한 일들이 가능해진다. 죽음을 알면 원하는 대로 죽을 수 있다. 죽음에 자신의 서명을 남기고 죽을 수 있다. 그리고 다시 태어나지 않을 수 있다. 이것이 죽음이 우리에게 주는 메시지다. 죽음에 대한 동양적인 시각은 병적인 것이 아니다. 대단히 과학적이다. 인간이면 누구나 죽게 되어 있음에도 불구하고 죽음에 대해 생각하지 않거나 죽음에 대해 명상하지 않는 것은 어리석다. 죽음에 대해 의식을 모으지 않거나 죽음을 깊이 이해하지 않는 것은 어리석다. 누구나 죽는다. 그러나 죽음을 아는 사람에게는 많은 일들이 가능하다.

파탄잘리는 죽음의 시간과 분초까지 정확하게 알 수 있다고 말한다. 죽음이 찾아오는 때를 정확히 알면 준비할 수 있다. 죽음은 귀한 손님으로 받아들여야 한다. 죽음은 인간의 적이 아니다. 죽음은 신이 준 선물이다. 죽음을 통과할 수 있다는 것은 우리 모두에게 아주 소중한 기회다. 죽음은 더없는 성장의 기회가 될 수 있다. 각성 속에서, 깨인 의식 속에서 죽을 수 있다면 다시 태어나지 않아도 된다. 더 이상의 죽음은 없다. 죽음의 기회를 놓치면 다시 태어나야 한다. 계속해서 놓치면 죽음의 가르침을 알 때까지 계속해서 태어나야 한다.

이런 식으로 말해보고 싶다. '인간의 일생은 죽음을 배우고 준비하는 과정이다. 그래서 죽음은 맨 마지막에 온다. 죽음은 인생의 절정이요 정상이며 크레센도요 클라이맥스다.'

서양의 현대 심리학자들은 농밀한 섹스에서 대단히 충만하고 황홀한 절정, 즉 깊은 오르가슴을 체험한다는 사실을 발견했다. 이러한 오르가슴의 섹스를 하고 나면 정화된다. 신선해지고 활력이 넘치며 젊어진다. 에너지 샤워를 한 것처럼 생기가 넘치고 모든 때가 씻겨나간 것처럼 깨끗해진다. 그러나 서양의 심리학자들은 섹스가 작은 죽음이라는 사실을 알지 못했다. 깊은 오르가슴을 체험하는 사람은 자신이 사랑 속에 죽도록 내맡긴다. 오르가슴은 작은 죽음이지만 죽음 자체와는 비교할 수 없다. 죽음은 가장 깊은 오르가슴이다.

죽음은 너무나 강렬해서 사람은 죽음을 맞이하면 무의식 속으로 빠진다. 사람은 죽음이 올 때 죽음을 마주대하지 못한다. 죽음이 찾아오는 순간 너무나 겁에 질린 나머지 이를 피하고자 무의식이 되는 것이다. 99퍼센트의 사람이 무의식 속에 죽는다. 그들은 너무나 귀한 기회를 놓친다.

죽음을 미리 아는 것은 죽음이 찾아올 때 깨어 있을 수 있도록 준비하는 데에 큰 도움이 된다. 죽음을 받아들이고 죽음에 온몸을 내맡기며 활짝 깨인 의식으로 죽음과 함께 갈 수 있는 방편이다. 각성 속에 죽음을 받아들이면 더 이상의 탄생은 없다. 인생이란 공부를 마친 것이다. 그래서 인생이란 학교로 다시 돌아올 필요가 없다. 인생은 학교요 배움터다. 죽음을 배우는 배움터다. 죽음은 결코 병적인 현상이 아니다.

종교는 모두 죽음과 관련이 있다. 죽음과 관련이 없는 종
교는 종교라고 할 수 없다. 죽음을 다루지 않는 종교는 사회
학이나 윤리학, 도덕률, 정치학 등이 될 수 있을지 모르지만
종교는 될 수 없다. 종교는 죽음 너머의 세계를 구하는 것이
다. 이 죽음 너머의 세계는 오직 죽음의 문을 통과해야만 볼
수 있다.

수트라는 이렇게 말한다. "두 가지 유형—활동적인 것과
잠자는 것—의 카르마나 앞날의 전조를 대상으로 삼야마를
행하면 죽음의 시간을 정확히 알 수 있다." 동양에서는 카르
마를 세 가지 유형으로 분류한다. 지금부터 이들을 하나하
나 살펴보자.

첫 번째는 산치타(sanchita)라고 한다. 산치타는 '전체'를
뜻한다. 과거 모든 전생이 축적된 전체를 뜻한다. 어떠한 행
위를 했든, 상황에 어떠한 방식으로 반응을 보였든, 어떠한
생각을 했든, 모든 전생의 생각과 욕망, 느낌, 성취와 좌절
등이 모인 전체를 산치타라고 부른다.

두 번째 유형의 카르마는 프라랍다(prarabdha)라고 한다.
프라랍다는 산치타의 부분으로 이번 생에 겪어야 하는 카르
마다. 사람은 생에 생을 거듭하면서 헤아릴 수 없을 만큼 많
은 것들을 축적한다. 이렇게 축적된 전체 중 일부는 이번 생
에 행동과 깨우침, 고통과 고난을 통해 풀어야 한다. 모든

전생에서 오는 일부 카르마만 이번 생에 풀게 된다. 사람의 일생은 70년이나 80년으로 제한되어 있기 때문이다. 설령 100년을 산다 해도 모든 전생의 모든 카르마를 풀 수는 없는 노릇이다. 제한된 일부의 카르마만을 다시 산다. 그것이 곧 프라랍다이다.

세 번째 유형의 카르마가 있으니 이는 크리야만(kriyaman)이라고 한다. 이는 지금 오늘 받아야 하는 카르마다. 첫째는 전체 카르마, 둘째는 이번 생에 받아야 할 일부 카르마, 마지막은 오늘 지금 받아야 하는 일부 중의 일부 카르마다.

사람은 매 순간 무엇을 하거나 하지 않거나, 양자택일을 강요받는다. 누가 욕을 한다고 생각해보자. 화를 내거나 무언가를 함으로써 즉각적인 반응을 보이는 사람이 있다. 또는 화를 내지 않고 깨어서 이를 지켜보는 사람이 있다. 아무런 반응도 보이지 않고 벌어지는 일을 묵묵히 관조한다. 동요하지 않고 차분하게 중심을 유지한다. 그런 사람에게는 모욕을 줄 수 없다.

타인의 자극에 반응을 보이면 크리야만 카르마가 산치타에 쌓인다. 이렇게 쌓는 크리야만 카르마는 미래에 어떤 식으로든 갚아야 한다. 반대로 반응을 보이지 않으면 과거의 카르마는 녹는다. '아마 전생에 상대에게 욕을 했기 때문에 그가 지금 욕을 하는 것이리라.' 이렇듯 상대가 욕을 해도 반응을 보이지 않으면 그 카르마는 끝이 난다. 각성한 사람은 작은 카르마가 소멸되었음에 기뻐할 것이다. 카르마가 소멸된 만큼 자유로워지기 때문이다.

어떤 사람이 붓다를 찾아와서 욕을 했다. 붓다가 조용히 듣고만 있다가 말했다. "고맙소." 욕을 한 사람이 당황했다. "미쳤습니까? 내가 욕을 하고 모욕을 주었는데 고맙다니요?" 붓다가 대답했다. "그렇소. 난 당신을 기다리고 있었소. 내가 전생에 당신에게 욕을 한 일이 있었기 때문에 기다리고 있었던 거요. 당신이 오지 않았더라면 나는 완전히 자유로워질 수 없었소. 당신이 마지막 사람이오. 이제 나의 카르마 문은 닫혔소. 와주어서 참으로 고맙소. 이번 생에 당신이 오지 않았더라면 나는 또 당신을 기다려야 했을 것이오. 또 다른 카르마를 만들고 싶지 않소. 또 다른 카르마의 사슬을 이어가고 싶지 않소."

이렇게 할 때 크리야만 카르마, 일일 카르마는 산치타에 쌓이지 않는다. 산치타에 쌓이지 않으면 카르마는 줄어든다. 일생의 카르마인 프라랍다 역시 마찬가지다. 사람들은 이번 생에서도 외부의 자극에 반응을 보임으로써 더 많은 카르마를 쌓는다. 그런 사람은 끊임없이 다시 태어나야 한다. 사람은 너무나 많은 쇠사슬을 스스로 만들고 스스로 쇠사슬에 묶인다.

동양이 보는 자유의 개념을 이해하라. 서양에서의 자유는 정치적인 자유를 뜻하는 경우가 대부분이다. 인도 사람들은 정치적인 자유에 대해 별로 신경쓰지 않는다. 영적으로 자유로워지지 않으면 정치적인 자유는 하등의 의미가 없다고 생각하기 때문이다. 본질적인 자유는 영적인 자유가 되어야 한다.

카르마로 인해 속박이 생긴다. 무각성 속에서 하는 것은 모두 카르마가 된다. 무각성 속에서 하는 행위는 행위(action)가 아니다. 그것은 반사적인 반응(reaction)일 뿐이다. 때문에 무각성 속에서 하는 행위는 모두 카르마가 된다. 완전한 각성 속에서 하는 행위야말로 반사적인 반응이 아니라 자유로운 행위가 된다. 자연스럽고 전체적인 행위가 된다. 그 행위는 아무런 흔적을 남기지 않는다. 그 자체가 완결이다. 하나의 행위가 완결되지 못하면 미래의 언젠가 이를 꼭 완결해야 한다. 그러므로 이번 생에 깨어 있으라. 프라랍다가 사라지고 산치타가 줄어들 것이다. 그렇게 하면 몇 번의 생을 더하여 산치타를 완전히 비울 수 있다.

"두 가지 유형의 카르마를 대상으로 삼야마를 행하면……." 두 가지 유형의 카르마란 산치타와 프라랍다를 말하고 있다. 크리야만은 프라랍다의 일부분에 지나지 않기 때문에 제외한 것 같다.

삼야마란 무엇을 말하는가? 삼야마를 잘 이해해야 한다.

삼야마는 다라나(응념)와 디아나(선정)와 사마디(삼매)의 통합이다. 이는 인간 의식의 가장 위대한 통합이다.

보통 사람의 마음은 한 대상에서 다른 대상으로 끊임없이 옮겨다닌다. 단 한 순간도 한 대상과 하나가 되지 못한다. 끊임없이 옮겨다닌다. 인간의 마음은 쉼 없이 유동(流動)한다. 한 순간 이것을 생각했다가 다음 순간 다른 것으로, 그다음 순간 또 다른 것으로 이동한다. 이것이 보통의 마음 상태다.

이러한 마음 상태에서 빠져나오는 첫 단계가 다라나다. 다라나는 응념(凝念), 즉 집중을 뜻한다. 응념이란 모든 의식을 한 대상에 붙잡아두는 것이다. 대상이 사라지지 않도록 계속 의식을 대상으로 불러옴으로써 끊임없이 이동하는 마음의 무의식적인 습관이 떨어져 나가게 하는 것이다. 계속 변하는 마음의 습관이 떨어지면 의식이 하나로 통합되고 결정화된다. 마음이 끊임없이 수많은 대상으로 흩어지면 나도 수많은 대상으로 분열된다. 이를 잘 이해하라. 마음이 대상으로 분열되면 나도 분열된다.

예를 들어 살펴보자. 오늘 한 여자를 사랑하고 내일 다른 여자를 사랑하고 모레 또 다른 여자를 사랑한다고 하자. 그런 사람은 분열된다. 하나로 존재할 수 없다. 많은 존재로 분열된다. 그래서 동양은 가능하면 오래 지속될 수 있는 사랑의 관계를 만들라고 강조한다. 동양에서는 같은 커플이 여러 생을 부부로 함께 사는 사람들이 있었다. 여러 생을 같은 여자, 같은 남자하고 사는 것이다. 그렇게 하면 상대의 존재 속으로 깊이 들어간다. 상대를 자주 바꾸면 나의 존재는 침식되고 분열된다. 때문에 서양에서는 정신분열증이 거의 일반화되고 있으며, 이는 그다지 기이한 현상이 아니다. 이상한 현상이 아니라 오히려 당연한 현상이다.

모든 것은 변해간다. 이러한 지속적인 변화는 인간의 마음이 들떠 있음을 말해준다. 인간의 마음은 어떠한 대상에도 오랫동안 머무르지 못한다. 인간의 일생은 끊임없는 전변(轉變)이다. 이는 끊임없이 뿌리가 뽑히는 나무와 같다. 이는 이름만 나무일 뿐, 제대로 살아 있는 나무가 아니다. 이런 나무는 절대로 꽃을 피우지 못한다. 꽃을 피우려면 먼저 뿌리를 땅에 박아야 한다.

응념이란 자신의 의식을 하나의 대상에 모아 지속적으로 머무는 것을 뜻한다. 장미꽃을 볼 때 장미꽃만을 계속 본다. 마음은 계속해서 이리저리 움직이려고 할 것이다. 마음이 다른 데로 갈 때마다 장미꽃으로 불러온다. 마치 소를 길들이는 것처럼 마음을 길들이는 것이다. 마음은 또 다시 움직일 것이다. 그러면 또 장미꽃으로 불러온다. 이를 꾸준히 실행하면 마음이 장미꽃에 머무는 시간이 점점 길어진다. 마음이 장미꽃에 오래 머물기 시작하면 장미꽃이 무엇인지 이해할 것이다. 그냥 평범한 장미꽃이 아니다. 꽃으로 드러난

신이다. 평범한 장미의 향기도 응념으로 보면 신성한 장미의 향기가 된다.

나무와 함께 앉아 나무와 같이 있으라. 남자친구나 여자친구와 함께 앉아 같이 있으라. 마음이 다른 데로 달아나면 그 자리로 불러오라. 그렇지 않으면 어떻게 되는가? 여자와 사랑의 행위를 하면서도 다른 것을 생각한다. 완전히 딴 세상으로 마음은 움직인다. 사람은 사랑 속에서도 마음을 하나로 모으지 못한다. 수많은 것들을 놓친다. 문은 열려 있지만 보지 못한다. 자신이 거기 없기 때문이다. 문이 닫히고 다시 에고로 돌아온다. 매 순간 신을 볼 수 있는 기회가 수없이 많지만 자신은 거기 없다. 신이 찾아와서 문을 두드려도 자신은 거기 없다. 마음은 결코 순간에 현존(現存)하지 않는다. 세상을 떠돈다. 이제 세상 떠도는 일을 그만두어야 한다. 이것이 다라나의 의미이다.

두 번째 단계는 디아나, 즉 선정(禪定)이다. 다라나(응념)의 단계에서는 마음을 하나로 모은다. 마음이 흩어질 때마다 하나의 대상에 마음을 불러와야 한다. 응념에서는 대상이 중요하다. 때문에 대상을 놓쳐서는 안 된다. 선정의 단계에 오면 대상은 더 이상 중요한 역할을 하지 않는다. 대상은 부차적인 것이 된다. 선정에서는 의식의 흐름이 중요하다.

대상에 모아지는 의식 말이다. 대상은 아무것이라도 좋다. 중요한 것은 의식이 대상에 끊임없이 모아져야 한다는 것이다. 틈이 생겨서는 안 된다.

물을 한 그릇에서 다른 그릇으로 따르면 물의 흐름이 끊기지만 기름을 따르면 끊김이 생기지 않는다. 이를 관찰한 적이 있는가? 기름은 끊김 없이 지속적으로 떨어지지만 물은 끊김이 발생하면서 떨어진다. 하나의 대상에 의식이 끊기지 않고 흐르는 상태, 이것이 디아나(선정)다. 의식이 끊기면 촛불처럼 깜박인다. 계속해서 깜박인다. 끊임없이 타오르는 횃불이 아닌 것이다. 의식이 대상으로 흐르다가 사라졌다가, 흐르다가 사라졌다가를 계속 반복한다. 디아나에서는 의식의 흐름에 끊김이 없어야 한다.

의식이 대상에 지속적으로 흐르면 수행하는 사람의 힘이 강해진다. 처음으로 삶이 무엇인지를 느낀다. 삶의 끊김이 사라지고 자신이 하나가 된다. 의식이 하나가 된다는 말이다. 의식이 물과 같이 끊겨 흐르면 자신은 거기에 존재하지 않는다. 틈이 발생하면 수행에 방해가 된다. 의식의 흐름에 틈이 많은 사람의 삶은 허약하고 덤덤하다. 에너지도 힘도 없다. 의식이 강의 물줄기와 같이 도도하고 끊임없이 흐르는 삶은 에너지가 흘러넘친다. 이것이 삼야마의 두 번째 단계요 두 번째 요소다.

그 다음 세 번째 요소는 궁극의 단계, 즉 사마디다. 다라나의 응념에서는 수많은 대상에서 하나의 대상을 선택해야 하기 때문에 대상이 중요하다. 디아나의 선정에서는 의식을 끊임없이 흐르게 해야 하기 때문에 의식이 중요하다. 사마디의 삼매에서는 주체를 놓아야 하기 때문에 주체가 중요하다.

디아나의 단계까지 수많은 대상을 내려놓는다. 대상이 많으면 '나'라는 주체도 많아진다. 마음이 하나가 아니라 여러 개로 분열된다. 사람들이 내게 와서 이렇게 묻곤 한다. "산야스를 받고는 싶은데 하지만……" 산야스를 받고 싶은 마음이 하나라면, '하지만'의 마음은 또 다른 하나다. 사람들은 둘 다 똑같은 마음이라고 생각하나 '하지만'은 분명 다른 마음이다. 그들은 산야스를 받고 싶어하는 마음과 받고 싶어하지 않는 마음 둘을 동시에 가지고 있다. 자신의 내면을 잘 들여다보면 수많은 자아를 발견할 수 있다. 거의 시장터 같은 마음을 볼 수 있다.

대상이 많으면 그에 따라 마음도 많아진다. 대상이 하나로 선택되면 마음도 하나가 된다. 마음이 중심에 모아지고 중심에 뿌리를 내린다. 이 마음조차도 내려놓아야 한다. 그렇지 않으면 에고에서 완전히 벗어날 수 없다. 많은 마음을 내려놓았다. 이제는 하나 남은 마음마저 내려놓아야 한다. 사마디에서는 마지막 마음을 내려놓는다. 마지막 남은 마음이 떨어지면 마지막 남은 하나의 대상이 떨어져나간다. 대상은 마음 없이 존재할 수 없기 때문이다.

사마디에서는 의식만이 순수 공간으로 남는다.

이 셋을 묶어서 삼야마라고 부른다. 삼야마는 인간 의식의 가장 위대한 통합이다.

"두 가지 유형—활동적인 것과 잠자는 것—의 카르마나 앞날의 전조를 대상으로 삼야마를 행하면 죽음의 시간을 정확히 알 수 있다." 이제 이 수트라가 이해될 것이다. 응념과 선정, 사마디 속으로 들어가면 자신이 육체를 떠나는 정확한 시간을 알 수 있다. 의식의 위대한 통합인 삼야마를, 삼야마의 힘을 죽음 쪽으로 움직이면 언제 죽는지 즉각 알 수 있다.

어떻게 그런 일이 일어날 수 있는가? 어두운 방에 그냥 들어가면 방 안에 무엇이 있는지 볼 수 없다. 어두운 방에 전등을 가지고 들어가면 무엇이 있고 무엇이 없는지 금방 알 수 있다. 사람은 일생 동안 어둠 속에 살기 때문에 이번 생에 풀어야 할 프라랍다 카르마가 얼마나 남았는지 알지 못한다. 삼야마의 빛을 밝히고 자신의 어둠 속으로 들어가면 프라랍다가 얼마나 남았는지 알 수 있다. 방 안이 거의 비워지고 구석에 일부의 프라랍다만이 남아 있는 것을 볼 수도 있다. 그 일부의 프라랍다마저도 곧 사라질 것이다. 이제 자신이 죽는 일시를 보게 된다.

삼야마를 얻고 의식이 활짝 깨이면 자신의 카르마가 얼마나 남았는지 볼 수 있다. 임종을 앞둔 환자를 진맥하고 '몇 시간 남았습니다' 라고 말하는 의사와 같다. 의사는 어떻게 아는가? 오랜 경험을 통해 의사는 맥을 짚어보고 환자의 상태를 알 수 있다. 마치 그런 것처럼 의식이 활짝 깨인 사람은 영혼의 맥을 짚어보고 프라랍다가 얼마 남았는지, 언제 가게 되는지를 알 수 있는 것이다. 죽음의 시간을 아는 데는 두 가지 방법이 있다. 수트라는 이 두 가지 방법에 대해 이야기한다. 즉, 프라랍다 카르마를 보든가, 아니면 앞날의 전조를 지켜봄으로써 죽음의 시간을 정확하게 볼 수 있는 것이다.

죽는 사람은 약 9개월 전부터 어떤 일이 일어난다. 하지만 보통 우리는 이를 알 수 없다. 그 일은 대단히 미묘해서 깨어 있지 않으면 알아차릴 수 없기 때문이다. 평균 9개월 전부터이지만 사람마다 약간씩의 차이를 보인다. 이는 어머니 뱃속에 있는 시간과 비슷하다. 9개월을 어머니 뱃속에 있었던 사람은 9개월 전부터 죽음의 징후를 보이기 시작한다. 10개월을 어머니 뱃속에 있었던 사람은 10개월 전부터 보인다. 7개월을 있었던 사람은 7개월 전부터 보인다. 이렇게 죽음의 징후를 보이는 시간은 자신이 어머니 뱃속에 있었던 시간과 동일하다. 보통 죽기 9개월 전에 단전에서 무언가가 일어난다. 수태에서 탄생까지 9달이 걸린 것처럼 죽음도 9달이 걸린다. 이렇게 하여 생과 사의 원을 완성한다. 깨어 있는 사람이라면 단전에서 생명의 끈이 끊어지고 죽음이 다가오는 것을 느낄 수 있다. 평균이 9개월이다.

죽음의 순간 영혼이 빠져나가는 부분이 열리며, 이 열린 부분을 볼 수 있다. 미래의 언젠가 서구 의학이 요가의 생리학을 이해하게 되면 '사람이 어떤 영적 차원에서 죽었는가'를 검시(檢屍) 항목에 넣게 될지도 모른다. 현재는 겨우 망자(亡者)가 자연사했는지, 독사했는지, 자살했는지만을 밝힐 수 있을 뿐이다. 하지만 검시에 있어 보다 본질적인 것은 망자가 영적으로 어떻게 죽었는지를 밝히는 일이 되어야 한다. 성 센터에서 죽었는지, 아니면 가슴 센터에서 죽었는지, 사하스라라[1]에서 죽었는지 밝힐 수 있어야 한다. 이는 가능한 일이다. 열심히 수행한 요기라면 특정 센터가 부서진 것을 볼 수 있다. 이 부서진 센터를 통해 무언가가 빠져나가는 것이다.

삼야마를 성취한 사람은 죽기 3일 전에 자신이 어떤 센터를 통해 빠져나갈지를 안다. 거의 사하스라라를 통해 빠져나가는데 죽기 3일 전 머리 끝, 정수리에서 무언가가 움직이는 것을 느낀다.

죽기 3일 전 이를 알아차리는 사람은 죽음을 받아들일 준비를 할 수 있다. 축복과 기쁨과 환희 속에서, 엑스터시 속

---

1)사하스라라(sahasrara): 인간의 몸에 존재하는 일곱 개의 에너지 센터, 즉 차크라(chakra) 중 일곱 번째 차크라이며 정수리에 있음.

에서 죽음을 받아들이는 사람은 다시 태어나지 않는다. 지구에서의 배움이 끝난 것이다. 이 땅 지구라는 작은 배움터에서 배워야 될 것을 모두 배운 것이다. 이제 보다 위대한 생명, 무한한 생명을 향하여 초월할 준비가 된 것이다. 우주와 전체계와 하나될 준비가 된 것이다.

이 수트라에 대해 한 가지 더 언급할 것이 있다. 일상의 카르마인 크리야만은 아주 작은 카르마다. 현대 심리학의 개념으로 보자면 이를 '의식'이라고 할 수 있다. 그 밑에 있는 것이 프라랍다이고, 현대 심리학의 개념으로 보면 '잠재의식'이라 할 수 있다. 그리고 그 밑에 산치타가 존재하며, 이는 '무의식'에 해당한다고 할 수 있다.

보통 사람은 일상의 행동에도 깨어 있지 못한다. 하물며 프라랍다와 산치타를 말해 무엇하랴! 불가능한 일이다. 따라서 하루하루의 행위를 자각하는 것에서 시작하라. 길을 걸을 때 깨어 있으라. 식사를 할 때 깨어 있으라. 자신의 행동 하나하나를 깨어서 지켜보라. 자신의 행위와 함께 하라. 이쪽저쪽으로 튀는 마음을 자신의 행위에 묶어두라. 강시처럼 행동하지 말라. 최면에 걸린 사람처럼 살지 말라. 말할 때는 항상 깨어서 말하라. 그래야 나중에 후회하지 않는다. '죄송합니다. 그 말은 제가 하려고 했던 게 아닙니다.' 이는 말할 당시 깨어 있지 못했음을 말해준다. '내가 어떻게, 왜 그렇게 했는지 기억이 나지 않습니다. 왜 그렇게 됐는지 모르겠어요. 나는 그러려고 했던 게 아닌데.' 이런 말도 역시 행동할 당시 자신의 의식이 잠들어 있었음을 보여준다. 인간은 자면서 걷는 몽유병자와 같다.

조금 더 깨어 있으라. 조금 더 깨어 있는 것, 그것은 지금 여기에 있는 것이다. 지금 그대는 내 강의를 듣고 있다. 귀가 되라. 지금 내 강의를 듣고 있다. 눈이 되라. 완전히 깨어 있으라. 마음에 한 생각도 일으키지 말고 정신을 딴 데 두지도 말라. 나의 말에, 나의 모습에 집중하라. 지금 여기서 나와 함께 있으라. 이것이 첫 번째 단계다.

첫 번째 단계를 온전히 닦으면 두 번째 단계인 잠재의식 속으로 들어갈 수 있다. 이때 누가 욕을 하면 자신이 화난 것을 알아볼 뿐만 아니라 화의 기운이 잠재의식 속으로 들어가는 것을 알아볼 수 있다. 아주 미세하고도 미묘한 파장으로 들어간다. 민감하지 않거나 깨어 있지 않은 사람은 이를 알아차리기 힘들다. 그런 사람은 잠재의식이 표면의식으로 표출되지 않으면 잠재의식의 존재를 알아차리지 못한다. 그러나 두 번째 단계를 계속 닦아나가다 보면 감정의 미묘한 차이, 미세한 변화를 알아차릴 수 있다. 그것이 잠재의식의 프라랍다이다.

잠재의식을 자각하게 되면 다음 단계로 나아갈 수 있다. 수행자의 의식이 성장하면 할수록 더 많은 성장의 가능성이 열린다. 이제 마지막 세 번째 단계인 산치타, 즉 모든 과거를 볼 수 있게 된다. 산치타의 무의식으로 들어가는 것은 곧 가장 깊은 존재의 중심에 의식의 빛을 비추는 것이다. 이렇게 하여 수행자는 깨닫는다. 이것이 곧 붓다가 되는 것이다. 한줌의 어둠도 남지 않는다. 내면 구석구석이 환하다. 이런 사람은 삶을 살고 행위를 하여도 카르마를 더 이상 쌓지 않는다.

우애에 대해 삼야마를 행하면
우애의 큰 힘을 얻는다.

먼저 우리는 깨어 있어야 한다. 그러면 곧바로 두 번째 단계가 온다. 우정과 사랑, 자비에 삼야마를 행하는 것이다.
이야기 하나를 해보자.

불교 승려 타미노(Tamino)에 관한 일화이다. 타미노는 강한 인내심으로 열심히 수행하여 사토리[2]의 경지에 접어들었다. 사토리의 경지는 곧 삼야마의 경지이다. 타미노는 그 경지에 이르자 아무것도 지켜볼 게 없었다.
참으로 깨어 있는 사람에게는 아무것도 지켜볼 게 없다. 자신의 각성을 지켜볼 뿐이다. 하지만 각성을 지켜본다는 표현은 그리 좋지 않다. 왜냐하면 그렇게 표현하면 각성도

---

2)사토리(satori): 깨달음을 일별(一瞥)하는 것.

하나의 대상처럼 들리기 때문이다. 사실 각성을 지켜보는 게 아니다. 아무것도 지켜보지 않는다. 더 이상 지켜볼 게 남지 않기 때문이다. 그 경지에서 타미노에게는 지켜볼 게 아무것도 없었다. 그의 영혼은 무(無)와 같이 되었다. 이 경지는 평화의 경지마저 넘어간다. 사실 타미노는 그 경지로 영원히 들어갈 수 있었다.

그날도 그는 절 근처에 있는 작은 숲으로 참선을 하러 나갔다. 길가에 자리를 틀고 앉아 선정에 들었다. 얼마 지나지 않아 한 나그네가 타미노가 참선하던 곳을 지나다가 강도를 만났다. 강도는 나그네를 덮쳐 칼로 찌르고 물건을 빼앗은 다음 사라졌다. 칼에 찔린 나그네가 "살려주세요!"라고 타미노에게 외쳤지만 타미노는 선정에 너무 깊이 빠진 나머지 아무것도 듣지 못했다.

참선에 든 타미노 앞에서 피를 흘리며 죽어가는 나그네가 황급히 도움을 요청하고 있었다. 하지만 타미노는 너무 깊은 참선 속으로 들어갔기 때문에 밖에서 살려달라는 소리를 들을 수 없었다. 눈도 뜨고 있었지만 보이지 않았다. 그의 의식은 눈을 떠나 저 너머의 세계로 가 있었던 것이다. 그의 몸은 숨을 쉬고 있었지만 그의 의식은 몸이라는 주변부에서 사라진 상태였다.

나그네는 많은 피를 흘리며 죽어가고 있었다. 그러던 중 타미노는 참선에서 깨어나기 시작했다. 의식이 몸과 감각으로 돌아왔다. 저 너머의 세계에서 이 땅으로 돌아왔다. 그의 의식이 완전히 돌아왔을 때 그는 그만 어안이 벙벙해지고 말았다. 그의 눈은 시종 떠 있었지만 눈앞에서 벌어진 상황을 전혀 알아보지 못한 채 아무런 조치도 취하지 않았던 것이다. 그의 의식이 몸과 감각으로 완전히 돌아왔을 때 쓰러진 나그네에게로 달려가 상처를 천으로 싸주는 등 최선을 다했다. 그러나 나그네는 이미 피를 너무 많이 흘린 상태였다. 그는 타미노를 보며 죽어갔다. 타미노는 죽어가던 나그네의 두 눈을 잊을 수 없었다. 일을 할 때도 나그네의 눈이 나타났다. 참선을 해도 나그네의 눈이 떠올랐다. 그는 사토리의 경지로 들어갈 수 없었다. 어찌할 바를 몰랐다.

나그네가 죽어갈 때의 두 눈을 타미노는 예전 한 전쟁터에서도 보았다. 그렇게 고통스럽게 성취한 평화도 사라졌다. 그는 선방에서 참선도 해보고 산 정상에 올라가 좌선도 해보고 심지어는 섬으로 건너가 혼자 있어보기도 했지만 모두 허사였다.

그러던 어느 날 해질 무렵 불상 옆에서 참선을 하고 있었다. 황혼의 햇빛이 불상 얼굴에 비추자 돌로 만든 불상에 부처님이 나타났다.

타미노가 부처님의 얼굴을 보고 물었다.

"부처님, 불경의 말씀은 참된가요?"

부처님이 말했다.

"참이기도 하고 거짓이기도 하다."

타미노가 물었다.

"무엇이 참된가요?"

부처님이 대답했다.

"사랑과 자비다."

"무엇이 거짓인가요?"

"삶을 도피하는 것이다."

"저는 삶 속으로 다시 돌아가야 하나요?"

그리고 나서 불상의 얼굴에서 부처님이 사라졌다고 한다.

참으로 아름다운 이야기다. 그렇다, 타미노는 다시 삶 속으로 돌아와야 했다. 사마디에 도달한 사람은 사랑으로 돌아와야 한다. 그래서 죽음을 체험한 사마디의 다음 수트라에서 이렇게 말한다. "우애에 대해 삼야마를 행하면 우애의 큰 힘을 얻는다." 인간의 삶에는 어떤 일이 벌어지는가? 인간은 자신이 살 세계를 만들고 몸을 만들며 마음을 만든다. 생각으로 이 모든 것을 만든다. 인간이 생각하는 것은 무엇이나 현실이 된다. 시간은 다소 다르겠지만 인간의 생각은 모두 물질세계로 나타난다. 이렇게 보통 사람은 생각의 세계 속에서 산다. 그러면서 그런 마음은 끊임없이 대상을 바꾸고 지속적으로 이곳저곳으로 바쁘게 옮겨다닌다. 이런 마음이 어떻게 삼야마를 생각하겠는가?

마음이 없어야 사랑의 생각이 떠오르고 사랑과 호흡하고 사랑과 하나가 되는 것이다. 붓다는 이렇게 말했다. "내가 다음 세상에 올 때는 나의 이름은 마이트레야[3], 즉 '친구'가 될 것이다." 이는 대단히 상징적인 말이다. 붓다가 다시 세상에 오느냐는 문제가 아니다. 중요한 것은 이 말이 담고 있는 상징이다. '붓다가 된 사람은 친구가 되어야 한다'는 말이다. 사마디를 성취한 사람은 또한 자비를 성취해야 한다. 사마디가 참인가, 거짓인가를 판단하는 기준은 자비다.

결코 인색한 사람이 되지 말라. 습관은 무서운 것이다. 이 점을 명심하라. 사마디를 모를 때는 물건이나 돈에 집착하는 인색한 사람이었다. 그런데 사마디를 성취하고도 사마디를 집착하는 사람이 있다. 무엇을 집착한다는 면에서 달라진 게 없다. 이 집착을 놓아야 한다. 그러므로 파탄잘리는 이렇게 말하는 것이다. "죽음 너머의 불사를 체험하면 나눔을 생각하라. 우애를 생각하라."

파탄잘리는 삼야마에 자비와 사랑, 우애를 더하라고 말한다. 그러면 자비와 사랑, 우애는 삼야마 속에서 성장을 할 것이다.

코끼리의 힘에 대해 삼야마를 행하면

---

3)마이트레야(Maitreya): '미륵(彌勒)'의 뜻.

코끼리의 힘이 나타난다.

원하는 것을 대상으로 삼야마를 행하면 원하는 것을 얻을
것이다. 인간은 무한한 존재이기 때문이다. 원하는 대상이
어떠한 형태의 것일지라도 삼야마를 행하면 모두 얻을 수
있다. 어떠한 기적도 다 가능하다. 모든 것은 자신이 하기에
달렸다. 코끼리와 같이 힘이 센 사람이 되고 싶다면 그렇게
될 수 있다. 내면의 땅에 생각을 씨앗으로 심고 삼야마의 물
을 주면 그렇게 될 수 있다. 하지만 이 수트라로 인해서 많
은 사람들이 바르지 못한 일을 했다. 나쁜 것을 얻는 데 삼
야마를 악용한 것이다. 사람들이 과학을 악용하는 것처럼
요가도 사람들에 의해 악용될 수 있다.

과학은 원자력이라는 놀라운 에너지원을 발견했다. 그러
나 원자력은 히로시마와 나가사키에서처럼 수많은 사람과
도시를 파괴하는 데 사용될 수 있다. 전세계를 공동묘지로
만들 수 있다. 반대로 같은 원자력을 창조적인 목적에 사용
할 수도 있다. 간단하게 지구상의 모든 빈곤을 퇴치할 수도
있다. 넉넉한 식량을 생산할 수도 있고, 소수만이 누릴 수
있었던 고급 물품을 대량으로 생산하여 대중이 누리게 할
수도 있다. 그러나 이 길을 막고 있는 사람이 아무도 없음에
도 불구하고 인간에게는 그만한 창조적 통찰력이 없는 것
같다.

요가 또한 많은 사람들에 의해 악용되었다. 지식에는 힘
이 있다. 이 힘을 좋게 사용할 수도 있고 나쁘게 사용할 수
도 있다. 모두, 사람이 하기에 달렸다. 축복이 저주가 될 수
도 있다. 파탄잘리가 말하는 것은 순수한 백마술(白魔術)이
다. 이는 마술의 형태를 띤 힘이다. 이 힘을 사악한 흑마술
(黑魔術)로 사용할 수도 있다. 흑마술로 사용하면 사람들에
게 해가 된다. 이를 명심하라. 그래서 파탄잘리는 벗의 사랑
을 알라고 말한 다음 정신적인 힘을 이야기하는 것이다.

파탄잘리와 같은 사람들은 대단히 주의 깊다. 악용의 소
지를 없애기 위해서 매우 주의 깊게 가르침을 전한다. 파탄
잘리는 먼저 어떻게 삼야마를 성취할 수 있는가를 이야기한
다. 그런 다음 곧바로 우애와 자비심에 대해 이야기한다. 그
리고 나서 힘에 대해서 이야기한다. 자비심을 가지면 힘을
오용하지 않기 때문이다.

**초물질적인 능력의 빛을 비추어 미세한 것과 신비한 것,
멀리 떨어져 있는 것 등을 알 수 있다.**

존재의 무를 알기만 하면 미세한 것과 신비한 것, 멀리 떨
어져 있는 것 등 모든 차원이 열린다. 에고 없이 존재하는
법을 깨닫기만 하면, 주체도 대상도 없이 순수의식으로 존
재하는 법을 깨닫기만 하면 모든 것이 가능해진다. 모든 것

을 알 수 있다. 하나를 알면 모든 것을 알 수 있다.

**태양을 대상으로 삼야마를 행하면
태양계를 아는 힘이 생긴다.**

이 수트라는 약간 복잡하다. 수트라 자체 때문이 아니라 주석가들 때문이다. 파탄잘리의 주석가들은 빠짐없이 이 수트라가 말하는 태양을 외부세계의 태양으로 해석했다. 하지만 파탄잘리는 하늘에 떠 있는 태양을 말하지 않는다. 그는 점성술사도 아니요 점성술에는 하등 관심이 없다. 그의 관심사는 인간이다. 인간의 의식을 파헤치는 것이다. 따라서 그가 말하는 태양은 하늘의 태양이 아니다.

요가의 시각으로 보면 인간은 소우주다. 인간은 대우주가 미세하게 응축된 작은 우주, 작은 존재계다. 전 존재계는 인간의 소우주가 확장된 것이다. 요가의 용어에서는 이를 대우주와 소우주로 분류한다. 외부세계에 존재하는 것은 무엇이나 그대로 인간의 내면에 존재한다.

외부세계에 태양이 있고 달이 있는 것처럼 인간의 내면세계에도 태양과 달이 존재한다. 파탄잘리는 내면세계의 지도를 그려낸다. "태양을 대상으로 삼야마를 행하면 태양계를 아는 힘이 생긴다." 이 수트라에서 파탄잘리는 외부 태양을 말하는 게 아니다. 내면의 태양에 대해 말하고 있는 것이다.

그렇다면 내면의 태양은 어디에 있는가? 내면에 있는 태양계의 중심은 어디에 있는가? 내면의 태양은 정확하게 생식기에 숨어 있다. 그래서 성(性)이 뜨겁다. 열이 발생하기 때문이다. 동물의 암컷이 번식기에 발정을 할 때도 열이 난다. 성 센터가 곧 내면의 태양이기 때문이다. 그래서 섹스를 하면 몸이 뜨거워진다. 섹스의 행위가 깊어갈수록 많은 열을 발생한다. 몸이 불 옆에 있는 것처럼 뜨거워지고 땀을 흘리고 호흡이 거칠어진다. 섹스가 끝나면 온몸이 노곤하여 잠 속으로 빨려든다.

성의 에너지가 소진되면 달이 그 기능을 시작한다. 해가 지면 바로 달이 떠오르는 것이다. 그래서 사람들은 섹스를 하고 난 뒤 바로 잠 속으로 빨려든다. 태양이 움직임을 멈추고 달이 움직임을 시작한다.

태양은 성 센터를 두고 말하는 것이다. 이를 대상으로 삼야마를 행하면 태양계를 아는 힘이 생긴다. 성 센터를 대상으로 삼야마를 행하면 성을 넘어갈 수 있다. 우주의 모든 비밀을 알 수 있다. 파탄잘리가 말하는 태양은 하늘에 뜨는 태양과는 아무런 관계가 없다.

내면의 태양을 알면 이를 통하여 외면의 태양을 알 수 있다. 외면의 태양은 태양계의 성 센터이다. 그래서 살아 있는 모든 생명체는 태양의 에너지를 필요로 한다. 나무는 높이 더 높이 올라간다. 아프리카 나무들은 세상에서 가장 높이 자란다. 울창한 정글에서 서로 경쟁을 하기 때문이다. 더 높이 올라가지 못하면 태양이 주는 생명의 에너지를 적게 받기 때문이다.

태양은 생명이요 성도 생명이다. 모든 생명은 태양의 에너지를 먹고 자라며 성의 에너지를 먹고 자란다. 나무는 햇빛을 더 많이 받기 위해 높이 높이 올라간다. 나무들을 잘 관찰해보라. 햇볕이 잘 드는 쪽의 나무는 잘 자라고 덜 드는 쪽의 나무는 잘 자라지 못한다.

성은 내면의 태양이요 태양은 태양계의 성기다. 우리는 내면의 태양과 태양계를 이해함으로써 외면의 태양계를 보다 잘 이해할 수 있다. 그래서 나는 파탄잘리가 내면세계의 지도를 그리고 있다고 거듭 강조하는 것이다. 태양이 중심이기 때문에 우리의 여정은 태양에서 출발한다. 태양은 중심이지 우리의 목적지가 아니다. 궁극의 목적은 아니다. 그래서 우리는 태양 위로 나아가야 한다. 태양 위로 상승해야 한다. 태양은 시작일 뿐이다. 태양은 알파이지 오메가가 아닌 것이다.

파탄잘리는 삼야마를 성취하는 법과 이를 자비와 사랑, 우애로 변형시키는 법, 그리고 자비의 힘을 키우는 법에 대해 이야기를 한 후, 내면세계의 지도를 그리고 있다.

사람은 두 가지 유형으로 나누어볼 수 있다. 해의 사람과 달의 사람, 이를 음과 양으로 불러도 좋다. 해는 남성이요 달은 여성이다. 해는 적극적이요 능동적이며, 달은 수용적이요 수동적이다. 온 우주를 음과 양으로 구분할 수 있다. 인간의 몸도 음과 양으로 나눌 수 있다. 요가는 그렇게 세상과 인간을 분류한다.

요가는 아주 미세한 데까지 분류한다. 심지어 숨과 호흡까지 분류한다. 한쪽 콧구멍으로는 양의 숨을 쉬고 다른 쪽 콧구멍으로는 음의 숨을 쉰다. 화가 나면 양의 숨을 쉰다. 침묵으로 들어가고 싶으면 음의 콧구멍으로 숨을 쉬면 된다. 몸도 마찬가지다. 한쪽은 남성적이요 다른 한쪽은 여성적이다. 마음도 나뉘어 있다. 마음의 한쪽은 남성적이요 다른 한쪽은 여성적이다.

수행자는 모름지기 해를 넘어 달로 가야 하며 종국에는 이 달도 넘어가야 한다.

8장
내 면 의
하 늘 을
관 조 하 라

오쇼 수트라

인간은 자신을 실험실로 만들 줄 알아야 한다.
자신의 일생을 실험으로 변형시킬 때만
진리를 깨달을 수 있다.

단전에 삼야마, 즉 관조를 행하면
몸 안에서 운행하는 별들을 알 수 있다.

내면세계를 알면 많은 일들이 가능해진다.

내면의 남성과 여성이 조화를 이루면
이 땅을 초월한 정적을 체험한다.

24시간 안에 영원할 수 있는 것이 한 가지 있으니
그것은 지켜보는 자다.
이 관조자가 내면의 북극성이다.

내면의 하늘을 관조하라

　진리는 생각의 대상이 아니다. 진리는 수용의 대상이다. 진리는 이미 거기 있기 때문에 진리를 생각할 수 있는 방법은 존재하지 않는다. 생각하면 할수록 진리를 벗어나 헤맨다. 생각은 정처 없이 떠도는 일이요 뜬구름 잡는 일이다. 생각을 하는 순간 진리는 달아나버린다.

　진리는 보는 것이지 생각하는 것이 아니다. 파탄잘리의 기본 가르침은 진리를 볼 수 있도록 눈을 투명하게 닦아내는 것이다. 물론 간단한 일은 아니다. 시를 쓰거나 꿈을 꾸는 일이 아니다. 인간은 실험실이 되어야 한다. 자신의 일생을 실험으로 변형시킬 때만 진리를 깨달을 수 있다.

　파탄잘리의 수트라를 들을 때는 항상 명심해야 할 게 한 가지 있다. 파탄잘리는 이론을 가르치는 게 아니라 자신을 변형시키는 방법론을 가르친다는 것이다. 그 방법을 어떻게 소화하고 실행하느냐는 전적으로 자신에게 달려 있다.

많은 사람들이 그저 호기심으로 파탄잘리에 관한 책들을 쓰거나, 배우는 과정에 있는 사람들이 요가 수트라에 관한 학술서들을 저술했다. 그러나 이들 모두는 구도자에게 해로울 뿐이다. 그들은 모두 지난 5천 년 동안 해석하고 해석한 것을 재해석했다. 해석 위에 해석, 또 해석 위에 해석, 이러한 일을 끊임없이 반복했다. 파탄잘리에 관한 글들이 거대한 밀림이 되어, 이제 파탄잘리를 찾는 것이 복잡한 일이 되고 말았다.

　인도 사람들은 진리를 깨달은 사람들의 가르침 모두를 이렇게 왜곡해버렸다. 사람들은 끊임없이 해석해댔다. 해석 때문에 사람들의 눈이 밝아지기는커녕 오히려 더 어두워졌다. 해석자니 주석가니 하는 사람들이 진리를 구하는 사람들이 아니기 때문에 그런 일들이 벌어졌다. 설령 그들이 진리를 구하는 사람이라 할지라도 깨달은 사람의 말을 제대로 해석할 수 있는 경지에 있지 않았던 것이다.

　이러한 이유로 나는 파탄잘리를 선택해 강의하게 되었다. 그를 강의하기 위해선 대단한 주의를 요한다. 인류사에 그와 비견될 만한 인물이 참으로 드물 만큼 파탄잘리와 그의 정신과학은 위대하기 때문이다. 그는 종교를 하나의 과학으로 만들었다. 그는 종교를 덮고 있는 모든 신비의 꺼풀을 벗겨냈다. 그런데 세상 사람들이 파탄잘리 수트라에 신비의 꺼풀을 다시 씌었다. 게다가 그들이 파탄잘리를 독점하기 시작했다. 파탄잘리가 다시 태어나 그의 수트라에 가해진 해석이나 주석들을 본다면 아마 놀라 자빠질 것이다!

사실 인간의 언어는 대단히 위험한 것이다. 누구나 언어를 가지고 재미있게 놀 수 있다. 언어는 매춘부와 같다. 가지고 놀 수는 있지만 마음으로 신뢰할 수는 없다. 해석가마다 언어가 달라진다. 사실 해석가가 많이 고치는 것도 아니다. 기껏 부호나 기호, 혹은 여기저기 몇 마디를 고칠 뿐이지만 산스크리트어(Sanskrit)는 대단히 시적인 언어라서 단어 하나하나에 많은 뜻이 내포되어 있다. 그래서 산스크리트어를 쓰면 아주 쉽게 대상을 신비화할 수 있다.

나는 이런 수피[1] 이야기를 들은 적이 있다.

같은 스승을 모시고 있는 두 제자가 사원의 뜰에 앉아 명상을 하고 있었다.

한 사람이 이렇게 말했다.

"흡연이 허용되면 참 좋겠습니다."

그러자 다른 제자가 말했다.

"불가능한 얘깁니다. 스승님이 허락하지 않을 테니까 말이에요."

그리고 나서 둘은 이렇게 의견을 모았다.

---

[1]수피(Sufi): 이슬람 신비주의자. 특징은 일종의 도취 상태에서 지상(至上)의 경지를 감득(感得)하고 신과 직접 교류하는 데 있음.

"한번 해봅시다. 스승님께 물어본다고 해가 될 건 없지 않습니까."

다음날 둘은 따로따로 스승에게 흡연을 허용해 달라고 요청했다.

그러자 스승은 한 제자에게는 "안 돼, 절대 안 돼!"라고 말하고, 다른 제자에게는 "그럼, 그렇고 말고"라고 말했다.

둘은 서로에 대한 스승의 대답을 듣고 스승의 태도를 이해할 수 없었다.

흡연을 허가받은 제자가 허가받지 못한 제자에게 물었다.

"스승님께 뭐라고 부탁했습니까?"

허가받지 못한 제자가 대답했다.

"'스승님, 명상을 하면서 담배를 피워도 되겠습니까?'라고 물었더니 대번에 '안 돼, 절대 안 돼'라고 하시는 거예요. 당신은 뭐라고 부탁했습니까?"

허가받은 제자가 대답했다.

"이제 이유를 알 것 같습니다. '스승님, 담배를 피면서 명상을 해도 됩니까?'라고 물었더니 '그럼, 그렇고 말고'라고 하시는 거예요."

둘 사이에는 커다란 차이가 있다. 다시 말하지만 언어는 매춘부다. 이 일화는 언어를 가지고 무한정 놀 수 있음을 보여준다.

나는 경전을 해석하지 않는다. 나는 파탄잘리의 권위를 빌어서 이야기하지 않는다. 내가 체험한 바, 스스로 터득한 권위로 이야기한다. 나의 체험과 그의 체험이 서로 부합하기 때문에 나는 그에 대해 강의한다. 나는 파탄잘리의 권위를 세우기 위해 강의하지 않는다. 파탄잘리의 말이 맞다는 것을 입증하지도 않는다. 나는 내 자신에 관해서 이야기할 수 있을 뿐이다. 그렇다면 나는 무엇을 이야기하는가? '나도 역시 같은 체험을 했다' 고 이야기한다. 파탄잘리는 참으로 훌륭한 말과 언어로 표현했다. 과학적인 표현과 설명에 관한 한, 파탄잘리의 말에는 더하고 뺄 게 없다. 이 점을 잊지 말라.

지난 강의의 마지막은 태양에 관한 수트라였다. 파탄잘리가 말한 태양을 태양계의 태양으로 생각하는 것은 당연해 보인다. 주석가들은 모두 그렇게 해석했다. 그러나 애석하게도 한결같이 빗나가고 말았다. 파탄잘리의 태양은 열과 에너지, 생명력의 근원인 성 센터[2]를 상징하는 말이다. 인체의 신경계를 설명하는 용어 중에 태양신경총이라는 말이 있다. 사람들은 태양신경총이 명치 쪽에 있다고 생각하지만 사실은 그렇지 않다. 태양의 에너지는 명치가 아니라 성 센터에·있다. 신체의 열을 발생시키는 데가 바로 성 센터다.

---

2)센터(center): 산스크리트어로는 차크라(chakra)라고 함. 인체에는 회음부의 성 센터에서 정수리의 마지막 센터까지 일곱 개의 센터가 존재함.

이에 대한 파탄잘리의 해석들은 너무 심하게 빗나갔다. 해서, 파탄잘리의 태양에 대해 좀 더 알아보도록 하자. 그런 다음, 달과 별과 북극성에 대해 알아보겠다.

언어만을 보면 파탄잘리는 점성술이나 천문학의 용어로 태양계를 설명하는 것처럼 보인다. 하지만 아니다. 그는 내면의 우주를 설명하고 있다. 인간은 소우주다. 외부세계에 존재하는 것은 무엇이나 인간 안에 존재한다. 인간은 우주의 축소판인 것이다.

인간은 양의 유형과 음의 유형으로 나눌 수 있다. 양의 기운이 강한 사람은 외향적이고 공격적이다. 음의 기운이 강한 사람은 내향적이고 수동적이며 수용적이다. 이 두 가지 유형을 남성성과 여성성으로 불러도 좋다. 남성성은 밖으로 나가는 성향이요 여성성은 안으로 들어오는 성향이다. 남성성은 적극적이요 여성성은 소극적이다. 남성성과 여성성은 다르게 기능한다. 기능 센터가 서로 다르기 때문이다. 남성은 해의 센터에서 생활하며, 여성은 달의 센터에서 생활하기 때문이다.

내가 말하는 남성은 모든 남자를, 여성은 모든 여자를 가리키지 않는다. 남성성보다 여성성이 강한 남자가 있는가 하면, 여성성보다 남성성이 강한 여자가 있기 때문이다. 이를 정확히 이해하라. 달 지향적인 남자도 있을 수 있고, 해 지향적인 여자도 있을 수 있다. 에너지가 어떤 에너지원에서 나오느냐에 따라 달라진다. 달에는 특별한 센터가 존재하지 않는다. 달은 단순히 해의 반대편에 서 있을 뿐이다. 그래서 달은 차갑다. 달은 뜨거운 에너지를 차가운 에너지로 변형시킨다. 여성의 에너지도 성 센터에서 나오지만 달을 통과하여 나오기 때문에 차가운 에너지로 변형된다.

달을 대상으로 삼야마를 행하면
별의 배치를 안다.

여기서 달은 배꼽 3센티 밑에 있는 단전을 가리킨다. 이 부위를 너무 세게 때리면 사람이 죽을 수도 있다. 피 한 방울도 흘리지 않고 죽을 수 있다. 아픔도 별로 없다. 일본 사람들은 이 단전 부위를 칼로 찔러 할복자살을 한다. 단전을 칼로 찌르면 영혼은 즉각적으로 육체와 분리된다.

달의 센터는 죽음의 센터다. 그래서 남자는 여자를 그토록 두려워하는 것이다. 많은 사람들이 나를 찾아와 여자가 무섭다고 한다. 왜 무서운가? 여자는 단전이요 달이기 때문에, 그래서 남자를 잡아먹기 때문에 두려운 것이다. 해서, 남자는 항상 여자를 지배하려고 든다. 그렇지 않으면 여자에게 잡아먹힌다. 남자는 항상 여자를 피지배의 상태에 묶어 놓는다. 이 점을 깊이 관찰하라.

성 에너지에서 인간의 생명이 나온다. 성 에너지를 사용함에 따라 그만큼 죽음이 가까이 온다. 그래서 요기는 성 에너지의 방사를 두려워한다. 요기는 오래 살면서 요가를 성취하기 위해 성 에너지를 비축한다. 죽기 전에 요가를 이루지 못하면 다시 한 생을 더 살아야 하기 때문이다.

성에서 인간의 생명이 나온다. 성 에너지가 몸에서 떠나는 순간, 인간은 죽음을 향해 간다. 교미 시 오르가슴을 느끼며 죽는 곤충들이 많다. 일부 거미의 수컷은 교미 시 죽는데, 이를 암컷이 먹는다. 놀랍게도 수컷은 교미를 하고 있는 상태에서 죽고 암컷은 죽은 수컷을 먹는 것이다. 모든 성관계가 이렇다. 그래서 남성은 여성을 두려워한다.

성행위 속에서 여성은 에너지를 얻고 남성은 에너지를 잃는다. 여성의 단전이 작용하기 때문이다. 여성은 뜨거운 에너지를 식은 에너지로 변형시킨다. 여성은 수용을 알며 수동적인 열림과 환대를 안다. 그래서 여성은 에너지를 흡수하고 남성은 에너지를 상실한다. 이 단전 센터는 남성에게도 존재하지만 기능하지 않는다. 남성의 경우 많은 노력을 기울여야 단전 센터가 활성화된다.

도교의 길은 단전 센터를 완전히 활성화시키는 길이다. 그래서 도교는 여성적이며 수용적이고 수동적이다. 요가도 같은 길을 가지만 다른 각도에서 접근한다. 요가는 태양 센터를 활성화하여 양의 에너지를 생성시키며 이 에너지를 달 센터로 보내는 길이다. 도교와 탄트라[3]는 달 센터를 활성화하여 달 센터의 수용력과 자력을 강하게 만들며 양의 에너지를 달 센터로 끌어당긴다. 요가가 태양의 길이라면 도교와 탄트라는 달의 길이다. 하지만 본질적으로 보면 두 길은 하나다.

요가의 모든 수련법들은 양 에너지를 달 센터로 연결시키는 것이요, 도교와 탄트라의 모든 수련법들은 달 센터의 자력을 강하게 만들어 태양 센터에서 만들어진 에너지를 끌어당겨서 변형시키는 것이다.

그래서 붓다나 마하비라, 파탄잘리, 노자 등은 완전히 전체적으로 꽃피어났을 때 여성성이 보다 강하게 드러났다. 남성성이 가진 각진 모습이 사라지고 둥글둥글한 모습이 나타났다. 육체에서도 여성적인 우아함이 우러났다. 그들의 눈과 얼굴, 걷는 모습, 앉는 모습 등 모든 것이 여성적이었다. 공격적인 면도 저돌적인 면도 사라졌다.

"달을 대상으로 삼야마를 행하면 별의 배치를 안다." 달, 즉 단전 센터에 삼야마의 관조를 행하면 몸 안에 있는 별들—몸의 에너지 센터들—을 아는 힘이 생긴다. 태양 센터에 집중하면 흥분으로 뜨거워지기 때문에 의식이 맑아질 수 없다. 의식이 맑아지기 위해서는 먼저 달의 센터로 가야 한다. 달에는 에너지를 변형시키는 위대한 힘이 있다.

---

3)탄트라(Tantra): 인간의 남성성과 여성성의 합일을 추구하는 수행법.

하늘의 달을 보라. 달은 태양의 빛과 에너지를 흡수한다. 그리고 반사한다. 달에는 에너지가 없다. 달은 태양의 에너지를 받아들이고 반사할 뿐이다. 태양의 에너지는 달에 흡수되면 완전히 변형된다. 달을 보라. 그러면 평화를 느낄 것이다. 태양을 보라. 그러면 미칠 것이다. 달을 보라. 그러면 자신을 감싸고 있는 고요를 느낄 것이다. 붓다는 보름밤에 성도(成道)했다.

사실 깨달은 사람은 모두 밤에 깨달았다. 낮에 깨달은 사람은 없다. 마하비라도 밤에 깨달았다. 그는 아마바스(amavas), 즉 그믐밤에 깨달았다. 달이 뜨지 않은 칠흑같이 어두운 밤이었다. 붓다는 푸르니마(purnima), 즉 보름밤에 깨달았다. 둘 다 밤에 깨달았다. 역사상 아무도 낮에 깨닫지 않았다. 앞으로도 낮에 깨달은 사람은 나오지 않을 것이다. 왜냐하면 깨닫기 위해서는 에너지가 태양 센터에서 달 센터로 이동해야 하기 때문이다. 깨달음은 모든 흥분이나 긴장이 가라앉는 것이다. 그것은 깊디 깊은 이완이다. 궁극의 이완이요 휴식이다. 깨달음 속에서는 모든 움직임이 멈춘다.

이렇게 해보라. 시간이 날 때마다 눈을 감고 배꼽에서 3센티 밑의 부위를 손가락으로 누르면서 단전을 느껴보라. 단전까지 호흡을 내린다. 자연스런 호흡을 하면 배가 불룩 나왔다가 들어갔다가를 계속할 것이다. 이렇게 수련을 계속하면 숨이 정말 단전으로 들어왔다가 나갈 것이다. 사실 호흡은 단전으로 해야 한다. 단전으로 숨이 전혀 들어오지 않으면 사람은 죽는다. 단전과 완전히 단절되는 것이 곧 죽음이다. 죽음은 단전에서 온다.

남성은 젊을 때 태양의 성향이 강하고, 늙으면 달의 성향이 강해지게 된다. 반면 여성은 젊을 때 달의 성향이 강하고, 늙으면 태양의 성향이 강해지게 된다. 이런 이유 때문에 늙으면 수염이 나는 여성이 많은 것이다. 태양의 성향으로 바뀌는 것이다. 수레바퀴는 돌고 돈다. 많은 남성이 늙으면 잔소리가 많아진다. 할아버지들을 보라. 그들은 잔소리가 심하고 쉽게 화를 낸다. 모든 것이 마음에 들지 않는다. 달의 성향으로 바뀌기 때문이다. 그들은 우발적인 삶을 살면서 자신의 에너지를 변형시키지 못했던 것이다. 한편 여성이 늙으면 저돌적으로 변한다. 달의 에너지가 소진되었기 때문이다. 달의 에너지가 탕진되면 자연스럽게 쓰지 않은 태양의 성향이 나오기 시작한다.

태양과 달의 에너지는 서로 다르게 움직인다. 삶이 힘들면 달의 에너지는 슬픔으로 변한다. 삶이 힘들면 태양의 에너지는 분노로 변한다. 그래서 여성은 자주 슬퍼하고 남성은 자주 화를 내는 것이다. 남성은 무언가가 잘못되었다고 생각하면 즉시 조치를 취한다. 그러나 여성은 기다린다.

완성된 인간이 되려면 태양과 달의 에너지를 통합해야 한다. 둘의 에너지가 조화롭게 균형을 이루었을 때 내면이 평화로워진다. 내면의 남성과 여성이 조화를 이룬 사람은 이 땅을 초월한 고요를 체험한다. 태양과 달의 에너지가 균형을 이루면 마음은 동요하지 않는다. 동요도, 자극도, 욕망도 없는 완전한 존재가 된다.

내면에 존재하는 영원, 이는 종교의 알파요 오메가이다. 항상 무상(無常)한 것을 구하면 이 땅을 벗어날 수 없다. 내면에 존재하는 영원으로 방향을 바꾸는 사람은 영적인 사람이 된다.

삭쉰(Sakshin), 이는 관조자를 뜻한다. 명상가는 자신의 화를 관조할 수 있다. 자신의 슬픔을 관조할 수 있다. 자신의 고통도 관조할 수 있다. 자신의 지복도 관조할 수 있다. 관조만이 영원하다. 밤에 잠잘 때를 생각해보자. 낮이 지나가고 일과 중 마음에 떠오른 상(像)들 또한 지나갔다. 낮에는 갑부였는지 모르지만 밤의 꿈속에서는 거지가 될 수도 있다.

현실에서 갖지 못한 것들은 꿈속에 나타난다. 꿈은 현실의 대용물이다. 자신의 꿈을 살펴보면 현실 속에서 무엇이 부족한지 알 수 있다. 부족한 것이 아무것도 없으면 꿈은 사라진다. 그래서 깨달은 사람은 꿈을 꾸지 않는다. 꿈을 꿀 수 없다. 깨달은 사람이 꿈꾸는 것은 불가능하다. 왜냐하면 그는 모자란 것이 없기 때문이다. 그는 충만하다. 온전하다. 설령 그가 거지라 해도 그의 존재는 황제다. 그만큼 깨달은 사람은 충만한 존재다.

밤에 꿈을 꿀 때는 현실의 자기 모습을 기억하지 않는다. 학자가 되었든, 왕이 되었든 꿈속에서는 자신의 직업을 기억하지 않는다. 낮에는 세상을 버린 위대한 고행자일지라도 꿈속에서는 수행도 명상도 모두 잊어버리고 아름다운 여자를 탐닉한다. 일과 중 좋고 나쁜 것은 모두 사라지고 완전히 다른 사람이 된다. 기분과 분위기가 완전히 바뀐다. 한 가지만은 변하지 않는 게 있으니, 그것은 지켜보는 것이다. 일과 중 자신의 행위를 모두 지켜본 사람은 꿈속에서도 지켜볼 수 있다. 걷고 먹고 일하고 쉬고 화내고 사랑하고, 이 모든 행위와 생활을 지켜보면 꿈속에서도 지켜봄이 계속된다. 꿈속에서 황제가 된다 해도 동요하지 않고 지켜본다.

하루 24시간 동안 변하지 않는 게 있으니, 그것은 관조다. 그것이 내면의 북극성이다.

북극성을 대상으로 삼야마를 행하면 별의 운행을 안다.

파탄잘리는 먼저 달을 대상으로 삼야마를 행하면 별의 배치를 안다고 말했다. 어디에 있는 어떤 별을 말하는가? 북극성을 대상으로 삼야마를 행하면 별의 운행을 안다. 이 앎의 주체가 삭쉰(sakshin) 즉 영원한 관조자이다. 세상의 움직임이 영원한 주체에 알려진다. 영원한 것이 존재하지 않는다면 움직임을 알아차릴 수 있는 주체는 존재할 수 없다. 모든 것이 움직이고 나에게 영원한 것이 전혀 없다면 어떻게 이 움직임을 알아차릴 수 있겠는가?

삭쉰, 즉 관조자를 제외한 내면의 모든 것이 움직인다. 각성을 제외한 모든 것이 계속 움직인다. 관조자를 알면 만물이 얼마나 빨리 움직이는지를 볼 수 있다.

상황이 다소 미묘해졌는가! 이를 잘 이해해야 한다. 지금까지 나는 각 센터는 정지한 상태에서 존재하는 것처럼 말했다. 아니다, 센터들도 움직인다. 종종 성 센터는 머리에서 움직인다. 그렇기 때문에 마음이 성욕을 느끼는 것이다. 마음은 성에 관한 모든 것을 생각하고 상상한다. 때로 성 센터는 손으로 이동한다. 이때 이성을 만지고 싶어한다. 때로 성 센터는 눈으로 이동한다. 눈은 끊임없이 성적인 대상을 찾는다. 찾아서 관능적인 대상으로 변화시킨다. 때로 성 센터는 귀로 이동하기도 한다. 그러면 듣는 것이 모두 성적으로 들린다.

신전에서 바잔(bhajan), 즉 헌신의 노래를 들을 때 성적으로 흥분할 때가 있을 것이다. 이때 성 센터가 귀로 이동했기 때문이다. 그러면 스스로 놀란다. '아니, 이게 무슨 일이야! 신전에 예배를 드리러 와서 성적으로 흥분한다?' 또한 여자

친구나 아내가 옆에서 받아주기를 원하는데 자신은 성욕을 전혀 느끼지 못할 때가 있다. 성 센터가 원래 자리에 있지 않기 때문이다. 실제로 여자와 사랑의 행위를 하는 것보다 그냥 성에 대해 공상하는 것이 좋을 때가 있다.

왜 그런가? 사람은 자신의 성 센터가 어디에 있는지 모른다. 관조자가 될 때 비로소 자신의 성 센터가 어디에 있는지 정확히 안다. 그러면 많은 것들이 가능해진다.

성 센터가 귀에 있으면 성 센터는 귀에 에너지를 준다. 성 센터가 귀에 있는 사람은 귀의 능력을 개발해 음악가가 된다. 눈에 있는 사람은 눈의 능력을 개발해 화가가 된다. 그는 나무를 볼 때 다른 사람보다 더 푸르른 나무를 본다. 그의 눈에는 장미꽃이 보통의 장미꽃이 아니다. 성 센터가 혀에 있는 사람은 위대한 웅변가가 된다. 최면을 걸 듯, 단 몇 마디로 사람들을 설복시키는 힘이 생긴다. 성 센터가 눈에 있는 사람은 눈빛만으로도 사람에게 최면을 걸 수 있다. 대단한 최면의 힘이 생기는 것이다. 성 센터가 손에 있는 사람은 손대는 물건을 금으로 변화시킨다. 왜 그런가? 성은 에너지요 생명이기 때문이다.

달의 센터도 역시 마찬가지다. 지금까지 나는 각 센터들이 정지한 상태의 모습을 이야기했다. 보통 각 센터는 정지해 있는 것처럼 보인다. 그러나 아무것도 정지해 있지 않다. 만물은 유전(流轉)한다.

죽음의 센터(단전)가 손에 있는 사람이 의사가 되면 환자를 죽인다. 아무리 기를 쓰고 애를 써도 의사로서의 능력을 발휘하지 못한다. 인도에는 이런 말이 있다. "저 의사는 명의의 손을 가졌다. 그가 만지는 것은 무엇이나 약이 된다." 또 이런 말이 있다. "저 의사한테 가지 마라. 그는 아무렇지 않은 것도 중병으로 만든다. 그에게 가면 병이 전보다 더 중해진다."

아유르베다는 고대 인도에서 요가를 하던 사람들이 발전 완성시켰다. 당시의 의사들이 바로 요기였던 것이다. 요기가 아닌 사람은 참 의사라 할 수 없다. 의사는 환자를 치유하기 전에 자기 스스로를 먼저 알아야 한다. 죽음의 센터가 손에 있거나 눈에 있으면 환자를 치료하지 말아야 한다. 죽음의 센터가 생명의 센터인 단전에 있을 때 환자를 치료해야 한다. 따라서 치료에 임할 때는 자신의 센터를 바르게 해야 한다.

자신의 내면세계를 알면 많은 일들을 할 수 있다. 이는 자신도 모르게 일어날 때가 있다. 자신이 별다른 일을 하지 않았는데도 불구하고 하는 일마다 성공할 때가 있다. 혹은 죽어라고 애를 썼는데도 실패를 거듭할 때가 있다. 이는 자신의 센터가 잘못된 것이다. 다른 센터에서 일을 하기 때문이다.

눈이 생명 센터에 고정되어 있는 사람이 있다. 이런 사람이 사람을 보면 그 사람은 축복을 느낀다. 축복의 샤워를 받는다. 그들의 시선에서 생명이 쏟아져 내린다.

배꼽을 대상으로 삼야마를 행하면
몸의 조직을 안다.

배꼽 센터는 육체의 중심이다. 어머니의 자궁 속에 있을 때 영양분을 공급받던 곳이 바로 배꼽 센터이기 때문이다. 9개월 동안 배꼽 센터에서 생명을 공급받는다. 배꼽은 나와 생명을 연결시키는 통로요 다리다. 탯줄이 잘리고 배꼽 센터가 어머니로부터 분리될 때 비로소 독립적인 개체가 되는 것이다. 이렇게 육체에서 배꼽은 아주 중요한 부위이다.

"배꼽을 대상으로 삼야마를 행하면 몸의 조직을 안다." 몸은 대단히 복잡하고도 미세한 메커니즘이다. 인체에는 수백만 개의 세포가 존재한다. 머리에는 수백만 개의 신경이 존재한다. 현대 과학이 발명한 대단히 복잡하다는 기계들도 인체와는 비교가 되지 않는다. 인체처럼 복잡하고 인체처럼 기능을 잘하는 기계를 만드는 것은 불가능해 보인다. 인체의 기능을 보면 거의 기적에 가깝다. 70년이고 100년이고 인체는 쉬지 않고 자동화된 시스템으로 움직인다.

인체는 그 자체로 완벽에 가깝다. 인체는 자기영속적인 기관이다. 인체는 음식물을 필요로 하면 배고픔이란 신호를

보낸다. 영양분이 필요한 만큼 들어왔으면 배부름의 신호를
보낸다. 음식물을 소화시켜서 피와 뼈와 골수를 만든다. 스
스로 정화하는 노력도 게을리 하지 않는다. 매 순간 죽는 수
많은 세포들을 밖으로 배출하는 것이다. 창조와 정화, 유지,
이 모두는 자동화 시스템 속에서 진행된다.

자연스런 삶을 살면 인체는 훌륭하게 제 기능을 수행한
다. 그리하여 사람은 건강한 삶을 영위한다.

배꼽 센터를 알면 인체의 전 메커니즘을 이해할 수 있다.
이것이 곧 요가의 생리학이다. 요가의 생리학은 해부를 해
서 아는 게 아니다. 죽은 다음 검시를 해서 아는 게 아니다.
요가에서는 죽은 사람을 검시해서는 살아 있을 때의 상태를
알 수 없다고 말한다. 이제 과학자들도 사후 검시를 해서는
살아 있을 때의 상태를 정확하게 알 수 없다는 데 동의한다.
몸이 죽으면 살아 있을 때와 다르게 기능하기 때문이다. 사
후 검시를 통해서는 살아 있었을 때 대충 어떠했을 것이라
는 추측만이 가능할 뿐이다.

요가는 내면에서 각성의 눈으로 인체의 생리를 관찰한다.
그렇기 때문에 요가는 현대 생리학이 알 수 없는 것들을 많
이 이야기한다. 현대 생리학은 죽은 사람을 해부하지만 요
가는 살아 있는 생명을 통찰한다.

생각해보라. 전기가 흐르는 전선을 끊어보는 경험과 전기
가 흐르지 않는 전선을 끊어보는 경험은 분명 다른 것이다.

달라도 완전히 다른 경험이다.

미래 언젠가는 생리학도 요가의 관점에 동의하는 날이 올 것이다. 살아 있는 인체의 생리를 알고 싶다면 내면으로 깊이 들어가 가장 밝은 관점에서 인체를 들여다보아야 한다. 그래야 인체와 그 조직을 정밀하게 알 수 있을 것이다.

죽은 인체에 들어가는 것은 주인 떠난 집에 들어가는 것과 같다. 이런 가구 저런 집기들을 보겠지만 주인은 보지 못한다. 주인이 있는 집을 들어가면 온 집안에 가득 찬 주인의 현존을 느낄 수 있다. 사람이 몸에 현존하면 세포 하나하나의 질이 달라진다. 사람이 떠나면 몸은 죽은 물체로 남는다.

목을 대상으로 삼야마를 하면
배고픔과 목마름이 사라진다.

이 구절은 내면의 탐구에서 나온 것이다. 요가는 배고픔이 배에 있지 않고, 목마름이 목에 있지 않다는 사실을 발견했다. 뇌가 위의 정보를 받아서 사람에게 전달하는 것이다. 배고픔과 목마름은 하나의 신호다. 몸에 물이 부족하면 뇌는 사람에게 목이 마른 느낌을 전달한다. 음식이 필요하면 배가 고픈 느낌을 전달한다.

요가는 특정 센터를 대상으로 삼야마를 행하면 특정 느낌이 사라지는 것을 발견했다. 목을 대상으로 삼야마를 행하면 배고픔도 사라지고 목마름도 사라지는 것이다. 삼야마를 행함으로써 요기는 오랫동안 단식수행을 할 수 있었다. 마하비라는 심지어 3, 4개월을 계속 단식했다고 전한다. 그는 12년의 수행 기간 동안 무려 11년에 해당하는 기간을 단식으로 보냈다. 3개월 단식하고 하루 먹고 1개월 단식하고 이틀 먹고 하는 식이었다. 12년 동안 그가 음식을 먹은 기간은 고작 1년에 지나지 않았다. 이는 곧 11일 단식하고 하루 먹는 생활이었다.

마하비라는 어떻게 이런 단식을 할 수 있었는가? 인간적으로 보면 거의 불가능한 일이지만 요가에 그 비밀이 있다.

이렇게 해보라. 다음에 목이 마를 때면 눈을 감고 앉아 목에 모든 정신을 집중하라. 목에 정신을 집중하면 목이 편안해진다. 정신을 어느 한 부위에 집중하면 나와 그 부위는 떨어진다. 목이 마르다. 그리고 목마름을 느낀다. 이때 목에 의식을 모으면 갑자기 목과 내가 분리된다. 목마름에 대한 나의 협조가 무너진다. 이제 목이 물을 원하고 있지 내가 물을 원하는 게 아니라는 사실을 깨닫는다. 나의 도움 없이 목은 스스로 목말라 할 수 없는 노릇 아닌가!

나의 도움 없이 몸은 스스로 배고파 할 수 없다. 죽은 사람이 배고파 하거나 목말라 하는 것을 본 적이 있는가? 모든 수분이 증발한다 할지라도 죽은 자는 목마름을 느끼지 않는다. 동일시가 없기 때문이다.

이렇게 해보라. 다음에 배가 고플 때 해보라. 눈을 감고 몸으로 들어가 지켜보라. 지켜보면 몸과 나는 떨어진다. 몸과 내가 떨어져 있는 것을 보면 몸은 배고픔의 신호를 보내지 않는다. 몸 스스로는 배고픔을 느끼지 못한다. 몸과의 동일시가 있어야만 배고픔이 느껴지는 것이다.

> 자라관[4]을 대상으로 삼야마를 행하면
> 요기는 흔들림 없는 자세가 확립된다.

자라관은 프라나와 숨이 통하는 관이다. 호흡의 리듬이나 속도를 바꾸지 않고 자연스런 상태에서 호흡을 하면 완전한 고요 속으로 들어갈 수 있다. 미동도 일어나지 않는다. 왜 그런가? 모든 움직임은 호흡과 프라나를 통해서 일어나기 때문이다. 인간의 모든 움직임은 호흡 때문에 발생한다. 호흡이 완전히 멈추면 사람은 죽는다. 미동도 할 수 없다.

호흡과 자라관을 대상으로 삼야마를 지속적으로 행하면 호흡이 거의 멈추는 경지에 도달할 수 있다. 요기는 거울을 앞에 놓고 이 명상을 한다. 호흡이 깊게 가라앉으면 호흡이

---

[4]목과 가슴 사이에 있는 자라 모양의 관으로, 해부학적인 기관이 아니라 눈에 보이지 않는 에너지 통로를 가리킴.

어떻게 진행되는지 알 수 없는 경지에 이른다. 그래서 거울을 앞에 놓고 이 명상을 하면 거울에 김이 서리는 것을 보고 알 수 있다. 심지어는 죽었는지 살았는지 알아보기 힘들 정도로 깊게 고요 속으로 들어가는 요기들도 있다. 명상이 깊어지다 보면 이런 일은 수행자에게 종종 일어난다. 깊은 고요 속에 호흡이 거의 멈춘 것 같더라도 걱정할 필요없다.

의식이 완전해지면 호흡은 거의 멈춘다. 이는 죽음이 아니라 정적(靜寂)이다.

수행자로 하여금 깨트릴 수 없는 정적과 의식의 경지로 인도하는 것이 요가의 전부다. 영원한 것을 발견하는 것, 많은 것 뒤에 있는 하나를 찾는 것, 모든 변화 뒤에 있는 변하지 않는 것을 찾는 것, 불사를 발견하는 것, 저 너머의 세계를 찾는 것, 이들이 요가의 노력이다. 인간은 그릇된 습관으로 너무나 오랫동안 살았기 때문에 인간은 습관적으로 문제를 만든다. 인간은 사물을 항상 나누는 그릇된 습관에 조건화되어 있다. 인간의 머리는 모든 것을 나누고 분해하며 하나를 여럿으로 만드는 훈련과 교육을 받는다. 지금까지 인간은 머리로 살았다. 그래서 머리로 나눈 것을 다시 통합하는 방법을 잃어버렸다.

인간의 마음은 분석의 길을 가고 요가는 통합의 길을 간다. 이 점을 이해하라. 그러므로 분석하는 마음이 떠오르면 그 마음을 쉬라. 분석의 길을 가면 마지막에는 가장 미세한 원자에 도착한다. 통합의 길을 가면 가장 큰 전체계에 도달한다. 과학은 원자(atom)를 발견했으며 요가는 아트만[5]을 발견했다. 원자는 가장 작은 것이요 아트만은 가장 큰 것이다. 요가는 전체계를 깨닫고 전체계를 실현한다. 하지만 과학은 점점 더 작은 것만을 추구할 뿐이다.

인간의 마음은 태양의 마음과 달의 마음으로 나눌 수 있다. 태양의 마음은 과학적이요 달의 마음은 시적이다. 태양의 마음은 분석적이요 달의 마음은 통합적이다. 태양의 마음은 수학적이고 논리적이며 달의 마음은 비논리적이고 비이성적이다. 둘의 마음은 완전히 다르게 기능하며 둘 사이에 언어는 존재하지 않는다.

자신은 어떤 마음의 소유자인지 살펴보라. 이성적이고 논리적이며 따지기를 좋아하는가? 그런 사람의 마음은 태양이다. 시적이고 꿈꾸며 상상하기를 좋아하는가? 그런 사람의 마음은 달이다. 그대는 어떤 마음을 소유하고 있는가?

태양의 마음도, 달의 마음도 모두 반쪽이다. 이 점을 주의하라. 우리는 둘 다를 넘어가야 한다. 태양의 마음을 소유한 사람은 먼저 달의 마음을 알아야 한다. 둘 다를 넘어가려면 달의 마음을 통과해야 하기 때문이다. 한 곳만을 매달리는 붙박이는 먼저 집시가 되어야 한다. 에너지가 태양에서 달

---

5)아트만(atman): 참나(眞我). 개체 속에 깃들여 있는 브라흐만—우주의 근원, 혹은 창조주—를 일컫는 말.

로 이동하면 달을 넘어갈 수 있는 가능성이 열린다. 달을 넘어선 곳에 우리 여정의 목적지가 있다. 관조자가 그것이다.

질문
제 마음속에서는 종종 태양의 마음과 달의 마음이 동시에 작용합니다. 제 마음에 대해 설명해주십시오.

마음은 보통 둘로 나뉘어 있다. 마음은 그렇게 작용한다. 마음이 어떻게 움직이는지, 마음의 메커니즘을 이해할 필요가 있다.

마음은 항상 둘로 나뉘어 작용한다. 마음은 나뉘지 않으면 사라진다. 마음은 분열을 필요로 한다. 마음은 항상 반대가 되는 것을 만든다. '나는 너를 좋아해. 나는 너를 싫어해. 나는 너를 사랑해. 나는 너를 미워해.' 이것이 마음이 하는 말들이다. '이것은 아름답다. 저것은 추하다.' 마음은 항상 선택을 한다. '이것을 해야 한다. 저것은 버려야 한다.' 그래서 크리슈나무르티[6]는 자주 "선택 없는 마음을 유지하면 무심을 성취할 수 있다"고 말했던 것이다. 선택 없는 마음을 유지한다는 말은 곧 나누는 일을 그만두는 것을 의미한다.

생각해보라. 지구상에서 인간이 사라져도 아름다움이나 추함이 존재할 수 있는가? 선이나 악이 존재할 수 있는가?

---

6)크리슈나무르티(Jiddu Krishnamurti, 1895-1986): 인도 출생으로 20세기 초반 신지학협회를 해산한 후 세계를 주유하며 '스승 없이 혼자 길을 가라'는 가르침을 펼침.

인간이 사라지면 모든 나뉨도 더불어 사라진다. 인간이 사라져도 세상은 그대로 존재할 것이다. 꽃이 피고 별이 움직이고 해가 뜰 것이다. 모든 것은 그대로 계속될 것이다. 하지만 나뉨은 인간과 함께 사라질 것이다. 인간이 태어나면서 세상에 나뉨이 생겼다. 인간(man)이라는 말은 곧 마음(mind)을 뜻한다.

성경에 나오는 이야기는 이런 뜻을 담고 있다. 하나님은 아담에게 지식의 나무[7]에 열린 실과를 먹지 말라고 말했다. 하지만 지식의 나무라고 하기보다는 마음의 나무라고 하는 게 나았을 것이다. 그러면 이 이야기는 선의 일화가 되었을 것이다. 그대로 선이 되었을 것이다. 지식의 나무는 마음의 나무를 가리킨다. 하나님은 인간이 무지하게 살기를 바랐을까? 아니다. 하나님은 인간이 마음 없이 살기를 바랐을 것이다. 내적으로 분열된 상태가 아닌, 통합적이고 조호로운 인간으로 살기를 바랐을 것이다. 이것이 성경의 이야기가 주는 메시지다. 선사(禪師)나 내게 이 성경 이야기를 해석하라고 한다면 '마음의 나무라고 말하는 게 낫다.' 는 답이 나올 것이다. 그러면 이야기 전체가 명확해진다.

하나님은 아담이 마음 없이 살기를 원했을 것이다. 삶을 살되, 삶을 분할하지 않고 사는 것이다. 삶을 분할하지 않고

---

7)지식의 나무(the tree of knowledge): 한글 성경은 '선악을 알게 하는 나무'로 번역함(창세기 2장9절).

살 때 삶은 진정 밀도가 높아진다. 분할하는 마음은 인간을 나눈다. 나누면 내면의 무언가가 위축되거나 부서지는 것을 살펴본 적이 있는가? '나는 누구를 좋아해' 라고 말하는 순간, 손은 벌써 그 누구를 향해 나간다. '나는 싫어해' 라고 하면 손은 움츠러든다. 삶의 전체가 열리지 않는 것이다. 하나님은 아담이 전체적으로 살기를 바랐을 것이다.

창세기 이야기는 지식을 버리지 않으면 인간이 에덴동산에 들어갈 수 없음을 말한다. 예수는 지식을 버렸다. 그래서 예수의 말들은 역설적이고 비논리적으로 보인다. 아담이 신을 거역하고 지은 죄를 예수가 대신 씻어주었다. 그래서 인간의 의식은 그 죄를 씻어낼 수 있었다.아담은 에덴동산에서 쫓겨났고 예수는 에덴동산에 들어갔다. 어떻게 하여 예수는 에덴동산에 들어갔는가? 마음을 놓고 나눔을 놓음으로써 들어갔다.

마음은 항상 나눔을 통하여 움직인다. 한번 나눔을 놓아보라. 꽃을 볼 때 아름답다고 말하지 말라. 그렇게 말할 필요없다. 꽃은 말하지 않아도 아름답다. 아름답다고 말한다고 꽃의 아름다움이 더해지지 않는다.

노자에 관한 일화 한 토막이 있다.

노자는 아침마다 산책을 나갔는데, 한 이웃사람이 그의 산책길을 따라나서곤 했다. 그는 노자가 말이 없고, 말하는 걸 별로 좋아하지 않는다는 것을 잘 알고 있었다. 어느 날 이웃사람의 친구가 노자의 산책길에 동행하고자 했다. 그래서 그날 아침은 셋이서 산책을 나섰다. 노자와 이웃사람은 시종 아무 말이 없었다. 이웃사람의 친구는 약간 당황했지만 침묵할 수밖에 없었다. 산책 중 노자는 말을 하지 않는다고 이웃사람이 친구에게 단단히 일러두었기 때문이다. 그런데 마침 해가 떠오르고 있었다. 일출의 광경이 매우 아름다웠다.

그래서 이웃사람의 친구는 이웃사람의 말을 그만 잊고 탄성을 질렀다.

"참으로 아름다운 아침입니다."

그리고 아무 말도 하지 않았다. 노자도 이웃사람도.

집으로 돌아와서야 노자가 이웃사람에게 말했다.

"그 사람은 데려오지 마시오. 말이 너무 많소."

이웃사람이 따졌다.

"말이 너무 많다고요? '참으로 아름다운 아침입니다' 라는 말밖에 하지 않았는데요?'

노자가 이렇게 말했다.

"나도 당신도 거기 같이 있는데 아름답다고 말할 건 뭐요? 말을 하지 않아도 아침은 거기 아름다운 채로 있잖소. 마음을 왜 불러옵니까? 그 사람은 말이 너무 많으니 다음부터는 데려오지 마시오."

이웃사람의 친구는 일출이 아름답다고 말함으로써 아름다운 아침을 깨뜨렸고 세상을 나누었다. 뭔가를 아름답다고 말하는 것은 다른 뭔가를 비난하는 것이다. 아름다움은 추함 없이 존재할 수 없다. 뭔가가 아름답다는 것은 다른 뭔가는 아름답지 않다는 말이 된다. '나는 당신을 사랑합니다'라는 말은 '나는 다른 사람은 사랑하지 않습니다'라는 말이 된다.

삶을 나누지 말고 그냥 살라. 꽃을 볼 때는 꽃을 거기에 놔두고 보라. 있는 그대로 놔두라. 이러쿵저러쿵 하지 말라. 그냥 보라. 말을 하지도 말고 마음을 일으키지도 말라. 그러면 커다란 깨침을 얻을 것이다.

슬픔이 일어나면 이를 슬픔이라 부르지 말라. 이 방법도 훌륭한 명상이 될 수 있다. 여러 사람에게 이 명상법을 일러주었는데 하나같이 놀라운 결과를 보았다. 사람들에게 이렇게 명상법을 일러주었다. "다음에 슬플 때면 그 기분을 '슬픔'이라 하지 말라. 그냥 지켜만 보라." 그 기분을 슬픔이라고 부르기 때문에 슬퍼지는 것이다. 어떠한 기분이 됐든 그냥 지켜보라. 마음을 일으켜 분석하거나 이름표를 달려고 하지 말라. 마음은 사물을 나누는 데 천재다. 어떠한 대상이 오든 끊임없이 나누고 분류하고 이름을 붙인다. 분류하지 말라. 대상이 스스로 존재하도록 상관하지 말라. 끼어들지 말라. 관조하라. 그렇게 하다보면 점점 이런 사실을 깨달을 것이다. '보라, 슬픔은 사실 슬픔이 아니었다. 행복도 내가 생각한 만큼 행복한 것이 아니었다.' 그러면 점점 분류의 경계가 사라진다. 행복도 불행도 사실 하나의 에너지에서 나온다는 것을 깨닫는다. 행복과 불행은 하나다. 마음이 차이를 만들 뿐이다. 하지만 에너지는 같다. 고통과 희열은 하나다. 마음이 둘로 나눌 뿐이다. 세상과 신도 하나다. 마음이 세상과 신을 둘로 만들 뿐이다. 판단하는 마음을 내려놓고 실재를 바라보라. 판단하지 않은 대상이 곧 실재다. 판단을 내린 대상은 환영이다.

그대는 이렇게 물었다. "제 마음속에서는 종종 태양의 마음과 달의 마음이 동시에 작용합니다." 마음은 항상 나뉘어 존재한다. 마음은 그렇게 일을 하고 그렇게 산다.

태양의 마음과 달의 마음, 이들을 잘 이해하라. 남성 안에는 여성이 들어 있고 여성 안에는 남성이 들어 있다. 어떻게 그런가? 인간은 분열된 상태에서 살기 때문이다. 내면의 남성과 내면의 여성이 분리된 채 살기 때문이다. 그래서 항상 갈등의 줄다리기 속에서 산다. 이것이 보통 인간의 마음이다. 하지만 내면의 남성과 여성이 서로 만날 때 하나가 된다. 그리고 초월이 일어난다.

태양과 달 사이에서 일어나는 갈등 속에 살면 남성은 항상 외면의 여성에 관심을 갖게 된다. 외면의 여성에 마음을 빼앗긴다. 여성 또한 외면의 남성에 관심을 갖는다. 그러나 태양의 에너지와 달의 에너지가 서로 만나 하나가 되면, 그래서 내면의 갈등이 풀리면 외면의 남성이나 여성에 마음을 빼앗기지 않는다. 이렇게 내면의 태양과 달이 하나될 때 진정 성적으로 만족할 수 있다.

여자를 멀리하라는 말이 아니다. 그럴 필요없다. 또는 남자를 멀리할 필요도 없다. 내면의 남성과 여성이 하나되면 남녀의 관계는 완전히 달라진다. 완전히 조화로운 관계로 탈바꿈한다. 필요의 관계가 아니라 나눔의 관계가 된다. 보통 남자가 여자에게 접근하는 것은 필요에 의해서다. 남자는 여자를 하나의 수단으로 이용하고자 한다. 여자도 남자를 이용하고자 한다. 그런 이유 때문에 남자와 여자는 항상 싸우게 되어 있다. 본질적으로 보면 남자와 여자는 자기 내면에서 갈등을 일으키고 싸운다. 외면의 싸움은 내면의 싸움이 비친 것에 불과하다.

내가 여자를 이용하려고 사귄다면 어떻게 여자가 나를 이해하고 나를 편하게 생각할 수 있겠는가? 여자는 이용당했다고 느낀다. 물건 취급을 당했다고 느낀다. 그래서 여자는 남자에게 화를 낸다. 화를 내면서 남자를 이용하려고 한다. 아내는 남편을 공처가로 만든다. 이런 관계는 사랑의 관계라기보다는 갈등의 관계요 싸움의 관계다. 사랑이라기보다는 전쟁이다. 사랑이라기보다는 증오다.

내면의 남성 여성이 화합하면 타인과의 화합도 자연스럽

게 이루어진다. 내면의 갈등이 사라지고 외면의 갈등도 사라진다. 외면의 갈등은 내면의 갈등의 그림자에 지나지 않는다. 사람들과 관계를 해도, 관계를 하지 않아도 완전히 자유롭다. 이제 관계를 해도 더 이상의 갈등은 일어나지 않는다. 관계를 하고 싶지 않으면 홀로 있을 수 있다. 그런 홀로 있음은 세상 사람들이 느끼는 고독이 아니다. 홀로 있음은 한마음(Mind)이 되었을 때 체험하는 아름다움이다.

태양의 에너지를 달의 에너지로 변형시키는 것, 이것이 파탄잘리 가르침의 전부다. 이는 태양의 에너지와 달의 에너지가 서로 만나 하나가 되는 것이요 이를 관조하는 것이며 그 모두를 초월하는 것이다.

마음을 가지고는 아무것도 할 수 없다. 먼저 마음을 내려놓아야 한다. 마음의 일은 세상을 나누는 일이다. 그것이 마음의 골수이다. 마음은 나눔에 절대적으로 의지한다. '나는 남자다. 나는 여자다.' 이 모두는 마음이 나누는 일이다. 붓다는 누구인가? 남자인가, 여자인가? 인도에서는 쉬바[8] 신을 반남(半男) 반녀(半女)의 아르다나리슈와르(Ardhanarishwar)로 표현한다. 이는 완벽한 표현이다. 그렇게 표현해야 마땅하다. 우리는 태어날 때 아버지에게서 남성을 물려받고 어머니에게서 여성을 물려받는다. 남녀의 차

8)쉬바(Shiva): 인도 3대 신 중의 하나. 파괴의 신.

이는 표면적인 것이지 질적인 것은 아니다. 여자는 의식의 세계에서 여성이요 무의식의 세계에서 남성이다. 남자는 의식의 세계에서 남성이요 무의식의 세계에서 여성이다. 남자와 여자의 차이는 이것밖에 없다.

이 작은 차이를 이해하는 것도 대단히 어렵다. 사람들의 마음은 남자 아니면 여자로 조건화되어 있기 때문이다. 사회는 남녀의 선명한 역할을 지나치게 강조한다. 남자가 여자의 역할을 하거나 여자가 남자의 역할을 하는 것이 용인되지 않는다. 그래서 남자는 남성으로 굳어지고 여자는 여성으로 굳어지는 것이다. 어렸을 때부터 부모는 남녀의 분명한 차이를 주입시킨다. '사내아이가 인형 따위를 가지고 놀면 못 쓴다. 인형은 계집애들이나 가지고 노는 거야. 사내대장부가 되어야지.' '계집애같이 질질 짜서는, 쯧쯧. 번듯한 사나이가 되어야지.' 남자아이는 왜 그래야 하는지도 모르고 사나이가 되는 데 자신의 의식을 집중한다. 자신의 순수한 존재로부터, 합일된 존재로부터 달아나기 시작한다. 그렇게 하여 남자아이는 사나이가 된다. 사나이는 존재의 반쪽일 뿐이다. 여자아이는 여인이 된다. 그것 또한 존재의 반쪽이다. '어딜 나무에 기어 올라가고 그래. 그건 사내아이들이나 하는 짓이야.' 무슨 말인가? 나무는 모두를 위한 나무다. '어딜 강물에 나가 함부로 헤엄을 치고 그러니. 그건 남자 애들이나 하는 짓이야.' 그러나 강물 역시 모두를 위한 강물이다.

이렇게 남자는 남자로, 여자는 여자로 틀 지워져 있다. 남자도 여자도 온전한 존재가 아니다. 틀과 동일시하지 말라. 틀에서 빠져나오라. 틀이 헐거워지면서 자신의 존재 안에 편히 쉬면, 내면의 남성이나 여성을 받아들이면 상상할 수 없을 만큼 그대의 존재는 풍요로워진다. 그대의 존재는 전체가 된다.

9장
태양과
달의
만남

오쇼 수트라

인간의 육체는 남성과 여성으로 나뉘어 있다.
인간의 내면에서는 태양과 달이 계속 바뀐다.

'나는 누구인가'를 모르면
성을 전체적으로 이해할 수 없다.

태양과 달의 에너지가 조화를 이루지 않으면
초월은 가능하지 않다.

내면에서 모든 소리가 사라지면
언제나 거기 있던 소리, 침묵의 소리
소리 없는 소리를 듣는다.

과학과 시가 만날 때
세상은 완벽해진다.

태양과 달의 만남

인간은 진화한다. 인간은 진화하는 존재일 뿐 아니라 진화의 매개체다. 인간에게 진화는 크나큰 책임이며 동시에 더없는 기쁨이다. 이는 인간의 영광이기 때문이다. 물질은 시작이요 신은 끝이다. 물질은 알파요 신은 오메가다. 인간은 다리 역할을 한다. 물질은 인간을 타고 가 신으로 변형된다. 신은 어디서 기다리고 있는 물질적인 존재가 아니다. 신은 인간을 통해 진화하는 존재다. 신은 인간을 통해 생성되는 존재다. 인간은 물질을 신으로 변형시킨다. 인간은 존재계의 가장 위대한 실험이다. 그 영광을 생각해보라. 또한 그 책임을 생각해보라.

가능성은 열려 있다. 모든 것은 개인이 하기 나름이다. '나는 인간의 형상을 하고 있는 것만으로도 충분하다' 라고 생각하면 마음에 속은 것이다. 지금 인간에게는 가능성의 형상만 있을 뿐이다. 실체는 가능성의 씨앗 속에 존재한다.

씨앗이 터지도록 허용해야 한다. 가능성을 향해 마음의 문을 열어라.

물질마저도 신성으로 변형되는 오메가 포인트[1]로 나아갈 수 있도록 구도자를 돕는 것, 바로 이것이 요가이다. 요가는 성에서 사마디, 그리고 가장 낮은 센터인 물라다라(muladhara)에서 가장 높은 센터인 사하스라라(sahasrara)—진화의 절정이요 정상—로 가는 순례의 여정을 상세하게 그려낸다.

오늘의 수트라로 들어가기 전에 이 점을 분명하게 이해해야 한다. 요가는 인간을 7단계, 7센터, 7층으로 된 존재로 생각한다. 첫 번째인 물라다라는 성 센터이자 태양의 센터요 마지막 일곱 번째인 사하스라라는 신의 센터이자 오메가 포인트다.

본질적으로 성 센터는 아래쪽으로 움직인다. 이 센터는 인간을 물질 및 자연과 연결시킨다. 성 센터는 자연과의 관계요 지나간 과거 세계와의 관계다. 성 센터에서 벗어나지 않으면 진화할 수 없다. 과거에 묶인 채 미래로 나아가지 못한다. 현재 인간은 성 센터에 매여 있다.

사람들은 성에 대해 모든 것을 안다고 생각한다. 아니다, 별로 모른다. 특히 성을 잘 안다고 생각하는 심리학자들도

---

1) 오메가 포인트(Omega Point): 진화가 완성된 상태, 혹은 진화의 극점.

잘 모른다. 그들은 그저 안다고 생각할 뿐, 성의 본질을 모른다. 성은 하강만 하는 게 아니라 상승도 할 수 있다는 사실을 모른다. 그렇다, 보통의 성은 아래쪽으로 움직인다. 지금 인간의 내면에는 하향의 메커니즘만이 존재하기 때문이다. 이는 동물에도 존재하고 식물에도 존재한다. 하향의 성 메커니즘이 인간에게도 존재한다고 해서 별다른 의미는 없다. 우리가 주목해야 하는 사실은 동물이나 식물에 존재하지 않는 무언가가 인간에게 존재한다는 사실이다. 동물이나 식물의 성은 밑으로 향할 수밖에 없다. 그들에게는 위로 올라갈 수 있는 계단이 존재하지 않기 때문이다.

7센터는 진화의 7계단을 의미한다. 이 계단은 모든 인간에게 존재한다. 선택하기에 따라서 위로 떨어질 수도 있고 아래로 떨어질 수도 있다.

인간의 단계에서부터 진화는 의식을 향해 나아간다. 인간 이전까지는 자연의 도움을 받았다. 그러나 인간의 단계에서부터는 스스로 책임을 지고 스스로 나아가야 한다. 인간은 어른이 되었다. 철이 든 것이다. 이제 자연은 더 이상 인간을 돌볼 수 없다. 깨어서 앞으로 나아가지 않으면, 진화를 위해 깨어 있는 노력을 하지 않으면, 스스로 책임지지 않으면 정체될 수밖에 없다. 정체 현상은 물라다라의 성 센터에서 일어난다.

인간의 단계까지는 별다른 어려움이 없었다. 자연이 도와

주고 보살펴주었기 때문이다. 이제 인간은 아기도 어린아이도 아니다. 자연은 인간에게 영원히 젖을 먹여줄 수 없다. 엄마는 아이가 자라면 이렇게 말한다. '이제 젖을 떼라.' 삶과 책임을 깨달은 사람들, 싯다[2]와 붓다, 그리고 득도한 사람들도 그렇게 말했다.

이제 어떤 길을 가느냐는 전적으로 나에게 달렸다. 스스로 길을 걸어가야 한다. 물라다라 센터는 위로 상승할 수 있는 가능태로 존재한다. 오늘 먼저 정확히 짚고 넘어가야 할 것이 있다. 그건 바로 '사람은 성의 전체 모습을 모른다'는 것이다.

신을 실현하지 않으면 성을 온전히 알 수 없다. 신은 성 에너지의 정점이요 성 에너지 변형의 궁극이기 때문이다. '나는 누구인가'를 모르면 '성은 무엇인가'를 알 수 없다. 이해할 수 있는 방도가 없는 것이다. 그저 성의 부분만을 알 뿐이다. 태양 에너지의 부분만을 이해할 뿐이다. 달 에너지는 조금도 모른다. 여성 에너지 분야의 심리학은 아직도 발전이 전무한 상태다. 프로이트(Freud)와 융(Jung), 아들러(Adler) 등의 심리학자들은 대부분 남성에 초점을 맞추었다. 여성은 아직도 미개발의 영역이다. 달의 센터도 미개발의 영역이다.

---

2)싯다(siddha): (궁극적인 자유를) 성취한 자. 이따금 초자연적인 힘을 발휘하는 사람을 가리키기도 함.

소수가 언뜻 언뜻 달의 영역을 일별했는데, 융이 그랬다. 프로이트가 완전히 남성 지향적이었다면, 융은 마지못해 하긴 했어도 여성 쪽으로 약간 접근했다. 그들은 서양의 과학적인 교육을 받았기 때문에 그럴 수밖에 없었다. 달의 센터를 연구하는 것은 과학의 세계와 너무나 다른 세계이다. 이는 신화의 세계요 시와 상상의 세계다.

몇 가지를 더 언급해보자. 프로이트는 태양 지향적이었고, 융은 달 쪽으로 약간 기울었다. 그래서 프로이트는 자신의 제자였던 융에게 분노했다. 프로이트 학파의 학자들은 융을 좋게 생각하지 않았다. 그들에게는 융이 스승을 배반한 것처럼 보였던 것이다.

항상 태양 지향적인 사람은 달 지향적인 사람이 위험하다고 생각한다. 태양 지향적인 사람이 이성이라는 반듯한 고속도로 위를 달린다면, 달 지향적인 사람은 미로를 탐색한다. 달 지향적인 사람은 거친 황야를 달린다. 그곳에는 아무것도 반듯하지 않지만 모든 것이 생생하게 살아 있다.

남자가 가장 두려워하는 대상은 여자다. 생명이 여자에게서 나오기 때문에 죽음도 여자에게서 나올 거라고 생각한다. 왜냐면 끝은 언제나 시작과 만나는 법이고, 그래야 원은 완성되는 법이니까.

인도 신화에도 이런 게 나온다. 인도에서 칼리(Kali) 여신의 그림이나 조각상을 본 적이 있는가? 여성성을 상징하는 칼리 여신은 남편인 쉬바의 몸 위에서 춤을 춘다. 칼리가 지나칠 정도로 격렬하게 춤을 춘 나머지 쉬바는 그만 죽고 만다. 그래도 칼리의 춤은 계속된다. 여성성이 남성성을 죽이는 것이다. 이것이 칼리 신화가 우리에게 던져주는 의미다. '여성성은 남성성을 죽인다.'

그림에 나오는 칼리의 모습은 왜 검은가? 그녀의 이름, 칼리는 검은색을 뜻한다. 그녀는 왜 그토록 위험한가? 칼리는 한 손에 방금 잘려서 피가 뚝뚝 떨어지는 머리를 들고 있다. 그녀는 죽음의 화신이다. 그녀는 격렬하게 춤을 춘다. 남편의 가슴 위에서 격렬하게 춤을 춤으로써 남편이 죽지만 격렬한 춤은 계속된다. 그녀는 왜 검은색인가? 칼리는 칠흑같이 어두운 밤, 즉 죽음을 상징하기 때문이다.

칼리는 왜 남편을 죽였는가? 달은 항상 태양을 죽인다. 인간의 존재에 달이 뜨면 논리는 죽는다. 논리와 이성은 살아남을 수 없다. 존재에 달이 뜨고 논리와 이성이 죽으면 완전히 새로운 차원으로 상승한다.

우리는 시인에게서 논리를 기대하지 않는다. 화가나 무용수나 음악가에게서 논리를 기대하지 않는다. 그들은 완전한 어둠의 세계에서 산다. 그들의 세계는 어둠이다.

이성은 항상 두려워한다. 남성도 항상 두려워한다. 남성은 이성 지향적이기 때문이다. 여자와 여자의 마음을 이해하지 못하는 남자의 마음을 관찰해본 적이 있는가? 여자가 남자를 이해하지 못하는 것도 마찬가지다. 남자와 여자는 서로 전혀 다른 차원의 존재인 것처럼 둘 사이에는 커다란 차이가 존재한다.

남자는 여자를 이해 못하고 여자는 남자를 이해 못한다. 이는 태양과 달의 관계와 같다. 태양이 뜨면 달은 사라진다. 태양이 가라앉으면 달이 뜬다. 둘은 서로 만날 수 없는 존재다. 둘은 서로 대면할 수 없는 존재다. 사람의 직관이 움직이기 시작하면 이성은 사라진다. 여성은 남성보다 직관적이다. 여성은 이성으로 사물을 보지 않고 직감으로 본다. 그리고 그 직감은 거의 맞다. 이런 식으로 여성이 사물을 터득하는 방법은 남성과 다르다. 그것은 사물의 이치를 터득하는 달의 길이다.

여성 심리학은 아직도 미개척 분야로 남아 있다. 달의 심리학을 제대로 연구하지 않으면 심리학은 학문의 지위를 누릴 수 없어야 한다. 달의 심리학을 밝히지 않으면 심리학은 남성의 편견에 사로잡힌 심리학으로 전락하기 때문이다. 인간의 전체 모습을 그려내는 학문이 되지 못하는 것이다.

프로이트 심리학이 태양의 심리학이고 융의 심리학이 달의 심리학 쪽으로 약간 기울어 있다면, 로베르토 아사지올리[3]의 심리학은 태양과 달을 통합하는 심리학이다. 프로이

---

3) 로베르토 아사지올리(Roberto Assagioli, 1888-1974): 심리통합학의 창시자.

트가 자신의 심리학을 '정신분석학'이라고 부른 데 반해, 아사지올리는 자신의 심리학을 '심리통합학 (Psychosynthesis)'이라고 불렀다. 분석은 태양에서 나오고 통합은 달에서 나온다. 빛이 존재할 때를 관찰해보라. 빛이 있으면 분리가 생긴다. 이것이 여기 있고 저것이 저기 있다. 모든 것이 분리되어 존재한다. 그리고 밤의 어둠이 내리면 모든 것은 사라진다. 모든 분리가 사라진다. 모든 것은 하나가 된다. 어두운 밤이 오면 모든 분리는 흔적도 없이 사라진다.

따라서 달의 심리학은 통합적이요 태양의 심리학은 분석적이고 논리적이다. 이 둘을 뛰어넘는 차원 높은 심리학이 가능하다. 나는 이를 '붓다의 심리학'이라고 부른다. 여기에 대해 몇 마디 언급하고자 한다. 프로이트는 태양이요 융은 달이며 아사지올리는 태양+달이다. 붓다는 태양+달+피안이다. 피안에 대해서는 나중에 설명하겠지만 피안에 이르는 길은 많다.

먼저 태양+피안에는 파탄잘리가 있고 마하비라와 요가가 있다. 이 길의 언어는 태양이요 이 길의 체험은 피안이다. 그리고 태양+달+피안에는 탄트라가 있다. 탄트라의 체험은 피안이요 탄트라의 언어는 태양+달이다. 다음으로는 달+피안이 있다. 이 길에는 나라드[4]와 체이타냐[5], 미라[6], 예수 등이 있다. 이 길의 체험은 피안이요 언어는 달이다. 다음으로 단순히 피안만의 길이 있다. 여기에는 보디달마, 노자, 장자, 선 등이 있다. 이 길은 언어를 믿지 않는다. 이 길에서는 태양의 언어도 달의 언어도 필요하지 않다. 언어로 말할 필요가 없다고 생각한다. 노자는 말한다. "도(道)를 도라고 말하면 더 이상 도가 아니다. 말로 표현된 진리는 가짜다. 진리란 표현할 수 없는 것이다."

이렇게 진리에 이르는 데는 모든 길이 열려 있다. 아직도 개척해야 할 길들이 남아 있다. 세계 여기저기서 깨달은 사람이 드문드문 나오고는 있지만, 인간의 집단의식이 성장할 수 있도록 그들이 성취한 깨달음을 분류하여 정리할 필요가 있다.

정수리 밑에 있는 빛을 대상으로 삼야마를 행하면
완전한 존재를 만날 수 있는 능력이 생긴다.

사하스라라는 정수리 바로 밑에 있다. 사하스라라는 머리에 있는 아주 미묘한 구멍이다. 성기가 물라다라에 있는 미묘한 구멍인 것처럼 말이다. 이 미묘한 구멍을 통해 자연과 삶, 보이는 것, 물질, 형상의 세계로 하향한다. 그와 똑같이

---

4)나라드(Narad): 고대의 스승으로 『박티 수트라(Bhakti Sutra)』를 저술함.
5)체이타냐(Chaitanya, 1486-1533): 인도 벵골 출신의 신비가로 '박티(bhakti)' 운동의 선구자.
6)미라(Meera): 인도 중세, 라자스탄(Rajasthan) 출신으로, 깨달은 여성 신비가.

정수리에도 미묘한 구멍이 있다. 에너지가 흘러 들어가면 이 구멍이 열린다. 이 구멍이 열리면 초자연적인 존재를 만날 수 있는 능력이 생긴다. 초자연적인 존재를 신이라 불러도 좋고 완벽한 존재(싯다)라 불러도 좋다. 이들은 이미 성취한 자들이다.

인간은 성을 통해서 자신과 같은 육체를 번식한다. 성은 창조적이다. 자신을 닮은 아이들을 많이 태어나게 한다. 자신을 재생산하는 것이다. 그런데 일곱 번째 차크라인 사하스라라가 열려도 자신을 재생산할 수 있다. 이때는 아이가 아니라 부활을 낳는다. 이것이 곧 예수가 말하는 '거듭남'의 참된 의미다. 거듭나면 그대는 그대 자신의 아버지요 어머니가 된다. 태양의 센터는 아버지가 되고 달의 센터는 어머니가 된다. 내면에서 태양과 달이 만나서 에너지를 머리로 상승시킨다. 이때 내면의 오르가슴을 느낀다. 태양과 달이 만나서, 내면의 남성성과 여성성이 만나서, 남성의 에너지와 여성의 에너지가 만나서 내면의 오르가슴을 만드는 것이다.

인간의 몸은 남성적인 부분과 여성적인 부분으로 나뉘어 있다. 이를 잘 이해해야 한다. 왼손잡이 사람들이 얼마나 심리적인 억압을 당하는지 아는가? 아이가 왼손으로 글을 쓰면 부모도 선생도 친구도 반대한다. 사회 전체가 아이에게 오른손으로 쓰도록 강요하는 것이다. 왜 오른쪽은 바른쪽이 되어야 하고, 왼쪽은 틀린 쪽이 되어야 하는가? 왼쪽에게 무슨 잘못이 있는가? 세상 사람 중 무려 10퍼센트가 왼손잡이다. 10퍼센트는 결코 적은 수가 아니다. 10명 중 한 명은 꼭 왼손잡이라는 말이다. 실제는 왼손잡이로 태어났지만 이 사실을 모르고 사는 사람도 많다. 어린시절 무조건 오른손으로 쓰라고 강요받아 오른손만을 사용하게 되었다가, 나중에 이 사실을 잊어버리는 사람들도 많은 것이다.

오른손은 태양의 센터, 내면의 남성성과 관계가 있다. 왼손은 달의 센터, 내면의 여성성과 관계가 있다. 인간 사회는 순전히 남성 지향적이다.

왼쪽 콧구멍은 달의 센터와 연결되어 있다. 오른쪽 콧구멍은 태양의 센터와 연결되어 있다. 더울 때 오른쪽 콧구멍을 막고 왼쪽으로 숨을 쉬라. 10분 안에 몸이 시원해진다. 기회가 날 때 시험을 해보라. 어렵지 않게 누구나 할 수 있다. 추울 때는 왼쪽 콧구멍을 막고 오른쪽으로 숨을 쉬라. 10분 안에 몸이 따뜻해진다.

요가는 호흡법을 잘 이해했다. 요기들은 아침에 일어날 때면 왼쪽 콧구멍으로 호흡을 한다. 오른쪽으로 호흡을 하면서 일어나면 하루 종일 화가 나거나 싸우거나 공격적인 성향을 띠거나 차분할 수 없다는 사실을 알기 때문이다. 그래서 요가에서는 일어났을 때 어떤 콧구멍으로 숨을 쉬는가를 지켜보는 수행을 한다. 왼쪽으로 숨을 쉬고 있으면 바로 잠자리에서 일어나면 된다. 오른쪽으로 쉬고 있으면 오른쪽 콧구멍을 막고 왼쪽으로 숨을 쉰다. 그렇게 계속하다 보면 손으로 오른쪽을 막지 않아도 왼쪽으로 숨을 쉬게 된다. 그러면 그때 일어난다.

왼쪽 콧구멍으로 숨을 쉴 때 일어나면 하루 생활이 완전히 달라진다. 부정적인 감정들이 가라앉고 마음이 차분하고 고요해진다. 명상이 깊어진다. 싸우고 싶은 사람은 오른쪽 콧구멍으로 숨을 쉬라. 사랑하고 싶은 사람은 왼쪽 콧구멍으로 숨을 쉬라.

호흡은 끊임없이 변한다. 이를 관찰한 적이 없다면 지금이라도 관찰해보라. 현대의학도 호흡의 변화를 이해해야 한다. 호흡의 변화를 치료에 이용할 수 있기 때문이다. 달의 에너지가 치료에 도움이 되는 병도 있고, 태양의 에너지가 치료에 도움이 되는 병도 있다. 이를 정확히만 알면 호흡을 환자 치료에 잘 이용할 수 있다. 그러나 현대의학은 이 점을 아직도 깨닫지 못하고 있다. 인간의 호흡은 끊임없이 변한다. 40분 간 한쪽 콧구멍으로 호흡을 한다. 그리고 40분이 지나면 다른 쪽 콧구멍으로 호흡을 하기 시작한다. 내면에서 태양과 달의 에너지가 계속 변하는 것이다. 태양에서 달로, 다시 달에서 태양으로 끊임없이 이동하는 것이다.

그래서 사람의 기분도 계속 변한다. 어느 순간 아무런 이유도 없이 초조해진다. 같은 방에서 같은 상태로 앉아 있지만 느닷없이 불안감을 느낀다. 이 순간을 잘 살펴보라. 손을 코끝에 대고 어느 쪽으로 숨을 쉬고 있는가 느껴보라. 틀림없이 오른쪽으로 쉬고 있었을 것이다. 좋은 기분이 사라졌을 때나 기분이 나쁠 때, 싸우고 싶은 마음이 일어날 때도 호흡은 왼쪽 콧구멍에서 오른쪽 콧구멍으로 바뀐다.

몸의 부위는 모두 음과 양으로 나뉘어 있다. 이 점을 잘 알라. 뇌도 두 부분으로 나뉘어 있다. 따라서 인간의 뇌는 하나가 아니라 좌뇌와 우뇌, 두 개다. 좌뇌는 태양의 뇌며 우뇌는 달의 뇌다. 지금까지 육체의 왼편에 있는 것은 모두 달이었는데, 갑자기 우뇌가 달이라는 점이 선뜻 이해가 안 될 것이다. 우뇌는 몸의 왼쪽과 연결되어 있다. 왼손은 우뇌와 연결되어 있으며 오른손은 좌뇌와 연결되어 있다. 서로 엇갈리게 연결되어 있는 것이다.

우뇌는 시와 상상력, 사랑, 직관의 뇌다. 좌뇌는 이성과 논리, 추론과 철학, 과학의 뇌다. 태양의 에너지와 달의 에너지가 서로 조화를 이루지 못하면 초월을 할 수 없다. 좌뇌와 우뇌가 서로 만나 조화를 이루지 못하면 사하스라라에 도달할 수 없다. 사하스라라는 존재의 오메가 포인트다. 따라서 사하스라라에 도달하여 하나가 되어야 한다. 사하스라라에는 남자로도 여자로도 도달할 수 없다. 사하스라라에는 순수의식으로, 한마음으로만 도달할 수 있다.

"정수리 밑에 있는 빛을 대상으로 삼야마를 행하면 완전한 존재를 만날 수 있는 능력이 생긴다." 인간은 의식의 진화를 위해 에너지를 상승시켜야 한다. 삼야마는 에너지를 상승시키는 방법이다. 남자는 자신의 태양 에너지와 태양센터(성 센터)를 완전히 자각해야 한다. 물라다라 차크라 속으로 들어가 물라다라에 각성의 빛을 비춰야 한다. 물라다라는 각성의 빛을 받으면 물라다라의 에너지가 단전의 달센터로 상승하는 것이 보인다.

에너지가 달 센터로 상승하면 지복을 느낀다. 섹스의 오르가슴은 여기에서 느끼는 지복에 비하면 아무것도 아니다. 완전히 아무것도 아니다. 태양의 에너지가 달의 에너지 쪽으로 상승하면 그 지복감은 섹스의 오르가슴보다 몇 만 배더 강렬하다. 이때 참 남성이 참 여성을 만난다. 외부에서만나는 여성은 아무리 가까울지라도 나와 떨어져 존재할 수밖에 없다. 외부 여성과의 만남은 피상적인 만남이다. 두 표피가 만나는 것일 뿐이다. 두 표피가 서로 접촉하는 것일 뿐이다. 태양의 에너지가 달 센터로 상승하면 두 에너지 센터가 만난다. 태양과 달이 만나면 지복은 끊임없이 계속된다. 이 지복은 섹스의 오르가슴에서처럼 금방 지나가는 것이 아니다. 이는 무한히 계속되는 오르가슴이다.

여성의 경우에는 단전 센터에 각성의 빛을 비춘다. 그러면 단전의 에너지는 태양 센터로 이동한다. 한 센터는 기능을 하고 다른 한 센터는 기능을 하지 않는다. 기능을 하는 센터는 기능하지 않는 센터와 만나야 한다. 그럴 때 기능하지 않는 센터는 활성화되기 시작한다.

태양과 달의 에너지가 만나 하나가 되면 에너지가 다시 상승하기 시작한다. 그대는 더 높은 존재의 차원으로 들어간다.

요가에서는 네 잎의 붉은 연꽃이 물라다라의 성 센터를 상징한다. 네 잎은 네 방향을 뜻하고 붉은색은 성 센터의 열기를 뜻한다. 사하스라라는 형형색색 1천 장의 꽃잎을 지닌 연꽃으로 표현된다. 사하스라라는 모든 것을 담고 있기 때문이다. 성 센터는 붉은색뿐이지만, 사하스라라는 모든 색을 포함한 무지갯빛이다.

1천 꽃잎의 연꽃인 사하스라라는 머리에서 아래쪽을 보고 매달려 있다. 에너지가 사하스라라로 올라가면 다시 에너지는 위로 상승한다. 아무런 에너지 없이 달려 있는 연꽃, 연꽃 자체의 무게 때문에 밑으로 향해 있을 뿐이다. 에너지가 사하스라라로 흐르면 사하스라라는 살아 움직인다. 그러면 에너지는 상승하여 피안으로 들어간다.

프라티바(pratibha), 즉 지혜의 빛을 통하여
모든 것을 안다.

프라티바는 상당히 어려운 말이다. 이를 영어로 옮기는 것은 거의 불가능하다. '직관(intuition)'이라고 옮기기는 하나, 이는 프라티바를 담기에는 대단히 빈약하다. 그저 설명을 해볼 수 있을 뿐이다.

태양은 지적이고 달은 직관적이다. 둘 다를 초월하면 프라티바가 온다. 프타티바에 해당하는 말은 존재하지 않는다. 태양은 지적이고 분석적이며 논리적이다. 달은 직관적이고 감성적이며 직감적이다. 달 지향적인 사람은 논리를 무시하고 결론에 도달한다. 지식은 논리적인 과정과 삼단논법, 방법론 등을 통해 가는데, 직관은 논리적인 과정이나 방법론을 무시하고 별안간 결론에 도달한다. 직관의 사람에게는 '왜'라고 물을 수 없다. 그에게는 이유가 존재하지 않는다. 번개가 치듯이 별안간 빛이 보인다. 다음 순간 번개는 사라지고 빛이 어떻게, 왜 일어났는지 알지 못한다. 그러나 빛을 본 것은 분명한 사실이다. 원시사회는 모두 직관적이다. 여성도 모두 직관적이다. 아이도 시인도 모두 직관적이다.

파탄잘리『요가 수트라』의 모든 영역본은 프라티바를 '직관(intuition)'으로 옮기고 있다. 그러나 나는 그렇게 옮기고 싶지 않다. 프라티바는 에너지가 지식과 직관의 이중성을 넘어갈 때 일어나는 것이다. 프라티바는 둘 다를 초월한다. 직관은 지식 너머에 있다. 프라티바는 지식과 직관 너머에 있다. 거기에는 논리도 섬광도 없다. 모든 것이 영원에서 영원으로 드러난다. 프라티바 속으로 들어간 사람은 전지전능하며 편재(遍在)한다. 그에게는 과거와 현재와 미래의 모든 것이 동시에 드러난다. 이것이 이번 수트라, "프라티바드 바 사르밤(prathibad va sarvam)"의 의미다. 이는 문자적으로 '프라티바를 통한 모든 것'이라는 뜻이다.

에너지가 사하스라라로 상승하면 내면에서 천만 개의 달과 천만 개의 태양이 만나 오르가슴의 바다가 된다. 이는 끝없이, 영원히 계속된다. 이것이 프라티바다. 프라티바 속에서는 모든 것이 보이며 모든 것을 안다. 시간과 공간 등 모든 한계가 사라진다.

하나의 심리학은 태양을 지향하고 다른 심리학은 달을 지향한다. 그러나 참된 심리학, 즉 존재의 심리학은 프라티바를 지향해야 한다. 참된 존재의 심리학은 남성과 여성을 나누지 않는다. 이는 가장 높고 가장 위대한 통합이요 초월이다.

지식은 장님과 같다. 어두운 방을 더듬는다. 그래서 끝없는 논쟁을 한다. 직관은 눈은 떴지만 몸이 불구다. 제대로 움직이지 못한다. 프라티바는 온전히 건강한 사람이다. 수족이 모두 건강하다.

이런 인도 이야기가 있다. 어떤 숲에 불이 났다. 숲에는 장님과 앉은뱅이가 살고 있었다. 장님은 앞을 보지 못하지만 뛸 수는 있었다. 사방에 불이 활활 타오르고 있었기 때문에 앞을 보지 못하고 뛰는 것은 위험했다. 앉은뱅이는 걸을 수는 없었지만 앞을 볼 수는 있었다. 사방에 불길이 치솟자 그들은 말없이도 서로 통했다. 장님이 앉은뱅이를 업고 뛰는 것이었다. 이렇게 둘은 서로의 반쪽을 통합하여 불이 난 숲을 빠져나올 수 있었다고 한다.

지식도 반쪽이요 직관도 반쪽이다. 직관은 달리지를 못한다. 직관은 섬광 속에서만 존재하기 때문이다. 섬광 속에서 순간적으로 볼 뿐이다. 지식은 어둠 속에서 끊임없이 더듬는다.

프라티바는 통합이요 초월이다.

너무 지적인 사람은 삶의 아름다운 것들을 놓친다. 그런 사람은 시를 모르고 노래의 기쁨을 누리지 못하며 춤을 추지도 못한다. 그런 사람은 약간 모자라 보인다. 너무 뻣뻣하고 완고하며 스스로를 억압한다. 이런 사람에게는 달의 기운이 위축된다.

직관적인 사람은 삶을 누릴 줄은 알지만 다른 사람과 나누질 못한다. 의사소통의 수단이 없기 때문이다. 스스로는 아름다운 삶을 살지 모르지만 아름다운 세상은 만들지 못한다. '지식'이라는 손발이 없기 때문이다.

과학과 시가 만나면 완벽한 세계가 가능해진다. 과학과 시가 만나지 않으면 계속해서 지식은 직관을 비난하고 직관은 지식을 비난할 것이다. 내면에서 통합을 이루어야 한다. 그것이 "프라티바드 바 사르밤"이라는 파탄잘리의 말에 담긴 뜻이다. 안에서 프라티바가 솟아오를 수 있도록 깊은 통합을 이루어야 한다. 논리와 기도가 만나고, 노동과 예배가 만나며, 과학과 시가 만나는 통합을 이루어야 한다.

그래서 나는 인간이 아직 진화의 과정에 있다고 말하는 것이다. 인간은 아직 내용 없는 틀이다. 내용을 성취해야 한다. 위대한 연금술로 만들어야 한다. 자신을 진화의 실험실로 만들라. 그리고 물라다라의 성 센터에 있는 에너지를 사하스라라로 상승시켜라.

가슴을 대상으로 삼야마를 행하면
마음의 본성을 깨닫는다.

이는 정확한 번역이 아니다. 물론 정확한 번역이 어렵다는 걸 안다. "흐리다예 칫타 삼비트(Hridaye chitta samvit)." 먼저 파탄잘리가 말하는 "흐리다예"는 심장을 뜻하지 않는다. 요가에서는 심장 뒤에 있는 영적인 가슴을 뜻한다. 이는 신체 부위가 아니다. 심장은 가슴과 연결되어 있다. 그래서 둘은 공명(共鳴)하지만 인과 관계는 없다. 영적인 가슴은 절정의 경지에 도달한 사람만이 알 수 있다. 에너지가 사하스라라의 오메가 포인트에 도달할 때 신이 거주하는 참 가슴을 깨달을 수 있다.

"흐리다예 칫타 삼비트. 가슴을 대상으로 삼야마를 행하면 마음의 본성을 깨닫는다." 여기서 '마음의 본성' 이라는 번역도 틀렸다. "칫타 삼비트"는 의식의 본성을 뜻하지 마음의 본성을 뜻하지 않는다. 태양의 마음도 달의 마음도 모두 사라진다. "칫타 삼비트"는 사실 마음 없음을 뜻한다. 선객(禪客)에게 물으면 무심이라고 말할 것이다. 나뉨 속에서만 존재할 수 있는 마음은 사라진다. 마음과 분열은 늘 함께한다. 둘은 같은 현상의 다른 모습일 뿐이다. 마음은 분열을 통해서 존재하고 분열은 마음을 통해서 존재한다. 둘은 공존한다. 서로에게 의존한다. 분열이 사라지면 마음이 사라진다. 마음이 사라지면 분열이 사라진다.

무심의 경지에 이르는 데는 두 가지 길이 있다. 하나는 탄트라의 길이다. 마음을 버려 분열이 사라진다. 다른 하나는 요가의 길이다. 분열을 버려 마음이 사라진다. 어느 길을 택해도 좋다. 최종 결과는 같다. 하나가 되는 것이다.

"흐리다예 칫타 삼비트." 여기서 의식의 참 본성을 안다. 의식이라는 말을 단순히 무의식의 반대말로 생각할 수 있으나, "칫타 삼비트"는 무의식의 반대말이 아니다. 의식은 모든 것을 포함한다. 무의식은 의식이 잠들어 있는 상태다. 따라서 의식은 무의식의 반대가 아니다. 가슴에 각성의 빛(삼야마)을 비출 때 의식과 무의식 모두가 드러난다.

요가에서는 가슴 센터를 아나하타 차크라(anahata chakra)라고 부른다. '아하트(ahat)'는 갈등을 뜻하며, '아나하트(anahat)'는 갈등 없음을 뜻한다. 다음의 유명한 공안(公案)을 들어본 적이 있는가? 제자가 스승에게 도를 물으면 스승은 말도 안 되는 것에 대해 참선하라고 가르친다. "한 손으로 치는 손뼉 소리를 들으라." 이는 참으로 기이한 공안이다. 말도 안 되는 소리처럼 들린다. 한 손으로는 손뼉을 칠 수 없는 것은 물론이요 어떠한 소리도 낼 수 없다. 손뼉을 쳐서 소리를 내려면 두 손이 필요하다. 그렇다면 '한 손으로 치는 손뼉 소리'란 무엇인가? 그건 바로 아나하트를 말한다.

내면에서 잡다한 소리가 모두 사라지면 원래부터 있었던 소리를 듣는다. 이는 존재계의 본성이며 침묵의 소리요 소리 없는 소리다. 그래서 요가는 가슴 센터를 어떠한 갈등이나 마찰 없이 영원의 소리가 끊임없이 울려퍼지는 아나하타 차크라라고 부른다. 힌두교에서는 이 소리를 옴(Aum) 혹은 옴카르(Aumkar)라고 부른다. 옴 염송을 한번쯤은 들어보았을 것이다. 사람들은 '옴, 옴, 옴' 하고 염송을 하는데 이는 어리석은 짓이다. 옴을 염송해서는 참다운 옴의 경지, 우주의 소리에 도달할 수 없다. 옴을 염송하는 것은 한 손으로 치는 손뼉 소리가 아니라 두 손으로 치는 손뼉 소리이기 때문이다.

완전히 침묵하라. 모든 생각을 내려놓고 움직이지 말라. 그러면 그 소리가 거기 있음을 깨닫는다. 그 소리는 항상 거기 있었지만 그대의 귀가 닫혀 있었던 것이다. 이는 아주 신묘한 소리다. 마음에서 모든 세계를 놓고 그 소리에 깨어 있을 때, 점점 감수성이 예민해져갈 때 그 소리를 듣게 된다. 한 손으로 치는 손뼉 소리를 들은 사람은 신의 소리, 만물의 소리를 듣는다.

파탄잘리는 차근차근 단계별로 수행자를 오메가 포인트로 인도한다. 이 세 수트라는 정말로 대단히 중요하다. 쉬지 말고 이들 수트라에 대해 명상하라. 내면의 존재로 느껴보라. 그러면 이들 수트라는 신성의 문을 여는 열쇠가 되어줄 것이다.

10장

경험과

그

오류를

넘어서

오쇼 수트라

모든 경험은 오류다.
누가 누구인지 모르고
식별할 줄 모르기 때문에 오류를 범한다.

내면으로 들어갈 때 모든 능력은 장애가 된다.

영적인 경험은 존재하지 않는다.
있을 수 없다.
경험을 '영적' 이라고 하는 것은
영성을 곡해하는 것이다.

영성은 순수 각성,
즉 푸루샤를 깨닫는 것뿐이다.

경험과 그 오류를 넘어서

'홀로 있음' 이라는 말을 잘 이해하라. 홀로 있음은 고독이 아니다. 고독은 부정적이다. 다른 사람을 필요로 할 때 고독하다. 고독은 타인이 없다는 느낌이요 홀로 있음은 자아를 실현하는 체험이다. 고독은 추하며 홀로 있음은 아름답다. 홀로 있음은 만족이 넘쳐흘러서 타인이 필요없을 때, 자신의 의식 속에서 타인이 완전히 사라졌을 때의 느낌이다. 홀로 있음 속에서 타인은 그림자를 드리우지 않고 꿈을 만들지 않으며 방해하지도 않는다.

타인은 항상 나를 중심에서 끄집어낸다. 사르트르[1]의 유명한 말이 있다. "타인은 지옥이다." 파탄잘리가 이 말을 들었더라면 고개를 끄덕였을 것이다. 타인을 찾고자 하는 욕망으로 인해 지옥이 생기는 것이다. 곧 타인을 향한 욕망이

---

1)사르트르(Jean Paul Sartre, 1905-1980): 프랑스의 실존주의 작가.

지옥이다.

타인에 대한 무욕은 원시적으로 투명한 존재를 복원하는 길이다. 타인에 대한 무욕을 성취하면 나는 전체로 존재한다. 나 외에는 아무도 존재하지 않는다. 이것이 파탄잘리가 말하는 케이발리아(kaivalya)다. 케이발리아는 깨달음으로 가는 마지막 단계다. 첫 번째는 식별지(識別智)의 비베카(viveka)다. 두 번째는 탈속(脫俗)의 베이라기아(vairagya)다. 세 번째는 홀로 있음의 케이발리아다.

사람은 왜 그렇게도 타인을 갈망하는가? 타인을 향한 끊임없는 욕망은 왜 생기는가? 어디서부터 잘못되었는가? 왜 자신에 대해 만족하지 못하는가? 왜 자신이 부족하다고 생각하는가? '나는 불완전한 존재다'라는 그릇된 생각은 어디서 오는가? 그것은 몸과의 동일시에서 온다. 몸은 타인이다. 첫 발자국을 잘못 내딛으면 계속 방황하게 된다. 그 방황에는 끝이 없다.

파탄잘리가 말하는 비베카는 몸과 내가 떨어져 있음을 식별하는 것이다. 나는 몸에 있지만 몸이 아니며 나는 마음에 있지만 마음이 아님을 깨닫는 것이다. 나는 항상 순수 관조자요 보는 자임을 깨닫는 것이다. 나는 보여지는 대상이 아니라 순수한 주체이다.

내가 현존하면 자연은 살아 있게 된다. 이는 내면의 메커니즘이다. 내가 현존하면 몸이 생생하게 살아난다. 내가 현존함으로써 마음이 생생하게 기능한다.

요가에서는 이를 주인이 집을 비웠다가 돌아오는 것에 비유한다. 주인이 집을 비우면 하인들은 계단에 앉아 담배를 피우고 잡담을 하면서 게으름을 피운다. 집 관리에 신경쓰지 않는다. 그러나 주인이 돌아오는 기척만 들어도 하인들은 잡담이나 흡연을 멈추고 재빨리 일을 시작한다. 방금 전까지만 해도 이야기하면서 놀고 게으름을 피우던 모습을 상상할 수 없을 정도로 열심히 일하는 모습을 보여준다. 주인의 현존만으로 모든 것이 해결된다. 이는 마치 학교 교실과 같다. 선생이 교실을 나가면 교실 안은 학생들의 소란으로 순식간에 난장판이 되고 만다. 그러다가도 선생이 다시 교실로 들어오면 학생들은 제자리에 앉아 열심히 공부를 한다. 온갖 소동이 순간에 가라앉는다. 선생의 현존만으로 그렇다.

과학자들은 이와 비슷한 것을 발견했다. 촉매제의 존재가 그것이다. 다른 물질의 화학반응이 일어나는 데 없어서는 안 되는 물질이 있다. 자신은 변하거나 화학반응에 참여하지 않으면서 존재만으로 화학반응이 일어나도록 돕는 것이다. 이 물질이 없으면 화학반응이 일어나지 않는다. 촉매제 자신은 변하지 않으면서 다른 물질이 변하고 반응을 일으키도록 돕는다. 존재만으로 촉매의 역할을 하는 것이다.

파탄잘리는 내면 가장 깊은 곳에 있는 존재는 움직이지

않는다고 말한다. 이 존재를 요가에서는 푸루샤(purusha)라고 부른다. 푸루샤, 즉 인간의 순수의식이 촉매의 역할을 한다. 의식은 그냥 거기에서 아무것도 하지 않고 모든 것을 본다. 아무 일도 하지 않고 모든 일을 지켜본다. 푸루샤의 현존에 의해 몸과 마음과 모든 것이 활동을 시작한다.

그러나 우리는 몸과 동일시하고 마음과 동일시한다. 우리는 관조자의 위치에서 빠져나와 행위자가 된다. 이것이 인간이 앓고 있는 병의 모든 것이다. 비베카는 이 병을 고치는 약이다. 집에 다시 돌아오는 법과 자신이 행위자가 아님을 깨닫는 법, 그리고 투명한 관조자가 되는 법을 깨닫게 하는 약이다. 이렇게 명징한 관조자가 되어 존재의 집에 돌아오는 방법론을 일러 비베카(식별지)라 한다.

자신이 행위자가 아니라 지켜보는 자임을 깨달으면 자연스럽게 다음 단계로 넘어간다. 다음은 탈속의 베이라기아다. 과거에 했던 것을 이제는 할 수 없다. 과거에는 자신이 몸이요 마음이라고 생각했기 때문에 많은 일들을 했다. 그러나 이제는 자신이 몸도 마음도 아니라는 사실을 알기 때문에 과거에 그토록 매달렸던 일들이 떠나간다. 이 떠남이 베이라기아(탈속)요 산야스다.

비베카의 식별지와 깨우침으로 존재의 변형이 일어나며, 이것이 곧 베이라기아다. 베이라기아가 완성되면 다음 봉우리가 나타난다. 케이발리아가 그것이다. 이때 처음으로 ‘나는 누구인가'를 안다.

그러나 첫발을 동일시로 내딛으면 길을 잃는다. 동일시 쪽으로 첫발을 내딛으면, 몸과 나와의 분리를 모르고 동일시에 사로잡히며 계속 그릇된 방향으로 나간다. 진흙탕과 수렁 속으로 점점 깊이 빠져든다.

구제프는 제자들에게 이렇게 말하곤 했다. "먼저 동일시를 끊으라. 자신은 관조자요 의식임을 끊임없이 기억하라. 자신은 생각도 행위도 아님을 기억하라." 이 기억이 내면에서 결정화되면 비베카의 식별지를 성취하며 자연스럽게 베이라기아가 뒤따라온다. 식별을 할 줄 모르면 삼사라 (samsara), 즉 세상을 따르게 되어 있다. 몸과 마음을 동일시하면 세상 속으로 들어간다. 에덴동산에서 쫓겨난 존재가 된다. 식별을 할 줄 알며, 몸은 나의 거주처요 소유물이고 마음은 바이오컴퓨터요 하인이고 내가 주인임을 기억하면 내면으로의 회귀가 일어난다. 동일시의 첫발을 끊었기 때문에 세상 속으로 움직이지 않는다. 이제 세상과의 연결고리가 끊어지고 내면으로 떨어지기 시작한다. 이것이 베이라기아, 즉 탈속이라는 것이다.

내면으로 계속 떨어지다가 내면의 바닥에 도달한다. 이 자리는 지고의 선이요 케이발리아라고 부른다. 여기서는 아무런 대상을 필요로 하지 않는다. 이제 자신을 대상이나 타인으로 채워야 될 필요가 없다. 이제 내면의 공(空)과 공명

한다. 내면의 공과 공명하면 공은 텅 빈 충만이 된다. 무한
이 되고 존재의 열매가 된다.

이 푸루샤는 시작하는 지점에도 거기 있었고 끝나는 지점
에도 거기 있다. 그리고 이 시작과 끝 사이에 '세상'이라는
꿈이 존재한다.

> 경험은 순수의식의 푸루샤와 순수지성의 사트바를
> 구별하지 못한 결과다.
> 이기심을 대상으로 삼야마를 행하면
> 타자와 분리된 푸루샤를 깨달을 수 있다.

이 수트라의 단어 하나하나는 대단히 의미심장하다. 따라
서 단어 하나하나를 잘 이해해야 한다. "경험은 순수의식의
푸루샤와 순수지성의 사트바[2]를 구별하지 못한 결과다." 모
든 경험[3]은 오류다. '나는 불행하다'는 말, '나는 행복하다'
는 말, '배고프다'는 말, '기분 좋다'는 말 등등 모든 경험은
오류요 오해다. '나는 배가 고프다'는 말은 무슨 뜻인가? 그
렇게 말할 것이 아니라 '나는 몸이 배가 고픈 걸 안다'라고
해야 할 것이다. '나는 배가 고프다'라고 말해서는 안 된다.
배가 고픈 주체는 내가 아니라 몸이기 때문이다. 나는 몸이

---

2)사트바(sattva): 자연의 내적인 성질인 구나(guna)에는 사트바(순질純質)와 라
자스(rajas, 동질動質), 타마스(tamas, 암질暗質) 등이 있다.
3)이때의 경험은 '주로' 감각기관을 통해 들어오는 느낌을 말함.

배고픈 사실을 아는 자이다. 경험은 나의 것이 아니다. 나는 경험을 지켜보는 자이다. 경험은 몸의 것이요 각성은 나의 것이다. 불행의 경험도 몸이나 마음의 것이지 나의 것이 아니다.

몸과 마음은 하나의 메커니즘이다. 몸은 같은 실체의 거친 메커니즘이요 마음은 섬세한 메커니즘이다. 둘 다 같다. 사실 '몸과 마음'이라고 말하는 것은 옳지 않다. '몸마음'이라고 불러야 한다. 몸은 마음의 거친 부분이다. 몸을 자세히 살펴보면 몸도 마음처럼 움직인다는 사실을 알 수 있다. 잠을 자고 있는데 파리가 얼굴로 날아들면 잠을 깨지 않고도 파리를 향해 손을 움직인다. 몸은 마음과 아주 흡사하게 움직인다. 벌레가 잠든 사람의 다리 위를 기어오를 때도 마찬가지다. 잠든 상태에서 벌레를 떼어낸다. 잠에서 깨고 나면 벌레에 대해서는 기억하지 못한다. 비록 거칠기는 하지만 몸도 마음과 아주 흡사하게 움직이는 것이다.

그래서 몸마음에는 좋고 나쁜 경험, 행복하고 불행한 경험 모두가 들어 있다. 몸이 어떠한 경험을 하고 축적한다 할지라도 몸의 주인은 경험자가 아니다. 몸의 주인은 경험을 지켜보는 자다. 그렇기 때문에 파탄잘리는 대담하게 말한다. "경험은 순수의식의 푸루샤와 순수지성의 사트바를 구별하지 못한 결과다." 모든 경험은 오류다. 누가 누구인지 모르고 식별할 줄 모르기 때문에 오류를 범한다.

파탄잘리는 모든 경험은 오류라고, 눈의 오류라고 말한다. 대상과 동일시하면서 주체는 '나는 대상이다' 라고 생각한다. 그러나 배고플 때 오는 느낌은 몸의 것이지 사람의 것이 아니다. 몸이 배고픈 것이다. 어딘가 아프면 그 아픔은 몸의 것이며 사람은 아픔을 지켜보는 주체다.

매 순간 사람에게는 어떤 일이 일어난다. 일이 일어날 때마다 지켜보라. '나는 관조자' 라는 기억을 놓지 말고 지켜보라. 그리고 일이 어떻게 변화하는가 살펴보라. 자신이 관조자임을 깨닫기만 하면 많은 문제가 사라지기 시작한다. 끊임없이 그렇게 하면 모든 경험이 떨어져 나가고 깨닫는 날이 온다. 홀연히 경험을 넘어간다. 자신이 몸에도 있지 않고 마음에도 있지 않고 둘 너머에 있는 것이다. 돌연 자신의 존재가 모든 것을 넘어, 모든 것 위로 구름처럼 뜬다. 이렇게 경험이 없는 경지가 케이발리아의 경지다.

여기에 대해 한 가지 더 살펴보자. 영적인 경험은 참된 체험이라고 생각하는 사람들이 있다. 이것은 모르고 하는 소리다. 사람들이 종종 나를 찾아와서 이렇게 말한다. "영적인 체험을 하고 싶습니다." 그들은 자신이 하는 말이 무슨 말인지 모른다. 그런 경험 역시 세상의 것이다. 영적인 경험은 존재하지 않는다. 있을 수 없다. 경험을 '영적' 이라고 하는 것은 영성을 곡해하는 것이다. 영성은 순수한 각성의 상태, 즉 푸루샤(purusha)라는 순수의식을 깨닫는 것이다.

우리는 어떻게 동일시를 하게 되는가? 요가 철학에 따르면 궁극의 진리에는 세 가지 속성이 있다고 하는데, 삿치다난다(Sat-chid-ananda)가 그것이다. 사트(sat)는 영원하고 무한한 존재를 뜻한다. 치드(chid)는 깨어난 의식을 뜻한다. 아난다(ananda)는 지복을 뜻한다. 이 세 가지를 궁극의 세가지 속성이라고 부른다.

사람이 존재의 궁극적인 절정에 도달하면 이 세 가지를 깨닫는다. 여여하게 영원히 존재하는 사트, 영원한 존재를 자각하는 치드, 여여의 지복인 아난다, 이 세 가지를 깨닫는 것이다. 사실 '지복을 느낀다' 는 빗나간 표현이다. '지복을 느낀다' 라고 하면 그것은 하나의 경험이 되기 때문이다. 해서, 이렇게 표현하는 것이 더 낫다. '사람은 사트(존재)다. 사람은 치드(의식)다. 사람은 아난다(지복)이다.' 이들 세가지가 진리의 궁극적인 실현인 것이다.

파탄잘리는 이들 셋이 세상에 현존할 때 자연의 세 속성을 창조한다고 말한다. 삿치다난다는 촉매의 역할을 한다. 삿치다난다 자신은 아무 일도 하지 않는다. 삿치다난다의 현존 자체가 자연에 엄청난 화학반응을 일으킨다. 삿치다난

---

4)구나(guna): 자연의 내적인 성질, 혹은 속성. 이 구나에 사트바와 라자스, 타마스 등이 있다.

다의 활동은 세 구나[4], 즉 사트바(sattva)와 라자스(rajas), 타마스(tamas) 등과 대응한다.

사트바는 지복의 속성인 아난다와 대응한다. 사트바는 순수한 지성을 뜻한다. 사트바에 다가가는 만큼 지복이 깊어진다. 사트바는 아난다가 거울에 비친 모습이다. 삼각형으로 본다면 밑변이 아난다요 다른 두 변이 사트와 치드이다. 이것이 물질세계에 비치면 사트바와 라자스, 타마스가 역삼각형을 이룬다.

궁극의 진리는 아무것도 하지 않는다. 이것이 파탄잘리가 강조하는 바다. 궁극의 진리가 무언가를 한다면 그것이 행위자가 되고 세상 속으로 들어오게 되는데, 그럴 수는 없는 일이다. 파탄잘리의 시각으로 보면 신은 창조주가 아니라 촉매다. 이는 참으로 과학적이다. 만약 신이 창조주라면 신에게 창조의 동기와 이유가 있을 것이고 창조의 욕망이 있을 것이다. 만약 그렇다면 신도 인간처럼 평범한 존재가 된다. 아니다, 파탄잘리의 신은 절대적인 현존, 순수한 현존이다. 신은 아무것도 하지 않지만 그의 현존으로 모든 것이 일어난다. 자연이 나오고 춤을 춘다.

경험은 순수의식의 푸루샤와 순수지성의
사트바를 구별하지 못한 결과다.

푸루샤는 자연에 사트바로 비친다. 인간의 지성도 참 지성이 거울에 비친 모습에 불과하다. 인간은 영리하고 입심이 좋고 생각하고 사색하고 철학을 사유하고 사상을 만들지만 이 모두는 참 지성이 거울에 비친 모습일 뿐이다. 참 지성 속에서는 아무것도 발견할 필요가 없으며 모든 것이 갖추어져 있다.

사색이란 논리적인 꿈꾸기다. 그것은 말로 사상누각을 짓는 것이다. 사람은 말에 완전히 빠진 나머지 참을 잊어버린다. 말의 세계는 참이 거울에 비친 것에 불과하다.

붓다가 와서 '신은 없다'고 말하면 사람들은 곧바로 불안해한다. 붓다의 말은 사람들의 언어 세계와 상반되는 말을 했을 뿐이다. 또 붓다가 '자아도 없고 나도 없다'라고 말하면 사람의 마음은 어지러워질 것이다. 붓다는 에고의 계략을 빼앗고 언어의 패턴을 부순다.

이는 여기에서도 매일같이 일어나는 일이다. 내가 뭔가를 말해서 그대의 언어 패턴을 부수면 그대는 불쾌하거나 화를 낸다. 기독교인은 기독교 언어라는 집에서 살고, 힌두교인은 힌두교 언어라는 집에서 산다. 나는 기독교인도 힌두교인도 아니다. 내가 하는 일은 모든 언어의 패턴을 부수는 일이다. 내가 그대의 언어 패턴을 부수면 틀림없이 화가 날 것이다. 기분이 나쁠 것이다. 그리고 어떻게 해야 할지 생각할 것이다. 그러나 내가 하는 일은 어떤 것인가? 나는 그대에게서 무엇을 빼앗는가? 붓다가 그대의 신을 빼앗을 수 있다고 생각하는가? 그대가 아는 신을 빼앗을 수 있다고 생각하는가? 그가 빼앗거나 빼앗을 수 있는 것은 언어의 이론이나 가설뿐이다.

언어와 이론, 철학은 사트바의 세계에 속해 있다. 사트바는 인간의 마음과 지성을 뜻한다. 하지만 마음이 참나는 아니다.

기독교와 힌두교, 자이나교[5], 불교 등은 마음에서 나온 것이다. 그래서 선승은 이렇게 외친다. "붓다를 만나면 붓다를 죽여라!" 진짜로 붓다를 만나면 붓다를 죽이라는 말인가? 아니다, 마음을 죽이라는 말이다. 붓다에 대한 이론을 세우지 말라는 말이다. 그렇게 하지 않고서는 붓다를 만날 수 없다. 붓다가 되고 싶으면 붓다에 관한 관념을 모두 버려라. '붓다의 말을 듣자마자 붓다를 죽여라! 붓다라는 말을 내뱉었거든 즉각 입을 씻으라. 말은 더럽다.' 선승은 그렇게 말한다. 놀라운 사람들이다. 대단한 사람들이다. 그들은 그렇게 말하는 것은 물론 그렇게 실행도 한다.

이 같은 선승의 말이 이해가 되면 더 많은 것들을 볼 수 있

---

5)자이나교(Jainism): 기원전 6세기 무렵에 마하비라가 일으킨 비브라만(非 Brahman) 계통의 무신론 종교. 베다의 교권을 부정하고 엄격한 계율 생활과 불살생(不殺生), 그리고 고행의 실천을 중요시하며, 정신(正信) · 정지(正知) · 정행(正行)의 삼보(三寶)를 기본 체계로 삼는다.

다.

보디달마는 이렇게 말했다. "모든 경전을 불태우라!" 베다[6]가 되었든, 법구경이 되었든 모두 불태우라. 단하(丹霞) 선사가 경전을 태우는 유명한 그림이 있다. 그들은 진리를 깊이 꿰뚫어 본 사람들이었다. 왜 경전을 태우는가? 마음의 패턴을 부수기 위해서다. 베다는 어디에 있는가? 베다는 책 속에 있는 게 아니라 사람의 마음속에 있다. 코란은 어디에 있는가? 코란은 사람의 마음에 있지 책에 있지 않다. 두뇌의 테이프에 존재할 뿐이다. 경전을 버려라. 경전에서 빠져나오라.

지성과 마음은 자연의 부분이다. 마음은 거의 진짜처럼 보이지만 거울에 비친 모습일 뿐이다. '거의 진짜처럼' 이라는 말은 진짜가 아니라는 말이다. 이는 호수에 비친 달과 같다. 수면에 물결이 일지 않으면 보름달이 온전하게 보인다. 그래도 수면 위의 보름달은 비친 모습일 뿐이다. 비친 모습이 너무 아름다운 나머지, 사람들은 이를 진짜라고 생각하기 시작한다. 물 위에 비친 모습에 사로잡히지 말라.

붓다가 말한 것도 물 위에 비친 것이요 파탄잘리가 쓴 것도, 내가 말하는 것도 모두 물 위에 비친 것이다. 물 위에 비친 것에 사로잡히지 말라. 비친 모습이 아름답다면 그 너머에 있는 실체를 찾으라. 물에 비친 달에서 벗어나 진짜 달을

6)베다(Veda): 고대 인도 브라만교의 근본 경전으로 인도 최고(最古)의 문헌.

보라.

실체는 비친 모습의 정반대 방향에 있다. 비친 모습만을 바라보다가 비친 모습에 최면이 걸리면 실제의 달을 볼 수 없다. 실제 달은 물 위에 비친 달의 정반대 방향에 있기 때문이다. 실제의 달을 보고 싶다면 물 위에 비친 달에서 눈을 떼야 한다. 경전을 불태우고 붓다를 죽여야 한다. 지금과는 완전히 다른 방향, 정반대 방향의 길을 가라. 그럴 때 시선이 물 위에 비친 달에서 하늘에 있는 달로 향하게 될 것이다. 그렇게 하면 비친 모습은 완전히 사라진다.

세상의 경전은 기껏해야 두뇌 훈련밖에는 되지 않는다. 어떤 경전도 실재, 순수 푸루샤, 관조, 각성으로 인도하지 못한다.

이것이 우리가 무지와 어둠, 세속과 물질적인 것에 빠져서 인간 본래의 실체를 망각하게 되는 이유이다. 이런 착각 때문에 우리는 관념과 투영의 희생양이 되어버린다. 보이지 않는가, 푸루샤와 사트바의 차이가? 아무리 위대한 사상이라 할지라도 참나와 다르다. 아무리 위대한 사상일지라도 내면에 떠오르는 것은 모두 대상이다. 내면에 떠오르는 사상을 멀리 떨어져, 산 위에서 지켜보는 자처럼 지켜보라. 어떠한 대상과도 동일시하지 말라.

"스바르타 삼야마트 푸루샤 기아남(svartha samyamat

purusha gyanam). 이기심을 대상으로 삼야마를 행하면 타자와 분리된 푸루샤를 깨달을 수 있다." 이는 곧 '이기주의는 절대 진리를 가져온다' 는 말이다. 이기주의자가 되라. 그것이 종교의 핵이다. 진정한 자아가 누구인지, 어디에 있는지 살펴보라. 자아와 타자를 구별하라.

자신 밖에 있는 사람만이 타자라고 생각하지 말라. 자신의 몸도 타자다. 몸은 땅에서 나와 땅으로 돌아간다. 호흡도 타자다. 호흡은 다시 공기로 돌아간다. 이들은 한동안 빌려 쓰는 것들이다. 그러니 이 세상을 마치는 날 다시 돌려주어야 한다. 나는 떠나고 없을지라도 나의 숨은 대기에 남는다. 나는 여기에 없을지라도 나의 몸은 대지에 남아 깊은 잠을 잘 것이다. 흙이 흙으로 돌아가는 이치이다. 몸의 피라고 생각하는 것도 강물로 돌아간다. 모든 것은 돌아간다.

한 가지 남에게서 빌려오지 않은 게 있으니, 그것은 관조요 각성이다.

지식도 사라지고 이성도 사라진다. 이 모두는 하늘에서 모이는 구름과 같다. 어느 순간 모였다가 다음 순간 흩어진다. 그래도 하늘은 여전히 그대로다. 이런 하늘처럼 지켜보는 자는 드넓은 순수 공간으로 남는다. 이 드넓은 순수 공간이, 내면의 하늘이 바로 푸루샤다.

그렇다면 이를 어떻게 깨닫는가? 이기심에 삼야마를 행하여 깨닫는다. 다라나의 응념과 디아나의 선정, 사마디의 법열 모두를 이기심에 모아 내면으로 들어간다. 자신의 의식에, '나는 누구인가'에 집중하라. 모든 대상은 식별하여 떨쳐내라. 배고픔이 일어나면 이를 대상으로 보라. 배부르게 먹고 포만감을 느낄 때도 이를 대상으로 보라. 아침이 오면 아침을 대상으로 보라. 저녁이 오면 저녁을 대상으로 보라. 배고프든 배부르든 나는 항상 여여하다. 삶과 죽음 사이에서도, 행복과 불행 사이에서도 나는 항상 지켜보는 자다.

사람들은 영화를 보면서 영화에 완전히 사로잡힌다. 아무것도 없는 하얀 스크린에 빛과 그림자만 오고 간다는 걸 모르는 사람은 없다. 그러나 영화를 보면서 반응하는 사람들의 모습을 누구나 한두 번쯤은 보았을 것이다. 비극적인 장면이 나오면 눈물을 뚝뚝 흘리며 우는 사람이 나온다. 보라, 스크린에는 아무런 실체가 없지만 눈물이라는 실체가 떨어지고 있지 않은가! 비실체적인 것이 사람에게 눈물을 흘리게 한다? 사람들은 소설책을 읽으면서도 흥분한다. 벌거벗은 여자의 사진을 보면서 성욕을 느낀다. 보라, 거기에는 아무런 실체가 없다. 몇 줄의 글밖에는 없지 않은가. 종이 위에 떨어진 인쇄 잉크밖에는 없지 않은가. 그런 실체가 없는 대상을 보고 사람들은 성욕이란 실체를 느낀다.

대상에 사로잡히는 것, 그리고 대상과 동일시하는 것, 이것이 마음의 성향이다.

기회가 있을 때마다 대상과 동일시하는 마음을 현장에서

붙잡으라. 그리고 대상을 내려놓으라. 그러면 흥분한 마음이 차분히 가라앉는다. 스크린 외에는 아무것도 없다는 사실을 깨달으면 흥분이 가라앉는다. 세상이 곧 스크린이다. 세상에서 보는 모든 것은 자신의 욕망을 투사한 것들이다. 사람은 욕구가 생기면 이를 투사하고 드디어는 믿기 시작한다. 세상은 모두 환상이다.

이 땅에 살고 있는 사람들 모두 같은 세상에서 살지 않는다. 모두가 자신만의 세계에서 산다. 각자의 환상이 모두 다르기 때문이다. 따라서 환상의 세계는 사람 수만큼 존재한다.

환상의 세계에서 살면 타인을 만날 수도 없고 타인과 소통할 수도 없다. 타인 역시 자신만의 환상 속에서 산다. 이것이 세상의 모습이다. 사람들은 서로 관계를 맺고자 하지만 참다운 관계를 맺지 못한다. 왜 그런지 사람은 서로를 만나지 못한다. 연인과 아내, 친구, 남편 모두가 모두를 놓친다. 왜 서로 의사소통이 되지 않는지 의아해한다. 내가 이것을 말하면 상대는 저것으로 받아들인다. '내가 말하려는 건 그게 아닙니다.' 거듭 이렇게 말하지만 상대는 알아듣지 못한다.

왜 그럴까? 상대는 그의 환상 속에서 살고 있기 때문이다. 사람은 저마다 자신만의 환상 속에서 산다. 같은 스크린에 이 사람은 이 영화를 영사하고 저 사람은 저 영화를 영사한다. 그래서 인간의 관계는 그토록 고통스럽고 불안하다. 인간은 홀로 있을 때 행복하다. 타인과 있으면 수렁 속으로 들어가기 시작한다. 사르트르는 자신의 경험을 이렇게 표현했다. "타인은 지옥이다." 사실 타인이 지옥을 만드는 것은 아니다. 지옥은 두 개의 환상과 꿈의 세계가 충돌하여 태어나는 것이다.

나도 공상의 세계를 내려놓고 타인도 공상의 세계를 내려놓을 때 소통은 가능하다. 그렇게 하면 두 존재가 참으로 만나게 된다. 사실은 둘이 아니다. 하나다. 공상의 세계가 사라짐으로써 서로를 나누는 벽이 사라지기 때문이다.

붓다가 붓다를 만나면 둘로 만나지 않는다. 그래서 우리는 두 명의 붓다가 서로 이야기했다는 말을 들어보지 못했다. 서로 말을 나눌 두 사람은 존재하지 않는다. 붓다와 붓다가 만나면 고요히 침묵한다. 한편 붓다와 마하비라가 살아서 만났다는 이야기가 전해온다. 실제로 둘은 동시대 사람으로 같은 비하르(Bihar) 지방을 방랑했다. 이 지방은 붓다와 마하비라 때문에 비하르라는 이름을 갖게 됐다. 비하르는 방랑이라는 말이다. 붓다와 마하비라가 비하르 지방 구석구석을 방랑했기 때문에 '방랑의 지방'이라는 뜻의 이름을 갖게 되었다. 그러나 둘은 같은 지방을 계속 돌아다녔으나 만난 적은 한번도 없다. 같은 성내에 머물기를 여러 번했고, 한번은 같은 숙소에 머물기도 했으나 만나지 않았다.

그렇다면 이제 '왜' 라는 문제가 떠오른다. 붓다와 마하비라가 왜 만나지 않았는가를 불교도나 자이나교도에게 물으면 몹시 당황할 것이다. 질문 자체가 당혹스러울 것이다. 두 사람 모두 자존심이 센 사람들이었단 말인가? 누가 누구를 찾아가야 하는가? 붓다가 마하비라를 찾아가야 하는가, 아니면 마하비라가 붓다를 찾아가야 하는가? 그것은 아무도 알 수 없는 일이다. 그래서 불교도와 자이나교도는 이런 질문 자체를 피한다. 때문에 두 사람이 왜 만나지 않았는지에 대한 답을 들어본 일이 없다. 그러나 나는 안다. 붓다와 마하비라는 서로 만나야 할 두 사람으로 존재하지 않았던 것이다. 이는 자존심이나 에고의 문제가 아니다. 그냥 서로 만나야 될 두 사람이 존재하지 않았던 것이다! 한 숙소에 머물고 있는 두 공(空), 이 둘을 어떻게 만나게 한단 말인가? 설령 둘을 만나게 해도 거기에는 두 사람이 존재하지 않는다. 하나의 공만이 존재할 뿐이다. 두 개의 영(零)이 만나면 한 개의 영이 되고 마는 것이다.

이런 '하나됨' 으로부터 청각, 촉각, 시각,
미각, 후각 등의 직관이 나온다.

다시 한 번 프라티바라는 말을 잘 이해해보자. 순수 자각, 순수 각성, 순수한 밝음을 성취한 이가 프라티바를 성취한다. 프라티바는 직관이 아니다. 지식은 태양 지향적이고 직관은 달 지향적이며 프라티바는 둘을 초월한다. 남성은 지적이고 여성은 직관적이며 푸루샤를 성취한 붓다는 남성도 여성도 초월한다.

지적인 사람은 공격적이다. 지성 자체가 공격적이다. 태양의 에너지는 공격적이다. 그래서 여자는 결코 남자를 범하지 않는다. 그것은 불가능하다. 남자만이 여자를 범한다. 태양의 에너지는 공격적이요 달의 에너지는 수용적이기 때문이다. 지성은 공격적이요 직관은 수용적이기 때문이다. 수용적인 사람은 대부분 직관적이다. 그래서 수용적인 사람은 지적인 사람이 볼 수 없는 것을 본다. 지적인 사람은 대상을 찾지만 대상을 보지 못하고, 직관적인 사람은 대상을 찾지 않지만 대상을 본다. 이는 참으로 이상한 현상이 아닐 수 없다.

보통 남성은 지적으로 생각한다. 지성은 공격과 논쟁과 같은 방향에 있기 때문이다. 여성은 직관적으로 생각한다. 직감으로 산다. 느닷없이 결론에 도달한다. 그래서 여자와 논쟁을 벌이는 것은 대단히 어렵다. 논쟁을 시작하기도 전에 여자는 결론에 도달해버린다. 여자와의 논쟁은 시간 낭비다. 여자는 마지막 결과를 알고 있다. 그저 발표의 적당한 시간만을 기다린다. 남자는 쓸데없이 이러저러한 점을 반박하고 주장한다. 여자는 이미 결론에 도달했는데도 말이다.

직관은 선명하다. 그래서 여성은 남성보다 텔레파시에 민감하고 미래를 예견하는 힘이 강하다. 여성은 직관에 관계된 일들을 해낸다. 위대한 영매(靈媒)는 모두 여자다. 최면과 텔레파시, 투시와 투청(透聽) 등의 모든 것은 여자의 세계에 속한 것이다.

지난 역사 이야기를 하나 해보자.

지난날 마법은 여자의 능력이요 마녀의 마술이었다. 마녀의 세계는 직관의 세계였다. 사제집단은 마녀의 직관을 비난했다. 사제의 세계는 지적인 세계다. 마녀는 모두 여자였으며 사제는 모두 남자였다. 그래서 사제집단은 마녀사냥[7]을 하여 여자들을 화형에 처했다. 중세 유럽에서는 수많은 여자들이 화형을 당했다. 사제집단이 직관의 세계를 이해하지 못했기 때문이었다. 그들은 여자의 직관을 믿을 수 없었다. 너무나 기이하고 위험해 보였다. 그래서 마녀를 이 땅에서 흔적을 남기지 않고 몰아내려고 했다.

사제집단은 생각대로 마녀를 흔적 없이 몰아냈다. 그들은 수용성과 차원 높은 지혜와 가능성을 지닌 아름다운 존재들을 파괴했다. 그들은 이 땅에서 마녀를 완전히 일소했다. 영적인 능력이 조금이라도 보이기만 하면 가차 없이 살육했

---

7)마녀 재판이라고도 하며, 14세기에서 17세기에 유럽의 여러 나라와 교회가 이단자를 마녀로 판결하여 화형에 처하던 일로 18세기 무렵부터 계몽사상의 영향으로 없어짐.

다. 마녀사냥은 여자들에게 공포의 대상이 되었다. 그러한 공포 때문에 여자들은 영적인 능력을 상실해갔다.

직관을 방편으로 사용하던 시대에는 연금술이 존재했다. 지성이 세력을 떨치던 시대에는 연금술이 사라지고 화학이 태어났다. 연금술은 직관적이요 화학은 지성적이다. 연금술은 달이요 화학은 태양이다. 달이 지배하던 시대에는 직관이 사회를 주도했다. 점성술이 존재했다. 이제는 점성술은 사라지고 천문학이 지배하는 시대가 되었다. 점성술은 달이요 천문학은 태양이다. 이로 인해 세상은 참으로 빈곤해졌다.

남성이 태양 속에서 꽃피어나야 하는 것처럼 여성은 달 속에서 꽃피어나야 한다. 지성 속에서 심리학이 나오고 직관 속에서 초심리학이 나오며 프라티바는 둘 다를 초월한다.

달의 사람―그가 남자냐 여자냐는 관계없다―즉, 달의 센터로 사는 사람은 다른 사람이 들을 수 없는 것을 들을 수 있고 볼 수 없는 것을 볼 수 있다. 감춰진 세계를 지각할 수 있다. 달의 사람에게는 감춰진 차원이 드러나고 비밀이 드러난다.

직관은 감각을 초월하지 못한다. 직관은 감각의 기능이 정제(精製)된 것에 불과하다. 그러나 프라티바는 감각을 넘어간다. 프라티바는 감각이라는 매개체를 통하지 않고 직접 보고 듣는다. '인간은 내면에서 모든 것을 안다. 전지(全知) 함이 인간의 본성이다.' 이것이 요가가 세계를 보는 시각이다. 사람은 보통 눈을 통해서 사물을 본다고 생각한다. 하지만 요가는 이렇게 말한다. '사람은 눈을 통해 보지 않는다. 눈을 통하면 눈이 먼다.' 이 점에 대해 보다 자세히 살펴보자.

지금 방안에 서서 작은 구멍을 통해 밖을 내다보는 사람이 있다고 하자. 그는 구멍이 있기 때문에 구멍을 통해서 바깥세상의 지식을 얻을 수 있다고 생각한다. 그래서 구멍에 온 정신을 집중한다. 구멍이 없으면 세상을 알 수 없을 것이라고 생각한다. 하지만 요가는 이런 생각은 대단히 그릇된 시각이라고 본다. 사람이 구멍을 통해서 보기는 하지만 구멍 자체가 보는 것의 주체는 아니다. 보는 것은 사람이다. 사람이 구멍을 통해서 보는 것이지 구멍 자체가 세상을 보는 것은 아니라는 말이다. 사람이 보는 자다. 사람이 눈을 통해 세상을 본다. 눈은 몸에 달린 구멍이다. 몸 안에 있는 존재가 보는 자다. 문을 열고 집 밖으로 나오는 것처럼 몸 밖으로 나올 수만 있다면 눈이라는 구멍 때문에 세상을 제대로 보지 못했음을 깨달을 것이다. 눈을 통해서는 아주 제한된 부분만을 본다. 눈 밖으로 나오면 드넓은 하늘 아래 온 세상의 전체 모습을 있는 그대로 볼 수 있다. 이제 단선적으로 제한된 부분만을 보지 않는다. 눈이라는 작은 구멍이 사라졌기 때문이다. 열린 하늘 아래 사방을 볼 수 있다.

요가는 이런 식으로 세상을 본다. 사람의 몸에는 작은 구멍들이 나 있다. 귀를 통해 듣고, 눈을 통해 보고, 혀를 통해 맛보고, 코를 통해 냄새를 맡는다. 이들 작은 구멍 뒤에 인간의 존재가 있다. 요가는 '빠져나오라, 밖으로 나오라, 넘어가라'고 말한다. 구멍 밖으로 나오라. 그러면 모든 것을 알게 된다. 전지하고 전능하며 편재하게 된다. 이것이 바로 프라티바다.

이로부터 저 너머의 소리를 듣는다. 지성이나 직관으로 듣는 게 아니라 프라티바로 듣는다. 촉각과 시각, 미각, 후각 등도 마찬가지다.

삶을 성취한 사람은 삶을 전체적으로 산다. 우파니샤드는 이렇게 말한다. "텐 티악텐 분지타(ten tyakten bhunjitha), 세상을 탈속한 자만이 누린다." 이 말은 대단히 역설적이다. '세상을 탈속한 자만이 세상을 알고 경험하고 누리고 탐닉한다.'는 말이다. 신체에 묶여 사는 삶은 빈곤할 수밖에 없다. 그러나 신체를 넘어가면 풍요로워진다. 성취한 사람은 가난하지 않다. 그는 풍요로 넘쳐흐른다. 그는 신이 된다. 그러므로 요가는 세상을 반대하지 않는다. 세상을 반대하는 것은 인간이다. 요가는 지복을 반대하지 않는다. 지복을 반대하는 것은 인간이다. 요가는 인간이 세상을 버려 모든 한계를 떨쳐버리고 무한한 존재가 되기를 바란다.

그러나 이런 프라티바도 마음이 밖을 향할 때에는 힘을 발휘하나 사마디로 가는 길에는 장애가 된다.

파탄잘리는 항상 정밀하게 정곡을 찌른다. 직접 듣고 만지고 보고 맛보고 냄새 맡는 영적인 능력조차도 밖으로 향할 때나 능력이 되지, 내면으로 들어갈 때는 장애가 된다. 모든 능력은 내면으로 들어갈 때 장애가 된다.

밖으로 향하는 사람은 달에서 태양으로, 태양에서 세상으로 간다. 안으로 들어가는 사람은 태양에서 달로, 달에서 초월의 세계로 간다. 두 사람의 목적은 완전히 다르다. 사실 정반대다. 프라티바와 초월의 세계를 일견하여 영적인 능력을 얻게 된 후에도 타락할 수 있다. 능력은 타락한다. 머리와 에고를 지향하는 사람은 영적인 능력을 이용하고 싶어한다. 기적을 행하여 사람들에게 자신을 과시하고 싶어한다.

기적을 행하는 사람은 그들이 뭐라고 말한다 할지라도 모두 어리석다. 혹자는 세상을 돕기 위해 기적을 행한다고 말한다. 그러나 그들이 하는 일은 세상을 돕는 게 아니라 오히려 세상에 해를 끼친다. 기적을 과시하는 사람은 초월에서 다시 밑으로 떨어진다. 초월의 세계에서 다시 밑으로 떨어진 사람이 행하는 모든 것은 사술(詐術)로 전락한다. 염력과 초능력의 세계를 알면 에고는 이를 이용할 수 있다. 에고가 이용하는 것은 모두 사술이다.

파탄잘리는 말한다. "이들은 마음이 밖으로 향할 때는 능력이 되나 사마디로 가는 길에는 장애가 된다." 궁극의 세계를 성취하고 싶은 사람은 모든 것을 잃어야 한다! 모든 것을 놓아야 한다! 사마디와 궁극의 평화, 궁극의 침묵, 궁극의 진리를 원한다면 수행에서 생기는 모든 능력에 대한 집착을 버려야 한다. 세속적인 것이든 탈속적인 것이든, 심리적인 것이든 초심리적인 것이든, 지적인 것이든 직관적인 것이든 자신이 성취한 모든 것에 대한 집착을 끊어야 한다.

모든 성취를 비우는 것, 이것이 참다운 영성이다.

11장
5원소를
지배하라

오쇼 수트라

육체는 에너지체로 가는 계단이다.

에너지체는 정신체로 가는 계단이다.

정신체는 직관체로 가는 계단이다.

직관체는 법열체로 가는 계단이다.

법열체에서 도약하면
더 이상 계단이 존재하지 않는다.

존재의 심연 속으로 뛰어들면
무한계요 영원계다.

5원소를 지배하라

파탄잘리는 인간의 실체를 다섯 씨앗과 다섯 신체로 나눈다. 인간에게는 하나의 신체만 존재하는 것이 아니라는 말이다. 신체 위에 신체 위에 신체가 존재한다는 말이다. 인간에게는 다섯 신체가 존재한다. 파탄잘리는 제1신체를 안나마야 코샤(annamaya kosha)라고 부른다. 이는 흙으로 만들어졌으며 음식으로 계속 영양분을 공급받아야 하는 물질체, 즉 흙의 신체요 음식의 신체다. 음식은 땅에서 나온다. 음식을 섭취하지 않으면 안나마야 코샤는 시들어간다. 사람은 음식을 먹는 데 주의를 기울여야 한다. 왜냐하면 음식이 자신을 형성하며 자신에게 수많은 영향을 주기 때문이다. 음식은 음식으로 끝나지 않는다. 피가 되고 살이 된다. 뼈가 되고 골수가 된다. 육체를 순환하면서 사람에게 지대한 영향을 준다. 음식의 순도가 안나마야 코샤(물질체)의 순수성을 결정한다.

제1신체가 맑고 가벼우면 제2신체로 들어가기가 쉽다. 반대로 제1신체가 탁하고 무거우면 제2신체로 들어가기가 어려워진다. 과식을 했을 때나 무거운 음식을 먹었을 때 몸은 어떻게 느끼는가? 곧바로 몸이 나른해지거나 졸음이 온다. 이내 각성이 사라진다. 제1신체가 무거우면 각성을 날카롭게 세우기가 어렵다. 그래서 종교마다 단식을 중요하게 여긴다.

단식은 하나의 과학이다. 때문에 아무렇게나 하고 싶은 대로 단식을 해서는 안 된다. 아주 조심스럽게 해야 하는 것이다. 안나마야 코샤의 기능을 이해한 다음 단식을 해야 한다. 적절한 지도를 받으며 해야 한다. 자신이 안나마야 코샤의 단계를 모두 거쳐보았을 뿐만 아니라 안나마야 코샤를 넘어가 이를 지켜볼 수 있는 사람의 지도를 받아야 한다. 그렇지 않고 혼자 단식을 하면 위험할 수 있다.

파탄잘리는 제2신체를 프라나마야 코샤(pranamaya kosha)라고 부른다. 이는 에너지 신체요 전기의 신체다. 제2신체는 전기장으로 이루어져 있다. 침술은 바로 제2신체의 전기장을 다룬다. 제2신체는 제1신체보다 미묘하다. 제1신체에서 제2신체로 들어간 사람은 신체에 에너지장을 형성하며 사람을 끌어당기는 힘을 소유한다. 그런 사람 주위에 가면 에너지와 활력이 솟는다.

제1신체인 육체에 머물고 있는 사람 주변에 가면 에너지가 소진된다. 그는 다른 사람의 에너지를 빨아들인다. 그런 사람을 많이 만나보았을 것이다. 그런 사람을 만나고 나면 누가 자신의 에너지를 이용한 것처럼 기운이 없고 피곤해진다. 제1신체는 매우 거친 신체로 에너지를 빨아들인다. 제1신체의 단계에서 너무 오랫동안 사는 사람—육체 지향적인 사람—은 긴장 속에서 활력이 없고 몸이 무겁고 나른하고 졸린다. 항상 에너지가 가장 낮은 수준에서 머문다. 높은 차원으로 성장하는 데 필요한 에너지가 없다.

이런 첫 번째 유형의 사람, 즉 안나마야 코샤를 지향하는 사람은 음식을 위해 산다. 그는 먹고 또 먹는다. 먹는 낙이 그의 삶 전부를 지배한다. 그는 삶의 유치한 단계에 머문다. 아기가 세상에 태어나서 처음 하는 일은 공기를 마시고 젖을 빠는 일이다. 우리가 세상에 태어나서 가장 먼저 하는 일이 음식의 신체를 위하는 일이다. 지나치게 음식을 찾는 사람은 아기의 단계에 머문다. 그의 성장은 아기의 단계에서 맴돈다.

제2신체인 프라나마야 코샤는 자유를 선사한다. 2신체는 1신체보다 크다. 육체의 한계를 벗어나기 때문이다. 제2신체는 육체 안에도 있고 육체 밖에도 있다. 이 신체는 에너지의 오라, 신비한 기운으로 감싸여 있다.

그래서 요가는 맑은 호흡을 대단히 강조한다. 프라나마야 코샤는 호흡을 타고 몸 안을 돌아다니는 미묘한 에너지로 되어 있다. 바르게 호흡을 하면 프라나마야 코샤가 건강해지고 활력이 넘친다. 프라나마야 코샤가 건강한 사람은 피곤을 모르며 언제나 일에 뛰어들 준비가 되어 있다. 감수성이 예민하며 순간에 대응할 줄 알며 항상 도전 속으로 뛰어들 준비가 되어 있다. 그는 항상 준비가 되어 있다. 어느 순간이고 준비가 되어 있지 않은 모습을 찾아볼 수 없다. 다음 순간이나 미래를 준비한다는 말이 아니다. 그는 항상 에너지가 넘쳐흐르기 때문에 무슨 일이 일어나도 거기에 대응할 준비가 되어 있는 것이다. 그는 기운이 넘쳐흐른다. 타이치(태극권)도 프라나마야 코샤에 좋다. 프라나야마[1]도 프라나마야 코샤에 좋다. 호흡은 자연스럽게 하면 된다. 자연스런 호흡을 하면 제2신체로 성장해간다. 제2신체는 1신체보다 튼튼하며 오래 산다.

사람이 죽으면 3일 동안 죽은 사람의 생체자기장을 볼 수 있다. 때로 이를 죽은 사람의 혼령으로 생각하는 사람이 있다. 육체는 죽어도 에너지체는 계속 움직인다. 망자(亡者)가 죽은 후 3일 동안 전보다 더 건강해 보이고 생기가 넘쳐흐르며 아름다워 보이기 때문에 죽었다고 보기 힘들다는 연구보고서를 본 적이 있다. 망자에게 보이는 생체자기장의 크기에 따라 시신은 13일 이상 부패되지 않을 수 있다.

---

1) 프라나야마(pranayama): 조식(調息). 요가의 호흡 수련법.

어떤 호흡이 자연스런 호흡인가? 어린아이가 숨쉬는 것을 보라. 어린아이는 자연스럽게 호흡한다. 그래서 어린아이들은 에너지가 넘친다. 엄마 아빠는 쉽게 지쳐도 어린아이들은 쉽게 지치지 않는다.

인간의 에너지는 어디에서 오는가? 그것은 프라나마야 코샤에서 온다. 아이는 자연스럽게 호흡하기 때문에 많은 프라나(氣)를 들이쉬어 배에 축적한다. 사람의 배는 에너지를 축적하는 저장소다. 아이가 호흡하는 것을 보라. 그것이 바로 바른 호흡이다. 가슴은 움직이지 않고 계속 배가 불렀다가 꺼진다. 배로 호흡하는 것처럼 보인다. 아이들의 배는 약간씩 나와 있는데, 이는 숨을 통해 에너지를 들이마시고 이를 배에 저장하기 때문이다.

아이들의 호흡이 바른 호흡이다. 가슴으로 호흡하지 말라. 비상시에는 가슴을 이용할 수도 있다. 생명의 위협을 느껴 도망칠 때는 가슴으로 호흡을 해야 할 것이다. 가슴으로 얕고 빠른 호흡을 해야 더 빨리 뛸 수 있기 때문이다. 하지만 평상시에는 가슴으로 호흡하지 말라. 비상시에만 가슴으로 호흡하라. 배로 깊은 호흡을 하면 위급한 상황을 빨리 벗어날 수 없기 때문에 가슴으로 호흡하는 것이 필요하다.

계속 가슴으로 호흡하는 사람은 긴장과 불안 속에서 산다. 사람에게 가슴 호흡은 위급한 상황에서만 하도록 되어 있기 때문이다. 가슴 호흡이 습관화되면 계속 긴장과 불안과 두려움 속에서 산다. 쫓기듯이 산다. 쫓아오는 사람이 없음에도 불구하고 누가 쫓아오고 있다고 상상한다. 편집증은 이렇게 생긴다.

아이의 호흡을 보라. 참으로 자연스런 호흡을 한다. 그렇게 호흡하라. 숨을 들이쉴 때 배를 앞으로 나오도록 하고, 내쉴 때는 배가 안으로 들어가도록 하라. 노래를 부르고 춤을 추는 것처럼 에너지의 리듬을 타라. 그러면 이완이 되고 활력이 넘칠 것이다. 이런 활력이 언제 가능했나 싶을 정도로 말이다.

제3신체는 정신체로 마누마야 코샤(manumaya kosha)라고 한다. 제3신체는 제2신체보다 훨씬 크고 미묘하며 높다. 동물에게는 제2신체까지밖에 없다. 그래서 동물은 생기가 넘친다. 사자가 걷는 것을 보라. 얼마나 아름답고 우아하며 당당한가! 인간은 항상 사자를 질투한다. 사슴이 뛰는 것을 보라. 참으로 가볍고 힘차다. 생기가 넘친다. 인간은 항상 사슴을 질투한다. 그러나 인간의 에너지는 동물보다 높은 차원으로 상승할 수 있다.

인간을 뜻하는 영어의 맨(man)은 산스크리트어 어근의 만(man)에서 왔다. 인간을 뜻하는 힌디어는 마누쉬아(manushya)다. 힌디어의 마누쉬아도 같은 산스크리트어 어근인 '만'에서 왔다. '만'은 정신을 뜻한다. 인간을 인간으로 만드는 것은 바로 이 정신이다. 그러나 지금 인간에게는 정신이 없다. 정신이 있어야 할 자리에 기계적으로 조건화된 정신밖에 없다. 사람은 모방의 삶을 살기 때문이다. 스스로의 힘으로 자발적인 삶을 사는 사람, 스스로 자신의 문제를 풀며 책임질 줄 아는 사람은 마누마야 코샤가 성장한다. 곧 정신체가 성장하는 것이다.

힌두교도나 이슬람교도, 기독교도는 본래의 자기 정신으로 살지 못하고 다른 데서 꾸어온 정신으로 산다. 그리스도는 아마 마누마야 코샤의 위대한 폭발을 성취했을 것이다. 하지만 그를 따르는 사람들은 그를 모방만 하고 있다. 모방은 성장에 아무런 도움이 되지 않는다. 오히려 모방은 장애가 될 뿐이다. 모방하지 말라. 모방하기보다는 대상을 이해하려고 노력하라. 좀 더 참되게 살라. 좀 더 깊게 감응하라. 길을 잃을 가능성이 있다 하더라도 두려워하지 말라. 실수를 두려워하는 사람에게는 성장의 가능성이 닫힌다. 실수는 좋다. 실수를 해야 한다. 하지만 같은 실수를 반복하지는 말라. 실수하는 것을 두려워하는 사람은 성장하지 못한다. 그는 앞으로 나아가질 못하고 같은 자리에 정체한다. 그는 살아 있는 사람이 아니다.

스스로의 힘으로 상황에 맞서고 대응할 때 인간의 정신은 성장하는 법이다. 스스로의 힘으로 문제를 해결하라. 매일같이 타인의 충고에만 기대지 말라. 자신의 손으로 삶의 고삐를 쥐라. 그렇게 하여 문제가 생길지라도 그 길을 계속 가

라. 세상 속에서는 타인의 말에 귀를 기울이고 사회와 전통
과 경전이 하는 말을 따르는 편이 훨씬 더 안전하다. 모두가
그렇게 하고 있기 때문에 나도 그렇게 따라하는 편이 훨씬
쉽다. 죽은 무리의 일부가 되고 죽은 군중을 따라가는 편이
쉽다. 그러면 내가 질 책임은 아무것도 없다. 그러나 마누마
야 코샤(정신체)는 커다란 지장을 받아 성장하지 못한다. 자
신의 참다운 정신을 소유하지 못한다. 그리고 좀 더 높은 차
원으로 이어주는, 참으로 아름다운 것을 놓친다.

마누마야 코샤보다 높고 큰 신체는 비기아나마야 코샤
(vigyanamaya kosha)다. 이는 직관의 신체, 즉 직관체다. 이
신체의 공간은 참으로 넓다. 여기에는 이성이 존재하지 않
는다. 이성을 넘어갔기 때문이다. 직관체는 대단히 현묘(玄
妙)해서 직관으로밖에 볼 수 없다. 직관은, 곧 사물을 있는
그대로 직접 보는 것이다. 대상에 대해 생각하지 않는다.
'뜰 앞의 잣나무!' 뜰 앞의 잣나무를 보라. 생각하지 말라.
무엇 무엇에 '관해' 직관하는 것도 아니다. 그냥 열린 상태
에서 사물의 실체를 그대로 본다. 자신의 마음을 투사하지
도 않는다. 논쟁도 결론도 아무것도 구하지 않는다. 구함 자
체를 구하지도 않는다. 그냥 기다린다. 그리고 사물이 그 본
모습을 드러낸다. 직관체를 통하면 저곳 멀리 삶의 수평선
까지 갈 수 있다. 아직도 신체 하나가 더 있다.

제5신체, 이는 아난다마야 코샤(anandamaya kosha)다.

법열의 신체, 즉 법열체다. 이 신체는 참으로 멀고 멀다. 이 신체는 순수 법열로 되어 있다. 여기서는 직관마저 초월한다.

이들 다섯 씨앗은 씨앗일 뿐이다. 이 점을 유념하라. 이들 다섯 너머에 본체가 있다. 이들은 자신의 주위를 감싸고 있는 씨앗들이다. 첫째 씨앗은 아주 거칠다. 인간의 존재는 작은 몸 안에 갇혀 있다. 둘째 씨앗은 첫째 씨앗보다, 셋째 씨앗은 둘째 씨앗보다 크다. 위로 올라갈수록 씨앗은 커진다. 하지만 이들 모두는 씨앗일 뿐이다. 유한한 존재이다. 이들 씨앗을 모두 던져버리고 알몸이 되면 무한한 존재가 된다. 요가는 이렇게 말한다. "아함 브라흐마스미(aham brahmasmi), 나는 신이다." 인간은 신이다. 이 경지에 오면 모든 장벽이 떨어져 나가고 나는 궁극의 실체가 된다.

장벽이 인간을 원으로 감싸고 있다. 이를 이해하라. 첫째 장벽은 아주 단단하다. 첫째 장벽에서 빠져나오는 일은 대단히 힘들다. 인간은 육체에 갇혀 지내면서 육체의 삶이 전부라고 생각한다. 육체에 안주하지 말라. 육체는 에너지체로 가는 계단이다. 에너지체는 정신체로 가는 계단이다. 정신체는 직관체로 가는 계단이다. 직관체는 법열체로 가는 계단이다. 법열체에서 도약하면 더 이상 계단이 존재하지 않는다. 존재의 심연 속으로 뛰어들면 무한계요 영원계다.

이들이 다섯 씨앗이다. 요가에는 이들 다섯 씨앗에 상응하는 다섯 부타(bhuta)에 대한 가르침이 있다. 다섯 부타는 다섯 원소, 즉 오대(五大)를 말한다. 인간의 신체는 흙과 음식으로 되어 있다. 흙이 첫째 원소다. 이 흙은 지구의 흙이 아니다. 이를 잘 알라. 물질이 있는 곳에 흙이 있다. 즉, 물질이 흙인 것이다. 거친 부분이 흙인 것이다. 인간의 몸도 흙이요 인간 외의 모든 것의 몸도 흙이다. 별들도 흙으로 만들어졌다. 존재하는 모든 것은 흙으로 만들어졌다. 첫째 껍질은 이 흙이다. 다섯 부타는 오대, 즉 흙, 불, 물, 공기, 에테르이다.

흙은 제1신체인 안나마야 코샤(육체)와 상응한다. 불은 제2신체인 프라나마야 코샤(에너지체)와 상응한다. 프라나마야 코샤는 기(氣)와 생체자기장으로 이루어지며 불의 성질을 가지고 있다. 세 번째 물은 제3신체인 마누마야 코샤(정신체)와 상응한다. 마누마야 코샤는 물의 성질이다. 인간의 정신은 물처럼, 강물처럼 흐른다. 네 번째 공기는 거의 보이지 않는다. 우리는 공기를 볼 수는 없지만 느낄 수는 있다. 이 공기가 제4신체인 비기아나마야 코샤(직관체)와 상응한다. 그 다음 마지막이 제5신체 에테르다. 에테르는 공기보다 미묘해서 느낄 수도 없다. 그냥 에테르가 거기 있다고 믿고 신뢰할 수밖에 없다. 에테르의 세계는 순수 공간이요 법열이다.

인간의 실체는 순수 공간보다 순수하고 현묘하다. 거의 없는 것처럼 보인다. 그래서 붓다는 이를 두고 아낫타(anatta), 즉 무아(無我)라고 했다. 진아(眞我)는 무아다. 참나는 나 없음이다. 왜 무아이고 나 없음인가? 실체는 모든 원소, 즉 오대 너머에 존재하기 때문이다. 그것은 순수 '있음'이다. 거기에 대해서는 말도 할 수 없고 표현도 할 수 없다. 흙, 불, 물, 공기, 에테르, 이들이 5신체에 상응하는 오대이다.

5신체와 오대 다음에 세 번째 요가론이 나온다. 이 모두를 이해하면 좋다. 이들 모두가 오늘 살펴볼 수트라를 이해하는 데 도움이 되기 때문이다. 세 번째 요가론은 일곱 차크라(chakra)로 구성되어 있다. 사실 차크라의 뜻은 센터가 아니다. 센터라고 옮기면 정확한 번역이 아니다. 센터는 정체되어 있는 것을 뜻하지만 차크라는 동적인 것을 뜻하기 때문이다. 차크라는 움직이는 바퀴를 뜻한다. 따라서 차크라는 소용돌이나 회오리바람, 태풍의 중심과 같이 움직이는 존재의 센터라고 할 수 있다. 차크라는 동적이며 자신의 주위에 에너지장을 만든다.

신체에는 7개의 차크라가 존재한다. 첫 번째 차크라도 다리요 마지막 차크라도 다리다. 나머지 다섯 차크라는 5신체 및 오대와 상응한다. 성(性)은 다리다. 나와 자연을 이어주는 다리다. 일곱 번째 차크라인 사하스라라 역시 다리다. 나와 궁극을 이어주는 다리다. 이처럼 첫 번째도 마지막도 다리 역할을 한다.

이것이 파탄잘리 요가론의 뼈대이다. 이는 가변적이다. 이 점을 꼭 명심하라. 이를 방편으로 이용할 뿐이지, 교리로 토론하지 말라. 이는 교리도 신학도 아니다. 이는 실용적인 지도일 뿐이다. 타지방이나 타국에 나갈 때면 우리는 지도를 들고 간다. 하지만 지도가 자신이 찾아가는 지방이나 나라 자체는 아니다. 지도에서 도시는 한 점으로 표시되고 도로는 한 선으로 표시된다. 강도 산도 표시되지만 작은 것들은 아예 표시에서 제외되기도 한다. 큰 산과 강만이 지도 위에 나타날 뿐이다. 지도는 이런 것이다. 하나도 제외하지 않고 모든 것을 담는, 절대적인 것이 아니라는 말이다.

사실 신체는 다섯 개만 있는 게 아니다. 신체와 신체를 연결하는 다른 신체들이 존재하는 것이다. 인간은 수많은 층과 껍질로 쌓인 양파와 같은 존재다. 우리는 사람들의 이해를 위해 편리상 다섯 층으로 인간의 존재를 살펴보았다. 다섯이란 숫자는 완벽하다. 다섯 이상은 너무 많고 다섯 이하는 너무 적다. 다섯이 거의 완벽해 보인다. 파탄잘리는 균형이 무엇인지를 아는 사상가다.

이제 차크라에 대해 몇 가지 알아보기로 하자.

제1차크라는 물라다라 차크라(muladhara chakra)다. 이는 역동적으로 움직이는 성 센터다. 물라다라 차크라를 통해 인간은 자연과 소통하고 과거나 미래와 소통한다. 인간은 두 사람의 성행위를 통해 태어난다. 우리는 성 센터를 통해 부모와 관계를 맺고 부모의 부모, 즉 조상과 관계를 맺는다. 모든 과거와는 성 센터를 통해 이어진다. 아이를 낳으면 이제 미래와 연결된다.

인간이 시간 속으로 들어오는 것도 성을 통해서다. 성을 넘어가면 영원 속으로 들어간다. 영원 속으로 들어가는 순간 현재만이 존재한다. 본래 인간의 시제는 현재다. 그러나 성 센터를 통해서 자신을 보면 인간의 시제는 과거가 된다. 인간의 눈은 부모에게서 물려받은 색깔을 지니며, 신체는 수없이 많은 조상에게서 물려받은 원자와 세포로 이루어지기 때문이다. 인간의 전 구조는, 생명 구조는 기다란 연속체의 일부분이다. 기다란 사슬의 부분이다.

성은 커다란 사슬이다. 삼사라(세상)의 사슬이다. 성은 서로를 이어주는 고리다. 사람은 성적으로 흥분하면 다른 사람을 생각하기 시작한다. 이를 살펴본 적이 있는가? 성욕이 일지 않을 때는 다른 사람을 생각하지 않는다. 성을 넘어선 사람은 타인에 대한 생각도 넘어선다. 그는 사회에서 살지만 사회에 물들지 않는다. 군중 속을 걷지만 홀로 존재한다. 성적인 사람은 에베레스트에 홀로 앉아 있어도 타인을 생각한다. 설령 달에 가서 명상을 한다 해도 타인에 대해 명상할 것이다.

성은 나와 타자를 이어주는 다리다. 성이 사라지면 사슬이 끊어진다. 최초로 개인이 탄생한다. 사람들은 사슬이 끊어질까봐 무서워 성에 집착한다. 그토록 성에 집착하는 사람들은 행복해하지 않는다. 성은 양날의 칼이기 때문에 그렇다. 성은 나와 타인을 연결해주기도 하지만 한편으로 나의 자유를 방해하기도 한다. 나 자신이 되는 것을 방해한다. 나를 틀 지우고 노예로 만들며 속박한다. 성을 초월하지 못하면 성은 에너지를 푸는 유일한 길이 된다. 성은 에너지가 찼을 때마다 열리는 안전판이 되는 것이다.

제1센터인 물라다라로 사는 사람은 어리석은 삶을 산다. 그는 에너지를 만들어서 차면 쏟아버린다. 에너지를 만들기 위해서 먹고 일하고 자고 수많은 일을 한다. 열심히 에너지를 만들어서 가득 차면 쏟아버리는 것이다. 그의 삶은 이런 악순환의 연속이다. 에너지를 쓸데없이 쏟아버리면 에너지 창고는 고갈된다. 창고가 고갈되면 또 음식과 영양과 일로 에너지를 채운다. 그러다가 다시 에너지가 가득 차면 아무렇게나 배출하고 싶어한다. 그런 상태에서 하는 성은 배설에 불과하다. 에너지를 축적하고 배설하고, 다시 축적하고 배설하는 악순환이 계속된다. 얼마나 어리석은가?

에너지를 축적해서 창조적으로 이용할 수 있는 상위의 센터가 존재하는 것을 모르면 성의 악순환에서 벗어날 수 없다. 이런 이유 때문에 모든 종교에서는 성을 이런저런 식으로 억제한다. 그러나 성을 억압하면 위험해진다. 성 에너지를 비난하고 억누르고 억압하며 새로운 센터를 열지 못하면 사람은 화산이 된다. 어느 순간이고 폭발할 준비가 되어 있는 화산 말이다. 신경이 날카로워지거나 정신이 이상해진다. 그래서 배설하는 쪽을 택한다. 에너지를 흡수해서 커다란 존재의 가능성을 열어주는 센터가 존재하는 사실을 모르고 에너지를 허비하는 것이다.

앞에서 성 센터 위에 있는 제2센터는 단전에 있는 죽음의 센터라고 말했다. 성을 넘어가면 죽음의 센터로 들어가기 때문에 사람들은 성의 초월을 두려워한다. 사랑 속으로 깊이 들어가는 것도 두려워한다. 사랑 속으로 깊이 들어가면 성 센터에서 일어난 물결이 단전 센터로 들어가 죽음의 공포를 떠올리기 때문이다.

많은 사람들이 내게 와서 이렇게 묻고는 한다. "왜 우리는 이성을 두려워합니까? 왜 그토록 무서워합니까?" 이는 이성을 두려워하는 것이 아니다. 성 자체를 두려워하는 것이다. 성 속으로 깊이 들어가면 성 센터가 활성화되고 성 센터의 에너지장이 커지다가 마침내는 죽음의 센터인 단전까지 퍼진다. 그래서 인간은 성과 사랑 속으로 들어가는 것을 두려

위한다. 오르가슴 속에서 단전이 고동치는 것을 본 적이 있는가? 단전이 고동치는 것은 성 센터의 에너지가 단전에 있는 죽음의 센터까지 퍼져서 생기는 것이다. 이런 이유로 인하여 사람들은 성을 두려워하며 특히 깊은 친밀감이나 오르가슴 자체를 두려워한다.

하지만 우리는 제2센터를 열고 그 속으로 들어가야 한다. 단전 센터에서 죽은 사람에게는 죽음이 사라지고 새로운 세상과 새로운 차원이 열린다. 그러면 단전 위에 있는 배꼽 센터를 볼 수 있다. 배꼽 센터는 부활의 센터다. 배꼽 센터는 에너지가 가장 많이 축적되어 있는 센터다. 배꼽 센터야말로 에너지의 저장고다.

성 센터에서 단전 센터로 옮겨가면 내면으로 들어갈 수 있는 가능성을 발견한다. 문 하나를 연 것이다. 이제부터는 모든 문을 다 열기 전에는 쉬지 않는다. 입구에서 마냥 기다릴 수 없는 노릇이다. 단전 센터로 이동한 사람은 이미 왕궁에 들어와 있는 것이다. 일단 왕궁에 들어오면 앞에 겹겹이 놓인 문들을 열 수 있다.

정중앙에 가슴 센터가 있다. 가슴 센터에서 상위 센터와 하위 센터로 나뉜다. 맨 밑에 있는 것이 성 센터, 그 위가 단전 센터, 배꼽 센터, 그리고 가슴 센터다. 가슴 센터를 기준으로 밑에 세 개의 센터가 있고 위에 세 개의 센터가 있다. 가슴 센터는 모든 센터의 정중앙에 있는 것이다. 가슴 센터가 열리면 상위의 센터로 상승할 수 있다. 가슴 센터 아래는 인간이요 가슴 센터 위는 초인이다. 가슴 센터 위로 목 센터, 그 위로 제3의 눈 센터와 사하스라라가 있다.

가슴 센터에서는 사랑을 느낀다. 가슴 센터는 사랑을 받아들여 사랑 자체가 된다. 목은 표현과 소통, 나눔 등의 센터다. 타인에게 사랑을 주면 제3의 눈 센터가 활성화되기 시작한다. 더 많이 줌에 따라 더 위쪽으로 올라간다. 받기만 하는 사람은 밑으로 내려간다. 계속 주는 사람은 위로 올라간다. 구두쇠는 인간이 떨어질 수 있는 최악이요 나누는 사람은 인간이 올라갈 수 있는 최상이다.

5신체와 오대와 5센터, 그리고 두 다리(물라다라와 사하스라라), 이것이 인간에 관한 요가론이요 뼈대이다. 이 요가론을 바탕으로 요기는 인간 존재의 구석구석에 삼야마의 빛을 비추어 깨닫는다. 그리고 빛이 가득한 존재가 된다.

정신체 밖에 있는 의식을 깨닫는 힘,
이는 상상할 수 없기 때문에
마하비데하(mahavideha)라고 부르는 바,
이 힘을 통하여 빛을 가리고 있는 모든 것이 벗겨진다.

정신체를 벗어나면 처음으로 '나는 마음이 아니라 관조자'임을 깨닫는다. 마음 아래의 단계에서는 마음과 동일시

한다. 그러나 사념과 상상, 관념, 이 모든 것이 의식의 하늘에 떠도는 대상임을 깨달으면 곧바로 대상과 내가 분리된다.

육체를 넘어간다. 마하비데하는 육체를 초월하여 더 이상 육체의 집에 갇히지 않은 사람을 뜻한다. 자신이 육체도 신비체도 아니고 경계 없는 무한한 존재임을 깨달은 사람을 뜻한다. '나는 한계가 없는 존재'임을 알게 된 사람을 뜻한다. 모든 경계는 한계를 만들고 감옥을 만든다. 마하비데하의 사람은 경계를 부수고 무한한 하늘과 하나가 된다.

자신이 무한한 존재임을 깨닫는 순간, "이 힘을 통하여 빛을 가리고 있는 모든 것이 벗겨진다." 이제 나는 빛으로 나아간다. 층층의 덮개로 인해 가려져 있던 빛으로 나아간다. 덮개들이 하나 둘씩 벗겨져 나간다. 더 많은 빛들이 쏟아져 들어온다.

마누마야 코샤(정신체)가 떨어져 나가고 나는 명상 속에서 무념으로 들어간다. 여기서 모든 노력은 마누마야 코샤를 넘어가는 일이다. 나는 생각이 아님을 깨닫는 일이다.

오대, 즉 다섯 원소의 성질—거침, 지속, 미묘함,
퍼짐, 작용—을 대상으로 삼야마를 행하면
오대를 지배할 수 있다.

이 수트라는 미래 과학을 위해 더없이 의미심장한 수트라이다. 미래의 언젠가 과학은 이 수트라의 의미를 발견하게 될 것이다. 과학은 이미 이 수트라의 길로 들어섰다. 이 수트라는 물, 불, 흙, 공기 등의 세상 모든 원소는 무(無)에서 나와 무로 돌아가 쉴 것이라고 말한다. 모든 것은 무에서 나와 지치면 다시 무로 돌아가 쉰다.

과학, 특히 물리학은 물질이 무에서 나왔음을 인정한다. 물질 속으로 끝없이 깊이 들어가면 물질 자체가 사라지는 때가 온다. 물질을 계속해서 작게 나누다보면 원자와 전자처럼 작아지다가 어느 순간 사라져버리는 순간이 오는 것이다. 거기에는 공(空)만이, 순수 공간만이 존재한다. 만물은 이 순수 공간에서 나왔다. 이는 불합리하게 보일 것이다. 하지만 우리의 삶이 그렇게 불합리하다. 현대과학은 불합리의 토대 위에 서 있다. 끝까지 논리만을 주장하면 사물의 실체 속으로 들어갈 수 없다. 실체 속으로 들어가면 논리는 떨어져 나간다. 논리와 실체 중 하나를 선택해야 되는 시점에 이르면 우리는 실체를 선택할 수밖에 없다.

50년 전 과학자들이 양자(量子)를 발견했을 때 양자의 움직임을 보고 자신들의 눈을 의심했다. 양자가 어떤 때는 파동이 되고 어떤 때는 입자가 되는 등 마치 괴이한 선사처럼 마음대로 움직이는 것이었다. 그 전까지 모든 것은 입자이거나 파동이거나 둘 중 하나이지 입자이면서 동시에 파동일

수는 없다고 생각했다. 그런데 입자이면서 동시에 파동이라니? 이는 어떤 것이 점이면서 동시에 선이라는 것과 같은 이야기였다.

물리학은 블랙홀에 대해 이야기한다. 블랙홀은 엄청난 무의 세계로 향한 홀이다. 굳이 '엄청난'이라는 말을 쓴 것은 무가 아무것도 없는 상태가 아니라 모든 것으로 충만한 상태라는 것을 표현하고자 함이다. 무는 에너지로 충만하다. 그렇다고 무 속에서 뭔가를 찾을 수 있다는 말이 아니다. 그냥 무의 에너지만 존재할 뿐이다. 과학자들은 존재계에 블랙홀이 있다고 말한다. 블랙홀은 별과 대칭이 되는 세계다. 별이 긍정의 세계요 블랙홀은 부정의 세계다. 각 별마다 대응하는 블랙홀이 존재한다. 별에는 존재가 있고 블랙홀은 존재가 없다. 별은 늙어서 소멸되면 블랙홀이 된다. 블랙홀은 휴식을 취한 뒤, 다시 별이 된다.

물질과 비물질이 계속 교대한다. 물질은 비물질이 되고 비물질은 물질이 된다. 생명은 사멸이 되고 사멸은 생명이 된다. 사랑은 증오가 되고 증오는 사랑이 된다. 이렇게 음과 양은 끊임없이 변화한다.

"오대, 즉 다섯 원소의 성질—거침, 지속, 미묘함, 퍼짐, 작용—을 대상으로 삼야마를 행하면 오대를 지배할 수 있다." 이 수트라에 대한 파탄잘리의 말은 이렇다. '관조의 본질을 깨닫고 물질을 대상으로 삼야마를 행하면 물질을 나타나게 할 수도 있고 사라지게 할 수도 있다.' 즉, 사물을 물질화시킬 수 있다는 말이다. 사물은 모두 무에서 나오며 관조도 역시 무에서 나오기 때문에 사물의 물질화는 가능하다. 또한 사물을 비물질화시킬 수도 있다.

한편 만물이 존재계에 나타나는 길과 방법을 알 수 있다. 어떤 것이 지금 일어나고 있다면 그것은 실체에서 나오는 것이다. 그것을 나타나게 하는 방법만 알면 된다. 그 방법을 아는 사람은 없는 사물을 물질화시킬 수 있는 것이다. 파탄잘리의 말은 이렇다. '물질이 비물질이 되고 비물질이 물질이 된다면, 사물의 음양이 변하여 물질이 무로 사라지고 다시 무에서 나온다면 물질화시킬 수 있는 방법을 알아낼 수 있다.' 즉, 자신의 존재를 깨닫고 다섯 씨앗을 초월하면 사물을 물질화시킬 수도 있고 비물질화시킬 수도 있다.

그 결과 아니마(anima)를 성취하고
몸이 완성되어
원소의 지배를 받지 않는다.

그리고 나서 요기의 여덟 가지 싯디(siddhi), 즉 능력이 생긴다. 첫 번째가 아니마, 그 다음이 라기마(laghima), 가리마(garima) 등등이다. 여덟 가지 능력에는 몸을 사라지게 하는 능력, 거의 보이지 않을 정도로 몸을 작게 하는 능력, 몸을 원하는 만큼 크게 할 수 있는 능력 등이 있다. 몸을 크게 하고 작게 하고 완전히 사라지게 하고 여러 곳에 동시에 나타나게 하는 능력을 자유자재로 할 수 있다. 이는 꿈같은 이야기처럼 들린다. 그러나 불가능한 것들이 점점 가능한 쪽으로 가는 것이 세상 이치다.

예전에 전혀 불가능하다고 생각됐던 것들이 지금은 가능해졌다. 인간은 심지어 달에까지 도달했다. 과거 인류에게 달은 불가능의 상징이었다. 세계 언어를 보면 거의 다 "달을 바라지 마라"는 표현이 있다. '불가능한 것은 바라지 마라'는 뜻이다. 이제 이 표현을 바꾸어야 한다. 달에 도달한 이상, 우리를 막을 수 있는 것은 아무것도 없다. 시간의 문제일 뿐, 모든 것은 열려 있다.

파탄잘리는 5신체를 넘어가면 오대를 넘어갈 수 있다고 말한다. 오대를 넘어간 경지에서는 모든 것을 마음대로 지배하고 움직일 수 있다. 몸을 작게 만들려는 마음만 먹으면 몸이 작아진다. 크게 하고자 하는 마음만 먹으면 몸이 커진다. 사라지고자 하는 마음만 먹으면 몸이 사라진다.

요기라면 모두 이렇게 해야 한다는 말은 아니다. 붓다는 이러한 능력을 몰랐다. 파탄잘리 자신도 이러한 능력을 알지 못했다. 그렇다면 왜 파탄잘리는 이를 말하는가? 그는 모든 가능성을 남김없이 세상에 드러내고자 하기 때문이다.

사실 궁극의 존재를 실현한 사람이 무엇을 위해 작아지는 것에 대해 생각을 하겠는가? 무엇을 위해? 존재를 실현한 사람에게 이런 능력을 행사하는 일은 모두 어리석은 일이다. 무엇을 위해 코끼리처럼 커지고 싶어하는가? 거기에 무슨 쓸모가 있는가? 왜 몸을 사라지게 해야 하는가? 궁극의 존재를 실현한 사람이라면 사람들의 호기심을 자극하는 데 관심이 없다. 그는 마술사가 아니다. 그는 사람들의 박수갈채나 환호에 관심이 없다. 무엇을 위해 사람들의 환호를 바란단 말인가? 이렇듯 존재의 정상에 도달하는 순간, 모든 욕망이 사라진다. 그러나 싯디(영적인 능력)는 모든 욕망이 사라졌을 때 나타나는 법이다. 이것이 딜레마다. 영적인 능력은 그 것을 이용하고자 하는 마음이 사라졌을 때만 나타난다. 사실 그 능력을 갖고자 하는 사람이 사라졌을 때만 나타난다.

그래서 파탄잘리는 요기라면 모두 그런 기적을 행해야 한다고 말하지 않는다. 수많은 요기들이 그런 기적이나 이적(異蹟)을 알지 못했다. 그리고 그런 기적이나 이적을 행하고자 했던 소수의 사람들은 불행히도 요기가 아니었다.

파탄잘리 『요가 수트라』의 이 부분은 기적은 실제로 행해지지 않는다는 점을 명백히 확인시켜주고 있다. 기적과 이적을 얻고자 에고의 함정에 갇혔던 사람이 이제는 더 이상 존재하지 않기 때문이다. 기적의 능력은 기적에 더 이상 관심이 없을 때 생긴다. 이것이 존재계의 섭리다. 욕망이 있는 사람은 무력하다. 반대로 욕망이 없는 사람에게는 무한한 능력이 생긴다.

**완성된 몸은
아름답고 우아하며 튼튼하고 견고하다.**

파탄잘리는 보통의 육체를 말하지 않는다. 보통의 육체는 아름다울 수는 있지만 완벽하게 아름다울 수는 없다. 제2신체는 육체보다 더 아름답고, 제3신체는 제2신체보다 더 아름답다. 위로 올라갈수록 존재의 중심에 다가가기 때문이다. 참다운 아름다움은 중심에서 나온다. 인간은 존재 중심에서 멀리 달아날수록 더 많은 한계 속에 갇힌다. 제4신체는 더 아름답다. 제5신체는 99퍼센트 완벽하게 아름답다.

참나는 아름답고 우아하며 튼튼하고 견고하다. 금강석처럼 견고하고 연꽃처럼 부드럽다. 아름답다고 해서 연약하지 않다. 튼튼하다. 튼튼하다고 해서 딱딱하지 않다. 모든 음과 양이 그 안에서 만난다. 금강석으로 만들어진 연꽃처럼, 연꽃으로 만들어진 금강석처럼 말이다. 내면에서 남성과 여성이 만나 초월하기 때문이다. 태양과 달이 만나 초월하기 때문이다.

예전에는 요가를 하타(hatha)라고 불렀다. 하타라는 말은 그 뜻이 매우 깊다. 하(ha)는 태양을, 타(tha)는 달을 뜻한다. 그래서 하타는 태양과 달의 만남을 뜻한다. 태양과 달의 합일이 요가다. 이는 신비의 합일(unio mystica)이다.

하타 요가에 따르면 인체에는 세 개의 에너지 통로가 있다. 하나는 핀갈라(pingala) 통로다. 이는 오른쪽 통로로, 좌뇌와 연결된 태양의 통로다. 다음은 이다(ida) 통로다. 이는 왼쪽 통로로, 우뇌와 연결된 달의 통로다. 다음은 수슘나(sushumna) 통로다. 이는 중앙의 통로로, 태양과 달이 합일하여 태어나는 통로다.

보통 사람의 에너지는 핀갈라나 이다 통로로 움직이고, 요기의 에너지는 수슘나 통로로 움직인다. 오른쪽과 왼쪽의 한가운데를 지나는 에너지를 우리는 쿤달리니(kundalini)라고 부른다. 이 통로는 척추를 따라 흐른다. 에너지가 가운데 통로를 따라 흐르면 균형이 잡힌다. 이렇게 균형 잡힌 사람은 남성도 여성도 아니며 단단하지도 부드럽지도 않다. 그는 남성이자 여성이며 단단하면서 동시에 부드럽다. 수슘나 통로에서는 음양이 사라진다. 이 수슘나의 정상에 사하스라라가 있다.

가장 저차원의 삶을 사는 사람은 물라다라의 성 센터에서 산다. 그의 에너지는 이다(달)의 통로로 움직이거나 핀갈라(태양)의 통로로 움직인다. 그래서 분열된 존재로 산다. 항상 타자를 찾고 타자를 구한다. 스스로가 불완전하다고 느낀다. 그래서 타자에 의존해야 한다.

이다의 에너지와 핀갈라의 에너지가 수슘나에서 만나면 크나큰 오르가슴, 우주적인 오르가슴이 일어난다. 우주적인 오르가슴이 일어나면 영혼의 떨림이 영원히 계속된다. 영원한 황홀경이 계속된다. 이 황홀경에는 끝이 존재하지 않는다. 그리고 두 번 다시 밑으로, 저차원으로 떨어지지 않는다. 항상 드높은 차원에 머문다. 그 드높은 경지가 존재의 중심이 된다.

이는 요가의 골격이다. 이를 다시 한 번 강조하고 싶다. 우리는 지금 물질적인 대상을 이야기하지 않는다. 세상에는 별의별 어리석은 사람들이 있다. 심지어 이다와 핀갈라, 수슘나의 통로들을 확인하기 위해 인체를 해부하려고 한 사람들이 있다. 그러나 인체를 해부해서는 그들 통로를 확인할 수 없다. 이들은 눈에 보이지 않는 통로다. 육체를 해부해서 에너지 센터의 자리를 확인하려는 것도 참으로 어리석은 짓이다. 인체의 생리학을 토대로 어느 센터가 정확히 신체의 어느 부위에 있는지를 입증하는 책을 쓴 의사도 있다. 이들 모두가 어리석은 짓이다.

요가의 과학은 이렇게 물리적이고 생리적이지 않다. 요가학은 상징적이다. 요가의 상징은 참으로 탁월하다. 요가는 상징을 통하여 물질 너머의 세계를 보여준다. 안으로 들어가면 요가가 상징하는 것을 누구나 볼 수 있다. 검시(檢屍)

를 해서는 볼 수 없다. 이들은 모두 살아 있는 현상이기 때문이다. 요가의 언어는 보이지 않는 것들을 상징한다. 언어에 걸리지 말라. 언어를 붙잡고 늘어지지 말라. 요가의 언어로 학설이나 교리를 세우지 말라. 그냥 흘러가라. 지도에 나타난 암시를 참고해서 자신의 길을 가라.

질문
오쇼, 일전에 저에게 '흘러가라'고 말씀하셨습니다. 하지만 제 육신은 납덩이 같은 마음 때문에 너무 무거워 강물을 따라 흐르지 못하고 빠질 것만 같습니다. 지금 저는 무서워서 허우적대고 있습니다.

흘러감은 완전히 새로운 삶의 길이다. 인간은 흐름을 거스르는 데 익숙하다. 싸우는 데 익숙하다. 에고는 무언가와 싸우면서 힘을 얻는다. 싸우지 않으면 에고는 증발해버린다. 에고는 생명을 부지하기 위해 끊임없이 싸워야만 한다. 이런 식으로 저런 식으로, 세속적인 문제로 영적인 문제로 에고는 끊임없이 싸운다. 타인과의 싸움이든 자신과의 싸움이든, 하여튼 싸움만은 계속된다. 세속적이라고 하는 사람들은 타인과 열심히 싸운다. 영적이라고 하는 사람들은 자신과 열심히 싸운다. 싸움의 대상만 다를 뿐, 싸움 자체는 똑같다.

이 싸움을 멈출 때만 참다운 비전이 떠오르고 나는 사라지기 시작한다. 에고는 싸우지 않으면 단 한순간도 버티지 못한다. 에고는 자전거와 같아서 계속 페달을 밟아주지 않으면 멈춰 넘어진다. 전에 밟았던 힘이 남아서 조금은 더 갈지 몰라도 금방 넘어지게 되어 있다. 그대가 협조하지 않으면 에고는 금방 넘어진다. 에고는 생명을 유지하기 위해서 그대의 협조를 필요로 한다. 싸움과 저항을 통한 협조 말이다.

'흘러가라'는 말은 그대가 참으로 왜소하기 때문에 이 드넓은 우주에서 우주와 싸운다는 것이 너무나 우매한 행위임을 알라는 말이다. 그대는 누구와 싸우는가? 본질적으로 보면 모든 싸움은 신과 대항하는 것이다. 우리 주위에 존재하는 모든 것이 곧 신이기 때문이다. 삶의 흐름에 거스르는 것은 신을 거스르는 행위다. 그러므로 강물을 따라 바다로 흘러가라.

강물의 흐름을 따라 흘러가면 내면에 전혀 다른 것이 내려오기 시작한다. 저 너머의 세계가 나타나기 시작한다. 그러면 자아는 점점 사라지면서 비워지기 시작한다. 그리고 공이 된다. 모든 것을 담는 공이 된다. 싸우는 사람은 왜소해지고 딱딱해진다. 싸우지 않는 사람, 연꽃잎이 벌어지는 것처럼 마음 문을 열고 내맡기는 사람은 모든 것을 받는다. 아무런 두려움 없이 삶의 흐름을 따라, 강물의 흐름을 따라 흘러간다.

그대는 이렇게 물었다. "제게 '흘러가라'고 말씀하셨지만 저는 흐름에 내맡기면 삶의 강물에 빠질까 두렵습니다."

빠지는 건 좋은 일이다. 빠져죽는 것은 에고이지 그대가 아니다. 그대가 싸울 때의 모습을 보자. 그대 자신이 싸운다고 생각하는가? 아니다, 싸우는 건 그대의 에고다. 에고가 존재 중심과 싸운다. 빠지는 것은 좋다. 흐름에 맡겨 빠지면 그대는 흘러갈 수 있게 된다. 그래서 처음으로 '존재' 하게 된다. 그대가 무언가를 선택하면 에고를 선택하게 되며, 선택을 놓으면 삶이 그대를 선택한다. 그리고 그대는 에고에서 해방된다. 선택을 하면 항상 지옥을 선택하게 된다. 선택은 지옥이다. 따라서 선택하지 말라. "주여, 뜻대로 하소서." 예수의 이 기도가 가슴속에서 울려퍼지게 하라.

자신을 내려놓으라. 삶의 강물에 빠지라. 지금의 존재 차원에서 사라져라. 그러면 홀연히 인간에서 초인으로 변형될 것이다. 축복의 인생이 될 것이다.

에고는 내맡길 때만 죽는다. 사람들이 내게 와서 이렇게 묻곤 한다. "어떻게 하면 에고를 놓을 수 있습니까?" 에고를 버리기 위해 할 수 있는 일은 없다. 그 어떤 것을 한다 해도 에고를 버릴 수 없다. 모든 행위는 에고를 강화하고 단련시킬 뿐이다. 에고는 행위를 통하여 에너지를 얻는다. 겸손하려고 수양하는 사람이 있다. 그렇게 애써 닦아서 얻는 겸손의 이면을 들여다보면 항상 에고가 겸손의 주인 노릇을 하고 있다. 에고는 이렇게 말한다. '보라, 내가 얼마나 겸손한가를!'

소위 영적이라고 하는 사람들의 얼굴을 보라. 그들은 겸손함을 보여주려고 애쓴다. 조금만 더 깊이 들어가 보라. 그러면 그들의 숨은 에고가 보인다. '나보다 겸손한 사람은 없다!' 소위 도를 닦는다고 하는 사람에게 '당신보다 더 겸손한 사람을 보았습니다'라고 해보라. 그는 상처받을 것이다. 그는 모욕을 당했다고 느낄 것이다. '그럴 리 없다. 나보다 더 겸손한 사람은 있을 수 없다!' 이런 것이 그의 에고가 하는 일의 전부다. '나보다 좋은 집을 가진 사람은 없다. 나보다 좋은 차를 가진 사람은 있을 수 없다. 나보다 예쁜 얼굴, 나보다 훌륭한 지식을 소유한 사람은 있을 수 없다.' 이렇게 비교하고 기분 좋아 하는 것이 바로 사람의 에고다.

에고를 변화시킬 수는 없다. 단지 '내가 할 수 있는 일은 없다'는 점을 깨달아야 한다. 에고를 깨닫고 놓으면 삶이 열린다. 열린 방 안으로 시원한 바람이 부는 것처럼 삶이 그대에게 흐르기 시작한다. 그대의 존재는 창 없는 방과 같다. 문과 창이 모두 닫혀 있는 방과 같다. 한 점의 빛도 바람도 들어오지 않는다. 자신의 안으로 들어가 모든 문을 걸어 잠그고 스스로 갇혀 있는 형국이다. 그 속에서 숨이 막히는 것은 당연하다.

물론 그대가 삶의 강물 속으로 빠져드는 것이 힘들다는 것을 안다. 시간이 걸린다. 일별의 체험이 필요하다. 때로는 흘러가고 때로는 흐름 속으로 빠지기도 할 것이다. 삶의 강물이 그대를 데려간다고 느껴보라. 시간이 나면 정원에 앉아 아무것도 선택하지 말고 앉아 있으라. '아름답다, 추하다' 고 말하지 말라. 나누지도 말라. 모든 대상에 문을 열어놓고 거기에 현존하라. 때로는 시장에 가보라. 말하지 말고 비난하지 말고 칭찬하지도 말라. 평가하지도 말고 '그냥 존재하는 법' 을 배우라. 평가하는 것은 대상을 선택하는 것이다. 대상이 좋다고 말하는 것은 '나는 이것을 갖고 싶다' 는 말이다. 대상이 싫다고 말하는 것은 '나는 이것을 갖고 싶지 않다' 고 말하는 것이다. 앞에 지나가는 여인이 아름답다고 말하는 것은 '이 여인을 소유하고 싶다' 는 말이다. 앞에 지나가는 여인이 못생겼다고 말하는 것은 여인에 대해 혐오감을 느끼는 것이다. 그러면 좋고 싫음이나, 아름답고 추함의 이중성에 갇힌다. 선택 마음이 일어난다.

에고의 길은 참으로 미묘하다. 그러니 진실로 깨어 있을 일이다. 깨달으면 단 한순간도 에고는 존재하지 못한다. 에고를 만들어내지도 않는다. 갑자기 모든 문들이 열리고 사방에서 생명이 쏟아져 들어온다. 이 생명은 대단히 미묘하다. 깨어 있지 않으면 이를 볼 수도, 느낄 수도 없다. 신의 터치는 대단히 현묘하다. 이를 느끼기 위해서는 깊디 깊은 감수성이 필요하다.

깊디 깊은 내맡김과 감성, 각성 속에서 홀연히 알지 못했던 것들이 쏟아져 들어온다. 그것은 항상 거기 있었지만 그대가 너무 거칠어서 알아볼 수 없었던 것이다. 그것은 항상 거기 있었지만 그대가 싸움과 에고의 길에 너무 매달려 있어 보고 느낄 수 없었다. 그것은 항상 거기 있었지만 그대는 거기 없었다. 그것은 항상 그대를 기다렸지만 그대는 집에 돌아오는 것을 잊었다. 에고를 버리는 것이 존재의 집으로 돌아오는 길이다.

12장
감각을
지배하여
감수성을
찾으라

오쇼 수트라

인간에게 감각은 있지만 감수성은 없다.

감각의 힘이 넘쳐흘러야
감각을 대상으로 삼야마를 행할 수 있다.

그때 감각의 참된 본성이 무엇인지를 볼 수 있다.
인간의 몸은 신의 화신이다.

물질 세계와는 완전히 다른
자신만의 에너지가 있다는 것을
아는 사람은 주인이 된다.

감각을 지배하여 감수성을 찾으라

표현할 수 없는 것을 표현하는 파탄잘리의 기술은 참으로 탁월하다. 그를 뛰어넘을 수 있는 사람은 존재하지 않는다. 그는 내면의 의식세계를 정확하게 그려냈다. 그는 거의 불가능한 일을 해냈다.

파탄잘리는 각 단계와 통합, 각 차크라와 기능, 사하스라라까지의 상승과 초월 등을 대단히 정확하게 그려냈다. 에너지의 바퀴인 차크라마다 통합이 일어난다. 이에 대해 알아보자.

첫 번째 센터로 가장 원시적이며 자연스럽고 모든 사람에게 열려 있는 성 센터에서는 내면과 외면의 통합이 일어난다. 물론 이는 순간적으로 일어났다 사라지는 통합이다. 남녀가 결합할 때 내면과 외면이 만나 섞이고 서로 하나되는 순간을 경험한다. 보완적인 두 에너지가 만나 하나의 전체가 되는 경험이야말로 성과 오르가슴의 아름다움이다. 그러나 이는 가장 거친 육체 간의 만남이기 때문에 순간적으로 지나간다. 육체의 표면이 서로 접촉할 뿐, 상대의 안으로 들어가지 못하는 것이다. 두 개의 얼음 조각을 붙이면 서로의 표면만이 닿지만, 서로 녹아서 만나면 서로의 중심으로 들어가 하나가 된다. 이 물이 증발하면 그 만남은 형용할 수 없을 정도로 깊어진다. 거기에는 나도 없고 너도 없으며 안도 없고 밖도 없다.

첫 번째 성 센터에서도 나름의 통합이 일어난다. 그렇기 때문에 인간은 섹스에 미치지 않을 수 있다. 순간적인 통합은 성 센터의 좋은 점이자 성 센터가 인간에게 주는 혜택이다. 그러나 성에서 멈추는 것은 궁전의 입구에서 멈추는 것과 같다. 사실 입구도 좋다. 입구까지 왔다는 것은 궁전의 안으로 들어갈 수 있는 가능성이 있다는 말이다. 하지만 입구를 거주처로 삼지는 말라. 계속 입구에만 머물지 말라. 차원 높은 센터의 통합에서 일어나는 지복이 기다리고 있다. 차원 높은 센터에서 일어나는 지복에 비하면 성의 아름다움이나 쾌감은 아무것도 아니다. 성 속에서는 순간적으로 지나가는 일별을 체험할 뿐이다.

제2센터는 단전이다. 단전에서는 생명과 죽음이 만난다. 제2센터로 들어가면 제1센터에서보다 높은 통합의 오르가슴을 체험한다. 생명이 죽음을 만나고 태양이 달을 만난다. 이 만남은 내면에서 이루어지며 타인에 의존하지 않기 때문에 보다 지속적이고 견실하다. 남성은 내면의 여성을 만나고 여성은 내면의 남성을 만나는 것이다.

제3센터는 배꼽이다. 여기에서는 음과 양이 만난다. 음의 기운과 양의 기운이 만난다. 이 만남은 삶과 죽음의 만남보다 높다. 프라나(prana), 즉 생명에너지는 삶과 죽음보다 깊기 때문이다. 생명에너지는 삶 이전에도 존재하고, 죽음 이후에도 존재한다. 삶과 죽음은 생명에너지 때문에 존재한다. 배꼽 센터에서 생명에너지가 만나면 보다 차원 높게 하나로 통합되는 체험을 한다.

다음은 가슴 센터다. 가슴 센터에서는 하위의 센터들과 상위의 센터들이 만난다. 자연과 본성, 성과 영성, 세속과 탈속, 지옥과 천국이 만나는 곳이 바로 여기다. 이는 보다 높은 차원이다. 여기서부터 피안의 서광(曙光)이 비치기 시작한다. 지평선에 떠오르는 태양이 보인다. 인간은 땅에 뿌리를 박고 있지만 하늘을 향해 가지를 뻗는다. '만남'이 일어난다. 그래서 우리는 가슴 센터에서 더없이 아름답고 높은 사랑의 체험을 한다. 사랑의 체험은 땅과 하늘의 만남이다. 그래서 사랑은 어느 면에서 땅과 연결되어 있고 다른 면에서 하늘과 연결되어 있다.

보통 사람은 가슴 센터 이상을 넘어가지 못한다. 사실 가슴 센터에 도달하는 것 자체도 대단히 어렵다. 보통 사람들은 성 센터로 산다. 요가나 가라테, 합기도, 타이치 등을 수련하면 두 번째 단전 센터에 도달한다. 호흡법의 행법을 수련하면 배꼽 센터에 도달한다. 몸과 땅 너머의 세계를 깊이 들여다보면 현묘한 빛이 들어와 거친 육체의 한계를 초월하여 가슴 센터에 도달한다.

가슴 센터 위에 목 센터가 있다. 여기에서도 통합이 일어난다. 이전보다 더 차원 높고 현묘한 통합이 일어난다. 목은 주고받음의 센터다. 아이는 태어날 때 목 센터에서 생명을 부여받는다. 먼저 목 센터를 통해 생명이 들어가고 공기를 마시고 난 다음 아이는 엄마의 젖을 빤다. 아이는 목 센터로 산다. 그러나 이때의 목 센터는 조금밖에 열리지 않은 상태이며 이내 아이는 목 센터를 잊게 된다. 아이는 받기만 한다. 아직 주는 것에 대해서는 모른다. 아이의 사랑은 수동적이다. 상대에게서 사랑을 요구하기만 하는 사람은 유아의 단계를 벗어나지 못한 사람이다. 사랑을 주는 것을 모르는 사람은 성장하지 못한 사람이다. 사람들은 모두 사랑을 찾고 요구하기만 하지 주는 법을 모른다. 그것이 세상의 불행이다. 사랑을 요구하는 사람은 한결같이 자신이 사랑을 주고 있다고 생각한다.

나는 수많은 사람들을 만나보았다. 그들 모두는 사랑에 굶주려 있고 사랑에 목말라 있다. 어떤 식으로든 사랑을 주려고 하는 사람을 나는 보지 못했다. 자신은 사랑을 주지만 받지 못한다고 믿는다. 그러나 주는 사람은 받는다. 그것이

자연스런 이치다. 그 반대의 경우는 존재하지 않는다. 줄 때 사랑이 내게로 오는 법이다.

창조적인 사람은 모두 주는 사람이다. 사람들을 위해 노래를 부르고 춤을 추는 사람이다. 시를 쓰고 그림을 그리고 소설을 쓰는 사람이다. 그들은 목 센터를 이용하여 세상에 창조의 결실을 준다. 목 센터에서 줌과 받음이 만난다. 주고받는 능력은 더없이 아름다운 통합이다.

세상에는 받을 줄만 아는 사람들이 있다. 그들의 삶은 불행하다. 받기만 해서는 절대로 풍요로워질 수 없기 때문이다. 사람은 줄 때 풍요로워진다. 사람은 줄 수 있는 것만을 소유한다. 사랑을 주지 못하는 사람은 자신에게 사랑이 있다고 믿을 뿐이다. 그에게는 사랑이 없다. 돈을 가지고 있어도 줄 줄 모르는 사람은 돈의 주인이 아니다. 다소 복잡한가? 다시 한 번 말해보자. 자신이 진정으로 소유한 것은 자신이 줄 수 있는 것뿐이다. 주는 순간, 나는 주는 것의 소유자가 되고 부유해지는 것이다. 주는 마음이 풍요로운 마음이다.

인색한 사람은 세상에서 더없이 불행하고 가난한 사람이다. 가난뱅이보다 더 궁색하다. 그는 주는 법을 모른다. 그의 생명은 멈춰 있다. 긁어모으기만 한다. 긁어모은 것은 그의 존재에 짐이 될 뿐이다. 그만큼 부자유해진다. 많은 것을 가질 때 그만큼 자유로워지는 것이 세상 이치이지만 인색한 사람은 부자유하다. 인색한 사람을 보라. 많은 것을 소유하고는 있지만 궁색하고 부자유하다. 거지도 그보다는 자유롭다. 인색한 사람은 왜 그런 삶을 사는가? 그는 목 센터를 받기 위해서만 사용했기 때문이다.

돈이 나쁘다는 말이 아니다. 좋다, 이용하라. 소유하라. 하지만 명심하라. 돈은 오직 줄 수 있을 때만 자기 것이다. 목 센터에서 새로운 통합이 일어난 사람만이 진정으로 주고 진정으로 받는다.

그런가 하면 어떤 사람은 주는 법만 아는 사람이 있다. 그는 한쪽의 극단에서 다른 쪽의 극단으로 간 사람이다. 이전에 그는 줄 줄은 모르고 받을 줄만 알았다. 그에게 변화가 일어나자 다른 쪽 극단으로 가버린 것이다. 이제 받을 줄은 모르고 줄 줄만 안다. 이 역시 주고받음의 불균형이다. 참된 사람은 줄 줄도 알고 받을 줄도 아는 사람이다.

목 센터 다음은 제3의 눈 센터다. 제3의 눈 센터에서는 핀갈라(pingala)와 이다(ida), 즉 오른쪽과 왼쪽의 통로가 만나 수슘나(sushumna)가 된다. 좌뇌와 우뇌가 두 눈 중앙에 있는 제3의 눈에서 만난다. 한쪽 눈은 오른쪽을, 다른 쪽 눈은 왼쪽을 뜻하는데, 제3의 눈은 두 눈의 중앙에 있다. 제3의 눈에서 일어나는 좌뇌와 우뇌의 만남은 대단히 차원 높은 통합이다. 사람들은 이 지점까지만 설명할 수 있었다. 그래서 라마크리슈나[1]도 제3의 눈까지밖에 설명할 수 없었다. 그가 사하스라라가 일어나는 마지막 궁극의 통합에 대해 이야기를 시작하려고 할 때마다 사마디 속으로 빨려 들어갔다. 궁극의 통합을 이야기한다는 것은 너무나 벅찬 것이어서, 그가 거기에 대해 이야기하려고 할 때마다 홍수처럼 밀려드는 사마디의 바다로 빠져들었다. 그래서 라마크리슈나는 표면의식이 깬 상태에서 이야기를 할 수 없었던 것이다.

궁극의 통합은 왕관 차크라인 사하스라라에서 일어난다. 사하스라라 차크라의 상징성 때문에 세계의 모든 왕이나 왕비, 황제, 군주 등은 머리에 왕관을 쓰게 되었다. 그들이 왕관을 쓰는 예식에는 '사하스라라가 열리지 않은 사람이 어떻게 군주가 되고 왕이 될 수 있겠느냐, 자신을 지배하지도 못하는 사람이 어떻게 백성을 다스릴 수 있겠느냐'는 뜻이 담겨 있다. 왕관이 상징하는 바에는 비밀이 숨어 있다. 그 비밀은 '왕관 센터에 도달하여 자신의 존재를 궁극적으로 통합한 사람만이 왕이나 왕비가 될 수 있다'는 것이다. 오직

---

1)라마크리슈나(Ramakrishna, 1836-1886): 벵골 주(州)의 브라만 집안에서 출생. 그의 가르침은 힌두교의 전통을 현대에 살려 인도 사람들의 자신감을 고취시킴과 동시에 모든 종교의 조화를 설파, 인류협동의 이상을 드높였다는 점에서 세계사적 의의가 부여되고 있다.

자신을 지배할 수 있게 된 사람만이 다른 사람들을 다스릴 수 있다. 자신의 주인이 된 사람만이 다른 사람을 도울 수 있기 때문이다.

마지막 통합은 주체와 객체의 통합이요, 다시 내면과 외면의 통합이다. 성의 오르가슴에서도 내면과 외면이 만났지만 순간적이었다. 하지만 사하스라라에서는 영원히 만난다. 그래서 나는 구도자라면 성에서 사마디까지의 길을 가야 한다고 말하는 것이다. 성에서는 99퍼센트가 성이고 1퍼센트만이 사하스라라다. 그러나 사하스라라에서는 99퍼센트가 사하스라라고 1퍼센트만이 성이다. 깊은 에너지의 흐름 속에서 성과 사하스라라가 연결되고 하나가 된다. 성을 누리되 성을 거주처로 삼지 말라. 성은 사하스라라의 일별일 뿐이다. 사하스라라 속에서는 수천 배, 수만 배의 축복과 지복이 쏟아진다. 내면과 외면이 만나고 나와 너가 만나고 남성과 여성이 만나고 음과 양이 만난다. 이는 절대의 만남이다. 여기서는 분리도 헤어짐도 존재하지 않는다. 이를 우리는 요가라 부른다.

요가는 둘이 만나 하나가 되는 것이다. 기독교의 신비가들은 이를 '신비의 합일(unio mystica)'이라고 했다. 신비의 합일, 바로 이것이 요가다. 사하스라라에서 알파와 오메가가 만나고, 시작과 끝이 만난다. 시작은 성 센터에서 한다. 성이 인간의 알파요 사마디가 오메가다. 알파와 오메가가

만나지 않으면, 궁극의 합일을 이루지 않으면 불행할 수밖
에 없다. 궁극의 합일이 인간이 가야 할 길이기 때문이다.
운명을 실현하지 않으면 충일한 삶을 살 수 없다. 통합의 절
정에 도달해야 그 삶은 충일해진다.

> 감각기관의 작용과 그 본성, 자의식, 구나와
> 그 기능 등을 대상으로 삼야마를 행하면
> 감각기관을 지배할 수 있다.

제일 먼저 알아야 될 것은 '인간에게 감각은 있지만 감수
성은 없다'는 것이다. 인간의 감각은 대단히 둔하며 거의 죽
어 있다. 에너지가 흐르지 않는 감각은 인간에게 겨우 겨우
매달려 있는 형국이다. 감각은 인간 존재의 살아 있는 수족
이 되어야 한다. 그러나 불행하게도 인간의 감각은 죽어 있
다. 인간의 감각에는 에너지가 흐르지 않고 차갑게 막혀 있
다. 모든 인간이 다 그렇다. 기나긴 세월 동안 감각을 억압
했기 때문이다. 지난 수천 년 동안 인간의 육체를 반대하는
조건화와 사상 때문에 인간의 정신은 병들었다. '인간'이라
는 이름만 살아 있을 뿐이다.

그래서 제일 먼저 해야 할 일은 감각을 되살려서 감수성
을 키우는 일이다. 그렇게 해야만 감각을 지배할 수 있는 길
이 열린다. 인간은 사물을 보지만 깊이 보지 않는다. 사물의

표피만을 볼 뿐이다. 인간의 터치에는 따뜻함이 없다. 터치 속에 아무것도 흐르지 않는다. 듣는 것도 그렇다. 새들이 노래하면 듣기는 한다. '예, 나는 듣습니다.' 틀린 말은 아니다. 하지만 새의 노래는 듣는 사람의 존재 중심에 가 닿지 않는다. 중심에 가 닿고 춤을 추고 꽃피어나야 하는데 그렇지 못한 것이다.

인간의 감각들을 되살려야 한다. 요가는 육체를 반대하지 않는다. 이 점을 명심하라. 요가는 '육체를 넘어가라'고 말하지 '육체는 나쁜 것이다'라고 말하지 않는다. '육체에게 이용당하는 것이 아니라 육체를 이용하라'고 말하지 '육체는 좋지 않다'고 말하지 않는다. 요가에서 육체는 신전이다. 인간의 영혼이 거주하는 육체는 참으로 아름답고 복잡하고 미묘하며 신비로운 유기체이며 이 육체를 통하여 수많은 차원이 열린다. 감각들을 되살려, 감각들에 에너지가 강물처럼 흐르게 하라. 인간은 감각을 통해 대상을 느낀다. 손에 에너지가 잘 흐르면 손에 찌르르 하는 감각을 느낄 수 있다. 손 안에서 뭔가 흐르는 느낌이 있어 대상을 만지고 접촉하고자 하는 마음이 생긴다.

이성(異性)의 손을 만질 때 자신의 손에 에너지가 흐르지 않는 사랑은 깊이가 없는 사랑이다. 자신의 손이 에너지로 고동치고 자신의 에너지가 상대에게로 쏟아져 들어가지 않는 사랑은 처음부터 죽은 사랑이다.

에너지가 흐르는 사랑만이 기쁨과 희열과 지복의 근원이 되는 사랑이다. 그러려면 먼저 자신의 감각이 되살아나 에너지가 제대로 흘러야 한다.

사람들은 때로 감각들이 되살아나 감각들에 에너지가 흐르는 체험을 하기도 한다. 어렸을 때는 누구나 그런 체험을 한다. 나비를 쫓아가는 어린아이를 보라. 마치 어느 순간이고 몸 밖으로 뛰쳐나올 것처럼 그의 에너지는 생생하게 흐른다. 장미꽃을 보는 어린아이를 보라. 그의 눈 속에 나타나는 빛과 광채를 보라. 그의 존재 자체가 흐른다. 그의 눈은 꽃잎과 더불어 춤을 춘다.

강물이 되어 흘러가는 것, 이것이 참다운 존재 양식이 되어야 한다. 그럴 때에야 감각을 지배할 수 있는 길이 열린다. 눈은 보고 귀는 듣고 코는 냄새 맡고 손은 접촉하고 발은 땅과 하나가 된다. 이것이 지각능력이다.

감각에는 힘이 있어야 한다. 감각에 힘이 없으면 힘이란 무엇인지 알 길이 없다. 감각의 힘이 넘쳐흘러야 감각을 대상으로 삼야마를 행할 수 있다. 명상을 할 수 있다.

꽃을 볼 때 자신의 눈을 느껴본 적이 있는가? 꽃을 보면서 눈의 힘을 느껴본 적이 있는가? 우리는 눈을 통해 대상을 보기 때문에 눈의 힘을 느낄 수 있어야 한다. 눈은 어떠한 꽃보다 아름답다. 우리는 눈을 통해 세상을 본다. 그런데 우리의 눈은 거의 마비되어 있다. 창문처럼 수동적일 뿐이다. 대상으로 가는 힘이 없다. 눈의 힘이라는 말은 눈이 살아 움직이는 것을 뜻한다. 눈이 직접 꽃으로 가 꽃을 만지며, 귀는 새소리로 가 새소리를 만지며, 에너지가 넘치는 손은 사랑하는 이의 손으로 온전히 몰입하는 것이 곧 감각의 힘이다. 혹은 풀밭에 누워 온몸으로 풀과 하나가 되어 대화를 나누는 것이다. 혹은 강물 속에서 수영하면서 강물과 속삭이고 강물의 속삭임을 듣는 것이다. 느끼고 하나가 될 때 감각의 힘이 필요한 것이다.

그러므로 먼저 부탁하고 싶은 것은 볼 때 진실로 보고 눈이 되어 보라는 것이다. 다른 모든 것을 잊으라. 모든 에너지가 눈을 통해 흐르게 하라. 눈이 에너지 샤워를 받아 맑아지고 깨끗해지면 나무와 풀이 다르게 보이고 세상이 다르게 보인다. 나무 위에 두껍게 쌓인 먼지가 씻겨나간 것처럼 더 푸르게 보이는 것이다. 사실 먼지는 나무 위에 있었던 게 아니라 자신의 눈에 있었던 것이다. 이렇게 눈이 맑아질 때야 비로소 사물을 진정으로 보고 듣는다. 그때 감각의 참된 본성이 무엇인지를 깨달을 수 있다. 감각들은 신성하다. 인간의 몸은 신의 화신이다.

명상으로 감각을 지배할 수 있다. 명상 말고는 감각을 지배할 수 있는 길이 존재하지 않는다. 눈을 대상으로 명상을 하면 처음에는 대상만 보이다가 나중에는 대상을 보는 눈 자체를 볼 수 있게 된다. 이렇게 하여 눈을 지배할 수 있다. 대상을 보는 눈을 볼 수 있게 될 때 나는 눈의 주인이 된다. 주인이 되면 눈의 모든 에너지를 이용할 수 있다. 눈의 에너지는 모든 것을 꿰뚫어보는 힘이 있다. 사람들이 아는 것처럼 눈은 그렇게 제한된 시각만 소유한 게 아니다. 눈은 이전에 볼 수 없었던 것들을 볼 수 있는 힘이 생긴다. 이전에 꿈도 꿔보지 못한 신비들을 볼 수 있다. 하지만 대부분 사람은 눈의 주인이 아니다. 그래서 자신이 무엇을 하고 있는지 자각하지 못한 채, 눈을 아무렇게나 사용한다.

요가에서 사물을 보고 있는 눈을 보기 시작하면 현묘한 에너지를 만난다. 요가에서는 이를 탄마트라(tanmatra)라고 부른다. 대상을 보고 있는 눈을 볼 수 있으면 눈 너머에 숨어 있는 엄청난 에너지를 보게 된다. 이것이 탄마트라, 즉 눈의 에너지다. 귀 너머에서도 엄청난 에너지를 볼 수 있다. 이는 귀의 탄마트라다. 성기 너머에 엄청난 에너지가 쌓여 있다. 이는 성의 탄마트라다. 다른 감각기관들도 이와 같다. 모든 감각 너머에는 사용되지 않은 에너지 샘이 있다. 이 에너지를 깨닫고 이를 눈에 쏟아부으면 시인이나 화가가 보는 비전을 본다. 음악가나 시인이 듣는 소리를 듣는다. 두 연인이 아주 드물게 경험하는 터치의 세계를 느낄 수 있다. 이런 사람은 생생하게 살아 흐른다.

　사람들은 보통 감각을 배우기보다는 억압하라고 배웠다. 감각을 억압하기만 하면 사람은 무력해진다. 개인이 억압에 책임이 있다는 말은 아니다. 개인은 일방적으로 억압의 교육을 받으며 자랄 수밖에 없다. 감각에 자유를 주라고 말하는 사람은 이 땅에 존재하지 않는다. 사랑의 이름으로 억압의 교육은 계속되고 있다. 어머니와 아버지, 사회, 모두가 억압한다. 그들 모두는 아이들에게 트릭을 가르친다. '나를 받아들이지 말고 거부하라'는 것이 그것이다. 모든 것은 사회 규율을 따라야만 한다. 자유분방한 야성은 영혼의 어두운 구석으로 밀어넣고 작은 일부분만을 드러내야 한다. 드러난 일부분은 모든 야성과 본성을 잊어버린 채 사람들을 만나고 교제하는 응접실 같은 곳이다. 아버지나 어머니 역시 책임이 없다. 그들 역시 그런 식으로 교육을 받았기 때문이다.

　그러므로 책임을 져야 될 사람은 존재하지 않는다. 그러나 이를 알고도 실행하지 않는 사람이 있다면 그는 책임을 져야 한다. 나는 내게 오는 사람에게 책임의식을 심어준다. 내게 오는 사람은 이를 알게 된다. 만약 나를 통해 이를 알게 된 사람이 실행을 하지 않으면 그 누구에게도 책임을 떠넘길 수 없다. 이제 그 스스로 책임을 져야 된다.

이제 자신이 감각을 어떻게 파괴했는지, 그리고 어떻게 되살릴 수 있는지 알았다면 실행에 옮기라.

자신의 문을 열라. 다시 흘러라. 나와 나의 존재를 연결하라. 다시 자신의 감각과 하나가 되라. 인간은 선이 끊긴 전화기와 같다. 전화기 자체는 아무런 문제가 없어 보이나 선이 끊어져 있다. 자신의 눈이 거기 있고 귀가 거기 있고 손이 거기 있지만 선이 끊어져 있다. 다시 연결하라. 끊어졌다는 말은 곧 다시 이을 수 있다는 말이다. 다른 사람들이 선을 끊어놓았다. 그렇게 교육을 받았기 때문이었다. 이제 그대는 이을 수 있다.

나의 명상은 모두 사람들의 에너지를 흐르게 하는 것이다. 그래서 나는 내가 만든 명상들을 '역동적인 명상'이라고 부른다. 예전의 명상들은 하나같이 침묵 속에 앉아 있는 것이었다. 나는 동적인 명상 방편들을 고안했다. 에너지가 자연스럽게 흐를 때 침묵 속에 앉을 수 있기 때문이다. 침묵 속에 앉으려면 먼저 감각들이 살아나야 한다.

이렇게 하여 몸을 사용하지 않고
즉각적으로 지각하는 능력과
프라크리티(prakriti), 즉 물질세계를

완전히 지배하는 힘이 나타난다.

감각의 신비한 에너지인 탄마트라를 볼 수 있으면 거친 매개체를 거치지 않고 지각할 수 있다. 눈 너머에 있는 에너지 샘을 알면 눈을 감고 그 에너지를 직접 사용할 수 있다. 그러면 눈을 감은 채로 볼 수 있게 된다. 텔레파시와 투시, 투청 등이 그렇게 일어난다.

요가는 이를 탄마트라라고 부른다. 사람은 보통 나무나 돌을 집어들 때 손을 사용한다. 손 너머에 있는 에너지 샘을 직접 알면 손을 사용하지 않고도 물건을 들 수 있다. 텔레파시의 경우도 이와 같다. 다른 사람의 마음을 듣고 읽을 수도 있으며 멀리 떨어진 곳을 볼 수도 있다. 눈 너머에 있는 탄마트라의 신비 에너지를 알면 눈을 사용하지 않고도 볼 수 있는 힘이 생긴다. 외부의 정보를 입수하고 행동하는 주체가 감각기관이 아니라 그 너머에 있는 에너지라는 사실을 깨달으면 감각으로부터 해방될 수 있다.

감각이 곧 나라고 생각하는 것, 감각 없이는 살 수 없다고 생각하는 것, 감각이 인생의 전부라고 생각하는 것, 이런 생각이 곧 감각에 대한 집착이다. 감각을 떠나 보다 높은 차원에서 고요하게 살 수 있는 가능성이 있다. 하지만 보통 사람에게는 너무 어려운 이야기다. 이는 마치 씨앗에게 '죽어라, 그러면 아름다운 나무로 다시 태어날 수 있다'라고 말하는 것과 같다. 어떻게 씨앗이 이 말을 믿을 수 있겠는가? 씨앗은 자신이 죽어야 새싹이 돋아나고 새 생명이 태어난다는 것을 알 수 없다. 도대체 이를 어떻게 믿는단 말인가? 새알에 대고 '새야, 밖으로 나오너라' 하고 말한다 해도, 새가 무슨 재주로 알 밖의 세상에 대해 알 수 있는가? 어머니 뱃속에 든 아기에게 '무서워하지 말고 밖으로 나오라'고 말한다 해도 아기에게는 바깥세상을 이해할 재주가 없다. 자궁 속의 아기에게는 자궁이 세상의 전부다. 그것만을 알 뿐이다. 그래서 두려워한다. 인간도 이와 같다. 감각이라는 껍질, 감각이라는 감옥에 갇혀 살고 있는 상황 말이다.

좀 더 과감하고 좀 더 담대해질 필요가 있다. 자신이 어디에서 무엇을 하고 있는 사람이든 지금까지는 아무런 일도 일어나지 않았다. 따라서 모험 속으로 뛰어들라. 미지의 세계로 뛰어들라. 새로운 삶을 찾으라.

"이렇게 하여 몸을 사용하지 않고 즉각적으로 지각하는 능력과 프라크리티, 즉 물질세계를 완전히 지배하는 힘이 나타난다." 지금까지 인간은 물질세계에 사로잡힌 삶을 살았다. 물질세계와는 완전히 다른 자신만의 에너지가 있다는 것을 아는 사람은 주인이 된다. 세상은 더 이상 나를 지배할 수 없다. 이제부터는 내가 세상을 지배한다. 세상을 버린 사람만이 세상의 참된 주인이 된다.

**사트바와 푸루샤의 차이를 깨달을 때만
존재계의 모든 차원을 알고 지배할 수 있다.**

사트바와 푸루샤, 즉 지성과 각성의 미묘한 차이를 식별할 줄 알아야 한다. 나와 몸을 구분하는 일은 아주 쉽다. 몸은 물질로 이루어져 있기 때문에 누구나 쉽게 느낄 수 있다. 자신이 몸이 아니라는 것을, 자신은 몸 안에 있다는 것을 쉽게 감지할 수 있다. 나는 눈이 아니라는 것도 마찬가지다. 나는 눈 뒤에서 눈이라는 창을 통해 밖을 내다보는 존재임을 알 수 있다. 안경을 쓰고 사물을 본다고 해서 안경이 사물을 보는 것은 아니다. 안경 뒤에 있는 눈이 필요하다. 눈도 역시 안경과 같은 존재다. 눈 자체가 사물을 보는 것은 아니다. 눈 뒤에서 보는 자가 필요한 것이다. 이들 모두는 물질의 영역에 속해 있기 때문에 금방 알아차릴 수 있다.

그러나 지성과의 동일시는 그만큼 쉽지 않다. 생각하는 힘, 지적인 힘, 이해 등은 대단히 미묘한 것이다. 그러므로 각성과 지성을 구별하는 일은 그다지 쉽지 않은 것이다. 하지만 가능성은 열려 있다.

차근차근 단계를 밟아나가면서 하면 된다. 먼저 나는 몸이 아님을 알아야 한다. '나는 몸이 아니다'라는 이해를 깊이 키워서 결정화하라. 그런 다음 나는 감각이 아님을 알라. 이 이해를 키워서 결정화하라. 다음, 나는 탄마트라, 즉 감각 너머에 있는 에너지 샘이 아님을 알라. 이 이해를 키워서 결정화하라. 이렇게 하면 지성이 에너지 샘임을 알게 될 것이다. 사실 이 에너지 샘에서 눈과 귀와 손 등의 에너지가 나온다. 지성이 에너지 샘이라면 감각은 이 샘으로 통하는 강물과 같다. 감각은 정보를 수집하여 지성이라는 에너지 샘에 붓는다.

먼저 나는 눈도 아니요 눈 너머에 있는 에너지도 아님을 깨달아야 한다. 그래야 모든 감각이 지성 속으로 정보와 에너지를 쏟아붓는 것을 알아볼 수 있다. 나는 이 지성도 마음도 아니다. 나는 감각이 지성 속으로 쏟아지는 것을 지켜보는 자다. 강둑에 서서 강물이 바다로 흘러가는 것을 지켜본다. 나는 지켜보는 자요 관조자다.

이것이 푸루샤요 각성이다. 이것이 요가의 마지막 깨우침이다.

질문
왜 저는 늙어가는 것을 두려워합니까? 이 두려움을 없앨 수 있는 방법을 가르쳐주십시오.

삶을 바르게 살면, 삶을 진실로 살면 죽음을 두려워하지 않는다. 자신의 삶을 진실로 사는 자는 죽음을 기꺼이 맞이한다. 그런 죽음은 깊은 잠이나 편안한 휴식과 같을 것이다. 삶의 절정을 체험한 사람에게 죽음은 아름다운 휴식이요 축복이다. 그러나 삶을 제대로 살지 못한 사람에게는 죽음의 두려움이 일어난다. 삶을 제대로 살지 못한 사람에게 죽음은 더 살아야 될 생과 시간과 기회를 앗아가는 저승사자가 된다. 과거에 삶을 제대로 살지 못했고 이제 죽음으로 인해 미래도 없다. 여기에서 두려움이 떠오른다. 이 두려움은 죽음에서 오는 게 아니라 제대로 살지 못한 삶에서 온다.

죽음에 대한 두려움 때문에 나이를 먹으면 늙는 것이 두려워진다. 그러나 늙는 것도 아름다울 수 있다. 늙는 것은 성장과 성숙, 존재의 원숙함이 될 수 있다. 삶이 주는 모든 도전을 받아들이며 순간에서 순간으로 살고, 삶이 초대하는 미지의 세계로 과감히 뛰어들면서 삶이 주는 모든 기회를 충분히 산 사람의 노년은 원숙한 노년이 된다. 그렇지 않은 노년은 병든 말년이 된다.

불행하게도 사람들은 성숙이나 원숙함을 모르고 그냥 나이를 먹고 늙어간다. 그렇게 산 노년은 고단한 삶이다. 몸은 늙었지만 의식은 아직 어린애다. 몸은 자랐지만 정신은 자라지 않았다. 내면의 빛은 떠오르지 않고 죽음만이 매일 한 발 한발 다가온다. 두렵고 떨리며 크나큰 고통에 시달린다.

그러나 삶을 제대로 산 사람은 노년을 기꺼이 받아들인다. 그에게 노년은 결실의 계절이요 존재의 꽃이 피는 계절이다. 자신의 인생에서 얻은 것들을 나누는 계절이다.

보통 노년은 병들어 있기 때문에 추하다. 인간의 존재는 나이를 먹으면서 성숙하는 게 아니라 병들고 아프고 쇠약해지고 무능해진다. 성숙한 사람의 노년은 인생에서 가장 아름다운 시기이다. 어린 시절의 어리석음이나 청년기의 흥분과 격정이 사라지고 삶이 평화로워진다. 그래서 노년은 침묵과 명상, 사마디의 시기다.

노년은 더없이 아름다울 수 있으며 아름다워야 한다. 삶전체가 노년을 향해 가고 있지 않은가! 노년은 삶의 절정이되어야 한다. 삶을 막 시작하면서 절정에 도달할 수는 없는법이다. 도중에도 절정에 도달할 수 없는 법이다. 많은 사람들이 생각하는 것처럼 어린 시절이 삶의 절정이라면 나머지삶은 고달픈 인생이 되어버릴 것이다. 절정 다음에는 내리막길만이 기다리고 있기 때문이다. 또 다른 사람들이 여기는 것처럼 젊은 시절이 절정이라면 35살 이후는 슬프고 바람 빠진 생이 되어버릴 것이다. 절정 다음에는 잃는 것밖에남지 않기 때문이다. 나날이 에너지를 상실하고 쇠약해지고이런저런 우환이 찾아오고 마침내는 죽음이 문을 두드리기시작할 것이다. 병원이 그의 집이 될 것이다. 어떻게 행복할수 있겠는가? 아니다, 우리 동양에서는 어린 시절이나 젊은시절을 인생의 절정이라 생각하지 않는다. 절정은 맨 마지막에 찾아온다. 삶이 제대로 흐르는 사람은 나날이 절정을향해 나아간다. 죽음은 삶이 이룰 수 있는 최고의 절정이요크레센도다.

왜 우리는 삶을 놓치는가? 왜 우리의 몸은 나이를 먹지만 정신은 나이를 먹지 못하는가? 무언가 잘못되었기 때문이다. 길을 잘못 들었기 때문이다. 그릇된 길을 선택했기 때문이다. 그 선택을 원점으로 돌려야 한다. '지금까지의 삶이 잘못되었다. 나는 삶을 살지 못하고 타협했다.' 이렇게 삶을 원점으로 돌리는 것을 나는 산야스라고 부른다.

사람은 어렸을 때 타협을 한다. 아무것도 아닌 것을 위하여 자신의 존재를 판다. 자신의 존재를 팔아서 얻는 것은 아무것도 없다. 부질없는 것들뿐이다. 사람들은 하찮은 것들을 위해 자신의 영혼을 판다. 자기 자신이 아닌 다른 사람이 되는 데 타협을 한다. 거기서부터 그릇된 길로 접어들기 시작한다. 어머니가 이런 사람이 되라 하고 아버지가 저런 사람이 되라 하며 사회가 나 아닌 다른 사람이 되라 강요한다. 어쩔 수 없이 따라간다. 그러다가 나 자신이 아닌 다른 사람이 되리라고 결심하게 된다. 그리고 나 아닌 다른 사람으로 살아가기 시작한다.

나 아닌 다른 존재로 살아가면 절대로 성숙할 수 없다. 그런 삶은 허위다. 가면을 쓰면 성숙할 수 없다. 가면을 쓴 삶은 죽은 삶이다. 얼굴은 성숙할 수 있어도 가면은 성숙할 수 없는 법이다. 그러나 사람들을 보면 가면만이 나이를 먹는다. 가면 뒤에 숨은 나는 성장하지 못한다. 나 자신을 받아들일 때만 나는 성숙할 수 있는 것이다. 나 자신으로 성숙할 수 있는 것이다.

삶을 이해하라. 용기를 내어 자신의 삶을 쟁취하라. 그럴 때 에너지가 솟아오른다. '나 자신이 되겠다. 어떤 대가를 치르더라도 나 자신이 되겠다'고 결심하는 사람에게는 인생의 커다란 변화가 찾아온다. 그리고 생명력이 솟아오른다. 심장이 고동치고 에너지가 넘쳐흐르기 시작한다.

이런 삶의 변화를 겪지 못한 사람에게는 늙는 것이 두렵다. 삶을 제대로 살지 못하고 탕진했으며 이제는 하루하루 늙어가다가 죽음을 피할 수 없게 되리라는 사실을 어떻게 받아들인단 말인가? 여태껏 살지 못했는데 죽음이 매 순간 다가오고 있다는 사실을 어떻게 받아들인단 말인가? 삶을 허비한 사람은 깊은 고통에 휩싸일 수밖에 없다.

나에게 '어떻게 하면 좋겠는가'를 묻는다면 삶의 근본적인 것을 말해주고 싶다. 문제는 항상 근본적인 것에 있다. 부차적인 것들에 신경쓰지 말라. 부차적인 것들을 변화시킨다 해도 삶은 변하지 않는다. 근본적인 것을 변화시켜라.

그대는 이렇게 물었다. "왜 저는 늙어가는 것을 두려워합니까? 이 두려움을 없앨 수 있는 방법을 가르쳐주십시오." 그대의 질문은 두려움에서 나왔다. 그대는 두려움을 이해하려는 게 아니라 두려움을 그저 없애려고 한다. 그러면 그대는 두려움을 없애주겠다고 떠드는 사람이나 그 사상에 희생될 것이다. 나는 그대의 두려움을 없애는 데 도움을 줄 수 없다. 사실 그대의 문제는 두려움을 없애고자 하는 마음이다. 두려움을 없애는 데 초점을 맞추기보다는 자신의 삶을 이해하고 변화시키는 데 초점을 맞추라. 무조건 문제를 없애려 하기보다는 자신의 가면을 벗으려고 노력하라. 자신의 거짓 페르소나[2]를 버리려고 애쓰라. 그대는 가면을 쓴 존재가 되고자 노력했지만 이는 참된 길이 아니다. 그대는 스스로에게 진실하지 않다. 자신의 존재에 반하는 길을 갔다.

성직자나 철학자, 인생 상담가에게 가서 이 문제에 대해 물어보면 그들은 이렇게 대답할 것이다. '영혼은 늙지 않는다. 걱정하지 마라. 그대는 영혼임을 명심하라. 죽는 것은 그대의 육체이지 영혼이 아니다.' 그들은 이런 식으로 위안의 말을 해줄 것이다. 물론 한동안은 기분이 나아질지 모르나 진정한 도움이 되진 못한다. 그대를 변화시키지도 못한다. 그 때문에 얼마 못 가 또 마찬가지 상황에 놓인다.

성직자의 말을 듣지 말라. 성직자도 죽음을 두려워한다. 철학자의 말도 듣지 말라. 철학자 역시 죽음을 두려워한다. 삶과 죽음의 문제를 놓고 보면, 성직자와 철학자 등 그대가 찾아가는 사람들도 삶을 제대로 살지 못했다. 그런 점에서는 그대와 별반 다를 게 없다. 그렇지 않았더라면 그들은 성직자나 철학자가 되지 않았을 것이다. 그들을 찾아가서 물어보라. 그들 역시 떨고 있다. 겉으로는 어떨지 모르나 속으

---

2)페르소나(persona): 가면을 쓴 인격.

로는 떨고 있다.

나는 위안의 말을 해주지 않는다. '영혼은 영원히 산다. 그러니 걱정하지 말라. 그대는 죽지 않는다. 죽는 것은 몸이다. 그대가 아니다.' 나는 이런 말을 해주지 않는다. 나는 몸은 죽지만 영혼은 죽지 않는다는 사실을 안다. 그렇지만 이는 스스로 깨우치고 체험해야 하는 것이다. 누구의 말을 들어서 해결되는 문제가 아니다. 이는 체험의 문제다. 나는 영혼이 죽지 않는다는 사실을 알지만 이 말은 그대에게 아무런 소용이 없다. 그대는 삶을 모른다. 삶도 모르면서 어떻게 영원을 안단 말인가? 시간 속에서 살지도 못하면서 어떻게 영원 속에서 살 수 있단 말인가?

죽음을 받아들일 수 있는 사람은 죽음이 없음을 깨닫는다. 죽음이란 문을 통하여 영원이 그 모습을 드러낸다. 죽음이란 불사의 세계가 인간에게 모습을 드러내는 길이다. 그런데 두려움으로 말미암아 인간은 눈을 감아버리고 무의식 속으로 빠진다.

나는 두려움을 제거할 수 있는 방법이나 이론을 말하지 않는다. 두려움은 사실 그릇된 삶을 살았다는 사실을 끊임없이 일깨워주는 좋은 증상이다. 증상이 암시하는 바를 이해하라. 증상을 바꾸려고 하지 말고 근본적인 원인을 변화시켜라.

사실 아무도 그대를 바른 길로 인도할 수 없다. 인도는 모두 그릇된 것이다. 어떤 인도자도 바른 인도자가 될 수 없다. 인도 자체가 틀렸기 때문이다. 타인에게 자신의 인도를 맡기면 그는 그대 인생에 해가 될 것이다. 그는 자신만의 사상과 이론, 체계를 강요할 것이기 때문이다. 틀 없는 삶을 살라. 틀과 이론과 체계로부터 자유로운 삶을 살라. 이 순간 과거로부터 자유로운 삶을 살라.

모든 인도자들은 그릇된 길을 인도한다. 인도자가 사라지면 그를 오랫동안 따르던 사람은 갑자기 공허 속에서 어디로 가야 할지 모른다. 이제 어느 길로 가야 한단 말인가?

이 순간이야말로 존재의 혁명적인 순간이다. 용기를 불러 내어 이 순간을 뚫고 지나가야 한다. 두려워하지 않고 길을 뚫고 나가면 장구한 세월 동안 억압했던 내면의 목소리가 들리기 시작한다. 그리고 오래지 않아 이 목소리의 언어를 이해하게 될 것이다. 이는 잃어버렸던 자신의 언어이기 때문이다. 사람은 외부로부터 주입받은 언어만을 안다. 하지만 내면에서 들려오기 시작하는 언어는 우리가 일상생활에서 쓰는 언어와 많이 다르다. 이 언어는 느낌의 언어다. 모든 사회가 느낌을 반대한다. 느낌은 너무나 살아 있어서 위험하기 때문이다. 반대로 생각은 죽은 것이기 때문에 위험하지 않다. 그래서 모든 사회는 느낌을 억압하고 머리로 생각하라고 강요한다. 몸 구석구석에서 오는 느낌을 억압하고 머리로만 생활하라고 강요한다.

그래서 사람들은 머리로만 살기 때문에 머리를 잘라내면 자신의 몸을 알아보지 못한다. 그저 얼굴만 알아볼 뿐이다. 온몸은 그 유연함과 부드러움을 상실하고 오그라들었다. 인간의 몸은 나무토막처럼 거의 죽어 있다. 몸이 그 기능을 계속하고는 있지만 그 안에 생명이 없다. 인간의 삶 전체가 머리로 간다. 머리에 매달려 죽음을 두려워한다. 인간은 온몸으로 살아야 한다. 삶 전체가 온몸으로 퍼지고 흘러야 한다. 강물과 같은 흐름이 되어야 한다.

인간은 전체적으로 통일된 유기체로 살아야 한다. 온몸을 다시 찾아야 한다. 발을 통해서는 대지를 느끼고 대지와 소통한다. 에너지가 흐르지 않는 다리는 죽은 수족이 되기 때문에 대지에 뿌리를 내릴 수 없다. 인간은 뿌리가 허약하거나 썩거나 죽은 나무와 같다. 그런 나무는 건강하게 살 수도 없고 온전하게 살 수도 없고 오래 살 수도 없다. 인간의 다리는 대지에 뿌리를 박아야 한다. 다리가 인간의 뿌리다.

시간이 날 때 이렇게 해보라. 해가 비치는 해변이나 강변에서 벌거벗고 서 있다가 제자리 뛰기나 달리기를 한다. 달리면서 자신의 에너지가 다리를 통해 대지로 흐르는 것을 느낀다. 그렇게 몇 분 간 달리다가 멈춰 서서 대지에 뿌리를 내리고 발을 통해 대지와 하나가 된다고 느낀다. 그러면 돌연히 대지에 뿌리가 내리고 대지와 하나가 되는 느낌이 찾아온다. 대지가 하는 말이 들리고 자신의 발이 하는 말이 들리기 시작한다. 나와 대지가 대화를 하는 것이다.

인간은 뿌리를 상실했다. 인간은 뿌리가 뽑힌 채 살고 있다. 뿌리가 뽑힌 인간은 자신의 삶을 제대로 살 수 없다. 삶은 모든 부위가 하나되어 돌아가는 유기체의 것이지, 머리만의 것이 아니기 때문이다.

머리를 제외한 모든 부위는 기계로 전락했다. 오직 머리만이 살아 있다. 그래서 인간은 머리로 그토록 많은 꿈을 꾸고 생각을 하는 것이다. 사람들은 나를 찾아와서 이렇게 하소연을 한다. "어떻게 하면 생각을 멈출 수 있을까요?" 문제는 생각을 멈추는 것이 아니다. 문제는 온몸으로 느끼고 생각하는 것이다. 모든 에너지가 머리 한 곳으로 가기 때문에 수많은 생각들이 일어나는 것은 당연하다. 머리는 그 많은 에너지를 혼자 감당할 수 없다. 그래서 수많은 생각들이 한 꺼번에 밀려오면 미쳐버릴 것 같은 것이다.

정신이상은 우리 문화가 만들어낸 질병이다. 지구상에는 미친 사람도 없고 정신질환도 존재하지 않는 원시사회가 일부 존재한다. 이들 원시사회를 잘 살펴보라. 경제적으로 풍요롭지도 못하고 교육도 발달하지 못했지만 원주민들은 머리로만 살지 않고 신체의 다른 부위를 생생하게 느끼며 산다. 몸의 모든 에너지가 조화롭게 통일되어 있는 것은 아니지만 그들의 발이나 배 등의 신체 부위들은 살아 있다. 이러한 원시부족처럼 에너지가 온몸으로 고루 퍼져 흐르면 사람은 미치지 않는다. 그렇지 않고 사회가 머리만을 지향하면 할수록 많은 정신질환자가 발생한다.

살아라, 온몸으로 살아라. 몸을 깊이 사랑하는 마음으로 받아들여라. 몸과 사랑에 빠져라. 그러면 늙어가는 것에 대한 두려움은 생기지 않는다. 경험을 통해 삶이 원숙해지기 시작한다. 그럴 때 노년은 질병이 아니라 아름다운 현상이 된다. 인간의 일생은 노년을 준비한다. 인간의 삶 전체가 노년을 위한 준비 과정이다. 그런데 노년이 어떻게 질병이 될 수 있겠는가? 인간의 삶 전체가 노년을 향해 달려간다. 그러므로 노년은 삶의 절정이다. 대미(大尾)를 장식하는 최고의 노래이며 춤이다.

기적을 바라지 말라. 스스로 일어서라. 마음은 내일 어떤 좋은 일이 벌어지면 괜찮아질 거라고 생각한다. 아니다, 삶은 그런 식으로 가지 않는다. 기적은 없다. 인간은 생존을 위해 자신의 영혼을 팔았다. 이제는 그와 같은 어리석은 일을 계속할 필요가 없다. 지금 그런 어리석은 삶에서 나오라!

13장
에 고 의
마 지 막
유 혹

오쇼 수트라

내면의 성장이 깊어질수록
많은 일들이 저절로 일어난다.

각 차크라마다 독특한 힘이 있다.
차크라를 통과하면 그 차크라의 힘을 얻는다.

에고를 구하지 말라.
전체성을 구하라.

자신에게 자신의 존재를 들여다볼 수 있는
공간을 주라.
그러면 돌연 대상에 대한 집착이 없는
공간을 발견할 것이다.

에고의 마지막 유혹

세속의 일을 집착하지 않는 것도 대단히 어렵지만 영적인 세계의 문이 열리면 영적인 일을 집착하지 않기란 더더욱 어렵다. 영적인 세계를 집착하지 않기란 수천 배 더 어렵다. 세속의 힘은 영적인 세계의 힘에 비하면 아무것도 아니기 때문이다. 세속적인 힘은 참으로 보잘것없다. 어떠한 세속적인 일도 인간을 만족시키지 못한다. 세속적인 성취는 더 많은 욕망을 일으킬 뿐이다. 세속적인 성취는 만족을 주기보다는 새로운 덫을 준다. 인간은 세속적인 성취를 통해 얻은 힘을 또 다른 욕망을 만드는 데 사용할 뿐이다.

사람들은 세상에서 번 돈을 더 많은 돈을 벌기 위해 투자한다. 설령 이 투자를 통해 더 많은 돈이 들어와도 다시 그보다 더 많은 돈을 벌기 위해 투자한다. 끊임없이 이런 식으로 진행된다. 수단만 계속될 뿐 목적은 결코 가까이 다가오는 법이 없다. 머리가 좋지 않은 사람도 자신이 이처럼 끊임없이 도는 악순환에 빠져 있다는 사실을 알지만 거기서 빠져나올 방도는 보이지 않는다. 그러나 명상하는 사람에게는 자신의 인생을 더듬어보면 모든 것이 명확하게 보인다. 악순환의 고리를 끊어야 한다는 것을 말이다.

세속적인 일에 대한 무착(無着)은 그리 어렵지 않다. 그러나 영적인 힘이 생기면—인간은 존재의 중심으로 가까이 다가간다—이 힘에 대한 집착을 놓기란 거의 불가능해 보인다. 여기에서 집착을 놓지 못하면 마음으로 또 다른 세상을 만들고 궁극의 해탈은 그만큼 멀어진다.

인간은 대상을 소유하고 있다고 생각하지만 사실은 대상이 인간을 소유하고 있는 형국이다. 그러므로 철저하고 완전한 희생이 없으면 안 된다. 자신의 벌거벗은 본성을 제외하고는 소유할 수 있는 모든 것을 내려놓아야 한다. 더 이상 내려놓을 수 없는 것만 남기고 말이다. 희생할 수 있는 것은 모두 희생해야 한다.

이런 영적인 능력들에 집착하지 않음으로써
속박의 씨앗이 소멸되고
케이발리아, 즉 해탈이 찾아온다.

이 수트라에서 파탄잘리는 불가능한 것을 말하고 있다. 그러나 그것마저도 깨우치기만 하면 할 수 있다. 영적인 힘을 소유하게 되면 마음은 대단히 만족하고 기뻐한다. 그 기쁨이 매우 순수하고 깊기 때문에 모든 고통이 사라진 듯한 정도다. 영적인 힘은 좌절이나 절망을 모른다. 그러나 세상은 좌절과 절망으로 점철되어 있다. 사실 세속은 좌절과 절망뿐이다. 사람들이 이를 알아보지 못하는 것이 하나의 기적 같은 일이다. 사람들이 스스로를 속이면서 희망을 믿는 것이야말로 기적 같은 일이다. 바깥세상에는 희망이 존재하지 않는다. 세상에 속한 것은 모두 언젠가 소멸되어야 하는 것들이다.

얼마나 훌륭한 집을 가지고 있든, 얼마나 대단한 정치권력을 소유하고 있든 죽음은 모든 것을 앗아간다. 이를 이해하는 데는 대단한 지성이 필요하지 않다. 그러나 내면의 힘은 죽음도 앗아갈 수 없다. 그것은 죽음 너머에 존재한다. 내면의 힘은 좌절이나 실망을 모른다. 이런 힘을 소유한 사람은 자신의 가능성을 개화시킨 사람이다. 내면의 힘을 희생하거나 포기할 필요는 없다. 하지만 파탄잘리는 그것마저도 내려놓아야 한다고 말한다. 내면의 힘을 놓지 않으면 다시 세상 속에서 힘의 함정에 갇히게 된다.

에고를 구하지 말라. 전체성을 구하라. 모든 에고의 덫을 내려놓았을 때에만 전체성을 구할 수 있다.

이는 생각만 해도 어려운 것 같다. 사실은 쓸데없지만 세상사에 대한 집착을 끊기란 대단히 어렵기 때문이다. 사람들은 세속에 속한 것들을 긁어모으면 행복이 찾아오기라도 할 것처럼 끊임없이 긁어모은다. 지식을 긁어모으고 돈과 권력과 명예를 긁어모은다. 그저 계속 긁어모으기만 한다. 하지만 삶은 고통의 연속이다. 끊임없이 긁어모은 것들로 인해 자신의 존재가 너무나 무거워지지만 이를 깨닫지 못한다. 쓰레기를 긁어모으면서 이를 금이라고 생각하는 것, 이것이 인간의 삶 전부다.

하찮은 것들도 에고의 눈을 통해서 보면 무한히 귀하게 보인다. 에고는 탁월한 거짓말쟁이요 사기꾼이다. 에고는 끊임없이 거짓말을 하고 꿈과 환영과 투사를 생산해낸다. 에고를 지켜보라. 에고는 대단히 미묘한 존재다. 미묘하면서 교활하다. 어떤 길을 멈추면 에고는 다른 길을 모색한다. 대단히 약삭빠르기 때문에 사람은 새로 선택한 다른 길이 에고에서 나온 것임을 미처 깨닫지 못한다.

지켜보라. 세상 사람은 세속인이다. 미래의 언젠가는 별로 특별할 게 없는 세상사에 좌절을 느끼고 구도의 길로 접어든다. 그리고 종교와 구도에 대한 에고를 키운다. '종교인'이 된 것이다. 세상 사람을 죄인이나 세속적인 사람이라고 생각한다. '나는 종교적인 사람이다. 나는 세상을 포기한 산야신이다.'

깨어 있으라. 에고라는 적이 다른 문으로 잠입했다. 포기해야 될 것은 세상이 아니라 에고다. 이 점을 각별히 명심하여 주의를 기울여라.

에고는 억압할 수 있는 것이 아니다. 이해의 열과 깨우침의 불로 증발시켜야 하는 것이다. 억압하는 것은 쉽다. 얼마든지 겸손한 사람이 될 수도 있고 소박한 사람이 될 수도 있다. 에고는 자랑스러운 소박함 뒤에 숨어 있다.

세상 사람은 합리화를 통해서 계속 스스로를 속인다. 표면적으로 보면 이치에 맞는 것 같고 자신이 옳은 것 같다. 이를 잘 살펴보라. 이는 다른 사람이 대신해줄 수 있는 것이 아니다. 자신의 표면 뒤에 숨어 있는 것을 스스로 살펴보아야 한다. 세상 전부가 자신의 이면을 정확히 꿰뚫어본다 하더라도 자신이 보지 않으면 모두 쓸모없는 일이다.

수많은 스승이 이렇게 가르친다. "안으로 들어가라. 너 자신을 알라." 그러나 사람들은 안으로 들어가지 않는다. 가르침에 대해 읽고 논하고 인정하면서도 직접 안으로 들어가지는 않는다. 사실 안에 있는 것들은 어둠과 상처와 고통뿐이기 때문이다. 자신에게 좋지 않은 것들, 건강하지 못한 것들을 숨기기에 바쁘다. 상처와 고통을 제거하기보다는 상처와 고통을 보호하기에 바쁘다. 문을 열면 온갖 고약한 냄새와 쓰레기, 추함이 느껴지면서 지옥문이 열리기 때문이다. 곧바로 문을 닫으며 이렇게 생각한다. '무엇 때문에 열어야 하지?'

붓다와 예수, 크리슈나, 그들 모두는 이렇게 가르친다. "안으로 들어가라. 거기에 더없는 지복, 영원한 지복이 있다." 그러나 세상 사람들에게는 문을 열면 악몽뿐이다. 사실 이 악몽은 억압 때문에 생긴 것이다. 표면이 소박해 보이는 사람도 한 꺼풀만 벗기면 대단히 복잡하다. 표면이 순수해 보이는 사람도 한 꺼풀만 벗기면 대단히 추하다.

인간은 스스로의 억압 때문에 내면을 살펴보지 못하고 계속해서 다른 대상들로 눈길을 돌린다. 자신의 내면을 들여다보기보다는 라디오를 듣고 텔레비전을 보고 신문을 읽고 친구를 만난다. 잠들기 전까지 다른 데 시간을 허비한다. 다음날 아침에 일어나면 또 달리기 시작한다. 누구로부터 달아나는 것인가? 자기로부터 달아나는 것이다.

자신에게 자신의 존재를 들여다볼 수 있는 공간을 주라. 그러면 돌연 대상에 대한 집착이 없는 공간을 발견할 것이다.

궁극적인 무착은 믿기 어려운 기적같은 일들을 행할 수 있는 힘, 즉 싯디(siddhi)를 성취할 때 찾아온다. 그러나 이 싯디마저도 집착하면 다시 세상으로 떨어진다. 여기에서는 대단히 조심스럽게 깨어 있어야 한다. 싯디에 대한 집착, 이는 에고의 마지막 공격이다. 에고에 사로잡히지 말라. 에고가 그대를 향해 마지막 그물을 던진다.

이런 영적인 능력들에 집착하지 않음으로써 속박의 씨앗이 소멸되고…….

속박의 씨앗은 집착이요 해탈의 씨앗은 사랑이다. 겉으로 보면 집착과 사랑은 비슷해 보인다. 하지만 그렇지 않다. 둘은 정반대다. 집착은 사랑 없음이요 사랑은 집착 없음이다.

사람은 이성을 사랑하게 되면 집착하는 마음이 일어난다. 집착은 왜 일어나는가? 집착이란 내일도 상대를 소유하고 싶은 마음이다. 집착이란 바로 그것이다. '내일도 모레도 상대를 소유하고 싶다.' 그것은 곧 오늘 상대를 사랑하지 못했다는 말이다. 그렇지 않았다면 내일을 생각하지 않았을 것이다. 누가 내일에 대해 신경을 쓴단 말인가? 누가 내일 일을 안단 말인가? 내일은 결코 오지 않는다. 내일이라는 시간은 오늘을 살지 못한 사람의 마음에 들어온다. 오늘 상대를 사랑하지 못한 것이다. 그래서 다시 사랑해볼 수 있는 내일을 기다리는 것이다. 사랑이 완성되지 못한 것이다. 그 미완성의 사랑 때문에 집착이 떠오른다. 자연스런 귀결이다. 오늘 그림을 그리다 그림이 완성되지 않으면 내일도 캔버스를 소유하고 싶어지는 것이 인간의 마음이다.

삶 속에는 심오한 법칙이 있다. 모든 것을 완성하고 싶어하는 것이 그것이다. 씨앗은 싹을 틔우고 싹은 꽃을 피우고 싶어한다. 모든 것은 완성을 향해 나아간다. 그래서 완성하지 못한 것은 무엇이나 마음에 욕망으로 남는다. '이 여자를 소유하자. 나는 사랑을 다 못했다. 그녀와의 여행을 다 마치지 못했다. 아직도 그녀에게는 미개척의 영역이 많이 남아 있다. 많은 가능성이 남아 있다. 존재의 노래와 춤을.' 이렇게 집착하는 마음이 떠오른다. 그러면 내일이 필요하고 모레가 필요해진다. 미래가 필요해진다. 현재에 살지 못하는 사람에게는 미래의 삶이 필요하다. 이렇게 서로 약속하는 사람들이 있다. '다시 태어나서도 같이 살아요.' 이는 서로 이 생을 온전히 함께 살지 못했다는 말이다. 그렇지 않다면 이번 생으로도 충분했을 것이다.

이 순간 나의 사랑을 완성하고, 가슴으로부터 우러나와 사랑을 하고 서로에게 내맡기고 서로에게 녹아들면 아무런 후회도 남지 않는다. 내일이라는 생각이 떠오르지 않는다. 불가능하다. 내일이라는 생각은 오늘 사랑을 온전히 하지 못했을 때 떠오른다. 오늘 이 여인을 온전히 사랑한 사람은 지금 죽음이 찾아와도 기꺼이 받아들인다. 오늘 이 여인을 완전히 사랑한 사람은 여인이 다른 사람에게 간다 해도 기꺼이 받아들인다. 슬프겠지만 고통스럽지는 않다. 슬픔은 아름답지만 고통은 추하다. 집착하기 때문에 슬픈 것은 아니다. 나의 사랑은 아직도 샘솟고 있지만 상대는 자신을 더 잘 이해해주는 사람을 찾아갔다. 그래서 슬프지만 만족한다. 불평도 한도 없다.

전체적으로 사랑하는 사람에게는 결코 집착이 일어나지 않는다. 상대가 편히 가게 도와준다. 전적으로 사랑했을 때 집착은 불가능하다. 그 전적인 사랑이 너무나 심오하기 때문이다. 다른 생각은 전혀 일어나지 않는다. 다른 대상을 꿈꾸지도 않는다. 꿈은 대상에 만족을 못했을 때 생기는 것이다. 자기 여자에게 만족을 하지 못한 남자는 다른 여자를 생각한다. 자신의 마음을 온통 쏟아붓고 싶었으나 그렇지 못한 여자는 다른 남자를 생각한다. 그리하여 마음은 사방을 떠돈다. 지나가는 이성만 보아도 사랑하고 싶어진다.

세상에는 심지어 동물을 사랑하는 사람들이 있다. 얼마나 불행한 일인가! 동물을 사랑하지 말라는 말이 아니다. 동물을 이성의 대용물로 삼지 말라는 이야기다. 인간을 사랑하라. 아주 깊이 사랑한 나머지 그 사랑이 흘러넘쳐 동물에게까지 갈 수 있도록 하라. 그렇게 되면 상황은 완전히 달라진다. 사랑이 넘쳐흐르면 동물은 물론 나무와 바위에게까지 흘러넘친다. 무한한 사랑의 근원에서 흘러나온다. 그렇게 되면 아무도 그 사랑을 막을 수 없다. 끊임없이 넘쳐흐를 뿐이다. 넘쳐흐르는 사랑은 동물과 나무에게 가닿는다. 이는 대용물로 동물을 사랑하는 것과는 질적으로 완전히 다르다.

집착이 많으면 많을수록 더 많이 밑으로 떨어진다. 집착이 적으면 적을수록 더 많이 위로 상승한다. 이렇게 상승하다보면 파탄잘리가 말하는 영적인 힘이 나타나는 순간이 온다. 그러나 명심하라. 이 힘에도 집착하지 말라. 이 힘은 정말 대단히 아름다우며 넘쳐흐르는 힘이다. 이 힘을 소유하고 싶어질 것이다. 실제로 많은 사람들이 케이발리아(해탈)가 아니라 싯디를 얻고자 요가에 관심을 갖는다. 그들은 요가를 연구하고 스승을 찾아간다. 기적의 힘을 배우고 싶은 것이다.

"이러한 힘들도 집착하지 않으면 속박의 씨앗이 소멸되고……" 이는 속박의 세계로 떨어질 수 있는 마지막 함정과 같다. 이 지점을 넘어가면 씨앗이 소멸한다. 그리고 해탈이 온다. 이는 완전한 자유, 절대 자유의 세계다. 모든 집착이 소멸되고 사랑으로 넘쳐흐른다. 이 넘치는 사랑을 온 존재계에 쏟아준다. 존재계에 축복이요 자신에게도 축복이다!

하지만 각 단계마다 깨어서 주의해야 한다. 마음이 교활하기 때문이다. '기적의 힘을 얻는다 해도 집착하지 않으리라.' 이렇게 생각은 할지 모르나 마음 어느 구석에서는 욕망이 꿈틀거린다. '싯디를 얻으면 보자. 얻고 나서 생각해보자. 누가 케이발리아의 해탈을 상관한단 말인가? 자유의 몸이 된다고? 해방된다고? 그래서 뭐가 어쨌다는 건가?' 마음 깊은 곳에서는 이런 생각이 흐른다.

깨어 있으라! 마음의 욕심은 한이 없다. 이 욕심이 곧 에고다.

많은 사람들은 파탄잘리가 이번 장(章)을 쓰지 말았어야 했다고 생각한다. 파탄잘리는 대단히 과학적인 사람이다. 그는 구도의 과정에서 일어날 수 있는 모든 것을 그려내고자 했다. 그는 구도자가 마지막 유혹에도 굴하지 않고 깨어 있을 수 있도록 이번 수트라를 쓴 것이다. 이는 더없이 좋은 수트라라고 나는 생각한다. 이를 제대로 모르면 욕망에 휩쓸려 갈 확률이 매우 높기 때문이다. 구도의 과정에서 일어나는 일을 정확히 이해하고 알면, 에고의 마지막 유혹이 어느 지점에서 시작되는지를 알면 미리 준비하고 마지막 시점에서 넘어지지 않을 수 있다.

나는 파탄잘리가 이번 장인 「비부티 파다」를 『요가 수트라』에 포함한 것에 대해 더할 나위 없이 기쁘다. 싯디는 설령 구도자가 원하지 않는다 하더라도 과정 중에 저절로 일어난다. 내면의 성장이 깊어질수록 많은 일들이 저절로 일어난다. 싯디를 구한다거나 특별한 수련법을 닦는다고 해서 싯디를 얻는 게 아니라는 말이다. 구도자가 원하든 원하지 않든 얻는다는 말이다. 각 차크라마다 특유의 싯디가 있다. 그래서 각 차크라를 통과할 때마다 그 차크라의 싯디를 얻는 것이다. 그렇기 때문에 자기가 가는 길을 잘 알고 깨어 있어야 한다.

여러 차원에 거주하는 신령으로부터
부름을 받더라도

집착이나 자만하지 말라.
집착이나 자만하면
나쁜 길로 떨어질 수 있다.

싯디의 능력이 생기기 시작하면 고차원의 존재나 신령들로부터 부름을 받기 시작한다. 신지학회[1]에 대한 이야기를 사람들로부터 들어보거나 책에서 읽어보았을 것이다. 신지학회가 하는 일이 바로 신령과 신령의 세계에 대한 연구다. 그들은 신령을 '스승(Master)'이라고 불렀다. 존재계에는 인간과 계속 통신을 하는 신령들이 있다. 차원이 높아지면 신령들과 접촉할 수 있는 힘이 생긴다. 그들로부터 메시지도 받고 부름도 받는다.

마호메트는 글을 몰랐기 때문에 책을 읽지도 글을 쓰지도 못했다. 그는 한마디로 일자무식이었다.

어느 날 그가 산에서 명상을 하다가 느닷없이 어떤 목소리를 듣게 되었다.

"읽으라!"

마호메트가 대꾸했다.

"제가 어떻게 읽을 수 있겠습니까?"

---

1) 신지학회(Theosophical Society): 1875년 미국에서 신비주의적 종교관을 바탕으로 창설되었으며, 주로 인도에서 활동하는 국제적 종교단체.

이슬람의 성전인 코란(Koran)은 '읽다' 는 뜻을 가지고 있다.

마호메트가 이렇게 말했다.

"제가 어떻게 읽겠습니까? 저는 일자무식입니다."

그는 누가 "읽으라"는 말을 했는지 놀라 주위를 두리번거렸지만 아무도 찾을 수 없었다.

다시 목소리가 들렸다.

"읽으라!"

그 말은 그의 가슴에서 나오고 있었다. 그 자신이 영매가 된 것이었다. 마호메트는 그의 과거를 생각하고 있었고 목소리는 그의 미래를 말하고 있었다.

목소리는 이렇게 말하고 있었다.

"나는 읽을 수 있다. 걱정 마라. 그냥 읽어라. 내가 너를 통해 글을 읽겠다. 너는 그냥 입으로 소리를 내면 된다. 너를 통해 글을 읽겠다. 너는 나의 말을 하는 도구가 된다."

너무나 기이하고 느닷없는 사건에 놀라 마호메트의 체온이 급격하게 상승했다. 그는 집에 돌아와 몸져누웠다.

아내가 물었다.

"무슨 일이에요? 오늘 아침만 해도 건강하셨잖아요. 그런데 왜 이렇게 열이 많은 거예요?"

마호메트가 이렇게 설명했다.

"들어보시오. 내가 미쳤든가, 아니면 하늘에서 오는 계시

라도 들었든가…… 갑자기 '읽으라, 낭송하라!' 는 소리를
들었소. 당신도 알다시피 난 글을 못 읽잖소. 그런데 느닷없
이 내가 글을 읽을 뿐 아니라 암송까지 하는 거요! 내 입에서
는 생전 꿈도 꿔보지 못한 것들이 마구 쏟아져나오는 거요.
그것도 운율과 리듬을 갖춘 훌륭한 시로 말이오. 정말 무슨
일인지 모르겠소. 내가 정신이 어떻게 된 건지, 아니면 귀신
이 씌운 것인지…… 내가 완전히 변해버린 것만은 확실하
오. 가서 의원님을 불러오시오. 진찰을 받아봐야겠소. 이러
다가는 미쳐버릴 것만 같소. '암송하라' 는 소리가 지금도
들리오. 아주 아름다운 시가 내려와 내 가슴을 채우고 있
소."

마호메트의 아내는 이렇게 해서 그의 첫 번째 제자가 되
었다. 그녀는 스승에 대한 예우로 마호메트의 발에 손을 댔
다. 그녀는 마호메트의 몸에서 빛이 뿜어져 나오는 것을 볼
수 있었다. 그것은 열병이 아니었다. 그의 오라가 처음으로
폭발하는 것이었다. 마호메트는 그 체험이 너무 새롭고 너
무 뜨거워 발열을 했던 것이다. 그는 오라의 폭발에 준비가
되어 있지 않았기 때문에 너무 혼란스러웠던 것이다.

마호메트가 파탄잘리를 알았더라면 그런 일은 일어나지
않았을 것이다. 파탄잘리는 수행의 과정에서 일어나는 모든
것을 기록했다. 수행의 여정을 상세하게 그려냈다. 마호메

트에게는 이 수트라가 필요했다. 이 수트라를 이해했어야
했다.

"여러 차원에 거주하는 신령으로부터 부름을 받더라도
집착이나 자만하지 말라. 집착이나 자만하면 나쁜 길로 떨
어질 수 있다." 파탄잘리의 말은 이런 것이다. '높은 차원과
접촉할 수 있는 능력이 생기더라도 자만하지 마라. 선택받
은 자로, 대단한 존재로 생각하지 마라. 자신이 특별해서 선
택을 받았다고도 생각하지 마라. 그렇지 않으면 추락의 원
인이 될 수 있다. 이 점을 꼭 명심하라.'

준비가 된 사람에게는 높은 차원에서 영적인 메시지가 흘
러오기 시작한다. 신령은 준비가 돼서 메시지를 받을 만한
사람을 기다린다. 영적인 메시지가 흘러온다고 거부하지 말
고 믿음 속에 문을 열어놓으라. 자만하지 말라. 문을 열어놓
고 자만하지 않는 사람에게는 신이 내려온다. 그는 빈 대나
무가 되고 피리가 된다. 신이 그를 통해 노래한다.

그러나 자만심이 일어나는 순간, 노래는 멈춘다. 우월심
을 느끼는 순간, 노래는 그 아름다움을 상실한다. 많은 사람
들이 그렇게 되었다. 그들은 천상의 세계, 신령의 세계, 고
차원의 세계를 알게 되면서 자만심에 빠졌다. 그리고 오래
잖아 능력을 상실하고 평범한 차원으로 떨어졌다.

이런 일은 명상을 하다보면 많은 사람들에게 일어난다.
나는 다양한 명상의 방편을 만들었다. 이 방편들을 깊이 파

고드는 사람에게는 많은 일들이 가능하다. 그러므로 신령의 세계에서 메시지가 오면 첫째, 수용적으로 문을 열어두라. 둘째, 자만에 빠지지 말라. 셋째, 있는 그대로 받아들여라. 넷째, 자랑하지 말라.

한편 강제적으로 신령의 세계와 접촉하는 능력이 주어지면 그 능력을 준 존재에게 이렇게 부탁하라. '나를 그림자와 같은 존재로 만들어주십시오. 나를 통해 일어나는 일을 제가 인식하지 못하게 해주십시오.' 왜냐하면 모든 가능성을 알면 추락할 위험이 있기 때문이다. '나는 이것을 할 수 있다. 나는 저것을 할 수 있다.' 그래서 에고가 강해지고 뒤로 퇴보할 수 있는 것이다.

질문
다음 열거하는 질환을 정확히 치료할 수 있는 방법을 말씀해주십시오.
첫째, 인색함.
둘째, 바가지 긁기와 완벽주의.
셋째, 항상 드라마 속의 인물처럼 행동하는 성격.
넷째, 자부심. 최근에는 마음이 평화로워졌다는 자부심이 일어납니다.

이러한 증상을 치료하는 데는 어떤 방법이 있습니까? 명상으로도 충분한가요? 아니면 의식적으로 극단까지 탐닉하기, 혹은 의식적으로 무시하기, 의식적으로 피하기 등등 명상 말고 다른 방법이 필요한 것인가요?

인색함은 이미 사람의 마음에 내장되어 있는 프로그램이다. 사회 전체가 인색함을 조장한다. 사회 시스템은 구성원들에게 다른 사람의 것을 빼앗고 내 것은 주지 말라고 강요한다. 야망을 키우라고 가르친다. 야망을 좇는 사람은 인색해질 수밖에 없다. 세속적인 야망이든, 탈속적인 야망이든 야망은 인색한 마음을 낳는다. 야망을 좇는 사람은 항상 미래를 준비하기 때문에 지금 여기서 살지도 못하고 나누지도 못한다. 그의 돈은 '미래'를 위한 돈이지 '지금'을 위한 돈이 아니다. 미래라는 관념 속에서 무엇을 나눌 수 있단 말인가? 우리는 오직 지금 여기에서만 나눌 수 있다. 야망을 좇는 사람은 노년을 위해 돈을 쌓는다. 세상에는 또 미래의 생을 위해, 천국을 위해 덕을 쌓고 선업을 쌓는 사람들이 있다. 그들이 지금 여기에서 무엇을 나눌 수 있겠는가? 그들은 미래의 위대한 일을 위해 부를 쌓으며 준비한다. 지금 당장은 가난하다.

야심에 찬 사람은 가난하다. 그는 자신의 빈곤으로 인해 인색해진다. 그는 모든 것을 붙잡는다. 쓸모없는 것들을 계속 붙잡는다. 사람들은 겉으로는 안 그런 척할지 모르지만 마음속으로 쓸모없는 것들을 붙잡고 있다. 자신의 마음속으로 한번 들어가보라. 쓰레기장을 방불케 할 것이다. 쓸모없는 것들로 넘쳐난다. 그렇다고 청소를 하는 것도 아니다. 계속해서 쓸데없는 것들을 마음에 쌓아두면 마음은 무거워진다. 마음이 무거워지면 피곤하고 소란스러워진다. 이렇게 하여 내면의 모습은 추해진다.

인색한 마음의 근본을 이해하라. 인색함은 마음이 미래에 살기 때문이다. 지금 여기에 사는 사람은 자신이 가진 것을 나눌 줄 안다. 그래서 그는 결코 인색하지 않다. 무엇을 위해 긁어모으는가? 무엇을 위해 돈을 쌓는가? 내일 일은 아무도 모른다. 그러므로 지금 여기에서 나누라. 기뻐하라. 그럴 때 이 순간의 삶이 꽃피어난다. 가진 것을 나누고 누려라. 나눌 때 가진 것은 보다 강렬해지고 보다 생기가 넘친다. 나눔으로써 풍요로워진다.

미래는 존재하지 않는다. 이 점을 명심하라. 미래는 야심이 만들어낸다. 미래는 시간의 일부가 아니라 야심의 일부다. 야심은 미래를 바라보고 미래로 움직인다. 지금 야망을 성취할 수 없다. 지금 삶을 성취할 수는 있지만 야망을 성취할 수는 없다. 야심은 삶에 반하는 것이다. 반생명적이다.

자신을 보고 다른 사람들을 보라. 사람들은 미래 언젠가를 살기 위해 준비하기 바쁘다. 하지만 그날은 결코 오지 않는다. 사람들은 준비만 하다가 죽는다. 너무 준비하는 데만 몰두하면 준비는 강박관념이 된다. 준비하고 또 준비한다. 이는 마치 지금 배가 고픈데 미래를 위해 식량을 비축하기만 하고 먹지 않는 것과 같다. 미래를 위해 지금 기아에 허덕인다? 세상 사람이 하는 일이 모두 다 그렇다. 쌓아둔 것들을 사용도 못해보고 죽는다. 그들은 삶을 보다 아름답게 살 수 있었다. 아무도 그대의 길을 방해하지 않는다. 방해하는 것은 그대의 야망이다. 인색함은 야망의 일부이다.

시간에는 두 가지 흐름이 있다. 하나는 한 순간에서 다른 순간으로 이동하는 것이다. A에서 B로, B에서 C로 흐른다. 이는 시간의 수평적인 흐름이다. 대부분의 사람은 이렇게 산다. 욕망은 이렇게 수평적으로 움직인다. 그러나 진정으로 살아 있는 사람은, 진정으로 깨어 있는 사람은 A에서 B로 움직이지 않는다. 그는 A를 깊이 파고든다. A 속으로 깊이 깊이 들어간다. 그의 시간은 수직적으로 흐른다.

이것이 예수 십자가의 의미다. 십자가는 수평선과 수직선이 만나 이루어진다. 예수의 손은 수평선을 이루고 그의 육체는 수직선을 이룬다. 손은 수평적으로 움직이는 인간의 행위를 뜻하며, 존재는 수직적으로 움직인다.

지나치게 인간의 행위에 빠져들지 말라. 존재 속으로 깊이 깊이 빠져들라. 그것이 명상의 전부다. 명상은 아무것도 하지 않고 존재하는 법을 배우는 것이다. 무위(無爲), 아무것도 하지 않고 존재하는 것이다. 그냥 존재하라. 이 순간 속으로 깊이 빠져들라. 시간의 수직적인 이동은 영원으로 통한다.

시간과 영원, 둘이 인간에서 만난다. 어느 쪽을 택하느냐는 자신에게 달렸다. 야망으로 움직이면 죽음이 존재하는 시간 위에서 움직이는 것이다. 욕망으로 움직이면 죽음이 존재하는 시간 위에서 움직이는 것이다. 에고를 갈망해도 시간 위에서 움직인다. 죽음과 에고, 욕망, 야망, 이들 모두는 수평선 위에 있다.

이 순간을 파고들어 수직적으로 움직이기 시작하면 무아(無我)와 무욕의 세계로 들어간다. 갑자기 생명의 불꽃이 타오르고 강렬한 생명의 에너지가 솟아오른다. 신성에 취한다. 수직적으로 움직여라. 그러면 모든 인색한 마음은 사라질 것이다.

"바가지 긁기와 완벽주의." 이들 역시 외부에서 강제로 주입된 것들이다. 우리는 항상 '일을 완벽하게 하라'는 교육을 받았다. 참된 것은 완벽함이 아니라 전체성이다. 완벽이란 정체된 현상이다. 따라서 인간은 완벽해질 수 없는 존재다. 삶은 역동적이다. 삶 속에서는 아무것도 완벽해질 수 없다. 점점 완벽을 향해 나아갈 뿐이다. 삶은 끝없이 성장해 나간다. 삶은 중단 없이 계속되는 연속체다. 끊임없는 진화요 혁명이다. 삶 속에서는 '이제 됐다, 완벽하다'는 순간은 찾아오지 않는다.

완벽은 그릇된 관념이다. 하지만 에고는 완벽을 추구한다. '완벽해지라'고 끊임없이 바가지를 긁어댄다. 완벽해지려고 노력하면 긴장이 생기고 신경이 예민해지고 정신이 분열된다. 그렇게 하여 에고는 더욱더 강화된다. 일전에 정신병에 관한 이런 재미있는 정의를 읽었다. "신경증 환자는 공중에 성을 짓는 사람이요 정신병자는 그 성에서 사는 사람이며 정신과의사는 정신병자에게서 월세를 받아먹고 사는 사람이다." 신경증 환자나 정신병자가 되고 싶다면 완벽해지려고 노력하라.

지금까지 지구상의 조직화된 종교는 모두 사람들에게 완벽해지라고 설교했고 지금도 그렇게 하고 있다. 예수는 그렇게 가르친 게 아니다. 기독교가 그렇게 가르쳤다. 붓다가 그렇게 가르친 게 아니다. 불교가 그렇게 가르쳤다. 조직화된 종교는 모두 사람들에게 완벽해지라고 가르친다. 붓다나 예수, 노자, 이들의 가르침은 완전히 다르다. "전체가 되라." 전체성과 완벽함은 어떻게 다른가? 완벽함은 수평선에서 움직인다. 완벽함은 미래 언젠가 존재할 것이다. 전체성은 이 순간, 지금 여기에서 이루어진다. 전체성은 시간을 필요로 하지 않는다. 자신이 어떤 존재냐 사람이냐에 관계없이, 자기 자신이 되는 것이 곧 전체가 되는 길이다.

보통 인간은 아주 제한된 삶을 산다. 자신의 에너지를 온전히 발현시키지 못한다. 아주 단편적인 에너지만을 사용할 뿐이다. 상대를 사랑할 때도 전체적으로 사랑하지 못한다. 그대의 사랑을 완벽하게 만들라는 말이 아니다. 그것은 불가능하다. 완벽한 사랑이란 거기에 더 이상의 성장이 없는 사랑이다. 그것은 죽음이다. 말하노니, '그대의 사랑을 전체적인 것으로 만들라.' 전체적으로 사랑하라. 자신 안에 무엇이 있다 해도 붙들지 말라. 전체적으로 주라. 온전히 주라. 상대에게 전체적으로 흘러가라. 붙들지 말라. 이것이 그대를 전체적인 존재로 만드는 유일한 길이다.

수영을 할 때는 전체적으로 수영하라. 걸을 때는 전체적으로 걸으라. 걸을 때는 걷는 것 자체가 되라. 먹을 때도 전체적으로 먹으라.

어떤 사람이 조주(趙州) 스님에게 물었다.

"깨닫기 전에 어떤 일을 하셨습니까?"

조주 스님이 대답했다.

"나무를 자르고 물을 길었지."

그 사람이 다시 물었다.

"깨닫고 나서는 무슨 일을 하십니까?"

조주 스님이 대답했다.

"같은 일이야. 나무를 베고 물을 긷고 있지."

그 사람이 놀라서 이렇게 물었다.

"그렇다면 무엇이 다른 게지요?"

조주 스님이 이렇게 말했다.

"많이 다르지. 예전에 나는 여러 가지를 같이 했어. 나무를 자르면서 이 생각 저 생각을 했지. 우물에서 물을 길어 오면서도 많은 생각을 했어. 하지만 지금은 그냥 물을 나르고 나무를 자르기만 하지. 나무를 자르는 자도 없어. 그냥 자름만 거기 있을 뿐, 거기에는 아무도 없어."

이것이 곧 전체성이다. 전체성에 끊임없는 관심을 두라. 항상 전체성을 기억하라. 완벽주의는 내려놓으라. 부모나 어머니, 아버지, 선생, 대학, 교회가 그대에게 심어준 것이다. 그래서 그대는 신경증을 앓고 있다. 전 세계가 신경증을 앓고 있다.

그대는 신경증을 앓고 있으며 신경증 속에서 아이를 낳는다. 아이는 어찌 보면 기분전환의 대상이다. 자신에게 싫증이 났기 때문에 관심을 쏟을 수 있는 대상이 필요한 것이다. 아이는 자신에게서 다른 데로 관심을 돌릴 수 있는 아름다운 대용품이다. 아이는 많은 문제를 일으키기 때문에 그대의 관심은 자연스럽게 아이에게로 간다. 그대는 오래된 자신의 문제에 싫증이 났다. 그래서 새로운 문제거리를 원한다. 남편은 아내에게 싫증이 나고 아내는 남편에게 싫증이 난다. 그들 사이에서 새로운 문제거리를 만들어주는 존재를 서로 원한다. 심지어 아이들 때문에 결혼생활이 유지되는 경우가 허다하다. 많은 부부가 아이들이 없었더라면 진작 갈라섰을 것이다. 아이들이 있으면 아버지도, 어머니도 아이 양육에 대한 책임을 통감한다. 이렇게 하여 아이는 아버지와 어머니의 다리 역할을 하게 된다.

어머니, 아버지 자신들도 문젯거리와 걱정거리, 신경증 등으로 고생하는 사람들이다. 그런 그들이 아이들에게 무엇을 줄 수 있겠는가? 무엇을 주어야 하는가? 그들은 사랑을 이야기하면서도 폭력적이다. 그들의 사랑은 이미 병들어 있다. 사랑이 무엇인지조차 모르는 그들은 사랑의 이름으로 아이들을 괴롭힌다. 사랑의 이름으로 아이들의 삶을 파괴한다. 사랑의 이름으로 아이들의 삶을 틀 지운다. 아이들을 지배하고 소유한다. 물론 아이들은 무력하다. 그래서 부모는 하고 싶은 대로 아이들에게 다 한다. 아이들을 때리고 이리저리 틀 지우며 자신이 이룩하지 못한 꿈과 야심을 아이들에게 강요한다. 자신이 죽은 뒤에도 자식이 자신의 야망을 성취할 수 있도록 말이다. 그러나 이 모두는 무의미한 짓이다.

어머니, 아버지가 되는 것은 쉽지 않은 일이다. 그대가 전체적인 존재가 되었을 때 어머니나 아버지가 될 수 있다. 그러면 자유와 건강, 전체성, 품위 등을 지닌 아이를 낳을 수 있다. 그런 아이는 축복이 될 것이다. 그런 아이는 세상을 좀 더 나은 세상으로 만들 것이다.

어떤 대가를 치른다 하더라도 그대 자신이 되라. 어떤 희생이 뒤따른다 해도 자신이 되라. 진지하라. 처음에는 많이 두려울 것이다. 자신을 위대한 사람이라고 믿어왔는데 갑자기 범용한 자신의 모습이 드러났으니 말이다. 두려울 것이다. 에고는 상처를 받을 것이다. 상처를 받게 놔두라. 에고가 굶어죽게 놔두라. 빨리 굶어죽을 수 있도록 성심껏 도와주라. 보통 사람이 되라. 소박한 사람이 되라. 그러면 긴장과 무거움이 풀리고 전체적인 존재로 점점 탈바꿈할 것이다. 그렇게 계속 공연할 필요없다. 사람들에게 보여주려는 행위는 엄청난 긴장을 불러온다. 삶을 공연으로 만들지 말라. 무대에서 내려오라. 사람들이 어떻게 바라보고 생각하는지, 그대가 자신의 특별한 모습을 과시하기 위해 어떤 공연을 하고 있는지 지켜보라. 다른 사람의 생각은 잊으라. 그들 모두 똑같은 공연을 하고 있다!

세상 사람들 모두는 나 자신이 아닌 다른 모습을 보여주고자 무진 애를 쓴다. 그래서 세상 사람들은 자신의 모습이 어떻게 비쳐질지 몹시 걱정한다. 그러나 그대가 위대하다는 걸 보고 싶은 사람은 아무도 없다. 사람들은 그대가 위대하지 않다는 것을 너무도 잘 알고 있다. 그들은 스스로가 위대하다고 믿는 사람들이다. 그런 그들이 그대의 위대함을 어떻게 믿을 수 있겠는가? 그대는 자기 이외에는 아무도 위대하지 않다고 믿는다. 물론 이를 드러내놓고 말하지는 않는다. 하지만 깊은 속내를 들여다보면 누구나 자신이 위대하다고 생각한다.

아랍 국가에서는 이런 농담을 한다고 들었다. 신이 인간을 만들면서 트릭을 썼다고 한다. 신은 인간의 귀에 대고 이렇게 말했다고 한다. "네가 내가 만든 인간 중 최고다. 네가 가장 위대한 인간이다." 하지만 신은 인간을 만들 때마다 그런 말을 했다. 그래서 모든 사람들이 자신이 가장 위대하다고 생각하게 되었다고 한다.

이 땅을 걸으면서 있는 그대로의 사실을 깨달으라. 보통 사람이 되면 자신의 긴장 때문에 닫혀 있던 문들이 열린다. 릴랙스하라. 물론 자만심은 계속해서 모습을 바꾸면서 찾아올 것이다. 깨어서 지켜보라. 대단히 미묘한 방법으로 자만심은 마음속을 파고든다. 그러므로 바짝 깨인 정신으로 지켜보라. 이 점을 꼭 명심하라. 명상을 하면 된다. 다른 것은 필요하지 않다. 더욱 열심히 명상하라. 그러면 사물이 보다 투명하게 보일 것이다.

14장
홀로 있음,
이중성을
초월한
자유

오쇼 수트라

몸과 동일시하면 인간도, 마음도 불순해진다.
동일시를 떠나면 인간도, 마음도 순수해진다.

관조자임을 기억하라. 관조의 상태를 놓치지 말라.
그러면 어느 날 내면의 하늘에
각성이 수천 개의 태양처럼 떠오를 것이다.

시간이 사라지고 영원이 내려오면
사물을 상징하는 이름표 없이
사물 속으로 들어가 사물을 알 수 있다.

돌연 무(無) 속으로 폭발한다.
케이발리아,
이는 절대 홀로 있음이다.

홀로 있음, 이중성을 초월한 자유

시간이란 무엇인가? 이제 파탄잘리는 시간을 초월한, 영원한 질문을 던지고 있다. 시간을 아는 일은 가장 위대한 기적이다. 그래서 파탄잘리는 이 영원한 질문을 「비부티 파다」의 말미에서 던지고 있는 것이다. 시간이 무엇인지를 아는 것은 곧 삶이 무엇인지를 아는 것이다. 시간이 무엇인지를 아는 것은 곧 진리가 무엇인지를 아는 것이다. 이 질문이 이번 수트라의 도입부이다.

보통 우리가 '시간'이라고 부르는 것은 진짜 시간이 아니다. 그것은 연대적인 시간이다. 시간은 다음 세 가지로 나누어볼 수 있다. 하나는 '연대(年代)' 시간이요 다음은 '심리' 시간이요 마지막은 '실재' 시간이다. 연대적인 시간은 시계가 가리키는 시간이다. 이 시간은 실용적이기는 하지만 진짜 시간은 아니다. 사회가 묵계한 믿음이다. 우리는 하루를 24시간이란 단위로 나누기로 약속했다. 지구가 지축을 중심으로 '24시간'에 한 번 자전한다는 것은 대단히 자의적이다. 우리는 1일을 24시간으로 나누고 다음으로 1시간을 60분으로 나누었다. 그런 식으로 나누어야만 한다는 법은 애초에 없었다. 다른 문명이 태어났다면 다른 방식으로 나눌 수도 있었을 것이다. 1시간을 100분으로 나눌 수도 있었을 것이다. 다음으로 우리는 1분을 60초로 나누었다. 이 또한 실용적이기는 하지만 인간의 자의적인 결정일 뿐이다. 이것이 시계가 가리키는 시간이다. 이 시간은 사회생활에 없어서는 안 될 요소이다. 시계의 시간이 존재하지 않으면 사회는 그 기능을 할 수 없기 때문이다.

사회가 발전할수록, 즉 사회가 복잡해질수록 사회는 연대의 시간에 매달린다. 원시인은 시계를 필요로 하지 않는다. 그에게 시계를 준다 해도 그는 어깨를 으쓱하고 말 것이다. '무엇을 위해?' 원시인이 시계를 가지고 무얼 하겠는가? 그러나 문명화된 사회에서는 시계 없이 살기 힘들다. 사회 전체가 시계에 따라 돌아가기 때문에 문명사회에서 시계 없이 살기란 불가능하다. 그러나 인간은 자신들의 편리를 위해 시계가 가리키는 시간을 임시로 만들었다는 사실을 까맣게 잊고 있다. 시계가 가리키는 시간은 진짜 시간이 아니다.

연대의 시간을 깊이 파고들면 또 다른 시간이 나온다. 심리의 시간이 그것이다. 이는 연대의 시간보다는 진리에 가깝고 실재 시간보다는 진리에 멀다. 사람의 몸에는 생체시계가 있다. 남성보다 여성이 생체시계를 잘 인식한다. 하지만 여성도 오랫동안 이 생체시계를 인식하지 못한다. 심리적으로 보면, 여성은 남성을 따라하려고 들기 때문이다. 여성의 신체는 내면의 시계에 따라 움직인다. 28일마다 월경을 하는 것이 그것이다. 인간의 몸은 내면에 있는 생체시계에 따라 움직인다.

자신의 생활을 유심히 지켜보라. 그러면 특정 시간이 되면 배가 고파지는 것을 알 수 있다. 건강한 사람의 경우, 생리적인 필요는 하나의 패턴으로 굳어져 끊임없이 반복되는 성향이 있다. 육체가 병들면 이 패턴의 반복은 멈춘다. 육체가 병들지만 않으면 육체는 매끄럽게 흘러간다. 부드러운 패턴으로 기능을 한다. 이 패턴을 깨달은 사람은 그냥 시계에 따라 사는 사람보다 생기 넘치게 산다. 실재 세계에 보다 접근한 것이다.

연대 시간은 고정되어 있다. 사회가 고정된 시간을 필요로 하기 때문이다. 하지만 심리적인 시간은 유동적이다. 이 시간은 연대적인 시간처럼 굳어져 있지 않다. 사람마다 그 심리와 마음이 다르기 때문이다. 우리가 행복할 때는 시간이 빠르게 지나간다. 이런 자신의 마음을 살펴본 적이 있는가? 물론 시계가 빨리 가는 것은 아니다. 시계하고는 아무런 관련이 없다. 시계는 자기가 알아서 60초가 지나면 1분이 가고 60분이 지나면 1시간이 갈 뿐이다. 사람이 행복하든 슬프든 시계는 아무 상관하지 않고 제 갈 길을 간다. 문제는 사람이 행복할 때와 불행할 때의 심리적인 시간이 달라진다는 것이다. 갑자기 그렇게도 보고 싶었던 연인이 나타났다고 하자. 그 순간, 시간은 거의 멈춰버릴 것이다. 그렇게 몇 시간이 지나기도 한다. 특별히 하는 것 없이 손을 잡고 앉아서 달을 보고만 있어도 몇 시간이 훌쩍 지나가버린다. 겨우 몇 분이 지난 것처럼 느껴진다. 사람이 행복할 때 시간은 아주 빠르게 흐른다. 사랑하는 사람이 죽었다면 시간은 아주 느리게 간다.

심리적인 시간은 내면의 시간이다. 우리는 그리니치 표준시에 따라 연대적인 시간 속에서 살지만 이는 개인의 시간이 아니다. 심리적인 시간이 개인의 시간이다. 심리적인 시간은 사람마다 다르다. 행복할 때는 시간에 대한 감각이 둔해진다. 불행할 때는 시간에 대한 감각이 예민해진다. 깊은 명상 속으로 들어가면 시간은 멈춘다. 동양에서는 시간을 마음의 상태에 따라 측정했다. 시간이 완전히 멈추면 완전한 지복의 상태에 든 것이다. 시간의 흐름이 아주 느려지면 고통의 상태에 있는 것이다.

심리적인 시간은 개인적이다. 남편은 남편대로, 아내는 아내대로, 아이들은 아이들대로 각자 심리적인 시간이 모두 다르다. 이것은 세상에 갈등이 일어나는 여러 원인 중 하나이다. 남편이 차안에서 아내가 나오기만을 기다리고 있다.

경적을 울린다. 아내는 아직도 거울 앞에 앉아서 '나 지금 나가요' 라고 한다. 남편은 계속해서 경적을 울린다. '뭐 하는 거야? 기차 시간에 늦잖아!' 아내는 화가 나기 시작한다. 남편도 화가 나기 시작한다. 왜 그런가? 보통 남편은 운전석에 앉아 아내가 빨리 나오라고 경적을 울려도 나오지 않으면 짜증을 내기 시작한다. 아내는 아직도 옷을 고르고 있다. 기차는 아내가 무슨 옷을 입는가에 대해 신경쓰지 않고 시간이 되면 떠날 뿐이다. 아내가 나오지 않으면 남편은 대체 무슨 일인가 하고 당황한다. 두 개의 서로 다른 심리적 시간이 갈등을 일으키고 있는 것이다.

남성은 연대적 시간에 맞춰 움직이는 반면 여성은 심리적 시간에 따라 생활한다. 내 눈으로 보기에 여성의 손목시계는 장신구에 지나지 않다. 여성이 손목에 찬 시계를 보는지 의문이 들 정도다. 다른 나라는 몰라도 인도 여성만큼은 손목시계를 보는 것 같지 않다. 나는 심지어 매우 값비싼 금시계를 차고도 시간을 볼 줄 모르는 몇몇 여성들을 보기도 했다.

아이는 완전히 다른 세상에서 산다. 아이는 아이만의 심리 시계를 가지고 있다. 아이의 심리 시계는 거의 꿈속에서처럼 전혀 서두르지 않는다. 아이는 어른을 이해하지 못하고 어른은 아이의 세계를 이해하지 못한다. 둘을 이어줄 방도가 없을 만큼 서로는 너무 멀리 떨어져 있다. 어른이 아이와 대화할 때면 어른의 이야기는 아이에게 거의 다른 별에서 하는 소리처럼 들린다. 그러니 아이의 귀에 들어올 리 없다. 아이는 대체 왜 그렇게 서둘러야 하는지 이해하지 못한다. 도대체 무엇을 위해?

이렇듯 심리의 시간은 완전히 개인적이다. 그래서 연대의 시간이 중요하다. 연대의 시간이 없으면 사회활동을 효율적으로 할 수 없을 것이다. 직원들이 모두 자기 느낌에 따라 출근하면 회사는 엉망이 될 것이다. 사람들이 각자의 심리 시간에 맞춰 역에 나오면 기차는 영원히 떠나지 못할 것이다. 그래서 서로를 조율할 수 있는 표준 시간이 꼭 필요한 것이다.

연대의 시간은 역사요 심리의 시간은 신화다. 역사와 신화의 차이는 여기에 있다. 서양은 역사를 쓰고 동양은 신화를 쓴다.

연대의 시간은 몸과 대응하고 심리의 시간은 마음과 대응하며 실재의 시간은 존재와 대응한다. 연대의 시간은 외향적인 마음이요 심리의 시간은 내향적인 마음이며 실재의 시간은 마음 없음(無心)이다.

실재의 시간은 흐르지 않는다. 여기에서는 모든 시간이 공존한다. 과거와 현재, 미래가 서로 떨어져 있지 않은 것이다. 실재의 시간은 영원이다. 그렇기 때문에 실재의 시간은 흐르지 않는다. 어디서 와서 어디로 흘러가지 않는단 말이다. 실재의 시간은 거기에 있다. 좀 더 정확히 말하면 지금 여기에 있다. 실재의 시간은 그냥 존재한다. 흐름이 아니다.

인간은 눈이라는 제한된 창에 갇혀 있기 때문에 전체 시간을 보지 못한다. 시간의 단편, 즉 순간밖에 보지 못한다. 시간에 순간과 순간이라는 구분이 있는 게 아니다. 이는 인간의 제한된 시각 때문에 일어나는 것이다. 인간은 전체적인 존재가 아니기 때문에 전체의 시간을 보지 못한다.

찰나와 찰나의 흐름을 대상으로 삼야마를 행하면
궁극의 실재를 깨닫는 지혜를 얻는다.

현재의 찰나, 지나간 찰나, 오고 있는 찰나, 즉 시간의 흐름에 사마디 의식을 비추면 궁극의 실재를 깨닫는 지혜를 얻는다. 사마디 의식으로 과거와 현재, 미래를 바라보면 시간은 사라진다. 시간의 구분이 허위로 보이고, 돌연 영원을 깨닫는다. 이때 시간은 공존한다. 흘러오지도 흘러가지도 않는다. 모든 것은 그냥 '있음'으로 존재한다.

사마디의 눈으로 시간을 보면 시간은 사라진다.

이것이 인간의 마지막 기적이다. 이후에는 케이발리아, 즉 해탈만이 존재한다. 시간이 사라지면 모든 것이 사라진다. 욕망과 야망의 세계는 모두 시간이라는 그릇된 개념으로 인해 존재하기 때문이다. 시간은 욕망에 의해 과거와 현재와 미래라는 흐름으로 태어난다. '시간과 그 흐름은 욕망이 투사한 것이다.' 이는 동양의 성자들이 발견한 더없이 위대한 통찰이다. 대상을 욕망하기 때문에 미래가 생긴다. 집착하기 때문에 과거가 들어온다. 자신에게서 사라져간 것을 놓치고 싶어하지 않기 때문에 기억이 태어난다. 아직 오지 않은 것을 자기 식대로 갖고 싶어하기 때문에 미래가 태어난다. 과거와 미래라는 것은 시간의 일부분이 아니라 하나의 정신상태이다. 시간은 영원하다. 시간은 나눠져 있지 않고 통으로 존재하며 전체로 존재한다.

찰나와 시간의 흐름이 무엇인지 깨우친 사람은 궁극의 세계를 깨닫는다. 시간을 깨우침으로써 궁극을 깨닫는 것이다. 어떻게 그럴 수 있는가? 왜냐하면 궁극은 실재의 시간에 존재하기 때문이다.

> 서로 대단히 비슷해서 종류와 특징, 위치로는
> 구분할 수 없는 것들을 식별할 수 있는 능력이
> 이 지혜에서 나온다.

궁극을 알면 완전히 다른 종류의 앎이 생긴다. 지금은 사물을 밖에서 본 모습밖에 알지 못한다. 누가 찾아오면 얼굴과 옷을 보고 '이 사람은 남자군, 이 사람은 여자야'라고 판단한다. 나무를 봐도 '이건 소나무야, 저건 잣나무야'라는 말로 나무를 인식한다. 청진기를 목에 걸고 있는 사람을 보면 '저 사람은 의사다'라고 판단한다. 이들은 모두 겉으로 드러난 모습에 불과하다. 청진기를 목에 걸고 있는 사람은 사실 의사가 아니라 의사 흉내를 내고 있는 사람일 수도 있다. 소나무라고 생각했던 나무가 사실은 소나무가 아닐 수도 있다. 여자로 생각했던 사람이 사실은 여장을 한 남자일 수도 있는 것이다. 밖에 드러난 모습만을 보고는 그 안의 내용까지 확신할 수 없는 것이다.

시간이 사라지고 영원이 내려오면, 시간이 흐름이 아니라 영원한 에너지 샘이 되면 사물을 상징하는 이름표 없이 사물 속으로 들어가 사물을 알 수 있다.

실재를 깨달아 얻는 최고의 지혜는 초월의 지혜이다.
과거와 현재와 미래의 모든 대상과 흐름을
동시에 인식하고 세상의 흐름을 초월한다.

눈을 통해서 우리는 실재의 부분만을 본다. 그래서 삶이 흐름처럼 보인다. 예를 들어보자. 그대가 길가 나무 아래 앉아 있다. 아무도 없는 길의 왼편에서 갑자기 한 나그네가 걸어오는 모습이 시야에 들어온다. 그가 눈앞 쪽으로 왔다가 오른쪽으로 천천히 사라진다. 그대의 오른쪽 멀리 A라는 사람이 앉아 있다. 방금 전 그대의 시야에서 사라졌던 나그네는 A의 시야에 나타난다. 나그네는 그대의 시야에서 사라졌지만 A의 시야에서는 사라지지 않았다. 잠시 후에 나그네는 A의 시야에서도 사라졌다. 누군가 헬리콥터를 타고 밑을 내려다보면 나그네가 걷고 있는 모습이 보인다. 시각이 훨씬 넓어진 것이다.

이는 무엇을 암시하는가? 세상의 이치가 이와 같은 것이다. 위로 높이 올라가면 사하스라라에 도달한다. 인간은 삶의 나무를 올라가는 존재다. 사하스라라는 시각의 가장 높은 지점이다. 그 위에는 아무것도 없다. 사하스라라에서 사물을 내려다보면 모든 것은 끊임없이 계속된다. 아무것도 멈추지 않고 아무것도 사라지지 않는다.

이를 이해한다는 것은 대단히 어렵다. 물리학자가 설명하는 양자만큼이나 어렵다. 파동이자 입자인, 점이자 선인 양자 말이다.

이 수트라는 다음과 같이 말하고 있다. "실재를 깨달아 얻는 최고의 지혜는 초월의 지혜이다." 이 지혜는 있음과 흐름, 정지와 운동, 파동과 입자 등의 모든 이중성을 초월한다. 삶과 죽음, 과거와 미래 등의 모든 이중성과 음양을 초월한다. 지식의 모든 대상을 초월한다.

이 의식을 두고 '전지(全知)'라는 말을 쓴다. 의식 속에서 모든 것이 동시에 존재한다. 이해하기가 대단히 어려울 것이다. 거의 불가능할 정도다. 즉, 궁극의 지혜를 깨달은 사람은 인간의 과거와 현재와 미래를 동시에 본다는 말이다. 어머니의 자궁에 있을 때의 모습, 태어났을 때의 모습, 어린 아이로 자라서 청년이 되고 사랑에 빠져 결혼을 하고 아이를 낳고 늙고 병들어 죽는 모습 등을 한꺼번에 본다는 말이다. 실재를 깨달은 사람의 눈에는 삼세[1]가 동시에 나타난다.

이러한 일이 어떻게 가능한가? 도대체 믿기 어려울 것이다. 아이가 방금 태어났는데 어떻게 죽는단 말인가? 아이가 어린이든 청년이든 어른이든, 자궁에 있든 관에 있든, 요람에 있든 무덤에 있든, 한 사람으로 존재할 수 있지 어떻게 동시에 여러 사람으로 존재할 수 있단 말인가? 하지만 이는 인간의 시간 구분일 뿐이다. 인간은 시간의 구분 속에서 살기 때문에 전체의 모습을 하나로 보지 못하는 것이다.

보통 사람은 점진적인 흐름이나 카르마의 상태로 사물을 본다. 마치 스크린에 영사되는 영화를 보듯, 아이가 청년이 되고 다시 청년이 장년으로 변하는 모습을 본다. 그러나 궁극의 깨달음을 얻으면 모든 것은 전체적이고 절대적인 모습으로 드러난다. 단 한 찰나에도 모든 것이 드러나는 것이다.

보통 사람은 칠흑같이 어두운 밤에 자그마한 등을 들고 사물을 본다. 숲 속에서 등을 들고 있으면 등은 나무 하나만을 비출 뿐, 다른 모든 나무는 어둠 속에 묻힌다. 등을 다른

---

1)삼세(三世): 전세(前世), 현세(現世), 내세(來世)의 세 가지.

나무로 옮기면 이전의 나무는 어둠 속으로 사라진다. 이렇게 사람은 길의 일부분만을 본다. 그러나 궁극의 지혜는 번개와 같다. 갑자기 모든 숲의 모습이 드러나는 것이다. 이들 모두는 진리를 가리키는 상징적인 말이다. 그러므로 이 말들을 지나치게 확대 해석하지 말라. 이들은 모두 진리의 모습을 한계적인 말로 가리키는 상징일 뿐이다. 궁극의 모습은 말로 표현할 수 없다.

연대의 시간은 정치, 역사, 경제, 자본, 사물, 지식, 시장, 월스트리트의 세계다. 심리의 시간은 꿈, 신화, 시, 사랑, 예술, 통찰, 그림, 춤, 드라마의 세계다. 실재의 시간은 존재와 과학, 명상의 세계다. 과학은 사물을 객관적인 시각으로 뚫고 들어가 우주를 보려는 시도다. 종교는 사물을 주관적인 시각으로 뚫고 들어가 실재의 세계를 보려는 시도다. 요가는 과학과 종교의 통합이다.

과학(science)이라는 말은 아름답다. '사이언스'는 보는 능력을 뜻한다. '다르샨(darshan)'이라는 인도어도 보는 능력을 뜻한다. 다르샨을 '철학'이라고 번역해서는 안 된다. 보는 능력을 뜻하는 '과학'으로 번역해야 마땅하다.

과학은 외부에서 객관을 통해 궁극의 세계를 뚫고 들어가려고 노력한다. 종교는 주관을 통하여 같은 궁극의 세계를 뚫고 들어가려고 노력한다. 요가는 지고의 통합이다. 요가는 과학과 종교의 세계를 통합한다.

요가는 초과학이자 초종교이다. 요가는 힌두이즘이나 이슬람, 기독교에 속하지 않기 때문에 초종교적이다. 또한 요가는 인간을 탐구하는 과학이기 때문에 초과학적이다. 요가는 궁극을 터치한다. 그래서 나는 요가를 알파요 오메가, 신비의 통합, 궁극의 통합이라고 부르는 것이다.

구도자의 첫 번째 자질은 참됨이다. 속지도 속이지도 않고 진리로부터 빗나가지 않는 것이다. 타인을 속이면 그로 말미암아 스스로 속는다. 거짓말을 너무 자주 하면 거짓말이 진리처럼 보이기 시작한다. 그대가 말한 거짓말을 사람들이 믿어주면 그대 스스로도 그 거짓말을 믿기 시작하는 것이다. 믿음은 전염된다.

세상의 혼란은 여기에서 나왔다.

우리가 진리라고 믿는 첫 번째 거짓은 '나는 몸이다'는 말이다. 모든 사람들이 이를 믿는다. 모두들 '나는 몸이다'라고 믿는 사회에서 태어났기 때문이다. 사람은 모두 몸으로 반응을 하지, 영혼으로 반응하지 않는다.

반동(reaction)과 반응(response)의 차이를 잘 알라. 반동은 기계적으로 나오며 반응은 열린 의식, 깨어 있는 각성에서 나온다. 선풍기의 버튼을 누르면 선풍기가 돌아가는 것은 반동이다. 버튼을 누르면 선풍기는 '내가 돌아야 하나, 말아야 하나'라고 생각하지 않는다. 집안의 전기 스위치를 올리면 전기가 들어온다. 이는 반동이지 반응이 아니다. 기계적인 반동이다. 스위치를 올리는 것과 전기가 들어오는 것 사이에 틈이 존재하지 않는다. 생각이나 각성이나 의식의 틈이 존재하지 않는 것이다.

누가 욕을 하면 화를 내고, 누가 무엇을 하면 슬퍼지고, 누가 무슨 말을 하면 행복해지는 것들은 모두 누름 단추식의 반동이다. 이렇게 계속해서 반동으로 삶을 살면 '나는 몸이다' 라고 믿기 시작한다.

몸은 하나의 메커니즘이지 그대가 아니다. 몸은 그대가 사는 집이지 그대가 아니다. 그대는 완전히 다른 존재이다.

'나는 몸이다' 는 것이 삶을 병들게 하는 첫 번째 거짓이다. 그 다음 또 다른 거짓이 있으니, '나는 마음이다' 가 그것이다. 이는 첫 번째 거짓보다 깊다. 마음은 몸보다 존재에 더 가깝기 때문이다. 생각을 하고 꿈을 꾸고 하는 것들은 존재에 가깝기는 하지만 이 역시 존재를 둘러싸고 있는 껍질이다. 마음이 나라고 믿기 시작하면 사람은 마음이 된다. 몸과 같이 마음도 '반동' 한다. 깨어서 '반응' 하지 않는 것이다.

깨어서 반응할 때 사람은 영혼이 된다. 위에서도 말했지만 반응이란 기계적으로 반동하지 않는다는 말이다. 사색을 하고 명상을 함으로써 의식에게 결정할 틈을 주는 것이다. 의식이 결정 인자이다. 누가 모욕을 할 때 화를 내면 반동이 결정 인자가 된다. 모욕에 반동을 하면 상대는 나를 가지고 놀 수 있다. 그러나 깨어서 반응을 하면 내가 결정 인자가 된다. 누가 모욕을 해도 화를 냄으로써 반동하지 않는다. 거기에 대해 생각을 한 뒤에 어떻게 할까 결정한다. 외부의 자극에 압도되지 않는 것이다. 동요하지 않고 차분함을 유지하며 지켜보는 것이다. 거짓에 휘말리게 되면, 처음에는 아무렇지 않을 수 있으나 결국 자신의 존재 전체가 병들게 된다.

참되게 살라. 참되게 살면 오래지 않아 자신은 몸이 아니라는 사실을 깨닫는다. 참되게 사는 사람은 한 번은 몰라도 계속해서 거짓을 믿지 않는다. 명료한 의식이 내려오고 눈이 밝아지며 나는 몸이 아님을 본다. 물론 나는 몸 안에 있지만 몸은 아닌 것이다. 손을 다친 것은 내가 다친 것이 아니다. 다리가 부러진 것은 내가 부러진 것이 아니다. 두통이 생기면 나는 두통을 인식하지만 내가 곧 두통은 아니다. 배가 고플 때 나는 이를 인식하지만 내가 배고픈 것은 아니다. 이렇게 거짓을 바라보면 점점 거짓은 멀어져간다. 첫 번째 거짓이 힘을 발휘하지 못하면 더 깊은 층으로 들어가 의식에 떠다니는 꿈과 생각들을 바라볼 수 있게 된다. 이를 계속해나가면 점점 사물을 맑게 식별할 수 있는 힘이 생기기 시작한다. 파탄잘리는 이를 비베카(viveka)라고 부른다. 식별지(識別智)라는 말이다. 식별지가 생기면 구름과 하늘을 식별할 수 있게 된다.

사념은 텅 빈 공간에 떠도는 구름과 같다. 이 텅 빈 공간이 참된 하늘이다. 구름은 왔다가 가는 존재일 뿐이다. 사념이 참된 하늘이 아니라, 사념이 나타났다 사라지는 텅 빈 공간이 참된 하늘이라는 말이다.

인간 존재에 대한 요가의 기본 골격을 살펴보자.

물리학이 전체계는 전자나 전기 에너지로 이루어져 있다고 생각하는 것처럼 요가는 전체계가 소리 전자로 이루어져 있다고 생각한다. 요가는 존재계를 구성하고 있는 기본 원소를 소리로 생각한다. 생명은 진동에 다름 아니기 때문이다. 생명은 침묵의 표현에 다름 아니기 때문이다. 우리는 침묵에서 나와 침묵으로 돌아간다. 침묵, 공간, 무, 무아, 이들이 존재의 핵이요 바퀴의 축이다. 이 침묵에 도달하지 못하면, 순수 존재 외에 아무것도 존재하지 않는 공간에 도달하지 못하면 해탈할 수 없다. 이것이 바로 요가의 뼈대이다.

요가에서는 인간의 존재를 네 층으로 분류한다. 내가 그대에게 말을 하고 있다. 이는 마지막 층이다. 요가에서는 이를 베이카리(vaihkari)라고 부른다. 결실 혹은 개화(開花)라는 말이다. 내가 말을 하기 전에 말이 느낌이나 경험으로 떠오른다. 이는 세 번째 층이다. 요가에서는 이를 마디아마(madhyama)라고 부른다. 중앙이라는 뜻이다. 어떤 것이 내면에 경험으로 들어오기 전에 씨앗의 형태로 돌아다닌다. 보통 사람은 이 씨앗의 형태를 감지하기 힘들다. 아직 싹도

트지 않은 씨앗의 미세한 움직임마저 감지할 수 있을 정도로 명상과 침묵이 깊지 않으면 이 씨앗의 형태를 느낄 수 없다. 요가에서는 이를 파쉬안티(pashyanti)라고 부른다. 뒤돌아봄 혹은 근원으로 들어감을 뜻한다. 그 너머에는 모든 것이 떠오른 근원적인 존재가 있다. 요가에서는 이를 파라(para)라고 부른다. 초월이라는 뜻이다.

옴(aum) 만트라를 할 때 첫째는 옴을 큰 소리로 리드미컬하게 염송해야 한다. 이것이 베이카리의 층이다. 그 다음 층에서는 입을 다문 채, 속으로 옴을 염송한다. 아무 소리도 내지 않는다. 이것이 마디아마의 층이다. 그 다음 층에서는 염송조차 하지 않는다. 옴이 저절로 울려나온다. 옴과 하나가 된 상태에서 수행자는 염송을 하지 않고 옴이 저절로 염송을 한다. 수행자는 듣는 자가 된다. 들으면서 지켜본다. 이는 파쉬안티의 층이다. 눈이 근원으로 향한다. 그러다가 옴의 소리가 서서히 사라져 소리 없는 소리가 된다. 어느 순간 아무것도 남지 않은 공(空)이 나타난다. 여기서는 옴의 소리도, 어떠한 소리도 들리지 않는다. 소리도, 소리를 듣는 자도 없다. 모든 것이 사라진 것이다. 이것이 파라의 층이다.

사물에 지나치게 집착하는 사람은 베이카리의 층에 머문다. 몸을 지나치게 집착하는 사람은 마디아마의 층에 머문다. 마음을 지나치게 집착하는 사람은 파쉬안티의 층에 머문다. 어떠한 것에도 집착하지 않는 사람은 파라 속으로 사라진다. 초월과 피안의 세계로 사라진다. 이것이 해탈이다.

해탈이란 존재의 집으로 돌아오는 것을 말한다. 인간은 집에서 너무 멀리 갔다. 무에서 씨앗이 나오고, 씨앗에서 싹이 트고 거대한 나무가 되고 꽃을 피우고 열매를 맺는다. 나무는 참으로 멀리까지 갔다. 열매가 땅에 떨어지면 원이 완성된다. 침묵은 시작이요 끝이다. 우리는 순수 공간에서 나왔다가 다시 순수 공간 속으로 돌아간다. 원을 완성하지 않으면 끊임없이 세상을 떠돈다. 어딘가에서 생명력과 역동성을 잃고 꼼짝달싹 못하는 존재가 된다.

요가는 인간이 펄펄 살아서 원을 완성하기를 원한다. 삶의 수레바퀴를 완성하여 존재가 시작되었던 곳으로 돌아오기를 원한다. 끝이 곧 시작이다. 목적지가 곧 근원이다.

카타 우파니샤드(Katha Upanishad)는 이렇게 말한다. "사물을 넘어선 곳에 감각이 있다. 감각을 넘어선 곳에 마음이 있다. 마음을 넘어선 곳에 지성이 있다. 지성을 넘어선 곳에 영혼이 있다. 영혼을 넘어선 곳에 비현재[2]가 있다. 비현재를 넘어선 곳에 브라흐만[3]이 있다. 브라흐만을 넘어선 곳에 무가 있다." 무가 마지막이요 순수 공간이다.

이 순수의식으로 가는 길은 많다. 중요한 것은 길이 아니

___

2)비현재(非顯在): 겉으로, 혹은 물질세상으로 드러나지 않은 것.
3)브라흐만(Brahman): 우주의 근원, 우주의 창조주.

다. 중요한 것은 구도자의 참된 자세다. 이는 다시 강조한다 해도 지나침이 없다. 어떤 길을 가도 좋다. 참되고 진지한 구도자라면 목적지에 도달한다. 어떤 길은 좀 어렵고 어떤 길은 좀 쉬울 수 있다. 어떤 길은 숲 속에 나 있고 어떤 길은 사막에 나 있다. 어떤 길은 풍경이 아름답고 어떤 길은 풍경이 없을 수 있다. 길 자체는 중요하지 않다. 중요한 것은 구도자의 진지하고 정직하며 참되고 진실한 자세다. 그런 구도자는 목적지에 도달하게 되어 있다.

이 모두를 한마디로 말한다면, '참됨이 곧 길이다.' 어떤 길을 따르든 참된 구도자는 목적지로 간다. 그러나 어떤 길을 따르든 구도자가 참되지 않다면 목적지에 도달할 수 없다. 참됨이 존재의 집으로 데려다준다. 다른 게 아니다. 길은 부차적인 것이다. 근본적인 것은 참됨이요 진실됨이다.

이런 수피 이야기가 있다.

어떤 남자가 이런 이야기를 듣게 되었다. 새벽에 사막에 가서 산을 바라보고 서 있으면 자신의 그림자가 보물이 묻힌 곳을 가리킨다는 것이었다. 그래서 남자는 해 뜨기 전에 사막으로 가서 이야기에서 들은 지점에 섰다. 그의 그림자가 사막 위에 가늘고 길게 드리웠다. 엄청난 횡재를 생각하면서 그는 자신이 억세게 운 좋은 사람이라고 생각했다. 드디어 그의 그림자가 한 곳을 가리키자, 그곳을 파기 시작했다. 시간이 흐르면서 그의 그림자가 작아지는 것도 모르고 남자는 열심히 팠다. 그러다가 자신의 그림자가 작아졌음을 깨닫게 되었다. 그림자는 반으로 줄어들어 있었다. 그는 당황했다. 그리고 얼른 자리를 옮겨, 짧아진 그림자가 가리키는 곳을 파기 시작했다. 몇 시간이 지나도록 땅을 파는 데 열중했다. 정오가 되었다. 해가 중천에 뜨고 그의 그림자는 없어졌다. 그는 너무 당황한 나머지 그만 울고 말았다. 새벽부터 일한 것이 모두 허사로 돌아간 것이다. 대체 보물이 숨겨진 곳은 어디란 말인가?

그때 마침 수피 스승이 그 옆을 지나가고 있었다. 스승은 남자를 보고 웃으며 말했다. "너의 그림자는 어디를 가리키고 있느냐? 너의 내면을 가리키고 있지 않느냐? 보물은 바로 거기에 있다."

붓다는 이를 삼마사티(sammasati), 곧 바른 기억이라 부른다.

몸과의 동일시는 습관이다. 아이는 태어나서 자신이 누구인지 모른다. 부모가 아이에게 정체성을 만들어준다. 이름을 지어주고 누구의 아들이고 어느 사회의 일원인가를 주입시킨다. 그릇된 이름표를 붙여주는 것이다. 거울에 아이의 모습을 비춰주면서 이렇게 말한다. "잘 봐라. 이게 너야. 이것이 너의 이름이고 저것이 너의 집이야. 이것이 너의 종교고 저것이 너의 나라다." 이렇게 부모가 심어주는 정체성을 통해 아이는 자신이 누구인지 느끼기 시작한다. 실제로 참나는 누구인지 모르면서 말이다. 이러한 정체성은 습관으로 굳어진다.

자라면서 동일시하는 아이의 습관은 더욱 굳어진다. 그가 힌두교 집안에서 태어났다면 「기타」[4]를 사람들로부터 듣는다. 기독교 가정에서 태어났다면 교회에 다녀야 한다. 새로운 정체성, 새로운 동일시가 시작되는 것이다. 그래서 그는 기독교인이나 힌두교인, 혹은 이슬람교인이 된다. 인도에 태어나면 인도인이 되고 중국에 태어나면 중국인이 된다. 자신이 태어난 나라의 전통과 문화에 맞춰 자신의 정체성을 확인하고 동일시한다. 중국인은 중국의 전통과 역사 등을 자신과 동일시한다. 그렇게 하여 자신의 뿌리를 갖고 편안해한다. 전통과 문화가 그의 뿌리가 되는 것이다. 인도인은 인도의 뿌리를 갖는다. 사람은 한 나라의 전통과 문화 속에서 자신의 집을 짓는다. 그러나 그 집은 진짜 집이 아니다. 이러한 정체성과의 동일시는 사회적인 편리성을 위한 것일 뿐이다.

미래 어느 날 정체성의 어리석음──나는 인도인이다, 힌두교도다──을 깨닫지만, 이미 습관은 지울 수 없게 될 정도로 깊이 뿌리박힌다.

---

4)기타(Gita): 바가바드 기타(Bhagavad Gita)의 줄임말. 인도의 대서사시 『마하바라타(Mahabharata)』의 제6권 25장에서 42장까지 실려 있는 700편의 시. 크리슈나가 제자 아르쥬나에게 요가의 여러 양상을 가르치는 내용.

진정한 반역자[5]는 전통을 완전히 벗어던져서 심지어는 전통에 반대도 반대하지 않음도 없는 경지에 이른 사람이다. 반대도 없고 반대하지 않음도 없는 사람이 진정한 자유인이다. 대상에 반대하는 사람은 아직도 자유롭지 못한 사람이다. 어떠한 것이 되었든, 대상에 반대하는 사람은 그 대상에 묶여 있는 사람이다. 대상과 연결된 끄나풀을 놓지 못한 사람이다.

습관은 무의식적이다. 나는 학식과 지성이 정말 뛰어난 유명한 사람을 알고 있다. 그는 40여 년이라는 긴 세월 동안 크리슈나무르티를 신봉했다. 그는 나를 보러 와서는 이렇게 말하곤 했다. "명상은 없습니다. 선생님은 사람들에게 무엇을 가르치나요? 크리슈나무르티는 명상은 존재하지 않는다고 말했습니다. 만트라는 모두 허망한 주문에 지나지 않습니다. 명상도 방편도 모두 마음을 조건화시킬 뿐입니다. 그래서 나는 명상을 하지 않습니다."

나는 명상에 대한 그의 그릇된 인식을 일깨워줄 시간을 기다렸다. 그런데 어느 날, 그가 심장마비로 드러누웠다. 내가 그에게 문병을 갔을 때 그는 '람[6], 람, 람' 하면서 람 만트

---

5) 반역자(rebel): '전통과 기성 문화의 잘못된 점들을 무조건 추종하지 않고 명상을 통하여 내면에서 우러나오는 대로 행하는 사람'을 오쇼는 '반역자'라고 부른다.

라를 염송하고 있었다. 내 눈을 믿을 수 없었다. 내가 그의 머리를 흔들며 말했다. "무슨 일이오? 당신 같은 사람이 만트라를 다 외우다니! 당신은 크리슈나무르티의 제자지 않소?"

그가 대꾸했다. "언제 죽을지 모르는데, 그런 건 다 상관 없습니다. 누가 압니까, 크리슈나무르티가 틀렸는지? '람, 람, 람' 하고 외운다고 해가 될 건 없습니다. 람 만트라는 정말이지 마음에 위안이 됩니다."

그 사람은 대체 왜 그렇게 되었을까? 그는 무려 40여 년 동안 크리슈나무르티의 가르침을 배웠지만 그의 힌두 마인드가 너무나도 뿌리 깊이 박혀 있었던 것이다. 죽음이 다가오면 마음은 무의식적으로 반동한다. 그는 자신이 반역자라고 생각했지만 실은 반역자가 아니었던 것이다. 그는 모든 것과 맞서 싸웠다. 힌두이즘이 말하는 모든 것을 반대했다. 그러나 그의 마지막 순간에 모든 것이 무너져 내렸다.

보통의 삶은 습관, 그것도 기계적인 습관에 지나지 않다. 진정으로 습관에 깨어 있지 않으면 습관에서 빠져나오기 힘들다. 나쁜 습관을 좋은 습관으로 바꿀 수는 있다. 나쁜 습관을 좋은 습관으로 바꾸면 자신도 기뻐하고 사람들도 좋아한다. 하지만 요가는 거기에 만족하지 않는다. 금연을 실행

---

6)람(Ram): 인도의 대서사시 '라마야나(Ramayana)' 의 주인공 이름이자 인도 신 (라마)의 이름.

하면서 만트라를 외울 수 있다. 그러나 하루만 만트라를 염송하지 않으면 하루만 담배를 피우지 않아도 심란하던 마음이 그대로 찾아온다. 담배를 만트라로 바꾼다 해도, 똑같은 욕망에 똑같은 일상을 기계적으로 반복하는 것이다. 설령 나쁜 습관을 좋은 습관으로 바꾼다 해도 습관은 습관일 뿐이다. 사회의 눈으로 보면 훌륭한 일이지만 내면의 성장에는 아무런 의미가 없는 일이다.

습관은 그냥 버려야 하는 것이다. 습관을 버리고 아무렇게나 살라는 말이 아니다. 깨인 의식으로 삶을 결정하라는 말이다.

새벽 5시에 '습관적으로' 일어날 수도 있고, 새벽 5시에 '깨인 의식으로' 일어날 수도 있다. 둘은 질적으로 아주 다르다. 습관적으로 새벽 5시에 일어나는 사람은 기계적으로 아침 9시에 일어나는 사람하고 다를 게 없다. 5시에 일어난다 해도 9시에 일어나는 사람만큼이나 활력이 없을 수 있다. 활력의 있고 없음은 언제 일어나느냐에 달려 있지 않기 때문이다. 이는 습관으로 일어나느냐, 아니면 깨인 의식으로 일어나느냐에 달려 있는 것이다.

깨인 의식으로 일어나면 각성이 맑고 밝아진다. 설령 9시에 일어난다 해도 깨어 있으면 감수성도 밝아지고 정신이 맑아지며 모든 것이 아름답게 보인다. 모든 감각들이 푹 쉬고 난 뒤 더욱더 맑게 깨어난다. 먼지가 씻겨나가고 모든 것이 투명해진다. 잠자는 동안 파라, 즉 저 너머의 세계에서 몸과 생각을 잊고 존재의 집으로 돌아간다. 그리고 잠에서 깨어나면 새롭게 활력이 넘치는 아침을 맞는다.

의식이 맑아짐에 따라 나뭇잎과 꽃 등 모든 곳에 쓰인 메시지를 읽을 수 있다. 이 메시지는 신에게서 오는 메시지다. 신의 사인(sign)이 도처에 깔려 있다. 바가바드 기타를 읽을 필요도 없고 성경이나 코란을 읽을 필요도 없다. 성경도, 코란도, 바가바드 기타도 모든 곳에 쓰여 있다. 눈만 맑아지면 된다.

사트바 푸루샤요흐 슈디 삼예 케이발리얌

(sattva-purushayoh shuddhi-samye kaivalyam)
사트바와 푸루샤의 순도가 동등해질 때
해탈을 얻는다.

요가는 존재계를 둘로 나눈다. 비현재(非顯在)가 하나요 현재[7]가 다른 하나다. 본체가 현상의 세계로 드러날 때 사물은 둘이 된다. 여기에 장미꽃이 있다고 해보자. 이 장미꽃을 보고 아무 말도 하지 않는다. 심지어 마음속으로도 '아름답다' 는 말을 떠올리지 않는다. 이 경험이 비현재의 경험이다. '장미꽃이 아름답다' 는 말을 하는 순간, 추하다는 개념

---

7)현재(顯在): 겉으로, 혹은 물질세상으로 드러난 것.

도 같이 들어온다. 장미꽃이 아름답다는 말은 추하지 않다는 말이기 때문이다. '아름다움은 무엇입니까' 라는 질문에 답을 하려면 '추하다' 는 개념을 빌려오지 않을 수 없다.

여인을 보고 아무런 말이 떠오르지 않으면 이 경험은 비현재의 경험, 비이중성의 경험이다. '당신을 사랑합니다' 는 말을 하는 순간, 미움의 개념이 들어온다. 미움이라는 개념 없이는 사랑에 대해 설명할 도리가 없는 것이다. 낮은 밤이 없으면 설명할 수 없고, 삶은 죽음이 없으면 설명할 도리가 없는 것이다. 음이 있으면 양이 들어올 수밖에 없는 것이다.

베이카리의 층에서는 모든 것이 명확하게 구분되어 있다. 이중성의 세계인 것이다. 밤은 낮과 분리되어 있고 죽음은 삶과, 아름다움은 추함과, 빛은 어둠과 분리되어 있다. 모든 것은 아리스토텔레스의 논리로 아주 뚜렷하게 나뉘어 있다. 베이카리의 층을 지나 좀 더 깊이 들어가라. 마디아마가 나타난다. 마디아마의 층에서도 사물은 분리되어 있지만 베이카리에서처럼 명확하게 분리되어 있지는 않다. 여기에서는 아침저녁으로 밤과 낮이 만나 섞인다. 이보다 좀 더 깊이 들어가라. 파쉬안티가 나타난다. 파쉬안티의 층에서 모든 것은 씨앗의 형태로 존재한다. 아직 이중성이 나타나지 않은 것이다. 모든 것이 뚜렷하게 구분이 되지 않은 상태라서 무엇이 무엇인지 명확하게 말할 수 없다. 이보다 좀 더 깊이 들어가라. 파라가 나타난다. 파라의 층에서는 보이는 것과 보이지 않는 것 등 모든 것의 분리가 존재하지 않는다.

요가에서는 실재의 세계를 푸루샤와 프라크리티(prakriti)로 나눈다고 한다. 프라크리티는 물질을, 푸루샤는 의식을 뜻한다. 몸마음과 프라크리티, 자연, 물질 등과 동일시를 하면 양쪽이 다 물든다. 존재는 항상 이중적으로 물든다.

이렇게 예를 들어 설명해보자. 물과 우유를 섞어보자. 물과 우유를 섞으면 '우유가 변했다'는 말을 한다. 하지만 사람들이 모르는 게 있다. 우유만 변한 것이 아니라 물도 변한 것이다. 물은 흔한 것이기 때문에 신경쓰는 사람이 없는 것이 당연하다. 이것은 별개의 문제다. 하여튼 물과 우유를 섞으면 우유만 변하는 것이 아니라 둘 다 변한다. 이를 진지하게 생각해보라. '순수한 두 가지가 만나면 양쪽 다 불순해진다!' 이는 기적 같은 일이다. 순수한 두 존재가 만나 둘 다 불순해지는 것 말이다!

사실 불순함은 나쁜 게 아니다. 불순함이란 이물질이 들어온 상태를 말할 뿐이다. 본질이 아닌 무엇이 들어온 것을 말한다. 그뿐이다.

이 수트라는 대단히 아름답다. 이 수트라와 함께 「비부티 파다」가 끝난다. 이는 「비부티 파다」의 절정이다. 이 수트라의 뜻은 이렇다. '인간은 몸과 동일시하기 때문에 인간의 존재도 불순해지고 몸도 불순해진다.' 몸과 동일시하면 인간도, 마음도 불순해진다. 동일시를 떠나면 인간도, 마음도 순수해진다.

깨달은 싯다나 붓다의 마음도 순수하고 그의 의식도 순수하다. 둘은 분리되어 있다. 물은 물이고 우유는 우유인 것이다. 그의 마음과 의식이 다시 맑아진 것이다.

이 수트라는 이렇게 말하고 있다. "사트바와 푸루샤의 순도가 동등해질 때 해탈을 얻는다." 사트바는 프라크리티, 즉 자연과 물질의 정점이다. 사트바는 '지성'을 뜻하며 푸루샤는 '각성'을 뜻한다. 프라크리티와 푸루샤는 매우 유사하게 보인다. 지성과 각성이 유사하게 보이기 때문에 많은 사람들이 종종 뛰어난 지성의 소유자를 깨달은 사람이라고 착각한다.

해탈은 어떻게 얻는가? 먼저 순수한 사트바, 즉 지성을 얻어야 한다. 그리고 더 깊이 들어가야 한다. 베이카리는 지성의 현현(顯顯)이다. 마디아마는 세상이 아니라 인간에게만 현현한 지성이다. 파쉬안티는 지성의 씨앗이다. 파라는 각성이다. 점점 자신을 식별하여 분리시켜라. 몸이 나라고 생각하지 말고 몸을 도구이자 집으로 생각하라. 될 수 있는 한 자주 이를 기억하라. 서서히 기억이 자리잡을 것이다. 그런 다음 마음을 대상으로 명상한다. '나는 마음이 아님'을 기억하라. 이 기억이 나와 마음이 분리되는 데 도움이 될 것이다.

몸마음과 분리되면 사트바는 순수해진다. 푸루샤는 항상

순수하다. 물질과의 동일시 때문에 불순하게 보일 뿐이다. 사트바와 푸루샤의 거울이 깨끗해지면 거울은 아무것도 비추지 않는다. 두 개의 거울이 서로 마주보지만 텅 비어서 아무것도 비추지 않는다.

이러한 절대 공의 상태가 해탈의 경지다. 해탈은 세상으로부터 해방이 아니라 동일시로부터의 해방이다. 동일시하지 말라. 어떠한 것과도 동일시하지 말라. 항상 나는 관조자임을 기억하라. 관조의 상태를 놓치지 말라. 그러면 어느 날 내면의 하늘에 각성이 수천 개의 태양처럼 떠오를 것이다.

파탄잘리는 이를 케이발리아, 즉 해탈이라고 부른다.

이 케이발리아라는 말을 잘 새겨두라.

인도에서는 예언자들마다 궁극의 경지를 달리 표현했다. 마하비라는 모크샤(moksha)라고 했다. 바르게 번역하면 모든 속박과 굴레가 떨어져나간 '절대 자유'라는 뜻이다. 붓다는 니르바나(nirvana)라고 했다. 니르바나는 에고의 소멸을 뜻한다. 전기 스위치를 내리면 불이 나가듯, 에고라는 불이 나가는 것을 말한다. '나'라는 존재가 사라진다. 물방울이 바다 속으로 사라지는 것이다. 또한 바다가 물방울 속으로 사라지는 것이다. 이는 에고의 용해요 소멸이다.

이에 반해 파탄잘리는 케이발리아(kaivalya)라는 말을 사용한다. 이는 절대적인 홀로 있음이라는 뜻이다. 이는 모크샤도 아니고 니르바나도 아니다. 다시 한 번 말하지만 케이발리아는 절대적인 홀로 있음이라는 말이다. 여기에서는 자신 외에는 아무도 존재하지 않는다. 오직 자신만이 존재한다. 여기에서는 사실 '나' 라는 말도 쓸 수 없다. 나와 관계하는 '너' 가 사라졌기 때문이다. '나는 모크샤의 경지를 터득한 자유인이다' 라는 말도 할 수 없다. 속박이 사라진 상태에서 자유는 그 의미를 상실하기 때문이다. 구속이 있어야 자유도 있을 수 있다. 감옥이 주위에 존재할 때 사람은 자유를 느낀다. 다른 사람들이 감옥에 들어가는 것을 보고 우리는 자유를 느낀다. 감옥이 완전히 사라진다면 '나는 자유다' 라고 말할 이유가 있다고 생각하는가?

홀로 있음은 고독과는 완전히 다르다는 점을 알아야 한다. 고독 속에서는 타인이 존재한다. 타인을 느끼고 타인의 부재(不在)를 절감한다. 그래서 고독은 슬프다. 고독을 느끼는 것은 타인의 존재를 필요로 하는 것이다. 그러나 홀로 있음 속에서는 타인의 필요성이 사라진다. 스스로 넘친다. 필요도 욕망도 아무것도 없다. 파탄잘리는 이를 존재의 '귀향' 이라 부른다. 이것이 해탈이다. 이것이 파탄잘리의 니르바나요 모크샤다.

일별은 누구에게나 찾아온다.

고요히 앉아 나와 대상을 분리시켜라. 눈을 감고 세상을 잊으라. 물론 밖에 세상이 존재하지만 꿈이라고 생각하라.

생각들을 지켜보라. 하늘을 떠도는 구름 같은 존재, 생각은 내가 아니다. 이를 기억하라. 나와 생각을 분리하라. 그러면 생각은 사라진다. 한 생각이 떠오른다. '나는 분리되었다.' 이것을 파쉬안티라고 한다. 이것도 놓으라. 놓지 않으면 파쉬안티의 상태에 매달리게 된다. 파쉬안티도 놓으라. 이 생각을 그냥 지켜보라. 그러다가 어느 순간, 그대는 무(無) 속으로 폭발한다. 이 폭발의 체험이 비록 찰나일지라도 여기에서 도와 요가와 탄트라를 체험한다. 진리를 맛본다. 일단 한번 체험하고 나면 다시 이에 접근하고 맛보고 체험하고 하나가 되는 것이 쉬워진다. 매일매일 더욱 쉬워진다. 구도의 길을 감에 따라 그 길은 더욱 밝아진다. 어느 날 그 안으로 들어가 영원히 나오지 않게 된다. 이것이 케이발리아다.

파탄잘리는 이를 절대 해탈이라 부른다. 동양에서는 이것이 구도의 목적이다. 동양의 목적은 서양의 목적보다 비할 바 없이 높다. 서양에서는 천국이 마지막이다. 하지만 동양에서는 그렇지 않다. 기독교, 이슬람교, 유대교에서는 천국이 마지막이요 그 이상은 존재하지 않는다. 그러나 동양에서는 더 높이 날아오른다. 더 깊이 실재 속으로 파고든다. 더 이상 파고들 때가 나오지 않는 공의 자리까지 파고든다.

천국은 행복을 원하는 인간 욕망의 산물이다. 지옥은 불행에 대한 두려움의 산물이다. 고통이 축적되면 지옥이 나오고 기쁨이 축적되면 천국이 나온다. 그러나 천국도 지옥도 자유가 아니다.

자유는 고통도 기쁨도 초월한 경지다. 자유는 모든 이중성이 떨어진 경지다. 자유는 천국도 지옥도 사라진 케이발리아다. 그때 수행자는 절대 순수의 경지 속으로 들어간다.

케이발리아는 동양의 목적이었다. 이제 모든 인류의 목적이 될 것이다.

15장
인위적인 마음을 내려놓으라

오쇼 수트라

인위적인 마음의 중심이 곧 에고다.

해탈의 길이란 다름 아닌 최면을 푸는 길이다.

부정을 통해 장애물을 제거하는 것이
요가의 전부다.

인간에게는 모든 것이 갖춰져 있기 때문에
사실 아무것도 할 필요가 없다.
흐름만 뚫어주면 된다.

'지금'이 유일한 실재요 '여기'가 유일한 존재다.
인간은 욕망 때문에 '지금 여기'의 진리를 놓친다.

열린 하늘 아래 완전히 벌거벗고
존재계와 하나가 되라.
나와 존재계 사이에는 아무것도 없다.

인위적인 마음을 내려놓으라

인간은 거의 미쳐 있다. 자신이 이미 소유하고 있는 것을 찾고 있는 인간은 제정신이 아니다. 본래의 자신을 자각하지 못하는 인간은 제정신이 아니다. 희망과 욕망을 품고 결국에는 좌절하는 인간은 제정신이 아니다. 내가 바로 여기 있음에도 불구하고 나 자신을 찾아 길을 떠나서는 나 자신을 찾을 수 없다. 그렇기 때문에 인간에게 좌절은 필연적이다. 먼저 찾는 것을 멈춰야 한다. 이것이 인간의 가장 큰 문제다.

인간의 문제는 지금 가지고 있는 것을 구하는 것이다. 자신이 가지고 있는 자리를 떠나 그것을 찾으면 어디서 찾을 수 있겠는가? 인간은 구하는 데 너무 몰두한 나머지 자신이 이미 소유하고 있는 것을 보지 못한다. 구하는 것을 그만두지 않으면 구하는 것을 볼 수 없다. 구하면 마음은 미래로 향한다. 구하는 것이 지금 여기에 있는데 말이다. 지금 바로

이 순간에 있는데 말이다. 구하는 것은 이미 구도자에게 숨겨져 있다. 구도자가 바로 구하는 대상이다. 그렇기 때문에 인간의 신경증과 정신이상은 그 증세가 깊고 깊다.

마음이 어떤 곳에 초점을 맞추면 의지가 태어난다. 그러면 정신은 자유를 상실한다. 한 대상으로 향하는 의지가 정신을 병들게 하는 것이다. 사람이 강렬한 의지로 무언가를 구하면 그의 의식은 좁아진다. 다른 모든 것은 그의 의지 밖으로 밀려난다. 자신의 꿈과 희망, 욕망만을 의지 안으로 들여온다. 이미 자신 안에 있는 것을 실현하기 위해서는 의지가 필요한 것이 아니라 순수한 '정신 차림'이 필요하다. 의식을 흩트리지 않고 그렇다고 한곳에 집중하지도 않고 지금 여기에서 깨어 있는 것이 필요하다. 자신의 꼬리를 물기 위해 빙빙 도는 개의 상태, 이것이 인간의 근본적인 문제다. 꼬리를 물기 위해 빙빙 돌면 좌절할 수밖에 없다. 아무리 돌아도 손에 들어오는 게 없으니 미칠 노릇이다.

문제는 인류가 일종의 최면 상태에서 산다는 것이다.

인류는 최면에 걸린 다음, 최면에서 빠져나오는 방법을 모르고 있는 형국이다. 인간의 삶을 보면 정신병에 걸린 모습이다. 인간은 행복보다 불행을 더 많이 생산한다. 만족보다는 좌절을 더 많이 생산한다. 인간의 삶 전체는 매 순간 지옥을 향해 한걸음 한걸음 다가가고 있는 형국이다. 천국은 욕망에 불과하지만 지옥은 인간의 실재에 가깝다. 즉, 인간은 지옥에 살면서 천국을 꿈꾸고 있는 모양이다. 사실 천국은 마취제다. 현실을 잊고 미래를 꿈꾸게 한다. 그러나 인간의 희망은 모두 좌절로 끝날 수밖에 없다. 천국에 대한 희망이 좌절이라는 지옥을 만드는 것이다. 이를 유념하라. 그래야 파탄잘리 『요가 수트라』의 마지막 장인 「케이발리아 파다」[1]를 제대로 이해할 수 있다.

해탈의 길이란 무엇인가? 해탈의 길이란 다름 아닌 최면을 푸는 길이다. 최면에 걸린 마음과 조건화된 마음을 놓는 길이요 나와 실재 사이에 장벽을 만드는 생각을 놓고 실재를 보는 길이다. 욕망의 눈을 내려놓고 보는 길이요 아무런 동기 없이 존재하는 길이다. 이것이 요가의 전부이다. 이 길을 따라가면 영원 전부터 내면에 존재하는 것이 드러난다.

파탄잘리가 하고자 하는 바는 인간의 조건화를 부수는 것이요 스스로 조건화를 깨뜨릴 수 있도록 돕는 것이다. 구도자는 외부가 자신에게 주입한 모든 것을 내려놓고 구름 속을 벗어나 열린 하늘로 나아가야 한다. 힌두, 이슬람, 공산주의 등등 구멍처럼 좁은 존재의 터널에서 빠져나와 무한히 열린 하늘을 발견해야 한다. 그러나 어떠한 종교도, 어떠한 조직 종교도 나의 말에 찬성하지 않을 것이다. 그들 모두는 터널을 장식하기에 바쁘다. 그들은 자신의 종교가 신으로

---

1)케이발리아 파다(Kaivalya Pada): 한국어 번역본에서는 '독존품(獨尊品)', 혹은 '요가의 열매'로 번역함.

가는 유일한 길인 것처럼 그들의 믿음을 사람들에게 강요한다. 조직화된 종교는 완전히 열린 마음을 믿지 않는다. 그렇기 때문에 조직화된 종교는 전혀 종교라고 할 수 없는 것이다. 그것은 정치다.

마음이 좁아진 곳이 있으면 빨리 그곳에서 빠져나오라. 이를 항상 기억하라. 열린 하늘 아래 완전히 벌거벗고 존재계와 하나가 되라. 나와 존재계 사이에는 아무것도 없다. 인간은 태어날 때 쉽고 자연스럽게 열린 하늘 아래 존재계와 하나가 되었다. 태어날 때 모든 것이 드러난다. 지금은 그것을 되찾기만 하면 된다. 다시 기억하기만 하면 된다. 이는 발견이 아니라 재발견이다.

많은 사람들이 나를 찾아와서 이렇게 묻곤 한다. "사마디가 일어나면, 깨달음이 일어나면 그것이 깨달음인지 아닌지 어떻게 알아볼 수 있습니까?" 그러면 나는 이렇게 대답을 해준다. "걱정할 필요없다. 그때 가면 다 안다. 지금은 잊고 있을 뿐이다. 그때 가면 돌연, 의식 속에 있던 기억들이 떠올라 즉시 알아보게 되어 있다."

사마디는 전체적인 성장이다. 성장은 자연스럽고 자발적으로 일어나야 한다. 강요되어서는 안 된다. 성장은 각성을 통해 일어나야지 화학이나 물리나 소리 등과 같은 것을 통해서 일어나서는 안 된다. 성장은 각성과 관조를 통해서 일어나야 한다. 이렇게 일어나는 것을 사마디라고 한다. 사마디가 일어나면 태어났을 때의 시점으로 돌아간다. 거기서 갑자기 자신의 참나, 참 존재가 드러난다.

이제 사마디에 대해 몇 가지 살펴보자.

첫째, 사마디는 성취의 대상도, 성취하려는 욕망도 아니라는 점이다. 사마디는 기대도 희망도 아니다. 사마디는 미래에 있는 게 아니라 지금 여기에 있다. 그래서 사마디를 위한 유일한 조건은 무욕(無慾)이다. 사마디를 얻고자 하는 욕망도 있어서는 안 된다.

사마디를 기대하는 것은 사마디를 좀먹는 것이다. 욕망의 본성을 이해하라. 그 본성을 이해하면 욕망은 저절로 떨어져 나간다. 그런 이유로 나는 "그대의 희망이 꺾였을 때가 좋은 때다"라고 말하는 것이다. 그때가 사마디로 들어가기 좋은 시간이다.

희망이 자신을 어떻게 파괴하는지 잘 살펴보라. 희망과 더불어 두려움이 온다. 희망과 두려움은 같은 동전의 양면이다. 사람은 미래를 희망하면 불안해진다. 자신의 희망을 성취할 수 있을까, 없을까에 대해 불안해지는 것이다. 희망은 결코 홀로 오지 않는다. 희망은 두려움의 길동무다. 그리고 나서 인간은 그네를 타듯 희망과 두려움 사이를 왔다갔다 한다. 희망도 미래에 있고 두려움도 미래에 있다. 그래서 어떤 때는 '이 희망은 이루어질 거야' 라고 확신하고, 또 다른 때는 '아니야, 이건 불가능해' 라고 절망한다. 그리고 두려움이 온다. 인간은 두려움과 희망 사이에서 자신의 존재를 상실한다.

이런 식으로 인간의 존재는 나뉘고 분열된다. 핵심을 간파하라. 희망이 없으면 두려움도 생기지 않는다. 희망은 두려움으로 가는 징검다리다. 두려움은 희망이란 문을 열고 들어온다. 희망이 없는 사람은 두려움을 느낄 필요가 없다. 희망도 없고, 두려움도 없으면 존재의 중심에서 벗어날 수 없다. '나는 참나이다. 나는 지금 여기에 있다.' 이를 깨달으면 이 순간이 생생하게 살아난다.

한 종(種)이나 류(類)에서 다른 것으로 변형이 일어나는 이유는, 그것의 자연적인 성향이나 잠재성이 넘쳐흐르기 때문이다.

고행하는 사람은 넘쳐흐르지 못한다. 그는 에너지를 억압한다. 성이 두렵고 분노와 사랑 등이 두려워 자신의 에너지를 억누른다. 그러기 때문에 넘쳐흐르지 못한다. 파탄잘리는 오직 넘쳐흐름 속에서 변형은 일어난다고 말한다. 이는 삶의 가장 근본적인 법칙이다.

자신의 에너지가 떨어지면 갑자기 사랑의 마음도 떨어지

는 것을 관찰해본 적이 있는가? 에너지가 떨어지면 창조성
도 떨어진다. 에너지가 없는 사람은 그림을 그리지 못하고
시를 쓰지도 못한다. 설령 시작(詩作)을 한다 해도 그 시에
는 생명력이 존재하지 않는다. 그런 시는 춤추는 것은 물론
걷지도 못한다. 에너지가 없는 사람이 쓴 시는 절름발이 시
일 수밖에 없다. 에너지가 고갈된 상태에서 그림을 그리면
그 그림은 건강하지 못하고 병든다. 그림을 그리는 사람이
에너지가 없으니 그 사람에게서 나온 그림이 병드는 것은
당연하다. 그림 속에는 화가의 내면이 그대로 담긴다. 슬프
고 우울하고 죽어가는 모습이 담긴다.

　나무는 에너지가 넘쳐흐를 때 꽃을 피운다. 에너지가 넘
쳐흘러 꽃이 되는 것이다. 에너지가 없는 나무는 꽃을 피우
지 못한다. 나무에게 에너지가 없으면 잎조차 내기 힘들다.
뿌리를 위한 에너지조차 만들기 힘들다. 하물며 꽃은 말해
무엇하랴! 꽃은 일종의 호사품이다. 배가 고픈 사람은 그림
따위에 신경쓰지 않는다. 입을 옷이 없는 사람은 옷을 구하
는 데 정신을 쏟지 정원에 신경을 쓰지 않는다. 그림이나 정
원은 호사품인 것이다. 에너지가 넘쳐흐르면 찬미와 변형이
일어난다. 에너지가 넘칠 때 우리는 에너지를 주체하지 못
하고 노래를 부르고 춤을 추고 나누는 법이다.

　보통 인간의 에너지는 막혀 있다. 인간의 문제는 억압되
어 무의식에 묻혀 있다. 그래서 에너지가 넘쳐흐르는 것은

물론 타인과 나누지도 못한다. 에너지가 넘쳐흐르지 않으면, 넘쳐서 높이 상승하지 않으면 정수리의 연꽃인 사하스라라는 꽃피어나지 않는다. 제1센터에서 에너지의 수위가 넘치면 제2센터, 제3센터, 제4센터로 상승한다. 넘쳐흐르는 에너지를 받는 센터는 열리고 꽃으로 피어난다. 일곱 번째 차크라인 사하스라라는 인간의 꽃이다. 이 일천 장의 꽃잎이 달린 연꽃은 에너지가 넘쳐흐를 때만 피어난다.

억압하여 존재의 흐름을 막지 말라. 굳어지는 것을 피하라. 흘러가라. 항상 에너지가 자연스럽게 흐르도록 하라. 요가의 수많은 방편은 막힌 것을 뚫는 데 목적이 있다. 요가의 자세들은 몸에 막힌 부분들을 뚫어주는 방편이다.

사람은 누구나 자신의 몸에 막힌 부분을 찾을 수 있다. 매일 눈을 감고 조용히 앉아 몸의 어느 부분이 불편한지, 혹은 굳어 있는지 느껴보라. 그런 다음 해당 부위를 풀어주는 데 좋은 아사나를 선택하여 실행하라. 요가의 아사나는 에너지의 흐름이 막힌 부분을 뚫어서 자연스럽게 흐르게 하는 데 특히 좋다.

여기서 한 가지 분명한 사실은 에너지를 억압한 사람은 절대로 꽃피어날 수 없다는 것이다. 그의 에너지는 댐에 갇혀 있다. 올바른 방향으로 원활하게 흐르지 못한 어네지는 자기 파괴적인 쪽으로 변질된다. 사랑의 방향으로 흐르지 못하는 에너지는 분노로 바뀐다. 아주 쓰라린 에너지가 된다. 화를 잘 내는 사람은 그의 에너지가 사랑으로 흐르지 못했기 때문이다. 그의 화는 특정 상대를 공격하는 게 아니다. 외부의 자극을 받으면 그냥 터져나오는 것이다. 자극은 하나의 구실에 불과할 뿐이다. 그런 사람은 분노로 가득 차 있다. 그의 에너지는 막혀서 흐르지 못한다. 분노에 휩싸인 그의 삶은 무의미의 연속이다.

좌절이나 절망을 원치 않으면 희망을 버려라. 희망만 버리면 좌절은 사라진다. 진정으로 성장하고 싶다면 억압하지 말라. 자신의 에너지를 마음껏 누리라. 삶은 에너지 현상이다. 에너지를 마음껏 즐겨라. 춤추고 노래하고 뛰고 헤엄치고, 에너지가 온몸으로 자연스럽게 흐르게 하라. 에너지가 막힘없이 흐르면 개화(開花)는 한층 쉬워진다.

우발적인 원인은 근본 질료를 흐르게 하지 못한다.
우발적인 원인은
농부가 막힌 물꼬를 터 물을 흐르게 하는 것처럼
막힌 장애물을 치울 뿐이다.

파탄잘리의 말은 막힌 부분만 없으면 모든 것을 자연스럽게 성취할 수 있다는 말이다. 이는 없는 것을 만드는 문제가 아니라 있는 것을 제거하는 문제다. 막힌 부분을 제거하는 문제란 말이다. 이는 마치 샘물의 흐름을 돌이 막고 있는 경우와 같다 하겠다. 샘물의 흐름을 만들어야 하는 게 아니라 흐름을 막고 있는 돌을 치워야 하는 것이다. 돌을 치우기만 하면 샘물은 철철 넘쳐흐를 것이다. 아이의 경우는 태어나면서 에너지가 자연스럽게 흐르지만 성인의 경우는 이해를 통해 막힌 부분을 뚫어주어야 한다. 사회가 강요한 모든 돌들을 치워야 한다.

그래서 나는 역동적인 방편들에 대해 그토록 역설하는 것이다. 역동적인 방편을 사용하면 막힌 부분들이 녹아 없어질 것이다. 화가 나면 소리를 지르라. 그렇다고 사람들에게 소리를 지르지는 말라. 베개에게 하라. 베개를 치고 짓밟아 죽이라. 사람을 죽이려는 마음은 품지도 말라. 베개를 죽인다는 생각만으로 충분하다. 베개를 대상으로 분노를 폭발하라. 그러면 막힌 부분들이 뚫린다. 다른 사람을 미치도록 죽이고 싶다 해서, 미치도록 분노를 폭발하고 싶다 해서 그 사람에게 자신의 분노를 폭발해서는 안 된다. 그것은 다른 사람에게 해를 끼치는 폭력에 불과하다.

베개를 때리라. 칼이 있으면 그 칼로 베개를 죽이라. 베개가 끝장이 나면 베개를 땅속에 묻고 모든 것을 끝내라. 그러면 갑자기 속에서 뭔가 뚫리는 것을 느낄 것이다. 흐름을 막고 있던 돌이 제거된 것이다. 소리를 지르고 뛰고 달리라.

성욕이 일어나면 성욕에 내맡기라. 사회가 가르친 것은 모두 잊으라. 성의 에너지를 즐기라. 같이 가라. 움츠러들거나 저항하지 말라. 성의 에너지를 따라가라. 그렇게 하면 성욕이 변형되는 것을 체험할 것이다. 에너지 샘이 가득 차면 넘쳐흐르게 되어 있다. 넘쳐흐르는 성욕이 감수성으로 변형된다. 성을 억압하는 사람은 무디고 둔감해진다. 그에게는 생명력이 없다. 나무와 같이 메말라 있다.

소극적으로 장애물을 제거하는 것이 요가의 전부다. 인간에게는 모든 것이 갖춰져 있기 때문에 사실 아무것도 할 필요가 없다. 흐름만 뚫어주면 된다. 수행자가 가는 길에 돌이 몇 개 가로막고 있다. 그 돌 때문에 길을 제대로 가지 못한다. 이는 논의 물꼬를 트는 농부와 같다. 논에 물꼬 트는 것을 본 적이 있는가? 물의 흐름을 막고 있는 흙을 파내면 물이 흐른다. 논에 물이 차면 다시 흙을 덮어 물꼬를 막는다. 그리고 나서 다른 쪽의 물꼬를 트면 물은 그리로 흐른다. 물은 이미 거기 있다. 물이 흐를 수 있도록 통로를 만들어주면 된다. 사람에게는 에너지가 있다. 사실 사람이 곧 에너지다. 물꼬를 터주기만 하면 된다. 그러면 에너지는 존재의 봉우리이자 절정인 사하스라라를 향해 나아간다.

인간이 지어낸 마음은 자의식에서 나온다.

인간의 마음은 모두 인위적으로 지어낸 것이다. 그것이 바로 사회가 구성원들에게 건 최면이다. 인위적으로 지어낸 마음은 자의식에서 나온다. '나는 힌두다. 나는 이슬람이다. 나는 흑인이다. 나는 백인이다. 나는 이것이다, 저것이다.' 이 모두는 인위적으로 지어낸 마음이다. 본래의 마음, 본래의 얼굴을 깨달아야 한다.

인위적인 마음을 지어내고 이용하면 이 마음은 목의 가시처럼 사람을 떠나지 않는다. 에고가 되는 것이다. 사람은 생존을 위해 인위적인 마음을 만들 수밖에 없다. 아이들이 그렇게 인위적인 마음을 배운다. 이 인위적인 마음의 속성을 깨닫고 삶에 대해 사색과 명상을 할 때쯤이면 인위적인 마음을 놓아야 할 때가 된다. 에고를 놓으라. 에고가 바로 인위적인 마음이다. 인위적인 마음의 중심이 곧 에고다. 에고를 키울 때만 인위적인 마음은 그 생존을 유지한다.

인위적인 마음은 에고를 통해 산다. 따라서 에고를 놓으면 인위적인 마음은 해체되기 시작한다. 또는 반대로, 인위적인 마음을 놓으면 에고는 해체되기 시작한다. 자신의 에너지를 가로막고 있는 돌을 치우고 싶으면 인위적인 마음도 놓고 에고도 놓으라. 어떤 식으로든 에고를 키우지 말라. 에고를 키우는 방법은 대단히 미묘하다.

본래마음, 한마음에는 에고가 존재하지 않음을 깨달으라. 한마음은 '나' 라는 존재를 모른다. '나' 라는 존재는 한없이 오그라드는 존재다. 본래의 마음은 무한한 하늘과 같이 무한한 존재다.

에고가 존재하는 한 문제는 끊임없이 일어난다. 처음에 인간은 에고를 통해 타인을 속이려들지만 점점 자신도 모르는 사이에 스스로를 속이기 시작한다. 다른 사람에게 '나는 대단한 존재'임을 납득시키는 것은 곧 자기 자신을 납득시키는 것이다. 다른 사람에게 '나는 대단하고 특별하며 훌륭하다'는 것을 증명하는 데 성공함에 따라 점점 자기 자신을 속이는 데 성공하게 된다. 자신이 무슨 일을 하고 있는지 자각하라!

아무도 특별하지 않다. 특별하다면 모두가 특별할 뿐이다. 아무도 대단하지 않다. 대단하다면 모두가 대단할 뿐이다. 자신이 특별하고 대단하다는 점을 증명하려는 노력은 무익하다.

인간이 지어낸 마음은 자의식에서 나온다. 요가와 탄트라, 선(禪)에서 말하는 본래의 마음을 알고 싶다면 인간이 지어낸 인위적인 마음을 내려놓아야 한다. 인간이 지어낸 마음이란 곧 사회가 지어내 구성원들에게 주입한 마음, 외부세계가 지어내 개인에게 강요한 마음이다. 서서히 내려놓으라. 인위적인 마음이 어떻게 생겼는지를 이해함에 따라 더 많이 내려놓을 수 있다. 자신이 인위적인 마음에 집착하는 모습을 볼 때마다, '나는 힌두다. 나는 인도인이다. 나는 영국인이다' 는 생각이 떠오를 때마다 그런 생각을 하는 자신을 현장에서 붙잡아라. 내면으로 깊이 들어가 뺨을 한대 때리고 '무슨 말도 안 되는 말인가' 라고 말해주라. 그렇게 서서히 사회가 심어준 마음에서 떨어져 나가라. 그렇게 하면 사회가 심어준 가짜 존재가 아닌, 진짜 참된 존재를 발견한다.

인간이 지어낸 마음은 다양하게 나타나나
본래마음은 이 모두를 지배한다.

실제에 있어 인간이 지어낸 마음이 어떠하든 그 뒤에 숨어 있는 본래마음은 이 모두를 지배한다. 지배자를 찾으라. 사회가 인위적인 마음을 주입하여 물들여 놓기 전에, 사회가 이리저리 조작하여 개인의 야성을 파괴하기 전에 자신이 본래 누구였는지 찾으라. 선(禪)에서는 이 본래의 마음을 본래면목(本來面目)이라 한다. 이는 태어나기 전의 얼굴이요 죽은 다음에도 계속되는 얼굴이며 사회에 물들지 않는 얼굴이다. 이것이 바로 인간의 본성이요 영혼이며 존재다.

본래면목을 찾으면 다시 태어난다. 드위즈(dwij), 즉 거듭남을 성취한다. 진정 삶을 아는 자가 된다. 태어날 때 드러났던 모든 것이 다시 드러난다. 그러나 이번에 드러나는 것은 태어날 때와는 완전히 다르다. 활짝 깨인 의식 속에서 드러나는 것이다. 첫 번째로 드러났을 때는 놓쳤지만 이번에는 결코 놓치지 않는다. 첫 번째에는 자연현상으로 일어났지만 이번에는 각성과 깨인 의식 속에서 일어난다. 투명한 의식으로 보고 깨닫는다. 거듭난 자신의 모습을 본다. 과거의 혼미한 구름—사념과 편견, 에고, 마음, 조건화 등—에서 떠오르는 순수한 처녀림의 모습으로 본다. 그리고 참나의 능력과 참나의 존재를 깨닫는다.

질문
일전에 삶을 전체적으로 살고 누리라고 말씀하셨습니다. 그 전에 삶이란 무엇입니까? 섹스를 하고 돈을 벌고 세속적인 욕망을 성취하는 것들이 스승께서 말씀하시는 삶입니까? 그렇다면 우리는 결국 속박이 되고야 마는 세속적인 것들과 타인에게 의지할 수밖에 없습니다. 그렇게 되면 구도의 길은 너무나 멀고 먼 길이 되지 않을까요?

그렇다, 삶은 그대가 꿈꾸고 상상하는 모든 것이다. 삶에는 성도 있고 돈도 있으며 인간의 마음이 꿈꿀 수 있는 모든 것이 있다. 그대는 일종의 숙취 상태 속에서 살고 있다. 질문의 구성을 봐도 그대가 삶의 향유를 비난하고 있는지 아닌지를 명확히 알 수 있다.

그대는 이렇게 말했다. "제가 물었던 질문에 답을 하면서 삶을 전체적으로 살고 누리라고 말씀하셨습니다. 그 전에 삶이란 무엇입니까? 섹스를 하고 돈을 벌고 세속적인 욕망을 성취하는 것들이 스승께서 말씀하시는 삶입니까?' 그대는 분명 비난조로 묻고 있다. 이미 답을 알고 질문을 하는 것 같다. 그대의 주장은 성도, 사랑도, 돈도, 사람도 모두 잘라내는 것임이 분명하다. 그들을 모두 잘라낸 삶은 대체 어떤 삶인가?

모든 것을 잘라내버리면 삶에는 아무런 의미가 남지 않는다. 이 점을 잘 알라. 삶의 향유를 비난할 수 있다. 요리를 즐기는 것도 삶이다. 그리고 아무나 이를 나쁘다고 비난할 수 있다. 이렇게 말이다. '무의미한 짓이다. 음식을 씹어서 삼킨다고? 이것이 삶이라고? 숨을 들이쉬고 내쉬고, 다시 들이쉬고 내쉬고, 이런 지루한 일의 연속이 삶이 될 수 있다고? 대체 무엇을 위해 그런 지루한 반복을 계속해야 하는가? 아침에 일어나서 출근하고 쇼핑을 하고 밤이 되면 잠자리에 들고, 수많은 고통 속에 헤매고…… 이 모든 것이 삶이라고? 두 개의 더러운 몸뚱이가 섹스를 한다고? 그저 타액을 교환하고 수많은 세균을 교환하는 키스를 한다? 세균을 한번 생각해보라. 얼마나 비위생적이고 비종교적인지를!'

그렇다면 삶이란 무엇인가? 전체에서 부분들을 모두 끄집어내보라. 모든 게 무의미해보일 뿐이다. 그렇게 종교적이라는 사람들은 끊임없이 삶을 비난한다. 그대가 어떤 것을 내놓아도 그들은 그것을 비난할 만반의 준비가 되어 있다.

그들은 이렇게 주장한다. "인간의 육체란 무엇인가? 더러운 것들이 수없이 쌓여 있는 가죽부대에 불과하다. 가죽을 열고 그 안을 보라." 얼핏 그들의 주장이 맞아 보인다. 그러나 그들에게 이렇게 되물어야 할 것이다. '가죽부대 안에서 금이라도 나오기를 바라는가? 그러면 육체를 비난하지 않을 것인가? 대체 가죽부대로 무엇을 기대하는가? 인체보다 아름다운 것이 존재하지 않음에도 불구하고 계속 그 안의 더러운 것만을 본다? 당신은 육체가 하는 아름다운 일들을 보지 못하는가?

인간의 육체는 잡음 하나 내지 않고 아주 매끄럽고 효율적으로 70년, 80년, 혹은 100년을 쉬지 않고 일한다. 육체에서 고동치는 에너지를 보라! 그 맥박을 느껴보라! 세상에는 항상 잘못된 것만을 트집 잡는 사람들이 있다. 어떤 대상이 되었든, 그들은 대상의 흠만을 찾는다. 그런 사람에게 장미를 보여주면 그는 장미를 꺾어버리고 이렇게 말한다. '이게 뭐요? 이건 몇 시간 안이면 시들어 죽을 거요. 대체 그게 뭐가 아름답다는 거요.' 또 아름다운 무지개를 가리키면 그는 퉁명스럽게 대꾸한다. '그 모두 환영이오. 가서 무지개를 잡아보시오. 무지개라는 것은 없소.' 이런 사람들은 삶과 세상을 병들게 하는 비난자들이다. 이들은 삶의 모든 것을 병들게 한다. 그대는 그들의 말을 너무 많이 들었다. 그래서 삶을 누리는 것이 거의 불가능하게 되었다. 세상의 종교 교

사라는 자들 때문에 인간이 삶을 누리지 못하게 되었다는 사실을 그대는 깨닫지 못한다. 그들은 인간의 영혼을 병들게 한다. 그들은 남자가 여자에게 키스하는 것을 보면 이렇게 호통을 친다. '무슨 짓을 하는가? 다 쓸데없는 짓이다. 거기에는 아무런 의미도 없다.' 음식을 즐기는 것만 봐도 그들은 이렇게 비난한다. '무엇을 하는가? 무의미한 짓이다.' 이러한 비난자들이 세상을 병들게 했다.

인정하는 것은 어렵고 비난하는 것은 아주 쉽다. 이것이 인간의 근본 문제다. 대상을 인정하려면 대상의 긍정적인 측면을 증명해야 한다. 때문에 인정하는 일은 아주 어려운 것이다. 그러나 비난하는 것은 아주 쉽다. 세상의 비난자들의 주장은 대단히 명료하다. 사람들은 삶의 좋은 점을 이야기하지 않는다. 삶의 긍정적인 측면을 발견해서 이를 말로 증명하는 것이 쉽지 않기 때문이다. 비난자들은 매우 명확한 논조로 삶을 비난하고 부정해버린다. 그들은 사람들의 마음에 비난하는 마음을 심어주고 삶을 병들게 만든다.

그대는 이렇게 물었다. "그 전에 삶이란 무엇입니까? 섹스를 하고 돈을 벌고 세속적인 욕망을 성취하는 것들이 스승께서 말씀하시는 삶입니까?" 세속적인 욕망에 어떤 잘못이라도 있다는 말인가? 본질을 보자면 욕망이란 모두 세속적일 수밖에 없다. 세속적이지 않은 욕망을 본 적이 있는가? 무엇을 위해 신을 욕망하는가? 이 인간의 욕망 안에 온 세상이 담겨 있다. 무엇을 위해 천국을 욕망하는가? 이 인간의 욕망 안에 온 세상이 담겨 있다. 삶을 안 사람들은 욕망 자체가 세속이라고 말한다. 그들은 '세속적인 욕망'이라는 말을 하지 않는다. 붓다도 그랬다. "욕망이 세속이요 세상이다." 인간의 욕망은 그렇다. 사마디의 욕망, 깨달음의 욕망도 모두 세속적이다. 욕망은 세속이요 무욕은 탈속이다.

그러므로 세속적인 욕망을 비난하지 말라. 모든 욕망은 세속적일 수밖에 없다. 이 욕망을 깨달으라. 이는 사람들에게 두려운 사실이다. 사람들은 세속적인 욕망을 비난하고 새로운 욕망―탈속적인 욕망, 피안에 대한 욕망―을 만들어 낸다. 사람들은 이렇게 말한다. "나는 평범한 사람이 아니다. 나는 돈을 추구하지도 않는다. 죽으면 모든 것이 끝난다. 돈을 가지고 갈 수도 없다. 그래서 나는 영원한 부를 찾는다." 이렇게 하면 탈속적인 사람이 되는가, 아니면 더욱 세속적인 사람이 되는가? 이 세상의 부―죽음이 앗아가며 덧없는―를 구하는 사람은 세속적이고 저 세상의 부, 영원한 부를 구하는 사람은 종교적인가? 어쩌면 저 세상의 부를 구하는 사람이 더욱 교활하고 영리한 사람이지 않은가?

모든 욕망은 예외 없이 세속적이다. 그렇다고 해서 세속적인 욕망을 비난하는 말이 아니다. 나는 사실을 있는 그대로 서술할 뿐이다. 욕망은 세속이다. 거기에는 아무런 문제가 없다. 욕망을 깨우치면, 욕망의 본성을 깨달으면 욕망은 아침이슬처럼 사라진다. 욕망은 미래에 있지만 그대는 지금 여기에 있다. 그대는 지금 여기에 있고 싶어하지 않는가? 진리는 '지금 여기'에 있다. 존재계는 '지금 여기'에서 일어나고 만물은 '지금 여기'로 모인다. 그대는 욕망을 가지고 다른 곳으로 뛰어간다. 계속해서 지금 여기를 놓친다. 그대는 항상 갈증을 느낀다. 그대를 진정으로 만족시켜주는 것이 지금 여기에서 쏟아지고 있는데 그대는 다른 곳을 헤매고 있기 때문이다.

'지금'이 유일한 실재요 '여기'가 유일한 존재다. 인간은 욕망 때문에 '지금 여기'의 진리를 놓친다.

욕망을 깨달으라. 어떻게 욕망이 나를 속이며 지금 여기를 매 순간 놓치게 만드는지를 깨달으라. 욕망의 속성이 기억날 때마다 존재의 집으로 돌아오라.

욕망과 싸울 필요는 없다. 욕망과 싸우면 또 다른 욕망이 생겨나기 때문이다. 한 욕망이 다른 욕망과 싸울 뿐이다. 욕망의 본성을 깨닫는 것은 욕망과 싸우는 것이 아니다. 등불에 어둠이 물러나듯 깨달음의 빛이 오면 욕망은 흔적도 없이 사라진다.

따라서 '세속적인 욕망'이라고 말하지 말라. 비난자가 되지 말라. 욕망의 본성을 깨달으라.

"그렇다면 우리는 결국 속박이 되고야 마는 세속적인 것들과 타인에게 의지할 수밖에 없습니다." 타인에게 의지하는 게 무슨 문제인가? 아무에게도 의지하지 않으려는 것이 바로 에고다. 에고는 어떤 대상에게도 의지하지 않으려고 한다. 하지만 인간은 서로 의지할 수밖에 없는 존재다. 인간은 존재계와 떨어진 존재가 아니라 존재계의 부분이기 때문이다. 모든 것은 서로 연결되어 있다. 우리는 이 세상을 함께 살고 있다. 우리는 함께 존재한다. 그런데도 서로 의지하지 않고 살 수 있는가? 공기에 의지하지 않고 숨을 쉴 수 있는가? 논과 벼와 농부에 의지하지 않고 밥을 먹을 수 있는가? 강물에 의지하지 않고 물을 마실 수 있는 방도가 있는가? 태양 없이도 살 수 있는가? 어떻게 독립적인 존재가 되겠다는 말인가?

'독립(independence)' 이라는 말은 '의존(dependence)' 이라는 말만큼이나 좋지 않다. 독립도 의존도 모두 그릇된 것이다. 참된 존재의 상태는 '상호의존(interdependence)' 이 되어야 한다. 우리 모두는 함께 존재한다. 상호의존 속에서 공존한다.

인내하면서 침묵하고 깨어 있으라. 삶을 전체적으로 살라. 목적은 삶 속에 숨겨 있다.

춤을 추라. 신은 매 순간 사방에서 수없이 많은 방식으로 무한하게 내려오고 있다. '삶을 전체적으로 살라' 는 말은 '삶을 신처럼 살라' 는 말이다. 삶은 모든 것을 포함한 삶을 말한다. 삶은 성과 사랑과 분노, 그 모든 것을 아우른다. 겁쟁이가 되지 말라. 용자(勇者)가 되라. 용감하게 삶을 있는 그대로, 전체적으로 받아들여 치열하게 살라.

16장
본래마음
으로
회귀

오쇼 수트라

욕망에는 시작은 없지만 끝이 있다.
무욕은 시작은 있지만 끝이 없다.
이리하여 욕망에서 무욕으로 원이 완성된다.

과거에서 빠져나와 미래를 만들지 않고
'지금 여기'에 있는 실재와 머무는 것,
이것이 명상이다.

본래마음은 인간의 동기 없이 존재한다.

지복은 무의 향기다.

본래마음으로 회귀

본래마음. 본래마음이란 무엇인가? 본래마음은 요가의 목적이다. 동양에서는 본래마음으로 가는 길을 끊임없이 찾았다. 본래마음은 이 생에는 아직 나타나지 않았지만 태어나기 전에 있었던 마음이요 욕망의 세계로 들어오기 전의 마음이다. 본래마음은 인간이 사념과 욕망, 본능, 육체, 마음에 갇히기 전의 마음이다. 아무것에도 물들지 않은 본래 공간, 구름 없는 본래 하늘, 이들이 본래마음이다.

수많은 마음의 층들이 이 본래마음을 덮고 있다. 인간은 양파와 같은 존재다. 많은 껍질이 쌓여 양파를 이루듯, 많은 층의 마음이 쌓여 인간의 마음을 이룬다. 인간의 마음은 하나가 아니라는 말이다. 한 생이 이런 마음을 닦고 다른 생에 다른 마음을 닦고, 이런 식으로 해서 사람에게는 수많은 마음의 층들이 존재한다. 이들 마음의 층으로 말미암아 인간은 본래마음을 잃어버렸다.

양파의 껍질을 벗겨나가면 어느 순간 아무것도 남지 않은 텅 빈 공간이 나온다. 텅 빈 공간 속에서 양파는 사라진다. 이렇게 마음이 사라지면 본래마음이 드러난다. 그러나 이를 본래의 마음이라고 부르는 것은 옳지 않다. 달리 표현할 길이 없어서 본래의 마음이라고 부르는 것이다. 사실 이는 무심(無心)이다. 본래마음은 곧 무심이다. 인간의 마음이 모두 녹아 없어질 때 본래마음이 원시의 순수성을 드러낸다. 사람에게는 모두 원래 본래마음이 있었다. 그런데 어떤 사람은 이를 잊어버리기도 하고 어떤 사람은 조건화라는 밀림 속에서 잃어버리기도 했다. 마음의 여러 층들 밑에 본래마음이 숨어 있는데 어쩌다 한번 그 본래마음에 가닿기도 한다. 잠이 깊이 든 상태에서 꿈꾸는 것을 멈췄을 때 본래마음 속으로 들어가는 일이 벌어지기도 하는 것이다. 때문에 사람은 아침에 일어나면 새로운 활력이 넘친다. 그러나 밤새도록 꿈만 꾼 사람은 아침에 일어나도 온몸이 피곤하다. 자기 전보다 더 피곤하게 느낄 수도 있다. 내면의 갠지스강에, 순수의식의 강물에 몸을 담그지 못했기 때문이다. 그 강물 속으로 들어가 목욕을 하지 못했기 때문이다. 그래서 밤새도록 꿈을 꾼 뒤 아침에 일어나면 피곤하고 심란하고 불안한 것이다. 숙면을 취할 때 경험하는 심신의 조화가 일어나지 않은 것이다. 사실 심신의 조화는 숙면에서 오는 것이 아니다. 숙면은 본래마음으로 이어진 통로 역할을 할 뿐이다.

그래서 파탄잘리는 사마디가 깊은 잠과 같지만 딱 한 가지가 다르다고 말한다. 사마디에서는 깊은 잠에서 경험하는 본래마음을 같이 체험하되, 완전히 깨어 있는 상태에서 체험한다는 것이다. 깊은 잠 속에서는 무의식으로 미끄러져 들어가 자신이 어디로 어떻게 가고 있는지 모르는 채, 본래 마음을 경험한다. 그래서 깊은 잠에서는 무의식만이 본래마음으로 가는 통로 역할을 한다.

각성과 깨인 의식으로 본래마음을 경험하고 싶은 사람은 지금까지 배운 것과 경험한 것을 놓는 법을 배워야 한다. 과거에 집착하지 않는 법과 계속 과거에 죽는 법을 배워야 한다. 한 순간을 살았으면 그 순간과 끝을 내라. 지나간 순간과 단절하라. 지나간 것은 무엇이나 더 이상 나의 것이 아니다. 끝난 것이다. 그것도 영원히 끝난 것이다. 마침표를 찍어라. 뱀이 허물을 벗듯 과거를 벗고 뒤를 돌아보지 말라. 뱀이 허물을 벗기 바로 전까지 허물은 뱀의 일부였지만 허물을 벗고 나면 허물은 더 이상 뱀의 몸이 아니다. 계속 과거에서 빠져나와 현재에 존재하라. 현재에 존재하는 사람은 본래마음을 잃지 않는다. 본래마음은 과거도 모르고 미래도 모른다.

우리가 마음이라고 부르는 것은 과거와 미래의 집합일 뿐이다. 마음은 그네처럼 과거와 미래 사이를 끊임없이 왔다 갔다 할 뿐, 지금 여기에 멈추는 법이 없다. 과거에서 빠져

나와 미래를 만들지 않고 지금 여기에 있는 실재와 함께 머무는 것, 이것이 명상이다. 지금 여기에 있는 실재와 머물라. 그렇게 하면 어느 순간 갑자기, 나와 실재 사이에, 나와 '있음' 사이에 마음이 없음을 보게 될 것이다. 마음은 절대로 현재 순간에 존재할 수 없다. 이를 생각조차 할 수 없다. 이를 생각하는 순간, 그것은 이미 현재를 떠나 과거의 강물 속으로 흘러간다. 생각을 하는 데는 시간이 필요하다. 그렇기 때문에 수트라는 명상을 통해서만 본래마음에 도달할 수 있다고 말한다.

명상은 생각하는 것이 아니다. 명상은 생각하는 것을 놓는 것이다.

마음은 내면으로 가는 길을 막는 장애물이다. 수행자는 안으로 들어갈 때마다 여러 마음의 층들—사념의 단편들, 욕망, 계획, 꿈, 미래에 관한 것, 과거에 관한 것—을 만난다. 미래는 과거가 투사된 것에 불과하다. 이 점을 기억하라. 미래는 생각으로 과거를 여기저기 고치고 수정해서 좀 더 낫게 만든 것에 불과한 것이다. 과거에 행복과 불행, 기쁨과 고통, 꽃과 가시를 함께 경험했다면 미래에는 상상으로 불행과 고통과 가시를 잘라내고 행복과 기쁨과 꽃만을 취하려고 한다. 인간은 부단히 과거를 잘라내고 다듬어 미래라는 것을 만든다. 기쁘고 좋고 아름다웠던 것들만 미래에 투사하는 것이다. 과거에서 빠져나오는 법을 아는 순간, 미래는 자동적으로 사라진다. 내면에 과거가 존재하지 않으면 미래도 존재할 수 없다. 과거는 미래를 생산한다. 과거는 미래의 어머니요 자궁이다. 과거도 미래도 없을 때 '있음'만이 존재한다! 여여(如如)만이 존재한다! 그리고 홀연히 영원 속으로 들어간다.

생각이 깜박이거나 시야에 안개가 끼거나 존재에 때가 끼지 않은 상태, 이것이 곧 본래마음이다. 순수 공간이다.

선정(禪定)을 통해 태어난 본래마음은
욕망으로부터 자유롭다.

"선정을 통해 태어난"은 "타트라 디아나잠(tatra dhyanajam)"을 문자 그대로 옮긴 말인데 뭔가 모자란 듯한 번역이다. 산스크리트어는 대단히 시적으로, 문법의 언어라기보다는 함축적인 시어다. 그래서 의미까지 살려 제대로 옮겨보자면 '선정을 통해 다시 태어난'이 되어야 할 것이다. 본래마음은 처음으로 태어나는 것이 아니다. 잊고 있었던 것이 다시 태어나는 것이다. 원래 있던 것이 다시 태어나는 것이다. 원래 있던 것이 재인식되는 것이다. 원래 있던 것이 재발견되는 것이다. 신은 언제나 재발견의 대상이다. 인간의 존재는 영원 전부터 있었다. 선정을 통해 이를 다시 되찾는 것이다. 처음으로 새롭게 태어나는 것은 없다. 본래마음은 새롭지도 낡지도 않다. 본래마음은 영원에서 영원으로 존재한다.

"타트라 디아나잠 아나사얌(tatra dhyanajam anasayam)." 아나사얌은 아무런 동기나 의지, 원인, 토대가 없는 상태를 가리킨다. 본래마음은 동기나 원인 없이 존재한다. 아나사얌을 문자 그대로 해석하면 '조력(助力) 없음'을 뜻한다. 그래서 본래마음은 아무런 조력이나 토대 없이 존재한다. 외부의 조력 없이 스스로 존재한다. 궁극의 존재에는 어떤 조력이나 외부의 힘이 작용할 수 없다. 궁극은 전체이기 때문이다. 궁극의 존재 밖에는 아무것도 존재하지 않는다. 지구는 태양계의 자기력의 도움을 받아 존재하며 태양계는 상위 태양의 자기력의 조력을 받아 존재한다. 하지만 전체계는 아무런 조력을 받지 않는다. 전체계는 존재의 전체를 말하는 것이기 때문에 거기에는 아무런 토대도 외부의 조력도 있을 수 없는 것이다.

이 본래마음은 어떻게 얻는가? 이에 관한 굉장히 중요하고도 어려운 문제를 잘 이해해야 한다. 본래마음 자체는 욕망으로부터 자유로우며 본래마음을 얻는 길은 욕망을 놓는 것이다. 그렇다면 지적인 마음은 이렇게 이해할 것이다. '무엇이 먼저인가? 욕망을 놓아야 본래마음을 얻을 수 있다는 말인가? 아니면 본래마음을 얻어야 욕망이 떨어지는 것인가? 먼저 본래마음을 얻어야 하는 것이라면 본래마음을 얻기 전에 욕망은 어떻게 떨어지는가? 본래마음을 얻을 때 욕망이 저절로 떨어져나가는 것이라면, 우리는 욕망을 지닌 채로 본래마음을 성취해야 하는 것인가? 그러나 처음에 본래마음이라는 것은 욕망을 놓지 않고서는 얻을 수 없는 것이라고 했다. 그렇다면 패러독스가 아닌가. 하지만 이 패러독스는 지적인 마음 때문에 생길 뿐이다. 사실 본래마음과 무욕은 별개의 것이 아니다. 하나의 똑같은 현상이 두 가지 방식으로 표현되었을 뿐이다. 그것은 하나의 같은 에너지다. 그것을 무욕이라 할 수도 있고 본래마음이라 할 수도 있다. 둘은 별개의 것이 아니라 동시에 일어나는 같은 현상이다.

본래마음을 얻지 못하면 완전히 욕망으로부터 자유로울 수 없다. 본래마음을 얻기 전까지는 99.9퍼센트의 욕망을 놓을 수 있지만 100퍼센트는 아니다. 본래마음으로 가는 길은 그렇다. 그 길은 욕망의 어리석음을 깨닫는 데에서 시작한다. 욕망이 얼마나 어리석은가를 깨달으면 욕망은 스스로 떨어져나가기 시작한다. 욕망을 좇으면 아무런 열매 없이 좌절의 구렁텅이로 점점 깊이 빠져든다. 욕망은 지옥의 문을 열어 더 많은 고통과 번민과 괴로움을 가져온다. 이들을 보라. 이들을 지켜보면 사라진다. 먼저 좌절만을 안겨주던 욕망들이 사라진다. 욕망이 사라짐에 따라 눈이 점점 밝아진다. 그렇게 눈이 밝아지면 지금까지 기쁨과 행복을 가져다준다고 믿었던 욕망들이 종국에는 쓰디쓴 고통으로 변한다는 것을 깨닫는다.

기쁨은 욕망이 인간을 고통으로 밀어넣는 트릭이다. 이런 욕망의 본질을 깨달으면 고통이 떨어져나간다. 그러면 기쁨은 꿈이요 환영이며 실재가 아님을 깨닫는다. 이런 깨달음을 통하여 욕망의 99.9퍼센트는 사라진다. 99.9퍼센트의 지점까지 왔을 때 마지막 남은 욕망이 떨어진다. 그와 동시에 본래마음이 나타난다. 인과관계로써가 아니라 그냥 마지막 남은 욕망이 떨어져나가는 찰나, 본래마음이 떠오른다.

칼 융(Carl G, Jung)의 말을 빌려서 설명하는 것이 좋을 듯하다. 융은 이런 현상을 공시성(共時性)이라 했다. 공시성은 둘이 인과관계에 의해 일어나는 것이 아니라 동시에 일어나는 현상이다. 굳이 언어를 빌려서 표현하자니 이렇게 말하는 것이지, 본래마음과 무욕은 둘이 아니라 하나다. 같은 동전의 양면이다. 명상과 각성을 통해 본 사람은 이를 본래마음이라 부를 것이다. 욕망과 열망을 통해 본 사람은 이를 무욕이라 부를 것이다. 이를 무욕이라 부르는 것은 수행을 하면서 이를 욕망과 비교했기 때문이요 본래마음이라 부르는 것은 이를 기계적인 마음과 비교했기 때문이다. 뭐라 불러도 그것은 같은 하나를 말하는 것이다.

인간이 어디에 존재하든, 어떠한 사람이든 인간의 마음은 기계적인 마음이요 갇힌 마음이다. 자신을 불쌍하게 생각할 필요가 없다. 마음은 자연스런 현상이기 때문이다. 아이들에게는 살아가는 것을 배우면서 마음이 나타나기 시작한다. 아이는 생존을 위해서 살아가는 법을 배우지 않으면 안 된다. 마음은 세상 사는 법을 배우면서 자란다. 부모나 사회에 대해 화를 내지 말라. 화내는 것은 도움이 되지 않는다. 그들은 자식 사랑하는 마음으로 세상살이를 가르쳤을 뿐이다. 이는 자연스런 현상이다.

인간은 생존을 위해서 마음이 필요하다. 어느 사회, 어느 곳이나 아이들은 야생의 상태로 태어난다. 사회는 이런 야생의 아이들을 틀에 넣고 길들인다. 격심한 경쟁으로 생존마저 위협받는 세상에서 살아남기 위해서는 어쩔 수 없는 일이다. 아이는 자신을 주변의 위협으로부터 보호할 수 있는 힘을 길러야 한다. 세상의 위협적인 존재로부터 자신을 보호하기 위해서 철갑을 두르는 등 중무장을 해야 한다. 그리고 자신만의 개성으로 튀어서는 절대 안 된다는 교육을 받는다. 그저 다른 사람을 따라하라고 배운다. 기계적인 마음은 따라하는 것을 통해 생기며 본래마음은 따라하는 것을 놓음으로써 생긴다.

마음을 피할 길은 없지만 마음을 빠져나올 길은 있다. 부모에게서 태어나는 순간, 마음은 생존을 위한 필요악이 된다. 처음부터 마음을 거부할 수는 없다. 우리는 이 마음을 열린 마음과 강물처럼 흐르는 마음으로 만들 수는 있다. 그것이 우리가 할 수 있는 최선이다. 좋은 사회란 사람들에게 필요한 마음을 심어주되, 이 마음은 언젠가 내려놓아야 할 것이라는 점을 가르치는 사회일 것이다. '이 마음은 궁극의 것이 아니다. 마음은 생존을 위해 필요한 도구이기도 하지만 언젠가는 넘어가야 할 대상이기도 하다. 미래 언젠가는 마음을 초월해야 한다.' 생존을 위해 사람들에게 마음을 심어주어야 하지만 마음과 자신을 동일시하라고 교육할 필요는 없다. 그래서 아이들의 동일시가 느슨해지면 어른이 되었을 때 보다 쉽고, 보다 자연스럽고, 고통 없이 마음에서 빠져나올 수 있을 것이다.

부자냐 가난뱅이냐, 흑인이냐 백인이냐, 식자냐 무식자냐 하는 것들은 하등 중요하지 않다. 우리는 모두 '인위적인 마음'이라는 같은 배를 탄 사람들이다. 인위적인 마음, 인간이 지어낸 마음이 문제다. 사람은 가난뱅이에서 부자가 될 수도 있고, 재산을 모두 헌납하고 탁발승이 될 수도 있지만 이는 사람의 존재를 변화시키지 못한다. 그렇게 해도 역시 같은 배 안에 머무는 처지를 벗어날 길이 없기 때문이다. 역할만 바뀌는 것이기 때문이다. 인격이 바뀔지는 모르나 사람의 본질은 여전히 갇혀 있기 때문이다.

요가 수행자의 카르마는 순수하지도 불순하지도 않다. 그러나 보통 사람의 카르마에는 순수한 것과 불순한 것, 그리고 이 둘이 섞인 것 등 세 가지가 있다.

이는 서양의 사고방식으로는 이해하기 힘든 것이다. 서양에서는 모든 것을 순수와 불순, 성과 속, 선과 악, 천국과 지옥, 흑과 백 등 이분법적으로 본다. 서양은 아리스토텔레스의 논리를 따른다. 서양은 아리스토텔레스의 논리를 넘어선도 악도 아닌 초월의 세계가 존재하는 것을 깨닫지 못한다. 서양적인 사고방식의 틀로는 이와 같은 수트라를 이해하기가 매우 어렵다. 서양적인 사고방식은 이렇게 따진다. '그것이 어떻게 가능한 일입니까? 인간은 선하든지, 악하든지 둘 중 하나일 뿐입니다! 어떻게 선하지도 악하지도 않은 사람이 존재할 수 있습니까?' 이렇게 서양의 사고방식은 이원론적이고 이분법적이며 분석적이다.

자신의 존재 중심을 알지 못하며 마음과 생각, 이념, 경전 등으로 사는 사람의 행위는 순수하든지, 불순하든지, 아니면 순수와 불순이 섞인 것이다. 보통 사람은 대상에 반발할 뿐, 반응을 보이지 못한다. 그의 행위에는 에너지가 넘쳐흐르지 않는다. 그는 이 순간, 지금 여기에 있지 못한다.

어떤 사람이 임제[1]에게 물었다. "누가 와서 스님을 마구 치면 어떻게 하시겠습니까?" 그러자 임제가 이렇게 말했다.

"오라고 하라. 오기 전에 나는 모른다. 웃을지도 모르고 울지도 모르고 뛸지도 모른다. 아니면 거기에 대해 아무런 반응을 보이지 않을지도 모른다. 그 사람이 오면 그 순간이 결정할 것이다. 결정하는 것은 내가 아니라 전체성이다. 오기도 전에, 일이 일어나기도 전에 내가 어떻게 할지 어떻게 알겠는가?"

깨달은 사람은 마음으로 살지 않는다. 그에게는 틀이 없다. 그는 끼어들지 않는다. 그에게는 끼어드는 마음이 존재하지 않기 때문이다. 그는 좋다고 생각되는 것을 하려고 들지도 않고 나쁘다고 생각되는 것을 피하려고 들지도 않는다. 그는 아무것도 하려고 들지 않는다. 그는 신의 손안에 있으며 일이 일어나는 대로 내맡길 뿐이다. 일어나는 일들에 대해 좋다, 나쁘다 하지 않는다. 깨달은 사람은 뒤를 돌아보거나 평가하거나 미리 앞을 내다보거나 계획하지 않는다. 그는 순간에 맡긴다. 순간에 모든 것이 만난다. 온 존재계가 그 순간을 참여한다.

임제가 이렇게 말했다. "누가 나를 마구 칠지 아무도 모르는 일이다. 그건 사람에 따라 다르다. 고타마 붓다가 나를 마구 치면 나는 마구 웃을 것이다. 불쌍한 임제를 두들겨주

---

1)임제 의현(臨濟 義玄, ?-867): 당나라 시대의 선사로 임제종(臨濟宗)의 개조(開祖). 황벽 희운(黃檗希運)에게 배웠으며 제자 혜연(慧然)이 엮은 『임제록(臨濟錄)』이 전함.

는 것에 대해 감사하며 그의 발을 만질 것이다. 그것은 그 순간에 달렸다. 누구도 예견할 수 없다."

욕망은 적절한 환경이 조성되면
이들 세 카르마에서 떠오른다.

좀 더 깨어나라! 습관은 쉽게 버릴 수 있는 것이 아니다. 습관을 버리는 데는 딱 두 가지 방법이 있다. 첫째는 하나의 습관을 다른 습관으로 바꾸는 것이다. 이는 하나의 문제를 다른 문제로 바꾸는 것에 지나지 않는다. 별다른 도움이 되지 못하는 것이다. 습관을 버리는 둘째 방법은 깨어나는 것이다. 좀 더 깨어 있는 것이다. 습관을 반복하게 될 때 깨어 있으라. 습관을 반복할 수밖에 없을 때는 반복하라. 하되, 각성과 깨인 의식으로 지켜보면서 하라. 습관을 반복할 때 깨어 있으면 나와 습관이 떨어진다. 자신도 모르게 습관으로 가던 에너지가 더 이상 가지 않는다. 그렇게 계속하면 습관은 점점 작아지다가 어느 날 사라지는 순간이 온다.

습관을 다른 습관으로 바꾸려 하지 말라. 습관은 습관일 뿐이다. 모든 습관은 나쁘다. 좋은 습관 역시 나쁘다. 불순한 습관을 순수한 습관으로 바꾸려 하지 말라. 물론 나쁜 습관을 좋은 습관으로 바꾸면 사회는 환영할 것이다. 술을 끊고 교회나 절을 나가면 사회는 좋아할 것이다. 하지만 본인에게는 별다른 도움이 되지 못한다. 습관을 넘어가야 한다. 그 길만이 도움이 된다.

사회는 구성원들이 도덕적으로 반듯하게 가기를 바란다. 구성원들이 사회의 도덕을 깨면 문제가 생기거나 사회에 위협적인 요소가 되기 때문이다. 사람들이 도덕을 잘 지킬 때 사회는 사람들에게 신경을 쓰지 않는다. 그러나 사람들이 도덕을 지키지 않으면 사회는 조치를 취한다. 사람들이 도덕을 준수하면 사회는 기뻐한다. '당신은 훌륭한 도덕군자입니다.' 설령 도덕적으로 훌륭한 사람이 된다 해도 삶의 여정은 아직도 멀고 멀다. 나쁜 습관은 사회를 역행하며, 습관 자체는 본래마음에 역행한다.

보다 중요한 문제는 어떻게 하면 무의식에 빠지지 않고 깨어 있을 수 있느냐는 것이다. 어디서부터 시작해야 하는가? 아주 깊이 뿌리박힌 습관과 싸우지 말라. 설령 싸운다 해도 그것은 질 수밖에 없는 싸움이다. 습기(濕氣)는 쉽사리 떠나지 않는다.

좋지도 나쁘지도 않은 습관에서 시작하라. 걸을 때는 깨어서 걸으라. 걷는 것도 습관이라 한다면 걷는 것에는 우리의 이해관계가 없다. 나무를 볼 때는 깨어서 나무를 보라. 흐린 눈으로 보지 말라. 모든 생각들은 내려놓으라. 단 몇 초라도 아무것도 생각하지 말고 그냥 나무를 보라. 그렇게 별을 보라. 수영을 할 때도 몸 안에서 일어나는 느낌에 깨어 있으라. 느껴보라. 일광욕을 하면서 안에서 어떤 느낌들이 일어나는지 지켜보라. 따뜻한 느낌, 편안한 느낌, 깊은 휴식 등등. 잠 속으로 빠져들 때의 느낌을 지켜보라. 방안의 어두움, 이불의 따뜻함, 밖의 고요 혹은 소리 등을 느껴보라. 갑자기 개 짖는 소리가 들려오면 각성의 귀로 들으라. 그렇게 점점 깊이 들어가라.

좋은 습관은 지켜볼 필요가 없다. 좋은 습관은 그리 깊게 뿌리박혀 있지 않기 때문이다. 좋은 습관을 붙이기 위해서는 많은 희생이 따른다. 그래서 사람들은 좋은 습관을 붙이기 위해 노력하지 않는다. 너무 힘들기 때문이다. 좋은 습관을 붙이기 위해 노력하는 사람들의 습관을 조금만 긁어보면 나쁜 습관들이 무더기로 나온다.

먼저 좋지도 나쁘지도 않은 습관에서 시작하여 나쁜 습관 쪽으로 나아가라. 나쁜 습관을 지켜보는 일이 깊어지면 모든 습관을 지켜보기 시작한다. 그렇게 하여 모든 습관의 패턴—마음—에 깨어 있게 되면 어느 순간이고 변형이 일어날 수 있다. 변형이 일어나는 찰나, 무심의 경지로 들어간다. 삶의 모든 습관에 깨어 있으면 습관을 무의식적으로 반복하거나 무의식적으로 습관에 협조하지 않게 된다. 그렇게 하여 물이 100도로 끓어오르는 날 대변화가 일어난다. 공(空)

속에 있는 자신을 발견한다. 그것이 바로 순수하지도 불순하지도 않는 본래마음이다.

인간의 행위는 모두 내면에 씨앗으로 남는다. 적절한 환경이 오면 씨앗은 싹을 틔운다. 어떤 때는 여러 생 동안 같은 씨앗을 지니고 다닐 때도 있다. 적당한 상황, 적당한 때를 만나지 못한 것일 수 있다. 그러나 때를 만나면 사람에게 심란한 문제를 일으킨다. 길을 가다가 난생 처음 만난 사람을 보고 느닷없이 격심한 혐오감을 느낀다. 그 사람을 직접 본 적도 없고 그렇다고 들어본 적이 있는 것도 아니다. 아무일 없이 길을 가다가 난생 처음 보는 사람에게 난데없이 혐오감을 느끼거나 혹은 매력을 느낀다. 전에 어디선가 본 듯한 느낌이 들기도 한다. 전부터 가깝게 지내던 사람인 것처럼 이 낯선 사람에게 깊은 사랑의 감정이 밀려 온다. 전생에 생긴 씨앗이 적절한 환경과 때가 되자 갑자기 싹을 틔우는 것이다. 한편 느닷없이 괴로울 때가 있다. 아무런 이유 없이 말이다. '왜 이렇게 괴롭지? 왜 그러지?' 외면 세계에서는 그 이유를 찾아볼 수 없다. 그것은 괴로움이 씨앗으로 존재하다가 때가 되어 싹을 틔운 것이다.

본래마음을 얻은 사람은 항심(恒心)을 유지한다. 그는 어떤 일이 일어나도 지켜본다. 과거에서 오는 욕망의 씨앗이 남아 있지 않다. 그는 과거를 통하여 행동하지 않으며 깨어서 반응을 한다. 그의 반응은 무에서 나온다. 보통 사람도 그렇게 행동할 때가 있지만 아주 드물다. 깨어서 행동을 하면 내면이 더없는 행복감으로 충만해진다. 하지만 보통 사람에게 이런 일은 어쩌다 한 번 일어날 뿐이다.

누가 강물에 빠져 허우적거리는 것을 본 사람은 아무런 생각 없이 강물 속으로 뛰어든다. 이 사람을 구해야 될까 아닐까, 이 사람이 힌두인가 이슬람인가, 죄인인가 성인인가 생각하지 않는다. 그런 것에 대해서는 아무런 신경을 쓰지 않는다. 그렇게 갑작스러운 일을 당할 때, 보통의 마음을 바로 접어두고 본래마음으로 행동하는 것이다. 그 사람을 밖으로 구해내면 이전에 느낄 수 없었던 만족감으로 뿌듯해진다. 내면이 조화를 이루고 뿌듯함이 넘쳐흐른다. 우리가 무의 상태에서 일을 하면 언제나 지복을 느끼는 것이다.

지복은 무의 향기다.

**생에 대한 애착은 영원한 것이기 때문에
욕망의 과정에는 시작이 없다.**

"세상은 시작한 적이 없다"고 요가는 말한다. 이는 참으로 중요한 말이 아닐 수 없다. 욕망에는 시작이 존재하지 않는다. 생에 대한 애착은 영원한 것이기 때문이다. 생에 대한 애착은 언제나 존재했다. 요가는 어떠한 창조 이론도 믿지 않는다. 신이 어느 날, 어느 순간에 세상을 창조한 것이 아니다. 욕망은 항상 있어 왔다. 욕망에는 시작은 없지만 끝은 있다. 이를 잘 이해하라. 이는 논리적으로 봐도 타당한 말이다. 이를 깨우치면 존재의 정수를 이해하게 된다.

욕망에는 시작은 없지만 끝이 있다. 무욕에는 시작은 있지만 끝이 없다. 이리하여 욕망에서 무욕으로 원이 완성된다. 이 꿈에서 깨어나면 욕망의 세계는 끝나고 무욕의 세계가 시작된다. 동양에서는 이렇게 말한다. "세상은 시작이 없지만 끝이 있다." 붓다에게 환영의 세상은 끝이 난다. 깨달으면 이 환영의 세상은 사라진다. 꿈처럼 사라진다. 니르바나와 케이발리아, 모크샤에는 시작은 있지만 끝이 없다. 그러므로 세상은 언제 시작되었느냐고 묻지 말라. 세상은 시작된 적이 없다. 그러므로 거기에 대해 신경을 쓸 필요가 없다.

욕망의 시작을 우리는 모르지만 욕망을 끝낼 수는 있다. 무욕에는 시작이 있지만 끝이 없다. 무욕의 세계가 시작되면 욕망에서 무욕으로 원이 완성된다. 욕망과 무욕의 에너지는 하나다. 욕망의 에너지가 무욕의 에너지로 변형된다. 무욕의 세계는 영원하다. 무욕의 경지를 성취하여 인간은 해탈한다. 그리고 영원히 돌아오지 않는다. 진화는 후퇴하는 법이 없기 때문이다. 뒤로 돌아갈 수 있는 길은 존재하지 않는다. 궁극의 경지에 도달할 때까지 한없이 위로 올라갈 뿐이다. 궁극의 경지에서는 떨어질 수 있는 길이 존재하지 않는다.

지금까지 욕망이 인간의 삶을 끌고 왔다. 욕망에 깨어 있으라. 욕망에 사로잡히지 말라. 욕망의 본성을 깨달으라. 욕망과 싸우지 말라. 욕망과 싸우는 것은 욕망에 사로잡히는 길이다. 싸우기보다는 욕망을 이해하라. 욕망이 나를 어떻게 지배하는지, 어떻게 내게로 들어와 나를 무의식으로 만드는지를 깨달으라. 욕망을 지켜보라. 욕망은 끊임없이 속인다. 욕망은 끊임없이 부질없는 길로 끌고 간다. 꿈과 환영의 세계로 끌고 간다. 이를 지켜보라.

한 발을 내딛기 전에 깨어서 지켜보라. 그러면 욕망은 서서히 사라진다. 욕망으로 가던 에너지가 그 흐름을 멈춘다. 욕망에는 수만 가지가 있다. 수만 가지 욕망으로 흐르던 에너지가 멈추면, 내면에서 엄청난 에너지가 솟아오른다. 이 에너지는 안에서 쌓이기 시작한다. 에너지의 수위가 높이 올라가다가 어느 날, 사하스라라에서 넘쳐흐르기 시작한다. 그때 그대는 1천 장의 꽃잎이 달린 연꽃이 된다.

17장

시간과

인과를

넘어서

오쇼 수트라

요가는 도덕 체계가 아니다.
요가는 각성 체계이다.

결과와 싸우지 말라.
그것은 도움이 되지 않는다.

자기 존재의 무명이 사라지면
욕망의 세상도 사라진다.
바깥세상이 사라지는 것이 아니라
내면에서 끊임없이 투사해서 만든
세상이 사라진다.

첫 각성의 빛이 들어오면
온 생애를 헛되이 낭비했음을 깨닫는다.

명상을 시작한 사람은
취해서 살아온 수많은 생에서
빠져나오기 시작한다.

시간과 인과를 넘어서

아비디아(avidya), 즉 자기 존재의 무명(無明)이 세상의 근본 원인이다. 자기 존재의 무명이 사라지면 세상도 사라진다. 물질의 세상이 사라지는 것이 아니라 욕망의 세상이 사라진다. 바깥세상이 사라지는 것이 아니라 내면에서 끊임없이 투사해서 만든 세상이 사라진다. 내면에서 무명이 사라지는 순간, 꿈과 환영과 투사의 세상이 사라진다.

무명은 지식이 없는 것을 말하지 않는다. 이 점을 이해하라. 사람들은 수많은 지식들을 긁어모은다. 하지만 그렇게 해서 무명은 결코 없어지지 않는다. 지식은 풍부해질지 몰라도 무명은 그대로 남는다. 사실 지식은 무명을 보호하는 쪽으로 기능을 한다. 그러므로 지식으로 무명을 없앨 수 없다. 지식을 모으고 수집하려는 욕구는 자신의 무명을 숨기는 것에 지나지 않는다. 사람들은 많은 지식을 긁어모을수록 자신을 더 이상 무지하지 않다고 생각한다.

티베트에는 이런 말이 있다. "무지한 자는 복이 있나니 그는 모든 것을 안다는 착각 속에 행복하느니라."

모든 것을 알려는 노력은 도움이 되지 않는다. 오히려 빗나갈 뿐이다. 그러나 자기 자신을 알려는 노력은 좋다. 자신의 존재를 아는 사람은 모든 것을 알게 된다. 인간의 본성은 전체계에서 나와 전체계와 더불어 존재하기 때문이다.

인간은 물방울과 같다. 물방울을 완전히 알면 바다 전체를 알게 된다. 과거와 현재와 미래의 바다를 알게 된다. 물방울 하나에 바다의 본성 전체가 담겨 있다.

지식을 좇는 사람은 자기 자신을 잊어버리고 계속해서 세상 정보를 긁어모은다. 그는 많은 지식을 쌓겠지만 무명을 벗어나지 못한다. 그러므로 지식과 무명은 다르지 않다. 지식으로는 무명을 해결할 수 없는 것이다. 그렇다면 무명은 어떻게 해결하는가? 요가는 지식이 아니라 각성이 무명을 해결하는 길이라고 말한다. 그 길은 바깥세상의 지식(knowledge)에 초점을 두지 않고 앎(knowing) 자체에 초점을 둔다.

태아는 어머니의 자궁 속에서 완전히 잠들어 있다. 처음 한 달 태아는 깊은 수면상태 속에 있다. 요가는 이 상태를 수슈프티(sushupti)라고 부른다. 꿈 없는 잠이라는 말이다. 그 후 여섯 달이나 일곱 달이 끝나갈 때 태아는 약간씩 꿈을 꾸기 시작한다. 꿈 때문에 수면이 방해를 받기 시작한다. 이제 태아의 수면은 수슈프티의 상태가 아니다. 외부로부터 소음이 들리기도 하고 진동이 느껴지기도 하면서 태아는 꿈 꾸기를 시작하는 것이다. 꿈의 물결이 일어난다.

꿈 없는 수면이 의식의 첫째 상태이고, 꿈이 결부된 수면이 둘째 상태이다. 의식의 둘째 상태에서 수면은 계속되지만 새로운 활동이 나타난다. 꿈꾸는 것이 그것이다. 아이가 태어나면 의식의 셋째 상태가 나타난다. 보통 우리는 이를 깨어 있는 상태라고 부른다. 이는 진정으로 깨어 있는 상태가 아니라 생각이라는 새로운 활동이 시작되는 상태이다. 아이는 태어나서 생각을 하기 시작한다.

의식의 첫째 상태는 꿈 없는 수면이다. 둘째 상태는 꿈이 들어온 수면이다. 셋째 상태는 꿈과 생각이 결부된 수면이다. 셋째 상태에서도 수면은 계속되는 것이다. 인간은 아직도 생각 속에서 잠들어 있다. 생각이란 꿈의 또 다른 형태에 불과하다. 인간의 수면 상태는 생각으로 인해 방해를 받는다. 이것이 인간의 보통 의식 상태이다. 사람은 보통 의식의 셋째 상태, 즉 생각의 단계를 넘어가지 못한다. 생각의 단계를 넘어 의식의 첫째 상태처럼 맑은 순수 각성의 상태에 도달하는 것이 요가의 목적이다. 의식의 첫째 상태는 순수 수면이요 마지막 상태는 순수 각성이다. 각성이 깊은 수면 상태처럼 순수해지면 깨달은 붓다가 된다. 존재의 집으로 돌아온다.

파탄잘리는 궁극의 각성 상태인 사마디가 깊은 수면과 거의 같은데 하나가 다르다고 말한다. 사마디는 깊은 수면처럼 고요하고 잔잔하며 깊은 침묵 속에 평화롭고 기쁨이 넘쳐흐르지만 딱 한 가지가 다르다. 완전히 깨어난 각성이 그것이다. 이러한 단계를 거치며 인간은 진화한다. 보통 인간은 셋째 상태에서 머물고 있다. 인간의 의식 속으로 깊이 들어가 보면 인간은 아직도 수면 상태에 있다. 그 위에 꿈의 층이 있고, 또 그 위에 생각의 층이 있다. 하여튼 인간의 의식은 아직도 잠들어 있다. 자신을 잘 관찰하라. 이는 이론이 아니다. 자신의 의식 상태를 자세히 지켜보라.

기회가 있을 때마다 눈을 감고 자신의 주변을 감싸고 있는 사념의 층들, 사념의 떨림, 한 생각이 가고 다른 생각이 끊임없이 이어지는 흐름을 지켜보라. 침묵 속에 몇 초 동안이라도 좋으니 지켜보라. 그러면 어느 순간 갑자기 생각이 멈추고 꿈꾸는 자신을 보게 될 것이다. 사람은 자신의 마음을 투사하여 한 나라의 대통령이 되는 꿈, 길에서 커다란 금덩어리를 줍는 꿈, 아름다운 여자나 남자를 사귀는 꿈 등을 꾼다. 이렇게 마음을 투사하여 아주 오랫동안 꿈을 꾸면 자신도 모르는 사이에 잠 속으로 빠져든다. 생각하고 꿈꾸고 잠 속으로 빠져들고, 잠 속에서 꿈꾸고 생각을 한다. 인간의 삶은 이런 식으로 계속 돌아간다. 참된 각성이 일어나지 않기 때문이다. 파탄잘리가 말하길, 무명은 참된 각성에 의해 소멸된다. 무명은 지식에 의해서가 아니라 각성에 의해서 소멸된다. 우리는 열심히 지식을 모아 스스로를 속이고 나아가 타인을 속이고 있다.

인간은 인과법에 묶여 있지만
원인이 사라지면 결과도 사라진다.

인간은 욕망의 존재다. 이 욕망은 원인이 아니라 결과다. 화가 날 때가 있다. 이 화 역시 결과다. 그러므로 원인을 찾으라. 결과와 싸우지 말라. 그것은 도움이 되지 않는다. 설령 욕망과 싸워서 잠재워도 그 욕망은 다른 곳에서 다시 나타난다. 분노와 싸워서 분노를 눌러놓을 수는 있지만 분노는 다른 곳에서 다시 폭발한다. 결과와 싸워서 결과를 없앨 수 없는 것이다. 그래서 요가는 도덕 체계가 아니다. 요가는 각성 체계이다. 근본 원인을 찾아 치료하는 체계이다. 나무의 가지만을 잘라서는 나무를 없앨 수 없다. 나무를 없애려면 뿌리를 찾아 뿌리를 제거해야 한다. 뿌리를 제거하면 나무는 사라진다. 하지만 사람들은 항상 나뭇가지만을 자른다. 그렇게 해서는 나무를 없앨 수 없다. 가지를 자르면 오히려 나무는 더 무성하게 자란다. 뿌리를 자르라. 그러면 나무는 사라질 것이다.

요가는 이렇게 말한다. "도덕은 계속해서 결과와 싸운

다."

    욕망이 많은 사람이 욕망이 없는 사람이 되고자 노력하면 어떻게 되는가? 욕망이 무욕으로 변형될 때만 무욕의 사람이 될 수 있다. 이렇게 말하는 사람들이 있다. "욕망에 사로잡힌 사람은 지옥에 가고 욕망을 떠나 무욕을 안 사람은 천국에 간다." 이들은 욕망의 대상을 바꿀 뿐이다. 이들의 말은 곧 '무소유의 사람은 천국에 가서 영원히 행복하게 산다'는 것이다. 이런 말을 듣는 욕심 많은 사람은 천국에 가기 위해 어떻게 하면 무소유의 사람이 될 수 있을까를 궁리한다.

    인간은 두려움의 존재다. 두려움은 어떻게 제거할 수 있는가? 두려움을 생각하면 두려움이 더 많이 생긴다. 두려움이 두려움을 만들기 때문에 사람은 두려움을 억압한다. 그렇게 해서는 두려움에서 벗어날 수 없다. 두려움이 더 많아질 뿐이다. 두려움은 두려움을 낳는다.

    인간은 분노의 존재다. 막 나오는 화를 참기란 대단히 어렵지만 그 화를 터트리는 일은 아주 쉽다. 인간은 왜 화를 내는가? 인간은 에고가 상처 입을 때 화를 낸다. 우리는 사회 속에 살면서 화를 내지 않고 조절할 줄 아는 사람은 사회로부터 존경을 받는다는 사실을 깨닫는다. 쉽게 화를 내지 않는 사람은 성인군자라는 칭송을 받는다. 사람들은 사회로부터 그런 칭송이나 찬사를 듣고자 에고를 갈고 닦는다. 화

를 억누르고 통제한다. 그렇게 하여 쉽게 화내지 않는 사람
이 된다. 이는 에고를 없애는 길이 아니라 에고를 강화시키
는 길이다. 병(病)은 그 형태와 이름만 바뀔 뿐, 그대로 존속
된다. 요가는 도덕 체계가 아니다. 요가는 결과에 신경쓰지
않는다. 이 점을 이해하라. 그래서 요가에는 기독교의 십계
명 같은 것이 없다.

사람들은 근본 원인을 모른 채 서로를 가르친다. 근본 원
인을 모르면 우리는 아무것도 할 수 없다. 개인의 성향은 그
대로 존속한다. 다만 여기저기 조금 바뀌었을 뿐이다. 여기
저기 조금 낫게 고쳤을 뿐이다.

화가 날 때는 깨어 있으라. 깨어 있으면 어느 순간, 화를
내든지, 아니면 깨어 있든지 둘 중 하나 밖에 할 수 없음을
깨닫는다. 성욕이 일어날 때도 깨어 있으라. 그렇게 하면 어
느 순간, 깨어 있든지, 아니면 성욕에 시달리든지 둘 중 하나
밖에 할 수 없음을 깨닫는다. 이렇게 하여 억압이나 통제가
뿌리를 치료하는 약이 아니라 깨어 있음이 약임을 깨닫는
다. 점점 더 깊이 깨어 있게 되면 에너지는 완전히 다른 차
원으로 움직이기 시작한다. 분노나 욕망, 성욕 등으로 향하
는 에너지가 분노나 욕망으로부터 풀려나 내면에서 빛의 기
둥처럼 움직이기 시작한다. 그러한 깨어 있음이야말로 인간
의 진화에서 최고의 경지다. 의식이 완전히 깨어난 사람은

신이 된다. 그러한 경지에 이르지 못한 사람은 삶을 허비한다. 인간은 의식이 취한 상태에서 살고 있기 때문이다.

명상을 시작한 사람은 취해서 살아온 수많은 생에서 빠져나오기 시작한다. 이때 그는 지금까지 얼마나 어리석은 삶을 살았는가를 깨닫는다. 너무나도 끔찍한 악몽이었다. 그래서 사람들은 깨어 있으려고 하지 않는다. 각성의 일견만으로도 그토록 소중하다고 생각했던 삶 전체가 산산조각이 나기 때문이다. 모든 삶이 무의미하고 덧없어진다. 인간이 각성을 두려워하는 것은 자신의 삶 전체가 그릇되었음이 드러나는 걸 두려워하기 때문이다. 그래서 소수의 용기 있는 사람들만이 명상을 한다. 대부분의 사람들은 똑같은 욕망과 꿈과 생각의 악순환을 끊임없이 되풀이한다. '요람에서 무덤까지'를 끝없이 반복한다.

잠시 시간을 내어 자신이 지금까지 해온 일들을 곰곰이 성찰하라. 무의식적인 욕망과 아무런 열매를 맺지 못하는 것들, 좌절만 안겨주는 것들을 끊임없이 되풀이하고 있지 않은가? 아직도 최면에 걸린 사람처럼 계속하고 있지 않은가? 요가는 말한다. "인간은 깊은 최면 속에서 산다." 나에게 최면을 건 사람은 없다. 내 스스로, 내 마음으로 최면에 걸려들었다. 인간은 최면 속에서 산다.

인간은 덧없고 어리석은 것들과 무지와 무의식에 너무나

많은 것을 투자한다. 그래서 바로 깨어나지 못한다. 인간은
잠 속에 꿈을 꾸면서 자신의 삶을 걸고 많은 것을 투자한다.
그러다 첫 각성의 빛이 들어오면 온 생애를 헛되이 낭비했
음을 깨닫는다. 용기를 내어 명상 속으로 뛰어드는 사람은
드물다. 그래서 사람들은 계속 결과를 바꾼다. 거기에는 아
무런 위험 부담이 없기 때문이다. 그렇게 해서는 결코 뿌리
를 건드리지 못한다.

　사람들은 어디를 보아야 할지 알면서도 두려워한다. 이
두려움에 틈을 주지 않기 위하여 계속 다른 곳을 본다. 돈과
권력과 명예를 바라보고 이것저것을 쳐다보지만 결코 자신
의 내면은, 자기 존재는 바라보려 하지 않는다. 두려운 것이
다. 내면을 들여다보면 거기에는 죽음만이 기다리고 있을
거라고 생각한다. 그러나 내면을 들여다본 사람만이 보물을
발견한다. 내면으로 들어가 보물을 발견하지 못한 사람은
단 한 사람도 없다. 이는 부동의 보편 사실이다. 과학적인
사실조차 그만큼 보편적이지 못하다. 이 보편 법칙에는 예
외가 존재하지 않는다. 장소와 시대, 남녀노소를 불문하고
내면으로 들어간 사람은 하나같이 보물을 들고 나왔다. 보
물을 찾기 위해서는 먼저 내면을 들여다보아야 한다. 거기
에는 상당한 용기가 필요하다. 사람들은 자기 밖에 자신만
의 세계를 구축해놓고 산다. 사랑과 권력, 재산, 명성 등등
모두 자기 밖에 있다. 내면으로 들어가고자 하는 사람은 이

모두를 놓고 들어가야 한다. 그러나 사람들은 끝까지 그런 바깥세상의 것들에 대한 집착을 놓지 않는다.

삶은 끝없이 인간을 좌절시킨다. 역설적으로 그것은 축복이 될 수 있다. 삶은 인간을 거듭 좌절시킨다. 이는 '안으로 들어가라'는 삶의 메시지다. 좌절은 자신이 그릇된 방향에서 삶을 보고 있다는 메시지다. 올바른 방향으로 보고 그쪽으로 가야 자신이 원하는 삶을 얻을 수 있다. 삶은 엄청난 축복이기 때문에 삶은 인간을 좌절시킨다. 밖으로 만족하는 사람은 영원히 길을 잃는다. 밖으로 만족하는 사람은 결코 안을 들여다보지 않는다. 그러나 불행히도 대부분의 사람은 끊임없는 좌절 속에서도 계속 희망에 목숨을 건다.

무심의 경지에 올라서지 않으면 무명을 없앨 수 있는 길이 없다. 각성은 무명을 깨지만 지식은 무명을 깨지 못한다. 그러므로 주어들은 것을 앵무새처럼 떠들지 말라. 맹목적으로 지식을 긁어모으지 말라. 무조건 암기하지만 말고 사물을 들여다보라. 사물을 있는 그대로 볼 수 있는 힘을 키우라. 베다와 우파니샤드, 코란, 성경 등의 경전은 사물을 바로 보는 데 별다른 도움을 주지 못한다. 학식이 풍부한 위대한 학자가 된다 해도 깊숙한 곳의 어리석음은 그대로 존재한다. 무명이 지식으로 장식되면 사람은 이를 강하게 집착한다. 이를 절대로 잃고 싶어하지 않는다. 에고는 지식으로 장식된 무명을 애지중지한다.

선택을 해야 한다. 에고를 선택하면 무명 속에 머문다. 각성을 선택하면 사람을 가지고 노는 에고의 트릭을 깨닫는다.

이 아침에 자신이 무엇을 알고 무엇을 모르는지 묵상하라. 생활에 안주하지 말라. 자신이 아는 것과 모르는 것 속으로 깊이 들어가라. 깊이 들어가서 자신이 아는 것과 모르는 것을 명확하게 보면 삶에 도약이 일어난다. 이는 인간의 삶에 가장 의미 있는 도약이다. 여기에서부터 구도의 여정이 시작되기 때문이다. 모르면서 안다고 믿으면 자신을 속이는 일이다. 자신의 지식에 최면이 걸린다. 그렇게 취한 상태에서 온 생애를 헛되이 낭비한다. 많은 사람들이 마치 몽유병자처럼 잠 속에서 걷고 일하고 생활하는 것이다.

자신을 지켜보라. 거기에 대해 명상하라. 자신이 잠 속에서 살고 있는지 아닌지 살펴보라. 잠 속에서 살고 있으면 거기에서 빠져나오라.

명상이란 현재의 작은 의식들을 모아 결정화시켜서 의식을 넓히고 무의식을 좁히는 노력이다. 점점 의식이 넓어져 가면서 꿈과 생각들이 줄어든다. 침묵의 틈새가 점점 넓어져간다. 이 틈새를 통해 신성으로 향한 창이 열리기 시작한다. 그렇게 하다보면 어느 날, '아무런 생각 없이, 아무런 꿈의 개입 없이 몇 분 동안 존재할 수 있다'고 말할 수 있는 순간이 찾아온다. 그때 삶을 깨닫게 된다. 구도의 목적이 실현된다. 깊은 잠에서 깊은 각성의 경지로 간다. 깊은 잠과 깊은 각성이 만나 원을 완성한다.

우리는 이를 사마디라고 한다. 파탄잘리는 이 경지를 케이발리아, 즉 순수의식이라고 부른다. 의식이 너무 맑고 홀로 있음이 너무 깊어져 아무것도 존재하지 않는 경지다. 이 홀로 있음 속에서만 지복의 존재가 된다. 이 홀로 있음 속에서만 진리가 무엇인지를 안다. 진리는 인간의 존재다. 진리는 이미 거기 있지만 인간은 깊이 잠들어 있다. 그러므로 깨어나라!

질문
식물이나 동물, 새, 하늘, 강, 산 등과 함께 있을 때는 아무런 문제가 없습니다. 그러나 사람들과 함께 있으면 정신병원에 온 기분이 듭니다. 이러한 분열은 왜 일어나는 것입니까?

나무와 하늘, 강, 바위, 꽃 등과 함께 있을 때는 아무런 문제가 없다. 이는 그대의 문제가 아니라 나무나 강의 문제다. 그대가 아무런 문제를 느끼지 않는 것은 그대 때문이 아니라 나무나 꽃의 침묵 때문이다. 하지만 사람들과 함께 있으면 신경증을 느낀다. 다른 사람들이 거울 역할을 하기 때문이다. 그래서 그들이 그대의 신경증을 비추기 때문이다. 그대의 정신은 정상이 아니다. 그래서 사람들과 함께 있으면 정신병원에 온 기분이 든다. 나는 그런 기분을 느껴본 적이 없다. 나는 미친 사람들과도 그런 기분을 느껴보지 못했다.

이는 구도자들이 직면하는 근본 문제 중의 하나다. 혼자 있을 때는 모든 것이 차분해진다. 그대를 방해하는 사람이 아무도 없기 때문이다. 혼자 있으면 모든 것이 조용하다. 침묵을 느낀다. 하지만 이 침묵은 자연에서 오는 것이다. 명상적인 침묵이 아니라는 말이다. 히말라야에 들어가서 아무런 소음도 들리지 않는 깊은 산중의 고요를 들어보라. 침묵을 느낀다. 하지만 그 침묵은 히말라야의 것이지 그대의 것이 아니다. 산을 내려올 때 그대를 보라. 산으로 들어갈 때와 변한 것이 있는지. 히말라야 깊은 산중에 들어가 도를 닦고 침묵을 체험했다고 하는 사람들은 세상으로 돌아가면 침묵을 잃어버릴까 두려워했다. 그들은 사실 아무것도 체험하지 못했다. 그러나 명상 속에서 얻은 것은 절대로 잃을 수 없다. 세상은 그저 시험대일 뿐이다. 그래서 혼자 있으면 괜찮지만 사람들하고 같이 있으면 내면의 광기가 작동을 하기 시작하는 것이다. 도피주의자가 되지 말라. 사회나 친구, 사람들을 탓하지 말라. 세상을 정신병원으로 생각하지 말라. 그대가 사람들과 관계를 할 때 드러나는 그대의 광기를 들여다보라.

행복한 두 사람이 만나도, 만나는 즉시 불행이 시작된다. 인간의 내면에는 항상 불행의 씨앗이 존재하기 때문이다.

적당한 기회만 오면 불행의 씨앗은 싹을 틔운다. 인간의 씨앗이 싹을 틔우기 위해선 인간의 환경이 필요하다. 나무는 인간의 환경을 만들지 못한다. 나무 곁에 가서 조용히 앉거나 하고 싶은 것을 다 한다 해도 나무와는 관계를 맺을 수 없다. 나무와 인간 사이에는 언어도 없고 그래서 대화도 있을 수 없다. 나무는 나무의 존재 속에서 길을 가고 인간은 인간의 존재 속에서 길을 간다. 둘을 연결할 수 있는 다리가 존재하지 않는다. 강은 강일 뿐, 인간과 강 사이에는 다리가 존재하지 않는다. 그대가 사람을 만나면 바로 둘 사이에 다리가 놓인다. 이 다리를 통해 이쪽의 것이 저쪽으로, 저쪽의 것이 이쪽으로 이동하기 시작한다.

근본적인 문제는 그대에게 있다. 따라서 사회를 탓하지도 말고 다른 사람에게 책임을 떠넘기지도 말라. 그들은 그대를 비추는 거울일 뿐이다. 조금만 깊이 이해하면 그들이 그대를 위해 얼마나 고마운 일을 하는지 깨달을 수 있다. 그들은 그대가 누구인지, 어디에 있는지, 무엇을 하는지를 깨닫게 해주는 거울이다. 그대가 미쳤다면 그 모습을 그대로 비춰준다. 그대가 붓다면 그대의 불성을 비춰준다. 혼자서는 스스로 자신의 모습을 비출 수도, 자신이 누구인지도 알 수 없다.

사람들은 그대 내면에 감춰진 것들만을 비춘다. 그대가 정신병원에 있는 것 같다고 느낀다면 그대가 미쳤음에 틀림

없다. 그러므로 사람들과 더 어울려라. 그대에게는 더 많은 관계가 필요하다. 사람들과 행복할 수 없다면 나무나 강과도 행복할 수 없다. 그것은 불가능하다. 자신과 비슷한 사람조차 이해 못하면서 그대와 멀리 떨어진 나무와 강과 산 등을 어떻게 이해할 수 있겠는가? 그대와 산 사이에는 수백만 년의 갭이 있다. 옛날 전생에 산이었을는지 모르나 지금 그대는 산의 언어를 전혀 기억하지 못한다. 또한 산은 인간의 언어를 알지 못한다. 산에게 있어 인간의 단계는 멀고 먼 훗날의 이야기다. 장구한 세월 진화의 과정을 거쳐야 하는 것이다. 그대와 산 사이에는 거대한 심연이 놓여 있다. 산에 비해 너무나 가까운 인간과도 다리를 놓을 수 없다면 그 어떤 것과도 다리를 놓을 수 없다.

먼저 그대와 인간 사이에 다리를 놓으라. 인간을 이해하면 할수록 내면의 대화와 조화, 리듬을 터득하게 된다. 그런 다음 동물들과 다리를 놓으라. 그 다음 새, 나무, 바위들과 다리를 놓으라. 그 다음에야 순수 존재계와도 다리를 놓을 수 있다. 이 순수 존재계가 모든 존재의 근원이다. 우리는 존재의 근원에서 너무 멀리, 너무 오랫동안 떨어져 있었기 때문에 존재의 근원이 우리 것이라는 사실을 까맣게 잊었다.

질문
동양에서는 한 사람과 사랑의 관계를 유지해야 한다고

생각하며, 서양에서는 이 사람에서 저 사람으로 계속 관계를 바꿉니다. 어느 쪽이 좋다고 생각하십니까?

나는 사랑을 좋아한다. 이에 대해 좀 더 깊이 살펴보자. 사랑에 진실하라. 상대에 대해서는 신경쓰지 말라. 상대가 한 명이냐, 여러 명이냐는 문제가 아니다. 문제는 그대가 진실로 사랑을 하고 있느냐, 아니냐이다. 상대와 살면서 상대를 사랑하지 않는다면 이는 죄를 짓는 일이다. 결혼한 상대와 사랑 없이 육체적인 관계를 계속하면서 사는 것은 사랑에 대해 죄를 짓는 것이다. 사랑이 신이다.

사람들은 사회적인 도덕과 형식, 편리를 위해 사랑에 반하는 생활을 한다. 이는 사랑하지 않는 여성을 겁탈하는 것만큼이나 나쁘다. 여자를 겁탈하는 것은 범죄행위다. 상대를 사랑하지 않으면서도 한 여자와 계속 사는 것도 이와 같다. 그것은 일종의 겁탈이다. 사회적으로 용인된 겁탈이다. 이는 사랑의 신에 반하는 것이다.

동양에서는 한 배우자와 평생을 같이 산다. 거기에는 아무런 문제가 없다. 사랑에 진실하다면 한 사람과 계속 사는 것은 참으로 아름다운 일이다. 관계가 오랫동안 지속될 때 친밀성이 자라기 때문이다. 하지만 세상 사람 99퍼센트는 서로 사랑하지 않으면서 계속 같이 산다. 그렇게 같이 살면 생활의 관계만 성장할 뿐, 사랑의 관계는 성장하지 않는다. 그런 관계를 사랑이라고 착각하지 말라. 물론 한 사람을 사랑하면서 일생을 같이 살면 친밀성은 더없이 깊어지며 사랑은 삶의 깊은 의미를 캐낸다. 반대로 파트너를 자주 바꾼다면 이러한 친밀성과 사랑은 가능하지 않다. 이는 마치 나무를 자주 옮겨 심는 것과 같다. 그러면 나무는 어느 곳에서도 깊이 뿌리를 내리지 못한다. 나무가 깊이 뿌리내리려면 한 곳에 있어야 한다. 계속 한 곳에 있으면 뿌리를 점점 깊이 내리고 튼튼해진다. 그러나 친밀성도 좋고 한 사람과 일생을 함께하는 것도 아름다운 일이지만 거기에는 사랑이 있어야 한다. 나무가 기름지지 못한 땅에서 시들어가면 옮겨 심어야 할 것이다. 그러므로 나무가 한 곳에 죽을 때까지 자라야 한다고 우기지 말라. 삶에 진실하라. 나무가 시들어가면 옮겨 심으라.

서양 사람들은 파트너를 너무 자주 바꾼다. 너무나 많은 관계를 갖는 것이다. 동양에서도, 서양에서도 사랑이 죽어간다. 동양에서는 관계의 변화를 두려워하기 때문에 사랑이 죽는다. 서로에게 속박이 되기 때문에 두려운 것이다. 관계가 속박으로 변하면 관계를 바꾸라. 그렇다고 언제나 관계의 자유만을 생각하고 떠다니면 탐닉과 방종으로 흐르기 쉽다. 자유라는 이름으로 사랑이 압사당한다. 동양에서도, 서양에서도 사랑이 시달리고 있다. 동양에서는 가정의 안정과 편안함, 그리고 형식에 매달린다. 서양에서는 에고의 자유와 즐기는 데 매달린다. 그래서 사랑은 양쪽에서 고통받고 있다.

　나는 동양의 방식이냐 서양의 방식이냐에 관심 없다. 나는 사랑의 편에 있을 뿐이다. 나는 어떤 사회에도 속하지 않는다. 나는 사랑을 향해 열려 있을 뿐이다. 사랑의 관계, 이것이면 만사 오케이다. 이를 명심하라. 사랑이 계속 흐르면 그 관계 속에 머물며 가능한 한 깊이 들어가라. 전체적으로 몰입하라. 그러면 사랑이 그대를 변형시켜 놓을 것이다. 하지만 사랑이 없으면 관계를 바꾸는 것이 낫다. 단, 파트너를 바꾸는 데 중독되지 않도록 조심하라. 습관처럼 상대를 바꾸지 말라는 말이다. 이삼 년마다 차를 바꾸듯, 기계적인 습관으로 파트너를 바꾸지 말라. 신형 차가 출시되면 마음이 동한다. 신형으로 차를 바꾸고 싶어진다. 오늘 매력적인 여자를 만나 마음이 동한다. 그러나 거기에는 별다른 차이가 없다. 여자는 다 같은 여자이고 남자는 다 같은 남자이다. 관계는 에너지의 문제인 바, 사람의 차이는 부차적이다. 여성 에너지는 다 같은 여성 에너지다. 한 여성 안에 모든 여성의 알맹이가 들어 있고, 한 남자 안에 모든 남성의 알맹이가 들어 있다. 사람의 차이는 대단히 피상적이다. 코가 약간 더 크거나 머리가 금발이거나 등 약간의 차이, 표피적인 차이만 있을 뿐이다. 깊이 들어가보면 모두가 같은 여성 에너지요 같은 남성 에너지일 뿐이다. 그러므로 아직 사랑이 흐르고 있다면 그 관계에 머물라. 관계가 성장할 수 있도록 기회를 주라. 하지만 관계에 사랑이 없다면 사랑 없는 관계에 중독되기 전에 관계를 바꾸라.

그대는 동양의 길을 따라야 할지, 서양의 길을 따라야 할지에 대해 물었다. 둘 다 따르지 말라. 그 대신 신의 길을 따르라. 신의 길이란 무엇인가? 그것은 사랑에 진실한 것이다. 관계에 사랑이 있으면 모든 것이 선이 되지만 사랑이 없으면 모든 것이 죄가 된다. 아내를 사랑하지 않으면 아내에게 손을 대지 말라. 사랑하지도 않으면서 아내에게 손을 대는 것은 상대의 영역을 침해하는 것이다. 사랑하지 않는 사람과는 같이 자지 말라. 사랑하지도 않으면서 같이 자는 것은 사랑의 법칙을 위배하는 것이다. 사랑이 지고의 법칙이다. 오직 상대를 사랑할 때만 상대와의 모든 관계가 허용된다.

먼저 사랑하지 않는 사람을 사귀지 말라. 일시적인 충동으로 사귀지 말라. 욕망으로 사귀지 말라. 상대에게 헌신할 수 있는 마음이 생기는지 자신을 살펴보라. 깊은 관계 속으로 들어갈 수 있을 만큼 나는 성숙한가? 깊은 관계는 나의 온 생애를 바꾸어 놓을 수 있다. 때문에 자신을 성찰해보아야 한다. 관계를 맺을 때는 진실한 마음으로 하라. 사랑하는 사람에게 나를 숨기지 말라. 진실되어라. 사회에서 배운 모든 가면을 벗으라.

모든 가면을 벗고 진실한 마음으로 관계에 임하라. 가슴의 문을 활짝 열어라. 사랑하는 사람 사이에서는 비밀이 있어서는 안 된다. 비밀이 있는 사랑은 사랑이 아니다. 비밀을 감추고자 하는 마음을 내려놓으라. 그런 마음은 정략적인 마음이다. 사랑의 관계에서는 비밀이 있어서는 안 된다. 아무것도 감추지 말라. 가슴속에 일어나는 모든 것을 사랑하는 사람에게 열어 보이라. 둘은 서로에게 투명한 존재가 되어야 한다. 그러한 관계를 유지할 때 서로는 높은 차원의 합일로 성장해간다.

여성을 사귈 때 진정으로 만나고 사랑하고 상대의 존재에 헌신하며 상대에게 녹아들면, 서서히 자신의 내면에 있는 여성을 만나게 된다. 여성의 경우, 내면의 남성을 만나게 된다. 외면의 여성은 내면의 여성으로 가는 징검다리다. 외면의 남성은 내면의 남성으로 가는 징검다리다. 내면의 남성과 내면의 여성이 만날 때 진정한 오르가슴이 일어난다. 이것이 힌두의 상징인 아르다나리쉬와르(ardhanarishwar)가 의미하는 것이다. 반쪽은 남자요 반쪽은 여자인 쉬바(Shiva) 상을 본 적이 있는가? 반은 남성이요 반은 여성이다. 그럴 수밖에 없지 않은가! 인간의 존재 반은 아버지에게서 오고, 나머지 반은 어머니에게서 오지 않은가! 인간은 남성이자 여성이다. 따라서 인간은 내면의 만남, 내면의 오르가슴, 내면의 합일을 체험해야 한다. 내면의 합일을 이루기 위해서는 먼저 내면의 여성과 연결되어 그대의 존재를 흔들어줄 외면의 여성이 필요하다. 외면의 여성을 통해 깊이 잠들어 있는 내면의 여성을 깨워라. 여자는 외면의 남성을 만나 내면의 남성을 깨워라.

내면의 여성을 일깨우는 데는 시간이 필요하기 때문에 관계는 길면 길수록 좋다. 서양에서처럼 히트앤드런(hit and run) 식의 관계를 하면 내면의 여성도, 내면의 남성도 깨어날 수 없다. 이제 조금 내면의 여성이 건드려졌는데, 외면의 여성이 떠나고 파장과 진동이 영 다른 여성이 또 그 자리를 메운다. 이렇게 이성을 계속 바꾸면 정신이 온전할 수 없다. 너무나 많은 일과 소리가 자신의 존재 속으로 들어오고 너무나 다른 파장이 들어오면 내면의 여성을 어떻게 발견할수 있겠는가? 매우 어려워질 것이다. 그러면 파트너를 바꾸는 데 중독될 가능성이 많아진다. 자주 새로운 파트너를 찾으면 새로운 관계를 즐길 수 있을지는 몰라도 자아는 상실된다.

외면의 여성은 내면의 여성으로 들어가는 징검다리일 뿐이다. 외면의 남성은 내면의 남성으로 들어가는 징검다리일 뿐이다. 궁극의 요가, 궁극의 신비합일은 내면에서 일어난다. 궁극의 합일이 일어나면 모든 남자와 여자에서 해방된다. 그리고 어느 순간 갑자기 모든 것을 넘어간다. 그곳에서는 남성성과 여성성도 사라진다.

이것이 초월이다. 이것이 브라흐마차리아(brahmacharya)다. 자신의 순수한 처녀성을 성취하는 것이다. 본래마음을

되찾는 것이다. 파탄잘리의 언어를 빌리자면 이는 케이발리
아다.

18장
의식의
지고한
경지

오쇼 수트라

관조는 스스로 빛을 발하는 현상이다.

마음은 다리다.
마음이 사물과 관조에 의해 물들면
마음은 모든 것을 인식한다.

마음이 주인과 협력하면
사람은 건강하고 전체적인 존재가 된다.
마음이 길을 잃고 주인과 협력하지 않으면
사람은 건강을 잃고 병든다.

존재의 욕망이 사라지는 순간, 죽음도 사라진다.

해탈은 자아로부터 해방이다.

수행자는 자신을 해탈시킬 수 없다.
장애물을 치울 수 있을 뿐이다.
장애물이 걷히면 해탈은 저절로 일어난다.

궁극의 실재에 대해 말할 수 있는
가능성은 여기서 모두 끝난다.
이를 넘어가면 체험의 세계뿐이다.

의식의 지고한 경지

파탄잘리는 인간의 복잡한 양상의 전체를 그려낸다. 우리
는 이를 이해해야 한다. 그 이전에도, 그 이후에도 그와 같
이 광범위한 체계가 꽃피운 적이 없다. 인간은 단순한 존재
가 아니다. 인간은 대단히 복잡한 유기체이다. 돌은 몸의 층
밖에 존재하지 않기 때문에 단순하다. 파탄잘리는 이를 안
나마야 코샤(annamaya kosha)라고 부른다. 이는 가장 거친
몸으로 하나의 층으로 되어 있다. 우리가 돌을 보면 물질의
층밖에 보이지 않는다. 한데, 나무를 보면 몸의 층 외에 다
른 것이 보인다. 나무에는 나무라는 몸뿐만 아니라 신비한
무엇이 존재한다. 나무는 돌과 다른 무엇이 존재한다. 생명
의 움직임이 돌보다 활발한 것이다. 식물의 단계에서부터
신비체가 존재하기 시작한다. 나무를 돌과 같이 취급해서는
안 된다. 나무를 돌과 같이 취급한다면 이는 돌과 나무 사이
에서 일어나는 신비한 진화에 대해 무지한 것이다. 나무는

돌보다 차원 높게 진화했다. 그래서 돌보다 복잡하다. 동물을 생각해보자. 동물은 나무보다 복잡하다. 또 다른 신비체의 층이 진화한 것이다.

인간에게는 5신체, 5씨앗이 존재한다. 인간과 그 마음을 진정으로 이해하고 싶다면, 그 복잡한 양상의 전체를 이해하고 싶다면 인내와 주의가 필요하다. 한 발자국만 빗나가도 존재의 중심에 도달할 수 없다. 거울에서 보이는 신체는 인간 존재의 가장 밖에 있는 껍질에 불과하다. 사람들은 이 몸이 전부라고 잘못 생각한다.

인간은 육체마저도 완전히 이해하지 못했다. 인간의 이해와 시야는 대단히 편협하고 단편적이다. 인간을 연구 대상으로 하는 과학은 아직 나오지 않았다. 그러나 파탄잘리의 요가는 인간 과학에 가장 근접한 시도다. 그는 신체를 다섯 층, 즉 5신체로 분류했다. 인간의 신체는 하나가 아니라 다섯 개다. 이 5신체 뒤에 인간의 존재가 있다. 현대 심리학이나 의학은 하나의 신체를 믿는다. 대중요법(對症療法)[1]은 인간의 육체, 즉 물질적인 신체만을 믿는다. 행동주의 심리학도 그렇다. 대중요법은 가장 물질적인 의학이다. 그래서 대중요법은 과학의 분야가 될 수 있었다. 과학은 물질만을 다루기 때문이다. 좀 더 깊이 들어가보자.

---

1)대중요법(對症療法): 병의 원인을 찾아 없애기 곤란한 상황에서, 겉으로 나타난 병의 증상에 대응하여 처치를 하는 치료법.

중국 한의학의 침술은 좀 더 깊은 층으로 들어간다. 침술은 프라나마야 코샤(pranamaya kosha), 즉 생기체(vital body)에 작용한다. 육체에 이상이 생기면 침술은 육체를 전혀 다루지 않는다. 침술은 생기체와 생체 에너지를 다룬다. 침이 생기체에 이상이 생긴 부분을 찌르면 물질체(육체)의 건강이 회복된다. 그러나 서양의학은 생기체에 이상이 생기면 육체를 치료한다. 서양의학은 오르막길처럼 힘든 작업이다. 이에 반해 침술은 내리막길처럼 쉬운 작업이다. 생기체는 물질체보다 약간 상위에 있기 때문에 침술이 서양의학보다 효과가 빠르다. 생기체를 바로잡으면 물질체인 육체는 자연스럽게 따라오게 되어 있다. 육체는 생기체에 존재하는 청사진에 따라 움직이기 때문이다.

동종요법(同種療法)[2]은 좀 더 깊이 들어간다. 동종요법은 마노마야 코샤(manomaya kosha), 즉 정신체에 작용한다. 동종요법의 창시자인 하네의 발견은 역사상 가장 위대한 발견 중 하나이다. '약의 농도를 묽게 하면 할수록 효능은 커진다.' 하네만[3]은 이 방법을 '포텐티징(potentizing)'이라고 불렀다. 동종요법에서는 약의 농도를 계속해서 묽게 만든

---

2)동종요법(同種療法): 건강한 사람에게 투여하면 지금 앓고 있는 질병과 같은 증상을 일으키게 될 약물이나 치료제를 처방하는 치료법. 예를 들면 화상 치료에 뜨거운 점질을 사용하는 경우를 들 수 있다.

3)하네만(Hahnemann Samuel, 1755-1843): 독일 의사.

다. 먼저 특정 분량의 약에 10배의 물이나 우유를 섞는다. 다시 이 약에 9배의 물을 넣어 섞어 희석시킨다. 이런 식으로 약을 계속해서 희석시켜 농도를 묽게 하면 약의 효능이 커진다는 것이다. 이런 식으로 계속 약을 희석시켜 나가면 약은 거의 원자 수준에까지 도달하게 된다. 약의 희석액 속에 약물이 존재하는지, 안 하는지를 거의 알 수 없는 단계까지 가는 것이다. 동종요법에서는 약물의 농도를 '10C, 20C, 100C' 등으로 표기한다. 숫자가 클수록 약의 농도는 묽다. 약물이 거의 사라진 상태에서도 약물은 마노마야 코샤의 중심 속으로 들어가 효능을 일으킨다. 동종요법은 침술보다 더 깊게 들어간다. 거의 원자나 아원자 수준에까지 들어가는 것 같다. 미세한 약물은 육체와 생기체를 건드리지도 않으면서 생기체보다 더 깊은 곳으로 들어간다. 약물의 알갱이는 너무 작아서 어떤 장벽도 약물의 진행을 막지 못한다. 그리하여 약물은 마노마야 코샤에 도달하여 효능을 발휘하기 시작한다. 프라나마야 코샤보다 더 깊은 차원으로 들어가는 것이다.

인도 의학인 아유르베다(Ayurveda)는 이들 세 가지를 통합한다. 아유르베다는 모든 것을 아우르는 의학이다.

최면요법은 이보다 더 깊이 들어간다. 최면요법은 4신체인 비기아나마야 코샤(vigyanamaya kosha), 즉 의식체에까지 미친다. 최면요법은 약물을 이용하지 않는다. 단지 암시만을 이용할 뿐, 다른 아무것도 이용하지 않는다. 사람의 마음에 계속해서 암시를 주는 것이다. 이를 동물 자기(磁氣)라고 불러도 좋고 최면이나 최면술이라고 불러도 좋다. 명칭은 상관없다. 최면은 물질의 힘이 아니라 사념의 힘을 통해 작용한다. 동종요법은 어떤가. 아주 미세하지만 물질의 힘을 통해 작용한다. 아무리 미세하다 할지라도 물질은 물질이다. 약물의 농도가 아무리 희박하다 할지라도 그것은 물질이 주는 힘일 뿐이다. 그러나 최면은 사념 에너지체인 비기아나마야 코샤(의식체) 속으로 뛰어든다. 피술자에게 암시를 주고 피술자의 의식이 암시를 받아들이면 최면이 작용하기 시작한다.

최면요법의 미래는 대단히 밝다. 최면요법은 미래의 의학이 될 것이다. 생각의 틀을 바꾸면 마음을 바꿀 수 있으며 마음을 통해서 생기체를, 생기체를 통해서 인간의 육체를 바꿀 수 있다. 따라서 우리는 물질이나 약물에 신경을 쓸 게 아니라 사념의 힘을 이용할 필요가 있다.

의식체 너머에 마지막 신체가 있다. 이는 아난다마야 코샤(anandamaya kosha), 즉 지복체다. 최면요법이 4신체까지 미치는 데 비해 명상은 5신체까지 미친다. '명상(meditation)'이라는 말은 아름답다. 이는 '의학(medicine)'과 같은 어근을 두고 있다. 둘 다 같은 어원에서 나온 것이다. 의학과 명상은 한 단어에서 나온 형제지간이다. 인간을 치유하여 건강한 전체로 만드는 게 의학이요 의학의 가장 깊은 차원이 명상이다.

명상에서는 최면의 암시조차 존재하지 않는다. 암시는 외부에서 들어오는 것이다. 암시라는 말 자체가 나는 지금 누군가에 의존하고 있음을 나타낸다. 최면은 상대를 필요로 하기 때문에 의식을 완전히 깨어나게 할 수는 없다. 상대가 필요한 방법은 항상 존재에 그림자를 드리운다. 그러나 명상은 어떠한 그림자도 없이 의식을 완전히 깨어나게 한다. 어둠 한 점 없는 절대 빛의 세계를 연다. 명상의 세계에서는 암시마저도 물질로 생각한다. 암시는 외부에서 들어오는 무엇이다. 본질적으로 외부에서 들어오는 것은 물질이다. 세상의 사물만이 물질이 아니라 외부에서 들어오는 암시도 물질인 것이다. 사념도 미묘한 형태의 물질이다. 최면조차도 물질의 영역을 벗어나지 못한다.

명상은 모든 지주와 기둥들을 쓰러뜨린다. 그리하여 모든 것이 사라지고 순수한 깨우침, 관조만이 남는다. 때문에 명상은 세상에서 가장 이해하기 힘든 것이다.

마음의 변화는 항상 그 마음의 주재자에게 알려진다.
푸루샤는 변하지 않는 순수의식이기 때문이다.

인간 안에서는 두 가지 현상이 일어나고 있다. 하나는 생각과 감정과 욕망의 회오리바람이다. 이 회오리바람은 계속해서 변하고 스스로의 모습을 바꾸고 끊임없이 움직인다. 이는 하나의 흐름이다. 다른 하나는 이 흐름 뒤에 모든 것을 지켜보는 영혼이다. 이 영혼은 영원히 변하지 않는다. 움직이지 않는다. 이는 영원의 하늘과 같다. 구름이 오고 가고, 한데 모이고 흩어지고…… 그러나 하늘은 구름에 물들지도, 동요하지도, 영향을 받지도 않는다. 항상 순수하고 순결하게 존재한다. 내면에 있는 주재자요 영원이 존재의 하늘이다.

마음은 계속해서 변한다. 방금 전에 이런 마음이었다가 한순간이 지나면 저런 마음으로 바뀐다. 몇 분 전까지만 해도 화를 내었다가 지금은 웃는다. 아까는 행복했다가 지금은 슬프다. 바뀌고 변화하며 요요처럼 끊임없이 요동친다. 그러나 내면에 있는 무언가는 영원하다. 세상에서 벌어지는 놀이와 유희를 관조하는 자는 영원하다. 그 관조자가 바로 주재자다. 관조하기 시작하면 점점 주재자를 향하여 가까이 다가간다.

대상을 관조하기 시작하라. 사람은 나무를 보면서 자신이 나무를 보고 있는 것에 깨어 있지 않다. 관조자로 보지 않는 것이다. 나무를 보고 있으면서 나무를 보는 자신을 지켜보면 관조자가 된다. 의식은 두 개의 화살이 되어야 한다. 한 화살은 나무로, 또 다른 화살은 나무를 보고 있는 자신에게로 가야 한다.

자신을 자각하면 나무를 잊고, 나무를 자각하면 자신을 잊기 때문에 이는 매우 어려운 일이다. 그러나 꾸준히 하다 보면 줄타기 곡예사가 줄 위에서 균형을 잡는 것처럼 균형 잡는 법을 배운다. 줄을 타는 것처럼 처음에는 어렵고 위험 하지만 서서히 감이 오기 시작한다. 꾸준히 계속하라. 관조 할 수 있는 기회가 있을 때마다 놓치지 말고 관조하라. 세상 에 관조보다 더 소중한 것은 존재하지 않는다. 걷고 먹고 샤 워를 하면서 자신의 행위를 관조하라. 샤워를 하면서도 깨 어서 지켜보라. 물의 시원한 느낌, 물방울들이 몸에 닿는 감 촉, 침묵의 분위기, 뿌듯한 행복감 등을 계속해서 지켜보라. 샤워를 하면서 삶의 행복을 느낄 수도 있다. 그러나 행복감 만으로는 부족하다. 관조의 요소가 들어와야 한다. '나는 행복하다. 불행하다. 슬프다. 배고프다.' 이 모든 것들을 계 속 지켜보라. 그렇게 하면 서서히 행도, 불행도 다 나와 떨 어져 있음을 깨닫는다. 관조할 수 있는 모든 것은 나와 떨어 져 있다. 이것이 비베카(viveka), 즉 식별지의 방편이다. '나 와 떨어져 있는 것은 모두 관조할 수 있다. 관조할 수 있는 모든 것은 나와 떨어져 있다.' 관조자는 관조할 수 있다. 관 조자는 주재자이기 때문이다. 주재자를 넘어갈 수는 없다. 그대가 주재자다. 그대가 존재계의 궁극적인 중심이다.

마음은 지각의 대상이기 때문에
스스로 빛을 발하지 못한다.

　마음은 지각의 대상이지 지각의 주인이 아니다. 보통 우
리는 사물을 보는 것은 마음이라고 생각한다. 그렇지 않다.
우리는 마음을 넘어가, 마음이 사물을 보는 것과 같이, 마음
자체를 지켜볼 수 있다. 깊이 들어가면 관찰자는 피관찰자
가 될 수 있음을 깨닫는다. 그래서 크리슈나무르티는 계속
해서 이렇게 말했다. "관찰자는 피관찰자다. 지각하는 자는
지각되는 자다." 사람은 나무나 장미, 별들을 보면서 마음이
이들을 보고 있다고 생각한다. 그렇다면 눈을 감아보라. 눈
을 감고 마음에 박힌 나무와 장미, 별들의 모습을 보라. 마
음속에서 이들을 지각하는 자는 누구인가? 지각하는 자는
마음보다 더 깊은 곳에 있는 자다. 마음도 지켜봄의 대상인
것이다.

　이 다섯 가지 코샤, 이 종자(種子)들이 지각자가 피지각자
로 되어 가는 다섯 개의 단계이다. 안나마야 코샤의 물질체
에서 생기체로 이동하면 물질체는 보여지는 대상이 된다.
물질체는 생기체 밖에 존재하는 것이다. 마치 누에고치가
애벌레를 감싸고 있는 것처럼, 생기체에서 보면 물질체는
나를 둘러싸고 있는 껍질로 인식된다. 생기체에서 마노마야
코샤의 정신체로 이동해도 같은 현상이 일어난다. 정신체에

서 보면 생기체도 울타리처럼 나 밖에 존재한다. 이런 식으로 계속 나아가 종국에 관조자만이 남는 경지까지 계속 나아간다. 그리하여 마지막에 가면 수행자는 지복마저 관조하는 자로 자신을 본다.

마지막 신체는 지복체이다. 지복체는 주재자와 대단히 가깝기 때문에 지복체와 자신을 분리시키는 것은 더욱 어렵다. 지복체는 주재자를 오라처럼 감싸고 있다. 너무나 황홀한 지복 속에서도 식별의 마지막 노력을 기울여야 한다. 지복마저도 나와 떨어져 있다는 것을 보아야 한다.

그 다음에 케이발리아, 즉 해탈이 온다. 모든 것은 몸과 마음, 에너지 등의 대상으로 환원되고 관조자로서 홀로 남는다. 거기에서는 심지어 지복과 황홀경, 명상마저도 존재하지 않는다. 명상가가 진정으로 목적을 성취하면 명상을 하지 않는다. 걷고 먹고 하는 것처럼 명상도 그에게는 행위가 된다. 그래서 목적을 성취한 명상가는 명상을 하지 않는다. 그는 모든 것에서 분리된다. 이것이 디아나(명상)와 사마디의 차이다. 명상은 제5신체, 즉 지복체에 작용을 한다. 아직도 치료와 요법의 영역에 있다. 사람이 아픈 것은 자신이 아닌 것과 자신을 동일시하기 때문이다. 모든 병은 동일시에서 온다. 온전한 건강은 비동일시를 통해서 온다. 사마디는 명상마저 넘어갔을 때 찾아온다.

내면의 의식이 흔들림없는 상태에 도달할 때
그 의식은 자기인식을 통하여 스스로
자신의 본성에 대한 앎을 얻게 된다.

요가는 이렇게 말한다. "관조는 스스로를 비추는 현상이
다." 관조는 빛과 같다. 방 안에 촛불을 켜면 촛불은 가구와
벽, 벽에 걸린 그림 등 방 안의 사물을 모두 비춘다. 이 촛불
을 찾기 위해 다른 촛불이 필요할까? 다른 촛불은 필요하지
않다. 촛불은 스스로를 비춘다. 이 촛불은 다른 사물을 비추
면서 동시에 스스로를 비춘다. "스바붓디 삼베다남
(Svabuddhi samvedanam), 내면 가장 깊은 곳의 의식은 스
스로를 비춘다." 빛의 속성이 그렇다. 태양은 태양계의 모
든 것을 비추는 것과 동시에 스스로를 비춘다. 관조자는 세
상과 다섯 씨앗 주위에 도는 모든 것을 관조할 뿐 아니라 동
시에 스스로를 비춘다. 이는 논리적으로도 흠이 없다. 어디
에서든 우리는 존재의 밑바닥에 도달해야 한다. 그렇지 않
으면 우리는 끊임없이 같은 자리를 돌고 돌 것이다. 이렇게
돌고 돌아서는 아무런 도움이 되지 못한다.

내면의 의식이 아무런 움직임이 없는 순간에 도달할 때,
중심에 깊이 뿌리내릴 때, 미동도 하지 않는 각성의 불꽃이
되었을 때 의식은 스스로를 비춘다.

아는 자와 알려지는 자에 의해 마음이 물들면
마음은 모든 것을 인식한다.

마음은 나와 세상 사이에 있다. 마음은 나와 세상, 관조자
와 피관조자를 연결하는 다리다. 마음은 다리다. 마음이 사
물과 관조에 의해 물들면 마음은 모든 것을 인식한다. 마음
은 지식을 습득하는 데 아주 탁월한 도구이다. 지식을 습득
하는 데는 두 종류의 물듦이 필요하다. 마음이 보고 있는 사
물에 물드는 것과 관조자에 의해 물드는 것이 그것이다. 관
조자가 에너지를 마음에 쏟아부어야 마음은 사물을 인식하
는 것이다.

시체를 해부하여 영혼을 찾아보겠다는 과학자를 예로 들
어보자. 그는 온갖 최신 기자재를 동원하여 인체를 가장 잘
게 해부하여 영혼을 샅샅이 찾아보지만 결국 찾지 못하고
손을 놓을 수밖에 없다. 그는 기껏해야 물리나 화학의 세계
에 속한 것들을 찾지만 의식의 세계에 속한 것은 찾지 못한
다. 이제 그가 연구실에서 나와 '의식이란 건 존재하지 않습
니다' 라고 발표한다면 중요한 사실 하나를 간과한 것이다.
과연 누가 시체를 해부하여 그 안을 들여다보았는가? 그는
자신에 대해서는 까맣게 망각했다. 그 과학자는 시체만을
열심히 들여다보았을 뿐, 자신의 존재에 대해서는 까맣게
잊고 있었다. 그는 밖에서 의식을 발견하려고 애썼지만 의

식을 발견하려고 하는 자가 바로 의식이라는 사실을 몰랐던 것이다. 찾는 주체는 곧 찾는 대상이다. 그 과학자는 객체에 너무 몰두한 나머지 '나'라는 주체를 잊었던 것이다.

과학은 지나치게 객체에 몰두하고 세상 종교는 지나치게 주체에 몰두한다. 요가는 이렇게 말한다. "한쪽으로 기울어지지 마라. 세상도 존재하고 그대도 여기 존재하고 있음을 기억하라." 그 기억은 객체와 주체 둘 다를 아우르는 전체적인 것이 되어야 한다.

마음에 의식이 들어오고 객체의 세계가 들어오면 인식이 일어난다. 마음은 인식할 수 있는 모든 것을 알 수 있다. 하나도 빠짐없이 알 수 있다. 종교적인 사람은, 혹은 내향적인 사람은 주체와 관계된 것만을 안다. 그래서 나중에 '세상은 환영이요 마야며 꿈'이라고 주장한다. 그와 반면, 객체(물체)에 지나치게 초점을 맞추는 과학자는 객관적인 세계만을 믿는다. 그는 '의식은 시요 몽상가의 허황된 이야기이며 존재하는 것은 물질뿐이다. 낭만적인 것인지는 몰라도 실재는 아니다'라고 주장한다. 과학자는 이렇게 말한다. '의식의 세계는 구름 잡는 이야기다.'

요가는 지고의 과학이다. 파탄잘리는 말한다. "양쪽 다 실재이다." 실재는 내면과 외면의 양면을 동시에 지니고 있다. 외면 없는 내면은 있을 수 없다. '외면은 환영이고 내면은 실재'라는 것이 가능할 수 있다고 생각하는가? 외면이 환영이라면 자동적으로 내면도 환영의 세계가 된다. 자, 집이 있다고 하자. 집 안은 실재하는데 집 밖이 실재하지 않는다는 것이 가능하다고 생각하는가? 가능하다면 안과 밖의 경계는 어디서 나뉘는가? 어디에서 실재의 세계가 사라지고 환영의 세계가 시작하는가? 어떻게 환영의 외면이 실재하는 내면을 가질 수 있는가? 실재하지 않는 몸에는 실재하지 않는 마음만이 있을 뿐이요 실재하지 않는 마음에는 실재하지 않는 의식만이 있을 뿐이다. 실재하는 의식이 있으려면 실재하는 마음이 있어야 하고, 실재하는 마음이 있으려면 실재하는 몸이 있어야 한다. 또 실재하는 몸이 있으려면 실재하는 세상이 있어야 하는 것이다.

요가는 아무것도 거부하지 않는다. 요가는 완전히 실제적이고 실험적이다. 요가는 과학보다 더 과학적이며 종교보다 더 종교적이다. 요가는 내면과 외면의 더없는 통합을 실현하기 때문이다.

마음은 무수한 욕망에 의해 여러 모습으로 나타나지만 다른 것을 위해 움직인다.
마음은 서로 연결되어 움직이기 때문이다.

마음은 끊임없이 움직이지만 스스로를 위해 움직이는 것이 아니다. 마음은 지배인의 역할을 하며 주인은 뒤에 숨어 있다. 마음은 주인과 협력한다. 이를 깊이 이해해야 한다.

마음이 주인과 협력하면 사람은 건강하고 전체적인 존재가 된다. 마음이 길을 잃고 주인과 협력하지 않으면 사람은 건강을 잃고 병든다. 하인이 주인을 그림자처럼 따르면 모든 것은 순조롭게 흐른다. 주인이 '왼쪽으로 가라'고 말하는데 하인이 오른쪽으로 가면 문제가 발생하기 시작한다. 나는 달리고 싶은데 나의 몸이 '달릴 수 없다'라고 말하면 아무 데도 가지 못한다. 나는 이것을 하고 싶은데 몸과 마음이 '안 돼'라고 하거나, 몸과 마음이 내가 하고 싶지 않은 것을 계속하면 커다란 곤경에 처할 것이다. 그러나 불행하게도 이것이 지금 우리 인간의 모습이다.

마음으로 하여금 주재자의 말에 따라 움직이게 하는 것, 내면 가장 깊은 곳의 영혼이 하라는 대로 하게 하는 것, 이것이 요가의 목적이다. 몸은 마음에 따라 움직여야 하며 나와 마음이 조화롭게 협력할 수 있는 환경을 만들어야 한다. 모든 것이 조화롭게 협력하면—하위의 존재가 상위의 존재와 협력하고 상위의 존재가 최상위의 존재와 협력하며 최상위의 존재가 궁극의 존재와 협력하면—인간의 삶은 조화롭게 흘러간다. 그런 사람은 요기가 된다. '하나'가 된다. 하나만이 존재한다는 말이 아니라 하나로 통일된 존재가 된다는 말이다. 많은 악기가 모여 하나의 음악을 만드는 오케스트라와 같은 '하나'의 존재가 된다. 여러 개의 신체에 무수한 대상과 욕망, 야망, 기분의 기복, 성공과 실패의 영욕 등 무수한 것들이 오가지만 모든 것은 조화롭게 하나로 통합되어 있다. 모든 것들이 서로 협력하며 마침내는 모든 것들이 존재의 중심과 협력한다.

그래서 우리 인도에서는 산야신을 스와미(swami)라고 부른다. 스와미는 주인을 뜻한다. 수행자는 파탄잘리가 말하는 조화의 경지에 도달했을 때만이 스와미가 된다. 파탄잘리는 어떤 것에도 반대하지 않는다. 그는 조화에 전적으로 찬성할 뿐이다. 그는 불화를 반대한다. 그는 몸도 반대하지 않고 그 어느 것도 반대하지 않는다. 삶을 반대하지도 않으며 세상을 반대하지도 않는다. 모든 것을 받아들인다. 모든 것을 받아들여서 높은 차원의 통합을 실현한다. 이렇게 하나도 삐걱거리는 소리 없이 모든 것이 온전히 서로 협력할 때 궁극의 통합이 일어난다.

조화 속에 사는 사람은 세상을 불평하지 않는다. 그 어떤 것에도 불평하지 않는다. 불평하는 마음은 곧 일들이 조화롭지 못함을 뜻한다. 모든 것이 조화로워지면 불평하는 마음은 사라진다. 소위 세상 성자들이라고 하는 사람들에게 가보라. 그들이 하는 말은 온통 불평뿐이다. 세상을 불평하고 욕망을 불평하고 육체를 불평하고 이것저것을 불평한다. 사람은 모두 불평 속에서 산다. 일들이 삐걱거린다. 온전한 사람은 아무런 불평이 없는 사람이다. 모든 것을 받아들여

우주가 된 신(神)의 사람은 세상의 혼돈을 초월한다.

파탄잘리는 말한다. "모든 것을 받아들이고 사용하고 창조하되 부정하지 말라." 부정은 파탄잘리의 길이 아니다. 그의 길은 긍정의 길이다. 파탄잘리는 육체와 식사, 아사나, 프라나야마 등에 많은 관심을 기울였다. 이 모두는 조화를 이끌어내려는 노력이다. 육체를 위한 바른 식사와 바른 자세, 생기체를 위한 조화로운 호흡, 이 모두는 조화를 이끌어내려는 노력이다. 그러기 위해서는 프라나(기)를 많이 축적해야 한다. 항상 에너지가 딸려서 주눅이 든 삶을 사는 것이 아니라 에너지가 넘쳐흐르는 삶을 살 수 있는 길을 찾아야 한다.

마음과 더불어 프라티아하라(pratyahara)…… 마음은 안과 밖을 연결하는 다리다. 우리는 밖으로 나갈 때도 이 다리를 이용하고 안으로 들어갈 때도 이 다리를 이용한다. 마음이라는 다리를 통해 밖으로 나가면 욕망과 대상이 지배한다. 마음이라는 다리를 통해 안으로 들어가면 무욕과 각성, 관조 등이 지배한다. 우리는 항상 마음의 다리를 이용해야 한다. 이를 부수거나 폐기처분할 수 없다. 세상으로 나가는 것도 이 다리를 통해서요, 내면의 본성으로 되돌아올 수 있는 것도 이 다리를 통해서이기 때문이다.

파탄잘리는 계속해서 모든 것을 이용한다. 그의 종교는 두려움의 종교가 아니라 깨우침의 종교다. 그는 삶에 균형과 평형을 가져온다. 음식에 빠지지도 안 빠지지도 않으며, 이성(異性)에 빠지지도 안 빠지지도 않는 중용의 평형, 중용의 평정을 가르친다.

마음의 변화는 항상 주재자에게 알려진다.
푸루샤는 변하지 않는 순수의식이기 때문이다.

"타트프라부(tat-prabhu)." 주재자를 찾으라. 주재자는 내면에 숨어 있다. 내면에 숨어 있는 그를 찾아야 한다. 사람이 어느 곳에서 어떤 상태로 있을지라도 주재자는 항상 현존한다. 사람이 무엇을 하든 행위자는 주재자다. 사람이 무엇을 보든 주재자가 보는 자이다. 심지어 사람이 무엇을 욕망하든, 대상을 욕망하는 자는 주재자다. 양파처럼 층층이 쌓인 존재의 껍질을 벗겨야 한다. 그러나 분노로 껍질을 벗기지는 말라. 사랑으로 벗겨라. 자신의 존재를 아주 조심스럽고 주의 깊게 벗겨라. 이는 신을 벗기는 것이다. 기도하는 자세로 벗겨라. 피학적으로 하지 말라. 고통스러운 것을 억지로 하지 말라. 고통을 즐기지 말라. 고통을 즐기는 사람은 마조히스트가 되어 자살적인 행위를 계속한다. 결국 이는 자신을 파괴하는 것이다. 그러므로 자신의 존재를 벗기는 데는 대단히 신중하고 조심스러워야 하며 창조적이어야 한다. 이곳은 신의 땅이기 때문이다.

어떤 신경증도 그대를 범할 수 없다. 이를 항상 명심하라. 균형과 평온을 유지하면서 중도를 가라. 그러면 길을 잃거나 균형을 상실하거나 하는 일은 결코 없을 것이다.

요가는 균형이다. 요가는 존재하는 모든 것을 궁극적으로 조화롭게 통합시키는 길이기 때문에 균형의 길일 수밖에 없다.

붓다는 궁극의 의식 상태를 아낫타(anatta)라고 했다. 아낫타는 무아(無我)라는 뜻이다. 아낫타를 이해하는 것은 과히 쉽지 않다. 붓다는 이렇게 말했다. "수행자가 놓아야 할 마지막 욕망은 존재하고자 하는 욕망이다." 인간의 마음속에는 수만 가지 욕망이 있다. 온 세상은 이 욕망의 대상물에 지나지 않다. 하여튼 가장 근원적인 욕망은 존재에 대한 욕망이다. 생명을 유지하여 오래 살고자 하는 욕망 말이다. 그래서 인간에게는 죽음이 가장 큰 두려움이다. 수행자가 마지막 놓게 되는 욕망은 바로 존재의 욕망이다.

각성이 완벽해지고 비베카의 식별지를 성취하고 자신의 안팎으로 일어나는 모든 것을 지켜보는 관조자가 되고 모든 행위가 사라지면 지켜봄만 일어난다.

새들이 밖에서 노래한다. 지켜보라. 피가 몸에서 순환한다. 이를 지켜보라. 생각이 머리에서 움직인다. 계속 지켜보라. 어디에서도 동일시하지 말라. '나는 몸이다'라고 생각하지 말라. '나는 마음이다'라고도 생각하지 말라. 아무것도 생각하지 말라. 어떤 대상과도 동일시하지 않고 계속 지켜보기만 하라. 순수 주체의 상태에 머물라. '나는 지켜보는 자요 관조자다.' 이 점만을 항상 기억하라. 관조가 자리를 잡으면 존재에 대한 욕망은 사라진다.

존재의 욕망이 사라지는 순간, 죽음도 사라진다. 인간은 살아남고자 하기 때문에 죽음이 존재한다. 죽고 싶어하지 않기 때문에 죽음이 존재한다. 전체성과 싸우기 때문에 죽음이 존재한다. 죽을 준비를 하는 순간, 죽음은 무의미해진다. 죽음이 무의미해지면 이제 죽음은 불가능해진다. 죽을 준비를 한 사람에게 죽음은 가능하지 않은 것이다. 죽음의 준비 속에, 사라짐의 준비 속에 죽음의 모든 가능성은 사라진다.

존재하려고 하는 자는 죽는다. 밖에 누가 있어 그대를 죽이려고 하는 것이 아니다. 존재하려는 노력 자체가 파괴적이다. '나는 살아남아야 한다'는 생각이 떠오르면 전체계속으로 녹아드는 게 아니라 전체성을 거부하는 쪽으로 나아가기 때문에 존재하려는 노력 자체가 파괴적인 것이다. 이는 마치 파도가 바다를 거부하려고 노력하는 것과 같다. 바다를 거부하는 파도의 노력 자체가 불안과 불행을 몰고 온다. 어차피 파도가 사라져야 하는 순간은 오게 되어 있다.

하지만 파도가 살아남기 위해 바다와 싸우기 때문에 파도의 사라짐은 진짜 죽음처럼 보인다. 파도가 사라질 준비가 되면, '내가 곧 바다야' 라는 깨우침이 오면 존속해야 될 이유가 사라진다. '나는 항상 존재했고 앞으로 계속 존재할 것이다. 바다는 이전에도 항상 존재했고 이후로도 계속 존재할 것이기 때문이다. 나는 파도로는 계속 존재하지 않을지 모른다. 하지만 파도는 내가 한순간 취한 형상이자 껍데기일 뿐이다. 껍데기는 사라지지만 나 자체는 존속한다. 나는 지금 이 파도로 존재하지 않을 수도 있고 다른 파도로 존재하게 될 수도 있고 아니면 파도가 전혀 일지 않는 깊은 바다가 될 수도 있으리라.'

그러나 전체성이 인간을 꿰뚫기 때문에 내면 가장 깊은 곳에 있는 실체는 영속한다. 인간이 다름 아닌 전체계요 전체계의 표현이다. 파탄잘리는 이렇게 말한다. "수행자가 '나는 이것도 아니요 저것도 아니다' 라는 식별지를 얻으면, 대상을 깨달아 대상과 동일시하지 않으면 자아에 거주하려는 욕망이 멈춘다." 이렇게 마지막 욕망이 사라진다. 마지막은 마지막을 넘는 토대가 된다.

해탈은 자아로부터 해방이다. 여기에서 미묘한 차이를 잘 이해하라. 해탈은 자아를 위한 해탈이 아니다. '해탈한 자아' 가 영원히 사는 것이 아니라는 말이다. 해탈하면 자아는 사라진다. 붓다는 이렇게 말했다. "속박만이 존재한다." 이에 대해 좀 더 깊이 살펴보자.

건강은 무엇이라고 생각하는가? 건강한 사람이 '건강은 이런 것이다'라고 설명할 수 있는가? 병은 그 실체가 존재하지만 건강은 그 실체가 존재하지 않는다. 건강은 '병이 없음'이기 때문이다. 두통을 앓는 사람은 '두통이 있음'을 알 수 있지만 '두통의 부재'를 알 수 있는가? 사실 두통이 없으면 머리도 사라진다. 두통이 없으면 머리를 느끼지 않는 것이다. 계속 머리를 느낀다는 말은 머리에 어떤 이상이 생겼거나 아프거나 긴장이 있다는 말이다. 온몸이 건강하면 몸을 거의 느끼지 않는다. 몸의 존재를 잊는다. 선승이 여러 해 동안 진실되게 참선을 하면 자신의 몸을 잊는 순간이 온다. 거기에서 첫 사토리[4]를 체험한다. 몸 자체가 사라진다는 말이 아니라 몸에 아무런 이상이 없기 때문에 몸을 전혀 느끼지 않는다는 말이다. 내가 무언가를 말하면 그대는 내 말을 들을 수 있지만 내가 침묵하면 내 말을 들을 수 없는 법이다. 때로 '저는 침묵을 듣습니다'라고 말하는 사람이 있는데 그가 말하는 것은 침묵이 아니라 미묘한 소리 내지 소음일 것이다. 침묵이 거기 있으면 침묵을 느끼고 서로 소통할 수는 있지만 침묵을 들을 수는 없다. 어쩌면 그것은 칠흑같이 어두운 밤의 소리일 수 있다. 그러나 소리는 소리일 뿐이

---

4)사토리(satori): 짧은 시간 동안 깨달음의 세계를 맛보는 일별 혹은 일견.

다. 완전히 침묵의 경지로 들어가면 아무것도 들을 수 없다. 이렇듯 몸이 완전히 건강하면 사람은 몸을 느끼지 않는다. 몸에 이상이 생기거나 몸이 아프면 몸의 소리를 듣는다. 모든 것이 조화 속에 있으면, 아무런 고통도 불행도 없으면 돌연히 텅 빔 속으로 들어간다. 무가 나를 끌어안는다.

케이발리아는 모든 상처가 치료된 전체성이요 완전한 건강이다. 모든 상처가 치유되었는데 어떻게 자신의 존재를 느낄 수 있겠는가? 자아는 경직과 긴장이 쌓인 것에 불과하다. 자아는 모든 병과 질환의 집합이다. 자아는 이루지 못한 욕망이요 좌절된 희망과 기대와 꿈이다. 모든 희망과 기대가 부러지고 꺾인 것이다. 자아는 병의 집합체에 불과하지만 사람들은 이를 소중한 '자아'라고 부른다.

이를 다른 측면에서 살펴보자. 사람은 조화 속에 있을 때 자신을 잊는다. 그리고 시간이 지나면서 조화가 깨지면 그때 그 순간이 얼마나 아름다웠는지, 얼마나 환상적이었는지 기억하게 된다. 하지만 조화 속에서 진정으로 깊이 들어갔을 당시에는 자신의 존재를 기억하지 않았다. 조화 속에서는 나보다 큰 존재가 나를 압도하고 나보다 높은 존재가 나를 휘감는다. 나보다 깊은 존재가 솟아오른다. 나 자신이 사라진다. 깊은 사랑의 순간에는 사랑하는 자가 사라진다. 깊은 침묵의 순간에는 명상하는 자가 사라진다. 깊이 노래하고 춤추고 찬미하는 순간에는 찬미자가 사라진다. 이것은 마지막 찬미요 궁극이며 지고의 절정인 케이발리아다.

수행자가 이 차이를 알아볼 때
자아 속에 거주하려는 욕망이 멈춘다.

자아는 에고가 정제된 형태에 불과하다. 긴장과 스트레스를 가장 잘 정제시킨 것에 불과하다. 자아 속에서 구도자는 완전히 열려 있지 않다. 아직도 무엇인가 닫혀 있는 것이다. 존재가 완전히 열려 '언덕 위의 관조자'가 되면 죽음의 욕망조차 사라진다. 이 욕망이 사라지면 완전히 새로운 것이 삶 속에서 일어난다. 완전히 새로운 법칙이 작용하기 시작한다.

우리는 누구나 중력의 법칙을 잘 안다. 그러나 은총의 법칙에 대해서 들어본 사람은 없을 것이다. 중력의 법칙 속에서 모든 것은 밑으로 떨어지지만, 은총의 법칙 속에서 모든 것은 위로 상승한다. 삶 속에는 음이 있으면 반드시 양이 있는 법이기 때문에 중력의 법칙이 있다면 반드시 그와 반대되는 법칙이 존재한다. 뉴턴은 정원에 앉아 있다가 사과가 떨어지는 것을 보고 이렇게 생각했다고 한다. "왜 모든 것은 밑으로 떨어지는 것일까? 왜 위로는 떨어지지 않는가? 왜 과일은 익으면 위로 떨어져 하늘로 사라지지 않을까? 왜 옆으로 떨어지지는 않는 걸까? 왜 항상 밑으로만 떨어지는 걸까?' 뉴턴은 생각에 생각을 거듭한 끝에 중력의 법칙을 발견했다. 그는 사실 생각을 거듭하다가 '지구가 물체를 끌어당긴다' 라는 기본 법칙을 우연히 발견했던 것이다. 지구에는 중력장이 존재한다. 지구는 자석처럼 모든 물체를 밑으로 끌어당긴다.

파탄잘리와 붓다, 크리슈나, 그리스도 등은 중력의 법칙보다 차원 높은 기본 법칙을 깨달았다. 의식 속으로 깊이 들어가면 어느 순간 의식이 위로 솟아오르기 시작하는 것을 깨달은 것이다. 사과가 나무에 매달리면 사과는 떨어지지 않는다. 사과가 나무에 더 이상 매달리지 않을 때 사과는 밑으로 떨어진다.

사람의 경우도 이와 같다. 사람이 몸에 매달리면 위로 떨어지지 않는다. 사람이 마음에 매달리면 위로 떨어지지 않는다. 자아라는 생각에 매달리면 중력을 벗어나지 못한다. 몸도 마음도 중력의 영향을 받기 때문이다. 몸은 물질체요 마음은 신비체다. 몸도 마음도 둘 다 중력의 영향을 벗어나지 못한다. 사람은 몸과 마음에 매달리기 때문에 중력의 영향을 벗어나지 못한다. 이는 마치 큰 돌을 몸에 매달고 강물에 뛰어들어 헤엄치려는 것과 같다. 돌은 헤엄치려는 사람을 밑으로 끌어당긴다. 수영 대신에 익사가 그의 몫이다. 돌을 떼어내야 수영을 할 수 있다.

인간은 중력의 법칙하에서 움직이는 것들에 매달린다. 몸과 마음이 그것이다. 파탄잘리는 말한다. "내가 몸도 마음도 아님을 깨달으면 갑자기 위로 상승하기 시작한다." 위에 존재하는 센터가 끌어당기는 것이다. 이를 은총의 법칙이라 부른다. 신은 명상가를 위로 끌어올린다. 만약 은총의 법칙이 없다면 중력의 법칙도 존재할 수 없다. 양전기가 존재하려면 음전기가 존재해야 한다. 남성이 존재하려면 여성이 존재해야 한다. 이성이 존재하려면 직관이 존재해야 한다. 밤이 존재하려면 낮이 존재해야 한다. 삶이 존재하려면 죽음이 존재해야 한다. 모든 것은 음과 양으로 존재한다. 그래야 존재의 균형이 이루어지는 것이다. 과학이 중력의 법칙을 발견했다. 이제 과학은 파탄잘리가 필요하다. 과학은 파탄잘리를 통해 새로운 차원, 즉 위로 상승하는 은총의 법칙을 배워야 한다. 그래야 삶의 원은 완성된다.

중력과 은총이 만나는 지점에 인간이 존재한다. 인간 속에서 중력과 은총이 교차한다. 인간의 일부는 땅이요 일부는 하늘이다. 인간은 하늘과 땅이 만나는 일종의 수평선이다. 땅을 지나치게 집착하면 자신이 하늘과 무한 공간, 초월의 세계에 속한 존재임을 잊는다. 땅에 대한 집착을 놓을 때 위로 상승하기 시작한다.

그때 마음은 식별지로 기울어져

해탈로 향해간다.

새로운 중력이 작용을 시작한다. 해탈은 곧 은총의 흐름 속으로 들어가는 것이다. 수행자는 자신을 해탈시킬 수 없다. 장애물을 치울 수 있을 뿐이다. 장애물이 걷히면 해탈은 저절로 일어난다. 명상을 시작하면 서서히 위로 올라간다. 생명 에너지가 서서히 솟아오르기 시작한다. 여태까지 알고 있던 모든 법칙들에 반하는 일들이 벌어지기 때문에 처음에는 명상가 자신도 믿지 못한다. 마치 공중부양 하는 것처럼 내면에 있는 무엇이 위로 움직이기 시작한다. 아무런 장애물도 느끼지 못한다. 그 길을 막는 것은 존재하지 않는다. 먼저 긴장을 풀고 집착을 놓아야 할 것이다. 그러면 의식은 저절로 사물을 맑게 식별하며 점점 깨어나기 시작한다.

이제는 다른 쪽에서 한번 보자. 악순환(vicious circle)이라는 말을 많이 들어보았을 것이다. 이제는 '선순환(virtuous circle)'이라는 말을 만들어보자. 악순환 속에서는 나쁜 일이 또 다른 나쁜 일을 만들고, 또 다른 나쁜 일은 더욱 나쁜 일을 만든다. 예를 들어 화가 날 때를 보자. 한번 화가 나면 화가 화를 키운다. 이 악순환은 화 속에서 빙빙 돌면서 화가 점점 커지고 강해져가는 형국이다.

이제는 새로운 말을 만들어보자. 선순환이 그것이다. 파탄잘리가 말하는 비베카(식별지)를 깨달으면 베이라기아

(탈속)를 깨닫는다. 식별지가 탈속을 낳는 것이다. 의식이 깨어나면 나는 육체가 아님을 알아본다. 내가 몸을 떠나는 것이 아니라 각성이 일어나면 몸이 저절로 떨어져 나가는 것이다. 의식이 깨어나면 생각도 내가 아님을 깨닫는다. 바로 그 각성 속에 생각이 떨어져 나간다. 이제 몸과 생각에 에너지를 주지 않는다. 마음을 주지도 않는다. 생각은 사람이 주는 에너지가 없으면 살 수 없다. 생각은 사람이 주는 에너지를 먹고 산다. 생각은 그렇게 사람을 이용한다. 생각 자체에는 에너지가 없다. 생각은 사람의 마음속으로 들어가 사람의 에너지를 먹는다. 이는 사람이 생각에 에너지를 주기 때문에 가능하다. 생각은 마음속에 자리를 잡고 산다. 그 생각은 다른 아이들을 낳고 친구와 친척들을 불러온다. 의식이 깨어나면 비베카가 베이라기아를 불러온다. 즉, 각성이 탈속을 불러오는 것이다. 다시 탈속은 각성을 깊게 하고 각성은 더 많은 탈속을 불러온다. 이런 식으로 점점 깊어져 간다.

나는 이를 선순환이라고 부른다. 하나의 선이 다른 선을 낳고, 하나의 선은 다른 선들이 태어날 수 있는 토대가 된다.

파탄잘리는 말한다. "이는 마지막 순간까지 계속된다." 파탄잘리는 이 마지막 순간을 '다르마 메가 사마디(dharma megha samadhi), 즉 법운(法雲) 삼매' 라 불렀다. 명상이 깊디깊으면 법운 삼매에 도달한다. 파탄잘리는 이를 '법의 구름에서 법열의 단비가 쏟아진다'고 표현했다. 이것이 선순환이다. 비베카는 베이라기아를 낳고 다시 베이라기아는 비베카를 낳는다. 이런 순환이 끊임없이 계속된다. 법운에서 법열의 단비가 쏟아지는 궁극의 절정, 즉 법운 삼매에 도달할 때까지 계속된다.

식별지가 깨지면
다른 프라디아야(pratyaya), 즉 개념들이
잠재인상의 힘을 통해 떠오른다.

아직도 길은 남아 있다. 그래서 각성이 드문드문 깨지는 때가 온다. 하지만 낙담할 필요는 없다. 각성이 깊어지고 어느 순간에는 은총 속으로 날아오르고 또 어느 순간에는 인위적인 노력이 사라지고 무위의 흐름을 타기도 한다. 모든 것이 자연스럽게 흐르지만 아직도 드문드문 각성이 깨지는 순간이 있다. 어느 순간 갑자기 강둑에 우두커니 서 있는 자신을 보기도 한다. 오래된 습관 때문이다. 생에 생을 거듭하면서 인간은 삶의 흐름에 뛰어들지 못하고 강둑에 우두커니 서 있다. 기나긴 생을 거듭하며 굳어진 습관 때문에 과거에 휩쓸리는 것이다. 그러나 낙담할 필요없다. 강둑에 서 있는 자신의 모습을 보는 순간, 다시 흐름 속으로 뛰어들라. 그것에 대해 우울해하지 말라. 우울해하면 악순환 속으로 빠져든다. 우울해하지 말라. 구도자는 깨달음에 도달할 때까지, 심지어 깨달음에 근접해서도 가끔 길을 잃는다. 그렇다고 걱정할 필요없다. 다시 각성을 불러오라. 이런 일이 여러 번 일어날 것이다. 이는 자연스런 현상이다. 우리는 수많은 생을 무의식으로 살았다. 그러므로 옛 습관이 자주 살아나는 것은 자연스러운 것이다.

여러 번 거듭해서 옛 습관 속으로 빠질 것이다. 피나는 노력을 해야 하지만 그렇다고 불가능한 것은 아니다. 때론 어렵고 때론 고난의 길이지만 슬퍼할 일도, 실망할 일도 아니다. 지난 일에 신경쓰지도 말라. 다시 각성을 붙잡으라. 끊임없이 각성을 불러오면 각성이 자신의 존재에 뿌리를 내리기 시작한다. 새로운 선(善)의 모습을 비춘다. 중도에 포기하지 않고 계속 밀고 나가면 각성은 아주 자연스럽게 흘러간다.

모크샤(해탈)의 욕망까지 놓은 완전한 무욕의 길을 가면 모크샤에 대한 바람마저도 사라지는 순간이 온다. 여기서는 아무것도 바라지 않는다. 아무런 욕망 없이 그냥 존재한다. 이것이 무욕의 경지다. 모크샤는 무욕의 경지에서 일어난다. 모크샤는 그 속성상, 욕망의 대상이 될 수 없다. 왜냐하면 아무런 욕망이 없을 때, 심지어 모크샤에 대한 욕망도 사라졌을 때 모크샤는 오기 때문이다. 해탈은 욕망의 대상이 될 수 없다. 해탈은 욕망의 동인(動因)이 될 수 없다. 해탈은 모든 동기나 동인이 사라졌을 때 일어나기 때문이다.

> 깨달음에 대한 욕망마저 놓고 지속적으로
> 무욕의 상태에 머물며
> 최상의 식별지를 수행할 수 있는 사람은
> 법운 삼매의 경지로 들어간다.

법운 삼매, 이를 잘 이해하라. 상당히 복잡하다. 수많은 사람들이 파탄잘리의 수트라에 주석을 달았지만 모두가 과녁을 빗나가고 말았다. 법운 삼매란 모든 욕망이 사라지는 순간에 온다. 존재에 대한 욕망마저 사라지고 죽음을 더 이상 두려워하지 않으면 축복의 비가 내린다. 마치 머리 위에 있는 구름 속에서 선과 축복과 법열의 단비가 내리는 것과 같다. 파탄잘리는 왜 이를 구름이라 불렀는가? 수행자는 그것마저도 넘어가야 하기 때문이다. 법운, 즉 법의 구름이라 할지라도 구름은 구름이다. 예전의 눈은 죄악으로 덮여 있었고 지금의 눈은 선으로 덮여 있다. 예전에는 고통의 비, 지옥의 쓴 비가 내렸고 지금은 더 이상 아름다울 수 없는 천국의 단비가 내린다. 하지만 법의 구름도 구름은 구름이다.

하얀 구름이라 할지라도 구름은 구름이다. 이 구름도 넘어가야 한다. 그래서 파탄잘리는 이를 법운 삼매, 즉 구름의 삼매라 부른 것이다.

법운이 마지막 장벽이다. 물론 이는 선과 법의 구름이기 때문에 아름답다. 그러나 이는 다이아몬드가 박힌 황금 사슬이다. 이는 보통의 사슬이 아니라 아주 아름다운 보석처럼 보인다. 사람이면 누구나 놓고 싶어하지 않는다. 끝없는 행복이 단비처럼 쏟아지는데 누가 이를 마다하겠는가? 영원에서 영원으로 이어지는 황홀경을 누가 뿌리칠 수 있겠는가? 그러나 아무리 좋은 구름이라도, 아무리 아름다운 순백의 구름이라 할지라도 구름은 구름이다. 참된 하늘은 그 구름 뒤에 숨어 있다.

이렇게 높은 차원에서도 떨어질 수 있는 가능성이 아직도 존재한다. 법운 삼매에 지나치게 집착하면, 지나치게 매달리면 이를 지나치게 즐기다가 '나는 이것도 아니다'는 사실을 식별하지 못하여 다시 밑으로 떨어질 수 있는 가능성이 여전히 상존한다.

파탄잘리는 말한다. "계속 깨어 있으라." 왜냐면 떨어질 가능성이 아직도 상존하기 때문이다. 황홀경은 수행자의 눈을 멀게 한다. 거기서 눈이 멀면 길을 잃을 수 있다. 이 법운 삼매마저도 초월하라. 그러면 번뇌와 카르마를 벗어난다. 천국과도 같은 법운 삼매를 초월하면 번뇌와 카르마가 소멸된다. 법운 삼매를 넘어가지 않으면 언제든 세상으로 다시 떨어질 수 있다. 인도의 아이들은 루도[5]라는 게임을 한다. 루도는 사다리와 뱀으로 구성되어 있다. 사다리를 타면 위로 올라가고 뱀을 타면 밑으로 떨어진다. 99점에서 100점을 얻으면 곧바로 게임을 이기게 되지만 99점에서 뱀을 만나면 다시 뒤로 돌아가야 한다. 법운 삼매도 이와 같다.

법운 삼매는 99점이지만 거기에는 뱀이 도사리고 있다. 뱀에게 잡히기 전에 100점으로 도약을 해야 한다. 도약한 곳에 존재의 집이 있다. 그곳에서 존재의 원을 완성한다.

이때 그는 번뇌와 카르마에서 벗어난다.
마음으로 얻은 지식은
장막과 왜곡, 불순함이 제거된
순일무잡(純一無雜)의 깨달음에서 나오는
무한한 지혜와 비교될 수 없다.

앞 수트라에서 파탄잘리는 마음이 무한한 지식을 알 수 있다고 말했다. 하지만 이 수트라에서는 마음으로 얻은 지식(knowledge)은 깨달음으로 얻은 무한한 앎(knowing)에는 비교도 되지 않는다고 말한다.

위로 올라감에 따라 경지의 폭이 넓어진다. 감각 속에서

---

5)루도(ludo): 인도의 주사위 게임.

자신을 상실하면 마음은 절름발이가 된다. 감각 속에서 자신을 상실하지 않고 몸을 집착하지 않으면 몸과 마음은 완벽하고 건강하게 작용을 한다. 마음의 인식과 이해의 폭은 무한히 넓어진다. 마음은 심지어 무한의 세계까지 알 수 있다. 하지만 이것도 마음이 완전히 떨어져 나가고 수행자가 마음 없이 존재할 때의 상황과는 비교도 되지 않는다. 나와 존재계를 연결해주는 매개체의 필요가 사라진다. 모든 바퀴가 사라지고 나는 존재계의 실체와 직접 대면한다. 실체와 나 사이에는 아무런 매개체가 필요하지 않다. 나와 실체 사이에는 아무것도 존재하지 않는다. 나와 실체는 하나가 된다. 마음으로 얻은 지식은 깨달음으로 얻은 앎에 비할 수 없다.

**세 구나(gunas)는 그 목적을 달성하고
변화의 흐름을 멈춘다.**

사람이 깨달으면 온 세상이 멈춘다. 깨달은 사람에게는 세상이 계속되어야 할 이유가 사라지기 때문이다. 그는 궁극의 세계에 도달했다. 세상은 인간을 위한 하나의 환경으로 존재한다. 세상은 인간의 배움과 성장을 위하여 존재한다. 배워야 될 것을 모두 배우면 학교를 졸업한다. 졸업을 하면 학교는 더 이상 필요없게 된다. 깨달으면 세상이란 학교를 졸업한다. 깨달은 사람에게 학교는 아무런 의미를 부여하지 못한다. 이제 그는 학교를 잊고 학교도 그를 잊는다. 그는 성장하여 넘어간다. 그에게는 이제 세계라는 주변상황이 필요없다. 세상은 길을 잃고 헤매다가 존재의 집으로 돌아오는 배움터다.

존재의 집에 돌아오면 사트바(sattva)와 라자스(rajas)와 타마스(tamas) 등 세 구나의 세계는 마침표를 찍는다. 깨달은 사람에게 세상은 마침표를 찍는다. 깨닫지 못한 사람들은 계속해서 꿈속을 헤맨다. 강물에서 강변으로 나온 물고기들이 뜨거운 햇살 아래 모래사장에서 헤아릴 수 없는 고통의 몸부림을 하고 있다. 그중 물고기 한 마리가 온갖 노력을 다한 끝에 강물 속으로 뛰어들어 존재의 바다로 돌아온다. 그러면 그에게 뜨거운 태양과 타는 듯한 모래사장 등의 모든 고통이 사라진다. 그에게 세상 고통은 지나간 악몽이 되지만 깨닫지 못한 사람들에게는 그대로 존속한다.

붓다나 파탄잘리와 같은 물고기가 바다 속으로 뛰어들면 세상은 사라진다. 시원한 대양의 자궁 속으로 돌아온다. 다시 돌아와 무한한 생명과 하나가 된다. 이제 무한한 생명에서 떨어져 나오는 일은 없다. 그들은 존재를 깨달았다. 그들은 깨어 있음과 깨우침, 깨달음으로 존재의 집에 돌아온 것이다. 하지만 다른 사람들에게 세상은 계속된다.

이 수트라는 존재의 집에 도달한 물고기가 아직도 모래사장에서 고통받고 있는 다른 물고기들에게 전하는 메시지다. 그중 많은 물고기는 바다에 아주 가까이 다가갔지만 바다 속으로 뛰어드는 법을 모른다. 어떤 물고기들은 노력을 제대로 안 하거나 그릇된 방향으로 갔거나, 아니면 삶의 괴로움 속에서 길을 잃었거나 현실에 그냥 안주해버린다. 또 어떤 물고기들은 좌절과 절망의 구렁텅이 속에서 자포자기한다. 예전에는 연결되어 있었으나 지금은 단절된 존재의 실체에 도달하려는 노력이 요가의 목적이다. 존재의 실체와 다시 연결되고자 노력하는 사람이 요기다. 요가는 다시 연결됨, 재합일, 재융합 등을 뜻한다.

> 케이발리아는 푸루샤를 위한 임무를 완수한 구나들이
> 만물의 자궁 속으로 녹아 들어갈 때
> 일어나는 깨달음이다.
> 푸루샤는 그의 본성—순수의식—안에 자리를 잡는다.
> 끝.

케이발리아는 세 구나가 그 작용을 멈출 때 일어나는 깨달음이다. 세상과 세상의 흐름이 멈추고 수행자가 두 순간의 틈새, 두 원자의 틈새를 볼 수 있을 때 일어나는 깨달음이다. 공(空) 속으로 들어가, 모든 것이 공에서 나왔다가 다시 공 속으로 들어가는 것을 볼 수 있을 때, 각성이 더없이 치밀해져서 환영의 세상이 꿈처럼 스러질 때 일어나는 깨달음이다. 깨닫고 나면 이름도 형상도 모두 사라지고 순수의식만이 남는다. 그래서 더없이 순수한 존재가 된다. 가장 깊은 곳에서 가장 본질적이고 가장 실체적인 존재가 된다. 깨달은 자는 이 순수, 이 홀로 있음 속에서 자리를 잡는다.

파탄잘리는 말한다. "케이발리아는 푸루샤를 위한 임무를 완수한 구나들이 만물의 자궁 속으로 녹아 들어갈 때 일어나는 깨달음이다." 깨달은 사람은 존재의 집에 돌아온다. 그 여정은 참으로 멀고 험난했지만 결국 존재의 집에 도달한 것이다. 물고기가 순수의식의 바다 속으로 뛰어든 것이다. 파탄잘리는 순수의식에 대해서는 언급하지 않는다. 순수의식에 대해서는 더 이상 말할 수 없기 때문이다. 파탄잘리가 마지막으로 쓴 "끝"은 『요가 수트라』가 여기서 끝날 뿐 아니라 표현할 수 있는 모든 가능성이 여기서 끝난다는 말이다.

궁극의 실체에 대해 말할 수 있는 모든 가능성은 여기서 끝난다. 이를 넘어서면 오직 체험만 존재할 뿐이다. 표현은 여기서 끝난다. 아무도 그 이상을 넘어갈 수 없다. 아무도 그럴 수 없다. 인류 의식의 역사에서 단 하나의 예외도 없었다.

많은 사람들이 시도했다. 하지만 소수의 사람만이 파탄잘리가 도달한 경지에 도달했으며, 파탄잘리를 넘어간 사람은 존재하지 않는다.

그래서 나는 파탄잘리를 '알파와 오메가' 라고 부른다. 그는 그야말로 맨 처음부터 시작한다. 아무도 파탄잘리보다 나은 시작을 발견하지 못했다. 그는 맨 처음부터 시작하여 맨 마지막까지 온다. 그가 "끝" 이라고 쓴 것은 표현과 설명, 기술의 모든 것이 끝났다는 말이다. 그대가 진정으로 여기까지 파탄잘리를 잘 따라왔다면 그 너머의 체험으로 들어간다. 존재론적인 체험이 시작된다. 그것이 될 수는 있지만 그것을 말할 수는 없다. 그 안에 살 수는 있지만 그것을 설명할 수는 없다. 말로써는 형용할 수 없다. 이 지점을 넘어서부터는 모든 언어가 무력해진다. '자신의 진실한 본성을 성취했다.' 굳이 말한다면 이 정도로 족하다. 여기에서 파탄잘리는 멈춘다.

자신의 참다운 본성을 깨닫고 그 안에 거주하는 것, 이것이 우리의 목적이다. 자신의 본성을 찾지 못하면 우리는 고통 속에서 살아야 한다. 모든 불행은 우리가 부자연스럽게 살고 있음을 알려주는 메시지다. 모든 불행은 우리가 본성을 찾지 못했음을, 참나와 하나되지 못했음을 알려주는 경종이다.

불행은 인간의 적이 아니다. 불행은 메시지요 경종이다. 불행은 온도계와 같다. 온도계가 온도를 보여주는 것처럼,

불행은 자신에게 어딘가 잘못되었음을 보여준다. 잘못된 것을 고치라. 자신을 바로잡으라. 뒤로 물러나 바로잡아 조화와 균형을 다시 찾으라. 모든 불행이 사라지면 자신의 본성과 하나가 된다. 그 본성을 노자는 도(道)라 했고, 파탄잘리는 케이발리아라 했으며, 마하비라는 모크샤라 했고, 붓다는 니르바나라고 했다.

어떤 이름을 붙이든, 본성은 지금 이 순간 그대의 내면에 현존한다. 그대는 참나 밖으로 나왔기 때문에 존재의 바다를 잃어버렸다. 그대는 밖으로 너무나 많이 나왔다. 이제는 안으로 들어갈 때다. 내면으로 구도의 여행을 떠나라!

문제는 '진리를 어디에서 찾느냐가 아니라 진리를 어떻게 잃어버렸느냐를 아는 것'이다. 문제는 '어디로 가느냐'가 아니다. 그대는 이미 거기에 있다.

가는 것을 멈춰라.

무대에서 내려오라.
삶을 공연으로 만들지 말라.

Osho

오쇼에 대하여

오쇼의 가르침은 어떠한 틀로도 규정하기 힘들 만큼 다양한 주제를 다루고 있다. 그의 강의는 삶의 의미를 묻는 개인적인 문제에서부터 현대사회가 안고 있는 시급한 정치·사회적인 문제에 이르기까지 거의 모든 주제를 망라한다. 오쇼의 책은 그가 직접 저술한 것이 아니라, 다양한 국적의 청중들에게 들려준 즉흥적인 강의들을 오디오와 비디오로 기록하여 책으로 펴낸 것이다. 그는 자신의 강의에 대해 이렇게 말했다. "내가 무슨 말을 하건 그 말은 지금 이 시대의 당신들을 위한 것일 뿐만 아니라 다가오는 미래 세대를 위한 말이기도 하다."

런던의 『선데이 타임스Sunday Times』는 20세기를 빛낸 천 명의 위인들 중 한 사람으로 오쇼를 선정했으며, 미국의 작가 탐 로빈스(Tom Robbins)는 오쇼를 '예수 이후로 가장 위험한 인물'로 평가하기도 했다. 인도의 『선데이 미드데이Sunday Mid-Day』는 인도의 운명을 바꾼 열 명의 인물을 선정했는데, 그중에는 간디, 네루, 붓다 등의 인물과 더불어 오쇼가 포함되어 있었다.

오쇼는 자신의 일에 대해 새로운 인간이 탄생하도록 기반을 닦는 것이라고 했으며, 이 새로운 인간을 '조르바 붓다(Zorba the Buddha)'로 부르곤 했다. 조르바 붓다란 니코스 카잔차키스의 소설 속 주인공인 그리스인 조르바처럼 세속의 즐거움을 누리는 동시에, 붓다와 같은 내면의 평화를 겸비한 존재를 일컫는다. 오쇼의 가르침에 일관되게 흐르는 정신은, 과거로부터 계승되어온 시대를 초월한 지혜와 오늘날의 과학문명이 지닌 궁극적인 가능성을 한데 아울러 통합하는 것이다.

또한 오쇼는 점점 가속화되는 현대인들의 생활환경에 맞는 명상법을 도입하여 인간의 내면을 변화시키는 데 혁명적인 공헌을 했다. 그의 독창적인 '역동 명상법'들은 심신에 쌓인 스트레스를 풀어줌으로써 일상생활 속에서 더 수월하게 평화와 고요함을 경험할 수 있게 해준다.

아래의 두 책을 참고하여 오쇼의 생애에 대해 더 자세하게 알아볼 수 있다.

· 『**Autobiography of a Spiritually Incorrect Mystic**』
· 『**Glimpses of a Golden Childhood**』

오쇼 국제 명상 리조트

Osho International Meditation Resort

www.osho.com/meditationresort

위치

인도 뭄바이(Mumbai)에서 남동쪽으로 160킬로 떨어진 뿌네(Pune)에 위치하고 있는 오쇼 국제 명상 리조트는 휴가를 즐기기에 매우 적합한 곳으로, 우람한 나무들이 주거지역을 둘러싸며 40에이커에 달하는 아름다운 정원을 형성하고 있습니다.

특징

매년 100개국이 넘는 나라로부터 수많은 방문객들이 오쇼 국제 명상 리조트를 찾아오고 있습니다. 이 독창적인 명상 리조트는 축제를 즐기듯 즐거운 분위기 속에서 더 평온하며 더 깨어있는 창조적인 방식으로, 새로운 삶의 길을 경험할 수 있는 기회를 제공합니다. 몇 시간의 단기 프로그램에서부터 해를 넘기는 장기 프로그램에 이르기까지, 선택의 폭이 매우 다양합니다. 아무것도 하지 않고 그저 휴식을 취하는 것도 오쇼 국제 명상 리조트에서 제공하는 프로그램 중의 하나입니다. 모든 프로그램은 '조르바 붓다(Zorba the Buddha)' 라는 오쇼의 비전에 바탕을 두고 있습니다. 조르바 붓다는 날마다의 일상생활에 창조적으로 임하며 침묵과 명상 속에서 고요하게 휴식하는 새로운 유형의 인간을 뜻합니다.

명상 프로그램

활동적인 명상, 정적인 명상, 전통적인 명상법, 혁신적인 방편들, 오쇼
의 역동 명상법에 이르기까지 각 개인에 맞는 명상 프로그램이 하루 종
일 진행됩니다. 이 명상 프로그램들은 세계에서 가장 큰 규모의 명상홀
인 '오쇼 오디토리엄(Osho Auditorium)'에서 진행됩니다.

멀티버시티 Multiversity

오쇼 멀티버시티가 제공하는 다양한 종류의 개인 세션, 수련 코스와
그룹 워크숍은 창조적인 예술, 건강 요법, 인간관계 개선, 개인의 변
형, 작업 명상, 비의적인 학문과 선(禪)적인 접근방식이 도입되었고, 프
로그램의 범위 또한 스포츠와 레크리에이션 등을 망라하고 있습니다.
이처럼 다양한 프로그램들은 명상과 결합되어 성공적인 효과를 내고
있는데, 이것은 오쇼 멀티버시티가 인간을 여러 부분들의 조합으로
보는 것에서 그치지 않고, 그를 훨씬 뛰어넘는 존재로 인식하는 명상
적 이해에 기반하기 때문입니다.

바쇼 스파 Basho Spa

고품격의 바쇼 스파에는 울창한 나무와 열대식물에 둘러싸인 야외 수
영장, 독창적 스타일의 넉넉한 자꾸지(Jacuzzi), 사우나, 테니스장을 비
롯한 여러 체육 시설 등이 아름답게 배치되어 있습니다.

먹거리

리조트 내의 여러 식당에서는 서양식, 아시아식, 인도식 채식 요리가 제공되며, 대부분의 식재료는 명상 리조트의 방문객을 위해 유기농법으로 생산된 것들입니다. 빵과 케이크 역시 리조트 내에서 자체적으로 만들고 있습니다.

야간 행사

야간에도 다양한 종류의 행사가 벌어집니다. 그중 최고로 꼽히는 댄스파티를 비롯해 별빛 아래서 행해지는 보름날 명상 프로그램, 각양각색의 쇼와 음악 공연, 그리고 여러 가지 명상법들이 진행됩니다. 이 밖에도 플라자 카페(Plaza Cafe)에서 친구들을 만나 즐기거나, 정적에 잠긴 아름다운 정원을 산책하는 것도 좋습니다.

편의 시설

리조트 내에는 은행, 여행사, 피시방이 준비되어 있습니다. 기본적인 생필품은 갤러리아(Galleria)에서 구입이 가능하며, 멀티미디어 갤러리(Multimedia Gallery)에서는 오쇼의 미디어 저작물을 구입할 수 있습니다. 그 밖에 더욱 다양한 쇼핑을 즐기고 싶은 분들은 뿌네 시내에서 인도의 전통 상품을 비롯한 다국적 브랜드의 여러 가지 물건들을 구입할 수 있습니다.

숙박 시설

리조트 내에서는 오쇼 게스트하우스(Osho Guesthouse)의 품격 있는 객실을 이용할 수 있습니다. 더 오랜 기간의 체류를 원하는 방문객은 '리빙 인(Living In)' 이라는 패키지 프로그램을 이용하거나, 리조트 밖에 있는 다양한 종류의 호텔과 아파트를 이용할 수도 있습니다.

더 많은 정보를 보시려면 아래의 웹사이트를 참고하시기 바랍니다.

www.OSHO.com

오쇼 닷컴에서 제공하는 내용
인터넷 매거진, 오쇼 서적, 오디오와 비디오, 영어와 힌디어로 된 오쇼 저작물들,
오쇼 명상법에 대한 정보, 오쇼 멀티버시티의 프로그램 스케줄,
오쇼 국제 명상 리조트에 관한 정보

관련 웹사이트
http://OSHO.com/resort
http://OSHO.com/magazine
http://OSHO.com/shop
http://www.youtube.com/OSHO
http://www.oshobytes.blogspot.com
http://www.Twitter.com/OSHOtimes
http://www.facebook.com/pages/OSHO.International
http://www.flickr.com/photos/oshointernational

아래의 주소를 통해 오쇼 국제 재단에 접촉할 수 있습니다.
www.osho.com/oshointernational
oshointernational@oshointernational.com